经济管理类

U1016815

管理会计

Management Accounting

王秋燕 李思泓 主 编
于睿晗 副主编

哈爾濱工業大學出版社
HARBIN INSTITUTE OF TECHNOLOGY PRESS

内容简介

本书是在《财政部关于全面推进管理会计体系建设的指导意见》的思想指导下，以财政部发布的《管理会计基本指引》《管理会计应用指引》为基本原则，围绕涉及管理会计职能——预测经济前景、参与经济决策、规划经济目标、控制经济过程、考评经营业绩的管理会计活动展开。全书共12章，基于管理会计概述，从成本性态分析和变动成本法开始，以战略管理为出发点，围绕经营预测、预算管理、生产经营决策、营运管理、投融资管理、成本管理、风险管理、绩效管理及管理会计报告和管理会计信息系统阐述管理会计职能领域的管理会计工具和方法。

本书可作为高等院校会计类、管理类、经济类专业管理课程教材，也可作为会计类和管理类职业技术教育教材，还可作为管理人员和会计人员的培训教材或自学参考用书。

图书在版编目(CIP)数据

管理会计/王秋燕，李思泓主编．—哈尔滨：哈尔滨工业大学出版社，2024．8．—ISBN 978－7－5767－1632－0

Ⅰ．F234．3

中国国家版本馆CIP数据核字第20244R0R09号

策划编辑　许雅莹
责任编辑　宗　敏
封面设计　刘　乐
出版发行　哈尔滨工业大学出版社
社　　址　哈尔滨市南岗区复华四道街10号　邮编150006
传　　真　0451－86414749
网　　址　http://hitpress.hit.edu.cn
印　　刷　哈尔滨市工大节能印刷厂
开　　本　787 mm×1 092 mm　1/16　印张21.75　字数543千字
版　　次　2024年8月第1版　2024年8月第1次印刷
书　　号　ISBN 978－7－5767－1632－0
定　　价　48.00元

前言

管理会计是从传统会计中分离出来的与财务会计并列的一门独立的学科，是将“管理”与“会计”融为一体的综合性学科。管理会计在提供决策相关信息和帮助提供计划与控制信息方面发挥重要作用，已成为现代管理科学的一个组成部分。随着信息化、网络化和人工智能的持续推进，以及市场竞争的加剧，企业的管理方法和组织结构发生较大的变化，从而对管理会计信息提出了新的要求。在“互联网+”“财务转型”“业财融合”背景下，理解和把握管理会计的内涵，提高管理会计理论和方法的认知理解和可操作性，对推进企业管理水平的提升有较好的促进作用。

本书以人才培养为宗旨、以立德树人为任务，力求在理论前沿性、知识系统性、方法丰富性、课程思政建设等方面做出努力。一是融入了育人思政方面的内容，根据管理会计的特点，从课程目标、课程思政、思维导图 3 个方面构建课程前导。二是引入前沿的理论体系，根据《财政部关于全面推进管理会计体系建设的指导意见》《管理会计基本指引》《管理会计应用指引》《管理会计案例索引》对相关章节内容进行了拓展和延伸。三是扩展教学资源，根据管理会计的知识内容，设置知识拓展的二维码，扫描二维码可实现在线查询相关内容，以方便自主学习，拓展专业领域。四是理论和实践相结合，在相关章节理论知识阐述后，设置相应的案例实务，并在拓展阅读中引入实践应用案例，旨在让学生理解和掌握管理会计的方法，注重管理会计工具和方法的实际应用。

本书共 12 章，各部分内容逻辑结构如下图所示。

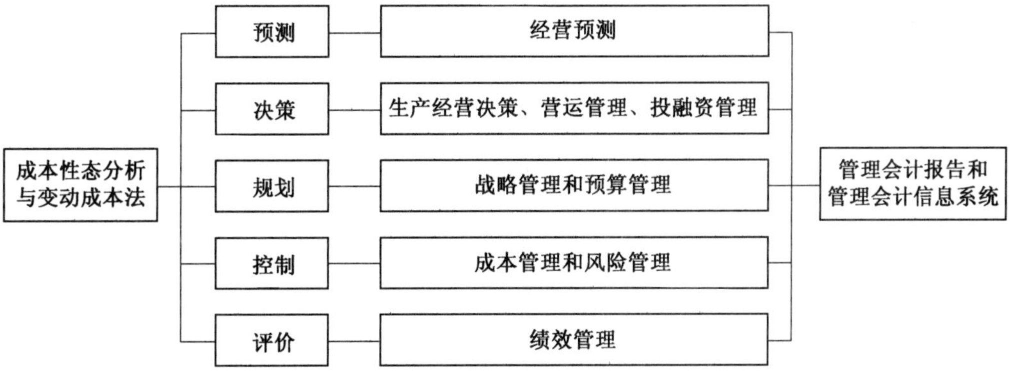

本书坚持以习近平新时代中国特色社会主义思想为指导，深刻把握会计学专业学生培养目标，积极应对数字化对教育的冲击和挑战，注重学生的长远发展以及学生基本素质和能力的培养；在内容上强调战略与战术融合、业务与财务融合，帮助企业创造价值；具有理论适用性、目标实践性和创新可视性、体系完整性的特点；力求给读者以启迪，尽量做到条理清晰、文字表述简练并准确、内容丰富、示例恰当。

全书由哈尔滨理工大学王秋燕、李思泓担任主编，中国华电集团清洁能源有限公司于睿晗担任副主编。第四、五、六、七、十章由王秋燕老师编写，第一、二、八、九章由李思泓老师编写，第三、十一、十二章由于睿晗编写。全书由王秋燕统稿。

本书在写作过程中，参阅了国内外许多管理会计专家学者的最新研究成果，他们的思想和研究给了我们很多启发，在此表示诚挚的感谢！

由于编者水平有限，书中难免存在疏漏之处，敬请读者提出宝贵意见，以便日后修改补正。

编　者

2024 年 3 月

目　录

第一章　管理会计概述 …… 1

第一节　管理会计的产生和发展 …… 2

第二节　管理会计概念框架 …… 6

第三节　管理会计要素和应用原则 …… 10

第二章　成本性态分析与变动成本法 …… 13

第一节　成本性态分析 …… 14

第二节　混合成本分解 …… 21

第三节　变动成本法及其比较 …… 31

第三章　战略管理 …… 39

第一节　战略管理概述 …… 40

第二节　战略地图 …… 49

第四章　经营预测 …… 55

第一节　销售预测 …… 56

第二节　成本预测 …… 64

第三节　利润预测 …… 68

第四节　资金预测 …… 72

第五章　预算管理 …… 77

第一节　预算管理概述 …… 78

第二节　预算编制的工具方法 …… 82

第三节　全面预算的编制过程 …… 93

第四节　全面预算编制案例实务 …… 96

第六章　生产经营决策 …… 103

第一节　决策分析概述 …… 104

第二节　生产决策 …… 116

第三节　定价决策 …… 128

第四节　存货决策 …… 139

第七章　营运管理 …… 153

第一节　本量利分析基本模型 …… 155

第二节　保本分析和安全边际分析 …… 161

第三节　利润分析…………………………………………………………… 167
第四节　营运管理案例实务……………………………………………… 178
第八章　投融资管理……………………………………………………… 181
第一节　投融资管理概述………………………………………………… 183
第二节　贴现现金流量法………………………………………………… 190
第三节　资本成本分析…………………………………………………… 212
第四节　投融资管理案例实务…………………………………………… 216
第九章　成本管理………………………………………………………… 231
第一节　成本管理概述…………………………………………………… 233
第二节　作业成本管理…………………………………………………… 235
第三节　目标成本管理…………………………………………………… 241
第四节　标准成本管理…………………………………………………… 246
第十章　风险管理………………………………………………………… 269
第一节　风险管理概述…………………………………………………… 270
第二节　风险矩阵………………………………………………………… 274
第三节　风险清单………………………………………………………… 278
第十一章　绩效管理……………………………………………………… 283
第一节　绩效管理概述…………………………………………………… 285
第二节　传统绩效管理方法——责任中心……………………………… 288
第三节　现代绩效管理方法——关键绩效指标法……………………… 306
第四节　现代绩效管理方法——经济增加值法………………………… 309
第五节　综合绩效管理方法——平衡计分卡法………………………… 311
第十二章　管理会计报告和管理会计信息系统………………………… 317
第一节　管理会计报告…………………………………………………… 318
第二节　管理会计信息系统……………………………………………… 323
附录……………………………………………………………………… 331
附录一　复利终值系数表………………………………………………… 332
附录二　复利现值系数表………………………………………………… 334
附录三　年金终值系数表………………………………………………… 336
附录四　年金现值系数表………………………………………………… 338
附录五　相关系数临界值表……………………………………………… 340
参考文献………………………………………………………………… 341

第一章

管理会计概述

课程目标

通过本章学习,应掌握管理会计的定义、管理会计的职能、管理会计的基本内容和管理会计的要素,理解管理会计与财务会计的关系、管理会计的目标和管理会计的应用原则,了解管理会计的产生和发展历程。

课程思政

通过学习管理会计的产生和发展，充分认识管理会计的重要性，积极宣传和推动管理会计工作。了解管理会计行业的发展趋势，明确财务转型中管理会计的人才需求，培养积极进取、爱岗敬业的职业道德。

思维导图

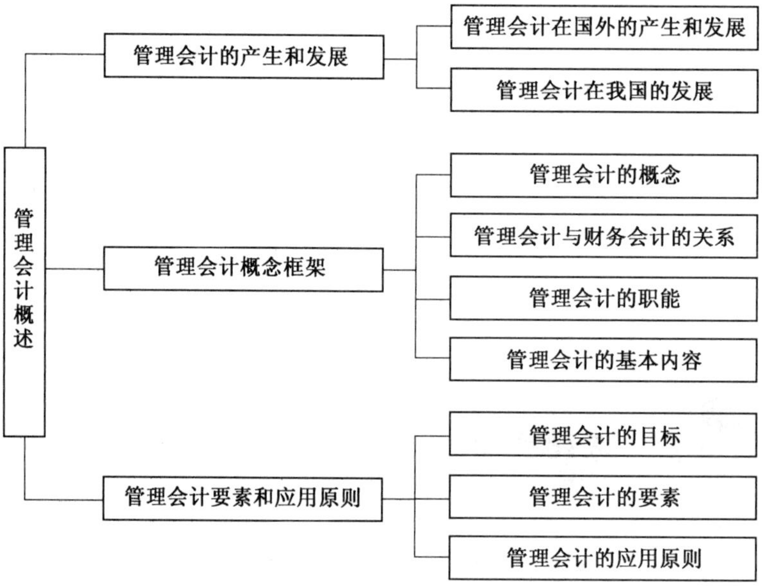

第一节　管理会计的产生和发展

一、管理会计在国外的产生和发展

管理会计作为一门学科，其形成和发展随着经济社会环境、企业生产经营模式以及管理科学和科技水平的不断发展而逐步演进。管理会计的起源可以追溯到19世纪早期，当时的企业多步骤生产过程较为复杂，需要计算与考核产品成本。从客观内容上看，管理会计的实践最初萌生于19世纪末20世纪初，其雏形产生于20世纪上半叶，正式形成和发展于第二次世界大战之后，20世纪70年代后在世界范围内得以迅速发展。

（一）成本决策与财务控制阶段(20世纪20—40年代)

会计和管理都是社会生产力发展到一定阶段的产物，并随着社会生产力的进步而不断发展。由于社会生产力的进步对经济管理不断提出新的要求，从本质上看，生产力的进步是管理会计产生与发展的根本原因。

19世纪，第二次工业革命的蓬勃兴起带来企业生产规模的扩大，企业扩大规模，其生产方式以及组织形式就会发生变化。生产专业化和社会化程度的提高、商品经济的迅速发展，导致竞争日益激烈，迫使企业必须加强内部管理，提高生产效率，以降低成本、费用，最大限度地获取利润。因此，单一成本指标难以真实评价企业的生产效率和业绩，企业管理者需要了解产品的成本、资源耗费等管理会计提供的信息。

20世纪，泰勒的科学管理理论在此背景下产生，在法约尔的管理过程理论的指导下，泰勒在实践中先后应用了定额管理、差别工资制、预算管理和差异分析等一系列标准化、制度化的技术方法。事后核算职能的传统会计也在此背景下向现代会计转变。20世纪初，会计实务中出现了以"标准成本制度""预算控制""差异分析"为主要内容的管理会计内容。

1921年美国《预算与会计法案》的颁布，推动了"预算控制"被引入管理会计；1922年美国学者奎因斯坦在其所著的《管理会计：财务管理入门》一书中首次提出了"管理会计"的名称；1924年麦金西出版了《管理会计》，布利斯也在同期出版了《通过会计进行经营管理》。这些是早期管理会计学的代表作，阐述了标准成本法和预算控制的应用。

（二）管理控制与决策阶段（20世纪50—80年代）

随着信息经济学、交易成本理论和不确定性理论被广泛引进到管理会计领域，加上新技术如电子计算机大量应用于企业流程管理，管理会计向着精密的数量化技术方法方向发展。一批计划决策模型得到发展，流程分析、战略成本管理等理论与方法体系纷纷建立，极大地推动了管理会计在企业的有效应用，管理会计职能转向为内部管理人员提供企业计划和控制信息。但由于管理会计对高新技术发展重视不足，且依旧局限于传统责任范围，为改变这一状况，管理会计学者对新的企业经营环境下管理会计的发展进行了探索，质量成本管理、作业成本法、价值链分析以及战略成本管理等创新的管理会计方法层出不穷，初步形成了一套新的成本管理控制体系。管理会计完成了从"为产品定价提供信息"到"为企业经营管理决策提供信息"的转变，由成本计算、标准成本制度、预算控制发展到管理控制与决策阶段。

20世纪50年代后现代管理科学推动了管理会计的发展。泰勒科学管理理论注重生产过程标准化的科学管理，从而提高了生产和工作效率，但在企业组织全局、开发市场方面的考虑则存在缺陷。从20世纪50年代开始，西方战后经济时期的技术创新带来了新产品的快速更新换代、外部市场的不断变化，而且，企业间的并购使生产规模不断扩张，甚至有大量的跨国公司涌现。以生产为中心的生产型管理模式逐步适应西方战后经济发展的新形势，企业组织的经营管理需要现代化的变革，现代管理科学应运而生。现代管理学派分为"科学管理学派"和"行为科学学派"，科学管理学派以预测决策会计为主要内容，行为科学学派以责任会计为表现。现代管理科学的形成和发展对管理会计的发展，赋予了理论基础和现代化的管理技术方法。

20世纪50—70年代各时期管理会计发展的特点可归纳如下：①50年代管理会计的主要内容包括成本性态分析与变动成本计算、成本 — 产量 — 利润相互依存关系的分析、经营决策方案经济效益的分析评价、生产经营的全面预算和责任会计等。同时，管理会计中广泛应用高等数学、运筹学、数理统计学中许多科学的数量方法，从而更有效地为企业正确做出经营决策和改善经营管理服务。②60年代管理会计中，一方面短期经营决策经济效益分析评价的原理和方法得到进一步丰富和发展；另一方面长期投资方案经济效益的分析评价及资本预算的编制理论和方法都更加完美，并且成为管理会计中一个重要的专门领域。③70年代是管理会计由传统管理会计向新型现代管理会计过渡的重要阶段，与社会经济和新技术新发展所形成的企业内外新的环境和条件相适应，作业管理与作业成本计算，适时生产系统与存货管理、质量成本管理会计、目标成本计算与成本企划等相继出现。

会计学术界 1952 年在伦敦举行的会计师国际代表大会上正式提出“管理会计(management accounting)”。此后，国外的会计学者撰写了大量涉及预测决策会计、规划控制会计和责任会计的管理会计的论文、著作，管理会计学课程逐渐作为高等院校会计专业和其他财经管理专业的主干课程，自此，企业会计分为财务会计和管理会计两大分支。此段时间管理会计的研究着眼于实用性，研究重点为在会计实务中应用各种专门管理技巧和方法。

1981 年著名管理学家西蒙首次提出了“战略管理会计”。20 世纪 80 年代末，国外会计界提出，战略管理会计源于企业未来战略管理，不同的企业战略所要求的战略管理会计的侧重点也就不同。从 20 世纪 80 年代起，国外对管理会计的研究转向了理论探讨，数量经济分析、风险分析、运筹学、现代决策论、控制论、系统论、行为科学以及计算机应用技术的应用，丰富了管理会计学的内容。美国管理会计师协会下属的管理会计实务委员会自 1980 年以来系统地发表《管理会计公告》，旨在为解决管理会计问题提供指导原则，截至 1988 年 2 月，管理会计实务委员会共发布了 14 个《管理会计公告》。

专业管理会计委员会的成立，是现代管理会计形成的标志之一。早在 20 世纪 50 年代，美国会计学会就设立了“管理会计委员会”，1972 年，美国全国会计师联合会成立了独立的“管理会计协会”(1985 年该协会改称为“执业管理会计师协会”)，同年英国也成立了“成本和管理会计师协会”，他们分别出版了专业性刊物《管理会计》月刊，并在全世界发行。1972 年，由美国管理会计师协会主持，举行了全美第一届执业管理会计师资格考试，与此同时，英国也安排了类似的考试。从此，国外出现了“执业管理会计师(CMA)”职业。1980 年 4 月，在国际会计师联合会于巴黎召开的第一次欧洲会计专家会议上，与会者发出呼吁：为了在当今复杂的世界上能够使企业生存下去并繁荣起来，一个战略性的问题就是应用和推广管理会计。

(三) 强调价值创造阶段(20 世纪 90 年代至今)

随着经济全球化和知识经济的发展，世界各国经济联系和依赖程度日益增强，企业之间分工合作日趋频繁，准确把握市场定位、客户需求等尤为重要。在此背景下，管理会计越来越容易受到外部信息以及非财务信息对决策相关性的冲击，企业内部组织结构的变化也迫使管理会计在管理控制方面要有新的突破，需要从战略、经营决策、商业运营等各个层面掌握并有效利用所需的管理信息，为此管理会计以强调价值创造为核心，发展了一系列新的决策工具和管理工具。一些国家也尝试将管理会计引入公共部门管理之中，并随着新公共管理运动的兴起在全世界范围推广。

20 世纪 90 年代以后，“为股东创造价值”成为经营的根本，越来越多的公司运用综合的“基于价值的管理”框架，将作业成本、平衡计分卡以及经济增加值(EVA)的计量，视为截然不同的技术并将其整合在一起，此时管理会计的最终目标是为企业创造价值。

国外在管理会计领域做了大量探索，美国管理会计师协会先后出版了领导力与道德、技术应用、战略成本管理、企业绩效管理 4 辑六大类管理会计公告，还根据实务需要发布新的管理会计公告。英国皇家特许管理会计师公会尽管没有发布管理会计公告，但陆续发布了管理会计系列研究资料，为企业应用管理会计工具方法提供了一定的参考，2014 年 10 月，还与美国注册会计师协会联合推出了《全球管理会计原则》。

国外主要通过以下方式发展管理会计：① 以发布管理会计理论研究成果、总结提炼管理会计案例示范等方式，指导和发展管理会计最佳实践；② 以发布管理会计公告等方式，建立多层次的管理会计指引体系，引导和提升企业管理会计实务工作水平；③ 以开展管理会计人才评价等方式，构建符合企业实务需要的、多层次的管理会计专业人才能力框架，引导和促进企业加强管理会计人才的培养和任用，管理会计人才更受企业青睐，管理会计专业能力也成为聘任首席执行官（CEO）、首席财务官（CFO）等高级人才的重要评价指标。

二、管理会计在我国的发展

（一）管理会计理论在我国的发展

我国是从 20 世纪 70 年代末 80 年代初开始引进有关管理会计理论的。

1. 初期阶段

初期阶段我国会计理论工作者主要翻译、编译外文管理会计教材。1979 年由机械工业部组织翻译出版了第一部《管理会计》教材；1982 年李天民撰写《管理会计基础》、1983 年余绪缨撰写《管理会计》供财经院校教学使用。财政部、国家教委（现教育部）先后在厦门大学、上海财经学院（现上海财经大学）和大连工学院（现大连理工大学）等院校举办全国性的管理会计师资培训班和有关讲座，聘请外国学者来华主讲“管理会计”课程。从 1983 年起，我国会计学界积极学习管理会计、运用管理会计的方法解决实际问题，在建立具有中国特色的管理会计体系的理论方面积极探索。

2. 创新阶段

1993 年起我国会计学界开始走上与国际会计惯例接轨的道路，财务会计管理体制的转型、市场经济的大环境、现代企业制度的建立健全，促使会计学界积极探索可以在实践中高效应用的中国式管理会计。创新阶段，我国从实际出发，通过调查研究管理会计在我国企业应用的案例等方式进行探究，带动了管理会计改革创新的新发展阶段。

3. 发展阶段

党的十八届三中全会对全面深化改革做出了总体部署，在会计领域全面深化改革的一项重要内容就是从大力加强管理会计工作，强化管理会计应用切入的。2013 年《企业产品成本核算制度（试行）》的发布，拉开了管理会计体系建设的序幕；2014 年《财政部关于全面推进管理会计体系建设的指导意见（征求意见稿）》印发，《财政部关于全面推进管理会计体系建设的指导意见》于 2014 年 10 月正式印发，在全国范围部署推进；2014 年 3 月、2016 年 6 月，财政部分两批启动了管理会计咨询专家选聘工作；2016 年 6 月财政部发布《管理会计基本指引》；2016 年 10 月，财政部发布《会计改革与发展“十三五”规划纲要》，明确了推进管理会计广泛应用的具体任务；2017 年至 2018 年财政部共颁布了 34 项管理会计应用指引，内容涵盖预算管理、运营管理、成本管理等领域，这是我国管理会计指引体系建设的又一重大突破；2021 年 11 月，财政部发布《会计改革与发展“十四五”规划纲要》，提出了全面深化管理会计应用的举措。

（二）管理会计实践在我国的发展

二维码知识点1.1　中航工业的管理会计体系化建设

我国管理会计实践探索早于理论研究，20世纪50年代我国就建立了以成本为核心的内部责任会计制度，还有20世纪50年代初的班组经济核算，20世纪60年代的资金、成本归口分级管理，20世纪80年代与经济责任配套的厂内经济核算以及20世纪90年代河北邯郸钢铁总厂推行的“模拟市场核算、实行成本否决”、宝钢集团推行的标准成本制度等实践探索。

如今，包括全面预算管理、平衡计分卡等绩效评价方法，作业成本法、标准成本法等成本管理方法在内的管理会计工具方法陆续在我国企业中运用，企业对管理会计的应用意识有所增强，应用水平有所提高。国家开发银行、中国电信、福田汽车、三一重工等一批企业专门设置了管理会计机构或岗位，积极开展管理会计工作，取得了较好成效。同时，管理会计在行政事业单位预算编制和执行、决算分析和评价等工作中也得到了一定应用。一些行政事业单位建立了适应单位内部财务和业务部门畅通联系的信息平台，及时掌控预算编制和执行进度，深入开展决算分析和评价，及时发现预算执行中存在的问题并提出改进意见和建议，财政财务管理水平和资金使用效益不断提高。

第二节　管理会计概念框架

一、管理会计的概念

管理会计作为从传统会计中分离出来的一个企业会计的分支，不同组织机构和学者对其的定义有所不同。

（一）国内相关定义

管理会计理论引入中国后，我国会计学者一直积极致力于管理会计的理论和实践研究，对于管理会计的定义，有如下观点。

1984年，李天民教授认为，管理会计是通过一系列专门方法，利用财务会计、统计及其他有关资料进行归纳、整理、计算、对比和分析，使企业内部各级管理人员能据以对各责任单位、整个企业的日常和未来经济活动及其发出的信息进行规划、控制、评价与考核，并帮助企业管理部门做出最优决策的一整套信息处理系统。

1987年，汪家佑教授认为，管理会计是西方企业为了加强内部经营管理，实现最大利润的目的，灵活运用多种多样的方式方法，收集、加工和阐明管理当局合理地计划和有效地控制经济过程所需要的信息，围绕成本、利润、资本三个中心，分析过去、控制现在、规划未来的会计分支。

1999年，余绪缨教授认为，管理会计是为企业内部使用者提供管理信息的会计，它为企业内部使用者提供有助于正确进行经营决策和改善经营管理的有关资料，发挥会计信息的内部管理职能。

2014 年，财政部印发的《关于全面推进管理会计体系建设的指导意见》中指出，管理会计是会计的重要分支，主要服务于单位（包括企业和行政事业单位）内部管理需要，是通过利用相关信息，有机融合财务与业务活动，在单位规划、决策、控制和评价等方面发挥重要作用的管理活动。

（二）国外相关定义

虽然管理会计的理论和实践起源于国外，但国外学界至今尚未形成一个统一的管理会计的定义。

美国会计学会下属的管理会计委员会于 1966 年在《基本会计理论》中提到："所谓管理会计，就是运用适当的技术和概念，对经济实体的实际经济数据和预计经济数据进行处理，以帮助管理人员制定合理的经济目标，并为实现该目标进行合理的决策"。

1988 年 4 月，国际会计师联合会（Intenational Federation of Accountants，IFAC）下设的财务和管理会计师委员会发表的《论管理会计概念（征求意见稿）》中指出，管理会计可定义为：在一个组织中，管理部门用于计划、评价和控制的（财务和经营）信息的确认、计量、收集、分析、编报、解释和传输的过程，以确保其资源的合理使用并履行相应的经营责任。

2014 年 10 月，英国皇家特许管理会计师公会与美国注册会计师协会联合发布的《全球管理会计原则》中对管理会计的定义为："管理会计是通过综合分析，向组织机构提供信息，帮助和支持组织机构进行战略规划、组织实施和管理控制，促使其做出合理决策，从而为组织机构的可持续发展创造价值。"

由此看出，前期的定义强调管理会计在决策中发挥提供信息的作用，将管理会计的活动领域限定于企业环境；而后期的定义则强调管理会计是服务于企业价值创造。

二、管理会计与财务会计的关系

管理会计与财务会计都属于会计学科，它们相互联系又有所区别，共同组成会计系统，在企业管理系统中发挥核心作用。

（一）管理会计与财务会计的区别

1. 服务对象不同

管理会计侧重于为企业内部各级管理人员提供内部的最优化决策和控制的信息，是为强化企业内部经营管理、提高经济效益服务，所以又被称为"对内报告会计"。

财务会计主要是为企业外界和与企业利益有关系的组织和个人（股东、债权人、潜在投资者、税务部门、银行等）提供信息，是"对外报告会计"。

2. 报告主体不同

管理会计以企业内部各个责任中心为报告主体，可以是企业整体，也可以是企业内部的责任中心。管理会计应用主体视管理决策主体确定，对它们的日常经济活动进行控制、评价与考核。

财务会计以整个企业为报告主体，提供企业某一特定时期财务状况和经营成果等会计信息，反映监督完整的经营过程。

3. 职能定位不同

管理会计侧重“创造价值”,其职能是解析过去、控制现在与筹划未来的有机结合,更侧重于利用历史资料来预测前景、参与决策,从而更好地控制现在、指导未来。

财务会计侧重“记录价值”,通过确认、计量、记录和报告等程序提供并解释历史信息。

4. 遵循准则不同

管理会计服从于管理者的需求,强调信息决策的有用性,虽然考虑企业会计准则的要求,但其工具方法可以依据企业管理的实际情况和需要而定,具有较大的灵活性。

财务会计必须严格遵守公认的会计准则或统一的会计制度,以保证其所提供的财务信息具有一致性和可比性,其会计处理工具方法只能在允许的范围内选用,灵活性较小。

5. 信息属性要求不同

(1) 在信息精确度方面。管理会计是为内部管理决策提供服务,侧重于对未来的预测、决策和规划,不确定因素多,这些决策往往不对外公布,所以,涉及的信息不可能也不必过于精确;财务会计是为外部信息使用者提供所需的决策信息,需要向社会公开发布,具有一定的法律效力,所以,会计信息质量要求是真实、准确。

(2) 在信息计量方面。管理会计中的信息计量属性可以是定量数据资料也可以是定性信息资料,计量单位可以选择货币计量单位也可以选择非货币计量单位;财务会计中的信息主要以价值尺度反映的定量信息,主要以货币作为计量单位。

(3) 在信息载体方面。管理会计信息载体是各种内部报告,报告种类既没有统一规定也没有统一格式,报告编制时间不固定,而是根据管理需要编制,时间跨度有较大的弹性;财务会计信息载体是对外公布的财务报告,报告种类和格式统一规定,内容和编制方法受会计准则规范,且报告编制时间固定,通常按月、季、半年、年度编制,时间弹性较小。

6. 程序与方法不同

管理会计可根据决策规划的需求选择工作流程,没有固定的工作程序,处理方法也灵活多样,相同的问题也可根据需要选择不同的方法和程序处理。

财务会计必须遵循固定的会计处理程序,以复式记账法为基础,从取得和填制凭证到登记账簿和编制财务报告,不得随意改变处理程序,有较强的程序性。

(二) 管理会计与财务会计的联系

管理会计虽与财务会计有区别,但两者还是密切联系的。一方面,两者都是从传统会计发展而来的,相互依存、相互补充,共同构成了企业会计系统的有机整体;另一方面,管理会计所需的许多会计资料都来源于财务会计,同时管理会计也对财务会计信息进行深加工和再利用,两者共同为实现企业内部经营管理服务。

三、管理会计的职能

管理会计的职能是指管理会计的职责和功能。管理会计的主要职能概括为以下5个方面:预测经济前景、参与经济决策、规划经营目标、控制经济过程和考核评价经营业绩。

(一) 预测经济前景

预测是指采用科学的方法预计、推测客观事物未来发展必然性或可能性的行为。预测是根据现在预计未来、根据已知推测未知,管理会计发挥预测经济前景的职能,就是按照企业未来的总目标和经营方针，充分考虑经济规律的作用和经济条件的约束，选择合理的量化模型，有目的地预计和推测未来企业销售、利润、成本及资金的变动趋势和水平。

（二）参与经济决策

决策在充分考虑各种可能的前提下，按照客观规律的要求，通过一定程序对未来实践的方向、目标、原则和方法做出决定的过程。决策是企业经营管理的核心，贯穿企业管理的各个方面，会计部门必定会参与决策。

决策以预测为基础，管理会计参与经济决策的职能主要体现在，会计部门要根据企业决策目标搜集、整理有关信息资料，选择科学的方法计算有关长短期决策方案的评价指标，并做出正确的财务评价，为最终筛选出最优的决策提供依据和建议。

（三）规划经营目标

管理会计的规划经营目标职能是通过编制各种计划和预算实现的。在最终决策方案的基础上，将事先确定的有关经济目标分解落实到各有关预算中去，从而合理有效地组织协调生产经营各方面，并为控制和考核创造条件。

（四）控制经济过程

控制经济过程是管理会计的重要职能之一。事前确定科学可行的各种标准，事中对执行过程中的实际与计划发生的偏差进行原因分析，以便及时调整和改进经济活动，确保经济活动正常进行。

（五）考核评价经营业绩

管理会计履行考核评价经营业绩的职能，是通过建立责任会计制度来实现的。即在各部门各单位及每个人均明确各自责任的前提下，逐级考核责任指标的执行情况，找出成绩和不足，从而为奖惩制度的实施和未来工作改进措施的形成提供必要的依据。

四、管理会计的基本内容

管理会计的基本内容是指与其职能相适应的工作内容，包括预测分析、决策分析、全面预算、成本控制、责任会计和战略管理会计等方面，其中，前两项内容合称为预测决策会计(accounting for forecasting & decision)；全面预算和成本控制合称为规划控制会计(accounting for planning & control)。它们之间既相对独立，又相辅相成，共同构成了现代管理会计的基本内容。

（一）预测决策会计

预测决策会计是指管理会计系统中侧重于发挥预测经济前景和实施经营决策职能的最具有能动作用的管理会计子系统。

（二）规划控制会计

规划控制会计是指在决策目标和经营方针已经明确的前提下，为执行既定的决策方案而进行有关规划和控制，以确保预期奋斗目标顺利实现的管理会计子系统。

（三）责任会计

责任会计是指根据经营管理活动划分各个内部管理层次相应的职责、权限及所承担义务，考核评价各有关方面履行责任情况的管理会计子系统。

(四) 战略管理会计

战略管理会计是指以协助高层领导制定竞争战略、实施战略规划,从而促使企业良性循环并不断发展为目的,能够从战略的高度进行分析和思考,服务于企业战略管理的一个会计分支。

第三节　管理会计要素和应用原则

为促进单位(包括企业和行政事业单位) 加强管理会计工作,提升内部管理水平,促进经济转型升级,根据《中华人民共和国会计法》《财政部关于全面推进管理会计体系建设的指导意见》等,财政部于 2016 年 6 月发布了《管理会计基本指引》,之后又陆续发布了 34 项管理会计应用指引。

二维码知识点 1.2　管理会计应用指引

一、管理会计的目标

管理会计的目标是通过运用管理会计工具方法,参与单位规划、决策、控制、评价活动并为之提供有用信息,推动单位实现战略规划。

管理会计积极参与制定战略、进行经营预测和决策、组织和协调企业的各项经济管理,不仅有利于各项决策方案的落实,而且有利于企业兼顾长期、中期和短期利益。

二、管理会计的要素

单位应用管理会计,应包括应用环境、管理会计活动、工具方法、信息与报告四要素。

(一) 应用环境

管理会计应用环境,是单位应用管理会计的基础,包括内部环境和外部环境。内部环境主要包括与管理会计建设和实施相关的价值创造模式、组织架构、管理模式、资源保障、信息系统等因素;外部环境主要包括国内外经济、市场、法律、行业等因素。

1. 价值创造模式

单位应准确分析和把握价值创造模式,推动财务与业务等的有机融合。

2. 组织架构

单位应根据组织架构特点,建立健全能够满足管理会计活动所需的由财务、业务等相关人员组成的管理会计组织体系。有条件的单位可以设置管理会计机构,组织开展管理会计工作。

3. 管理模式

单位应根据管理模式确定责任主体,明确各层级以及各层级内的部门、岗位之间的管理会计责任权限,制定管理会计实施方案,以落实管理会计责任。

4. 资源保障

单位应从人力、财力、物力等方面做好资源保障工作，加强资源整合，提高资源利用效率效果，确保管理会计工作顺利开展。单位应注重管理会计理念、知识培训，加强管理会计人才培养。

5. 信息系统

单位应将管理会计信息化需求纳入信息系统规划，通过信息系统整合、改造或新建等途径，及时、高效地提供和管理相关信息，推进管理会计实施。

（二）管理会计活动

管理会计活动是单位利用管理会计信息，运用管理会计工具方法，在规划、决策、控制、评价等方面服务于单位管理需要的相关活动。

单位应用管理会计，应做好相关信息支持，参与战略规划拟定，从支持其定位、目标设定、实施方案选择等方面，为单位合理制定战略规划提供支撑。

单位应用管理会计，应融合财务和业务等活动，及时充分提供和利用相关信息，支持单位各层级根据战略规划做出决策。

单位应用管理会计，应设定定量定性标准，强化分析、沟通、协调、反馈等控制机制，支持和引导单位持续高质高效地实施单位战略规划。

单位应用管理会计，应合理设计评价体系，基于管理会计信息等，评价单位战略规划实施情况，并以此为基础进行考核，完善激励机制。同时，对管理会计活动进行评估和完善，以持续改进管理会计应用。

（三）工具方法

管理会计工具方法是实现管理会计目标的具体手段，是单位应用管理会计时所采用的战略地图、滚动预算管理、作业成本管理、本量利分析、平衡计分卡等模型、技术、流程的统称。管理会计工具方法具有开放性，随着实践发展不断丰富完善。

管理会计工具方法主要应用于以下领域：战略管理、预算管理、成本管理、营运管理、投融资管理、绩效管理、风险管理等。

战略管理领域应用的管理会计工具方法，包括但不限于战略地图、价值链管理等。

预算管理领域应用的管理会计工具方法，包括但不限于全面预算管理、滚动预算管理、作业预算管理、零基预算管理、弹性预算管理等。

成本管理领域应用的管理会计工具方法，包括但不限于目标成本管理、标准成本管理、变动成本管理、作业成本管理、生命周期成本管理等。

营运管理领域应用的管理会计工具方法，包括但不限于本量利分析、敏感性分析、边际分析、标杆管理等。

投融资管理领域应用的管理会计工具方法，包括但不限于贴现现金流量法、项目管理、资本成本分析等。

绩效管理领域应用的管理会计工具方法，包括但不限于关键指标法、经济增加值、平衡计分卡等。

风险管理领域应用的管理会计工具方法，包括但不限于单位风险管理框架、风险矩阵模型等。

单位应用管理会计，应结合自身实际情况，根据管理特点和实践需要选择适用的管理会计工具方法，并加强管理会计工具方法的系统化、集成化应用。

（四）信息与报告

管理会计信息包括管理会计应用过程中所使用和生成的财务信息和非财务信息。单位生成的管理会计信息应相关、可靠、及时、可理解。单位应充分利用内外部各种渠道，通过采集、转换等多种方式，获得相关、可靠的管理会计基础信息，有效利用现代信息技术，对管理会计基础信息进行加工、整理、分析和传递，以满足管理会计应用需要。

管理会计报告是管理会计活动成果的重要表现形式，旨在为报告使用者提供满足管理需要的信息。管理会计报告按期间可以分为定期报告和不定期报告，按内容可以分为综合性报告和专项报告等类别。单位可以根据管理需要和管理会计活动性质设定报告期间。一般应以公历期间作为报告期间，也可以根据特定需要设定报告期间。

三、管理会计的应用原则

（一）战略导向原则

管理会计的应用应以战略规划为导向，以持续创造价值为核心，促进单位可持续发展。

（二）融合性原则

管理会计的应用应嵌入单位相关领域、层次、环节，以业务流程为基础，利用管理会计工具方法，将财务和业务等有机融合。

（三）适应性原则

管理会计的应用应与单位应用环境和自身特征相适应。单位自身特征包括单位性质、规模、发展阶段、管理模式、治理水平等。

（四）成本效益原则

管理会计的应用应权衡实施成本和预期效益，合理、有效地推进管理会计应用。

第二章

成本性态分析与变动成本法

课程目标

通过本章学习，应掌握成本按成本性态分类的方法，掌握固定成本、变动成本的成本习性以及混合成本的含义和分解的一般方法。理解成本的分类、混合成本的分类、变动成本法的主要内容及其与完全成本法的区别。了解变动成本法的产生和发展。

课程思政

通过学习成本性态与变动成本法，树立新的成本观念、养成生活中理性消费的习惯，并运用成本性态分析思维进行决策分析，解决实际问题。理解变动成本法和完全成本法的联系和区别，培养辩证思维。

思维导图

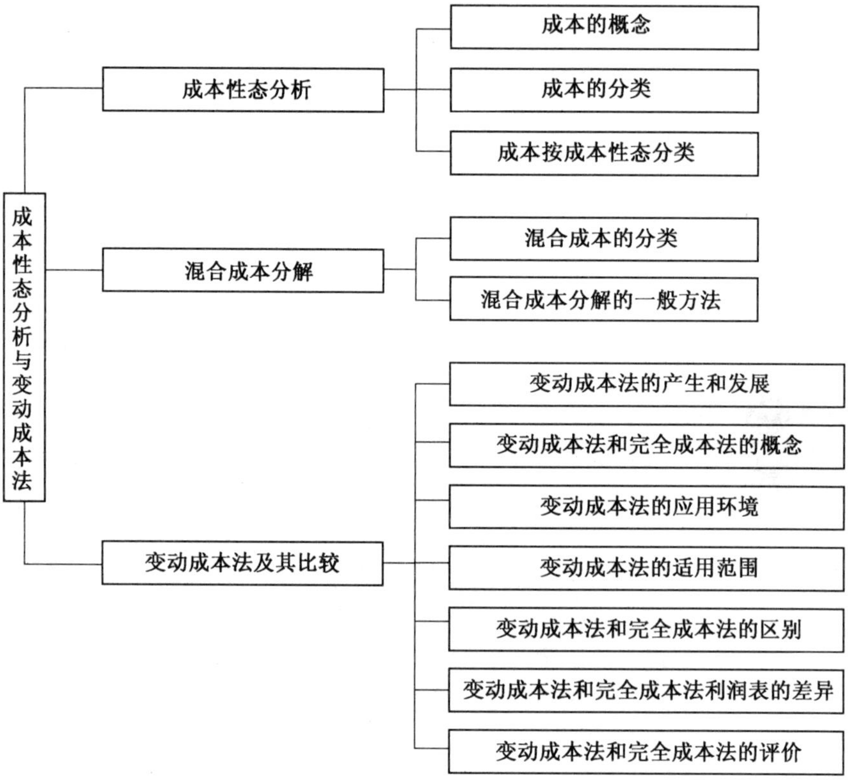

第一节　成本性态分析

一、成本的概念

成本是会计理论中的一个重要概念，不同学科对“成本”概念有不同解释。

经济学中的成本是指商品价值中已经消耗掉的生产资料的转移价值和活劳动消耗的价值。

财务会计学中的成本是对象化的费用，以制造业为例，是为生产一定种类、一定数量的产品所支出的各种生产费用的总和。制造业的产品成本包括完工产品成本所耗费的直接材料、直接人工和制造费用。

管理会计学中的成本是指企业在生产经营过程中对象化的、以货币表现的、为达到一定目的而应当或可能发生的各种经济资源的价值牺牲或代价。

管理会计学的成本范畴和财务会计学的成本范畴并不一致，财务会计学的成本强调过去的、已经发生的成本消耗，管理会计学的成本既可能是过去发生的支出也可能是现在正在发生的支出或将来将要发生的支出代价。管理会计对涉及未来的预测和决策业务处理，也可以将成本和费用统称为一定期间的成本费用，而不需要精确区分成本和费用的界限。

二、成本的分类

管理会计学中按照不同的依据和标准将成本划分为不同的类型，分别满足企业管理的不同要求。

(一) 按发生时间分类

成本按发生时间可分为历史成本和未来成本两类。

历史成本也称为实际成本，是财务会计学的概念，是指生产产品过程中已经发生或本期刚刚发生的成本消耗，如生产产品过程中已经消耗掉的原材料费用、工资费用、水电费用等。

未来成本又称预计成本，与历史成本对应，是指在特定条件下预先测算的成本，如预算成本、标准成本等。

(二) 按与决策相关性分类

成本按与决策相关性分为相关成本和无关成本。

相关成本是指在特定决策方案中需要考虑的成本，如短期决策中需要考虑的边际成本等。

无关成本是指与特定决策无关、不需加以考虑的成本，如短期决策中的沉没成本等。

(三) 按其可控性分类

成本按其可控性分为可控成本和不可控成本。

可控成本是指成本的发生可以由责任中心事前预计、计量、施加影响、事后考核，如可以由管理层控制发生的广告宣传费用等。

不可控成本是指责任中心管理层不能控制、施加影响的成本，如现有固定资产折旧费用等。

(四) 按经济用途分类

制造业的成本按其经济用途分类可分为生产成本和非生产成本两类。

1. 生产成本

生产成本也称制造成本，指为生产产品或提供劳务而发生的各项生产费用，包括各项直接支出和制造费用，直接支出包括直接材料、直接人工。

(1) 直接材料。

直接材料是指企业生产产品或提供劳务的过程中消耗的、有助于产品形成、构成产品实体的原材料及辅助材料、外购半成品、燃料及动力等。

(2) 直接人工。

直接人工是指企业在生产产品或提供劳务的过程中，直接从事产品生产的职工薪酬，包括从事生产人员的工资、津贴、福利费和社保等。

(3) 制造费用。

制造费用是指企业为生产产品或提供劳务而发生的各项间接费用,包括企业生产部门发生的水电费用、固定资产折旧费用、管理人员的职工薪酬、劳动保护费、季节性和修理期间的停工损失等。

2. 非生产成本

非生产成本也称期间费用,是指企业日常活动发生的,不能计入特定核算对象而应计入发生当期损益的费用。期间费用是为组织和管理整个经营活动所发生的费用,包括管理费用、销售费用、财务费用。

(1) 管理费用。

管理费用是指企业行政管理部门为组织和管理生产经营活动而发生的各种费用,如企业董事会和行政管理部门在企业经营管理中发生的办公费、差旅费、管理人员工资及福利费、咨询费、诉讼费、业务招待费等。

(2) 销售费用。

销售费用是指企业在销售商品过程中发生的运输费、装卸费、广告费、展览费等,以及为销售本企业商品而专设的销售机构的业务费、职工薪酬等费用。

(3) 财务费用。

财务费用是指企业为筹集生产经营所需资金等而发生的费用,包括利息净支出、汇兑净损失及相关手续费等。

三、成本按成本性态分类

除了上述分类外,管理会计学中最重要的一种分类是成本按成本性态分类,下面本书重点阐述这种分类。

成本按其性态分类,是管理会计学最重要的一种分类,这种分类可以满足规划与经营决策、控制与业绩评价需要。

成本性态也称成本习性,是指成本总额与业务总量之间在数量方面的依存关系。这里的成本总额是指为取得营业收入而发生的全部生产成本和非生产成本;业务总量是指企业在一定的生产运营期内投入或完成的经营工作量,可以是产量、销售量等实物量,也可以是价值量或相对数量。成本按其性态分类可分为固定成本、变动成本和混合成本三大类,混合成本及分解在本章第 2 节阐述。

(一) 固定成本

1. 固定成本的定义

固定成本是指在一定时期和一定业务量范围内,成本总额不随业务量增减变动而发生数额变化的成本。固定成本通常包含在制造费用和非生产成本中,主要有办公费、固定资产折旧费、管理人员薪酬、广告费、差旅费、保险费、房屋和设备的租赁费用,等等。

2. 固定成本的特点

(1) 固定成本总额不变性。

在相关的时间范围和业务量范围内,固定成本总额不受业务量增减变动影响,即成本总额不随业务量的变化而变化。

在平面直角坐标图中,设业务量为 x、成本为 y、固定成本为 a,固定成本线就是一条平行于 x 轴的直线,固定成本性态模型为 $y = a$,如图 2.1 所示。

图 2.1　固定成本性态模型

(2) 单位固定成本反比例变动性。

单位固定成本反比例变动性即单位固定成本随业务量的变动成反比例变动。单位固定成本是固定成本总额除以业务量的结果,由于固定成本的不变性,单位产品负担的固定成本必然会随着业务量的增加而减少,成反比例变动。

在平面直角坐标图中,设业务量为 x、单位固定成本为 y、固定成本为 a,单位固定成本线是一条反比例直线,单位固定成本性态模型为 $y = a/x$,如图 2.2 所示。

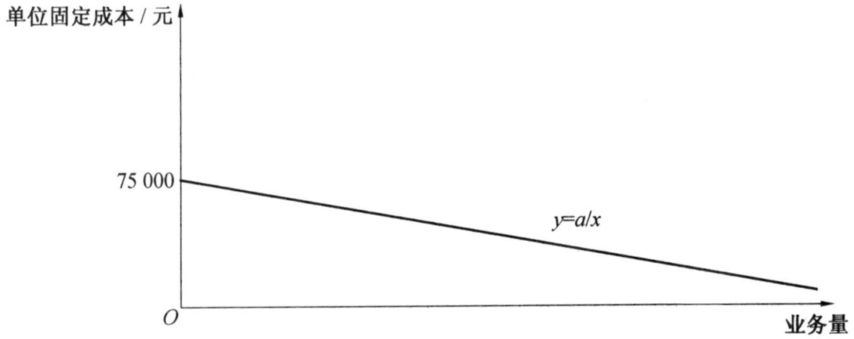

图 2.2　单位固定成本性态模型

【例 2.1】　固定成本性态模型。

某公司生产一种产品,其生产车间生产产品的设备是租赁的,该设备最大生产能力是 6 000 件, 每年租金 75 万元,租期 5 年,20×4 年产品产量和租赁费用见表 2.1。

表 2.1　产品产量与固定成本资料

月份	产量 / 件	租赁费用(a)/ 元	单位产品负担的租赁费用 / 元每件
1	4 000	750 000	187.5
2	3 000	750 000	250
3	5 000	750 000	150
4	4 800	750 000	156.25
5	6 000	750 000	125
6	3 750	750 000	200

从表 2.1 中可以看到,在一定业务量范围内(此例为 6 000 件),每月发生的设备租赁费用总额(即固定成本总额 a) 不会随产量的变化而变化,保持 750 000 元固定不变;单位产品负担的租凭费用(单位固定成本 a/x) 随着产量的增加而下降,与产量成反比例关系。固定成本与单位固定成本成本习性如图 2.1 和图 2.2 所示。

3. 固定成本的分类

为准确降低固定成本,固定成本按其是否受企业管理人员的短期决策行为的影响,又可进一步细分为约束性固定成本和酌量性固定成本两类。

(1) 约束性固定成本。

约束性固定成本(committed fixed cost) 又称拘束性固定成本,是指不受企业管理人员的短期决策行为影响的那部分固定成本,如厂房和机器设备等按直线法计提固定资产的折旧费、财产保险费、房屋和设备的租金、管理人员薪酬等。企业管理人员的短期决策行为不能改变这类成本的支出数额,这类成本反映的是形成和维持企业最低生产经营能力的成本。

由于企业的经营能力一旦形成,短期内这类成本的任何降低都会带来企业生产能力的缩减、经营能力的下降,还可能降低盈利能力,影响企业长远目标的实现,因此,这类成本是企业经营业务必须负担的最低成本,具有很大的约束性。

例如,某企业具有年产 1 000 000 件的生产能力,不论实际生产量是 100 000 件,还是 800 000 件,企业的约束性固定成本都是一样的。也就是说,总的生产成本中包括了已使用的生产能力和闲置的生产能力 2 个部分的成本,并不能因为有一部分生产能力未得到利用就不予列支。因此约束性固定成本具有很大的约束性,管理人员的短期决策行为不能轻易改变其数额。要想降低约束性固定成本,只能从合理利用经营能力入手。

(2) 酌量性固定成本。

酌量性固定成本(discretionary fixed cost) 又称抉择性固定成本,是指受企业管理人员的短期决策行为的影响,可以在不同时期改变其数额的那部分固定成本,如研究开发费、广告宣传费、员工培训费等。

酌量性固定成本一般在预算年度开始前由企业管理人员根据经营需要和财力许可等具体情况确定预算期间的预算额。这类成本的预算数只在预算期内有效,企业领导可以根据具体情况的变化,确定不同预算期的预算数,成本的数额不具有约束性,因此也称为可调整固定成本。一般情况下,企业编制预算时,在不影响生产经营的前提下,通常所说的降低固定成本指的就是降低酌量性固定成本。

需要说明的是,固定成本的定义中"在一定时期和一定业务量范围内" 是说固定成本的固定性是有条件的,业务量区间就是所谓的"相关范围",当业务量超过整个"相关范围" 时,对应的固定成本也就不再是"固定" 的了。例如,当产量增加幅度较大,以致超出了目前企业的生产能力时,企业就需要添置新设备,因此会引起固定资产折旧费的增加。固定成本的相关业务量范围就是假设在一定业务量范围内,固定成本总额不变。

(二) 变动成本

1. 变动成本的定义

变动成本是指在一定时期和一定业务量范围内,成本总额随着业务量的变动而成正比例变动的成本。变动成本主要有原材料、按产量法计提的折旧、计件工资制下生产工人的工资、销售费用、管理费用和财务费用中那些与销量成正比例的费用项目等。

2. 变动成本的特点

(1) 变动成本总额正比例变动性。

在相关的时间范围和业务量范围内,变动成本总额随业务量的变动成正比例变动。

在平面直角坐标图中,设业务量为 x、变动成本为 y、单位变动成本为 b,变动成本线是一条通过原点的、以单位变动成本为斜率的直线。单位变动成本越大,即斜率越大,直线坡度越陡;业务量增加,成本总额成正比例上升。变动成本性态模型为 $y = bx$,如图 2.3 所示。

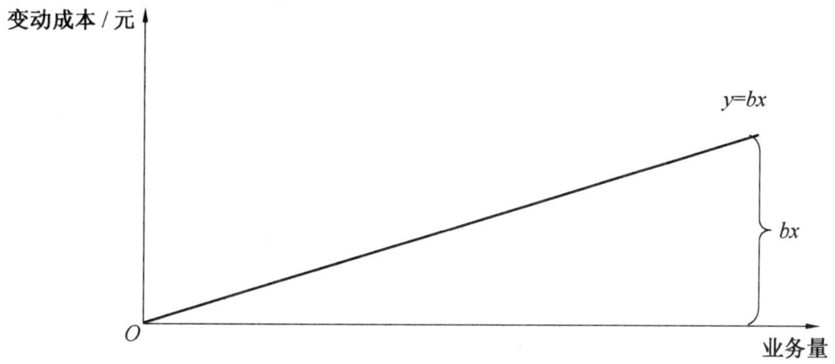

图 2.3　变动成本性态模型

(2) 单位变动成本不变性。

单位变动成本不受业务量增减变动影响,不随业务量的变化而变化。单位变动成本是成本总额除以业务量的结果,由于变动成本总额的正比例变动性,单位产品负担的变动成本必然会保持不变。

在平面直角坐标图中,设业务量为 x、单位变动成本为 y、变动成本为 b,单位变动成本线就是一条平行于 x 轴的直线,单位变动成本性态模型为 $y = b$,如图 2.4 所示。

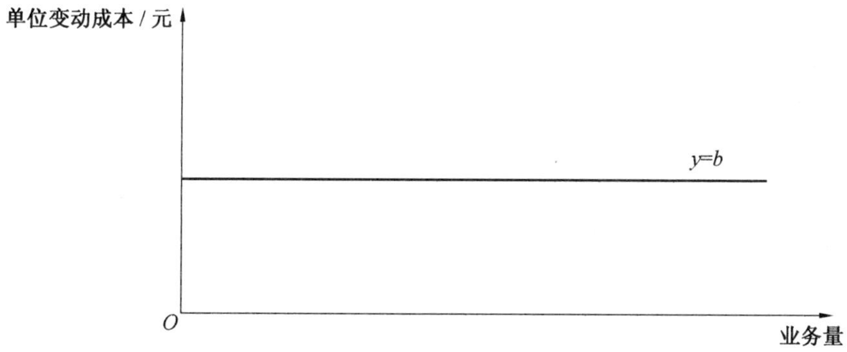

图 2.4　单位变动成本性态模型

【例 2.2】　变动成本性态模型。

某公司生产车间最大生产能力是 6 000 件,生产车间每生产一件产品需要外购原材料 2 kg、单价 5 元,20×4 年产品产量和原材料费用见表 2.2。

表 2.2　产品产量与变动成本资料

月份	产量/件	原材料费用(b)/元	单位产品负担的原材料费用/元每件
1	4 000	40 000	10
2	3 000	30 000	10
3	5 000	50 000	10
4	4 800	48 000	10
5	6 000	60 000	10
6	3 750	37 500	10

从表 2.2 中可以看到,在一定业务量范围内(此例为 6 000 件),每月发生的原材料费用总额(即变动成本总额 bx)随着产量增加而成正比例上升,与产量成正比例关系;单位产品负担的原材料费用(单位变动成本 b)不会随产量的变化而变化,保持 10 元/件固定不变。变动成本与单位变动成本成本习性如图 2.3 和图 2.4 所示。

3. 变动成本的分类

为了进一步降低变动成本,变动成本按其发生的原因可细分为技术性变动成本和酌量性变动成本两类。

(1) 技术性变动成本。

技术性变动成本是指其单位成本由客观因素决定、消耗量由技术因素决定的那部分变动成本。例如,一辆汽车需要 4 个轮胎、一台发动机、车身、玻璃等,只要企业生产该产品,这类成本就必然发生,若企业不生产该产品,这类成本也不必发生,这类成本属于和产量有关系的技术性变动成本。生产某型号柴油机需要外购配套的油嘴、油泵等部件,在外购价格一定的条件下,其成本就属于受设计影响的、与柴油机产量成正比例关系的技术性变动成本。还有,生产线上生产工人的计件工资也是在生产工艺下和产量成正比例关系的技术性变动成本。

要想降低技术性变动成本,应当通过改进设计、改革工艺技术、提高材料综合利用率、降低单耗来实现。

(2) 酌量性变动成本。

酌量性变动成本是指单位消耗由客观因素决定,其单位成本主要受企业管理部门决策影响的变动成本。例如,因销售产品给销售人员的销售佣金,金额多少可以由企业管理人员决定;某种原材料在规格、质量、单耗一定的前提下,由于采购地、供货单位不同而出现不同的采购价格,由管理部门决策选择;按产量计酬的工人薪金标准取决于企业管理层的决策。这类成本的显著特点是其单位成本的发生额可由企业最高管理层决定。

企业如果想降低酌量性变动成本,应当通过合理决策、严格控制费用开支、改善成本效益关系来实现。

需要说明的是,变动成本的定义中"在一定时期和一定业务量范围内",是指变动成本总额和业务量之间也受一定相关范围约束,某些成本项目只是对某一特定业务量来说属于变动成本,而对其他业务量来说则不属于变动成本。例如,当产量继续增加到一定水平时,单位变动成本反而会逐渐增加(如支付工人的加班、加点工资等)。变动成本的相关业务量范围就是假设在一定业务量范围内,单位变动成本不变。

(三)总成本性态模型

由于管理会计根据成本性态将企业的全部成本分为变动成本和固定成本两大类。因此,企业的总成本公式表述为:

总成本 = 固定成本总额 + 变动成本总额 = 固定成本总额 + 单位变动成本 × 业务量

或

$$y = a + bx \tag{2.1}$$

式中　y—— 总成本;

a—— 固定成本总额;

b—— 单位变动成本;

x—— 业务量。

式(2.1) 是一直线方程式:x 是自变量,y 是因变量,a 是常数,b 是直线的斜率。总成本性态模型如图 2.5 所示。

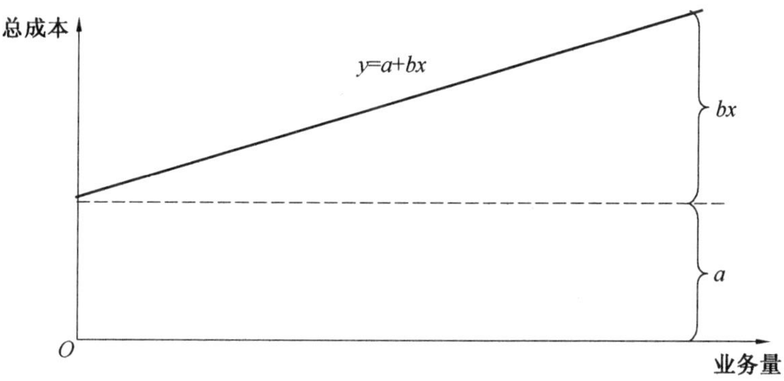

图 2.5　总成本性态模型

显然,若能求出公式中 a 和 b 的值,就可以利用这个直线方程来进行成本预测、成本决策和其他短期决策,所以,总成本性态模型是一个非常重要的模型。

第二节　混合成本分解

一、混合成本的分类

混合成本是指成本总额随业务量变动但不成正比例变动的那部分成本。

在实际工作中,成本按其性态分类会有部分成本的成本性态并不明显,兼具固定成本和变动成本两种不同性质,游离于两者之间,这种成本总额既随业务量变动又不成正比例变动的成本称为混合成本。一般而言,设备维护修理费和销售人员的工资等都属于混合成本,销售人员一般有基本的薪金,类似于固定成本;根据销售额进行的业务提成近似于变动成本。

混合成本一般可分为半变动成本、半固定成本和延期变动成本。

（一）半变动成本（又称标准式混合成本）

固定成本和变动成本可以说是两种较为理想化的划分，在实际工作中，并不是所有的成本费用都会分别以这两种简明的形态出现，而是表现为两者混合在一起的形态，称为半变动成本。

企业的水、电费用，机器设备的维修保养费用，销售人员的薪酬都属于标准式混合成本。例如，电话费用由两部分构成：一部分是月租费，它和通话量无关，是按月固定要发生的；另一部分是通话费，根据通话时间按一定的费率计算收取。这样，电话费就由两者混合构成，是一种半变动成本。因此，这类成本通常有一个基数是不变的，相当于固定成本，在这个基数上，如业务量增加，成本也相应增加，这又相当于变动成本。

在标准式混合成本模型中，我们可以用 y 表示成本总额，a 表示固定成本，b 表示单位变动成本，x 表示业务量，则它们之间的关系可以用数学模型 $y = a + bx$ 来表示，标准式混合成本模型如图 2.5 所示

【例 2.3】 某公司取得一项非专利技术使用权，合同规定，每月支付固定费用 100 000 元，类似于固定成本，在此基础上每销售 1 件产品，另支付 10 元，该部分费用随着产品销售量的变动而发生正比例变动，相当于变动成本，而整个非专利技术使用费则属于半变动成本。该公司产品销售量和非专利技术使用费关系如图 2.6 所示。

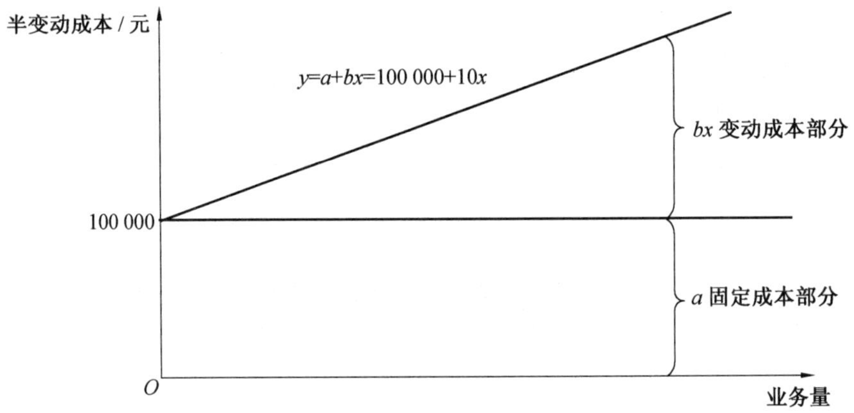

图 2.6　半变动成本关系图

（二）半固定成本（又称阶梯式混合成本）

在一定业务量范围之内成本总额是固定的，当业务量增长超过这个范围，成本总额跳跃到一个新的较高数额，然后在业务量增长的一定限度内，其发生额又保持不变，直到另一个新的跳跃为止。由于这类成本呈阶梯式变动，又称阶梯式混合成本。企业的质检员、化验员、货运员等人员的工资都属于阶梯式混合成本。

在阶梯式混合成本模型中，当业务量在一定范围内，半固定成本可以被视为固定成本，用数学模型 $y = a_1$ 来表示；如果业务量超出一定范围达到另一个范围，半固定成本用数学模型 $y = a_2$ 来表示，以此类推，阶梯式混合成本由若干段分段函数组成。半固定成本关系图如图 2.7 所示。

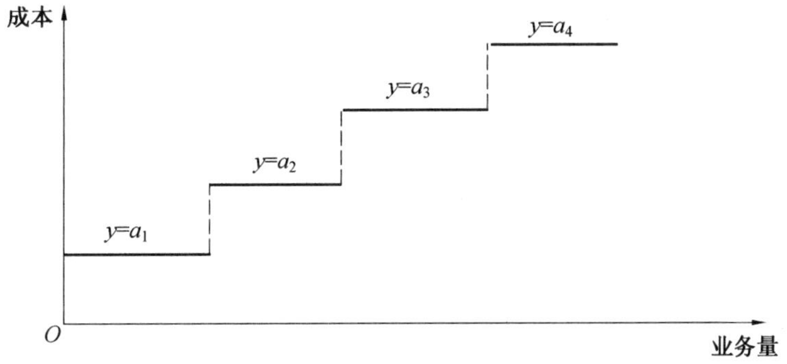

图 2.7　半固定成本关系图

【例 2.4】　某企业的产品月产量在 500 件以内，必须配备一名质量检验人员，如果产量超过了这一限度，就必须增加人员，产量每增加 500 件，就需要增加一名检验员。检验员的工资均为 4 500 元。在这种情况下，检验员的工资就是一项半固定成本，其成本发生额与业务量的关系如图 2.7 所示。

（三）延期变动成本（又称低坡式混合成本）

延期变动成本是指在一定业务量范围之内，成本总额固定不变，但当业务量超过正常水平，超过部分成本额与业务量成正比例增长关系。例如，固定工资加绩效工资制的职工薪酬，完成正常业务量的情况下，企业对职工支付的工资是固定的，但若超额完成工作量，就需要根据超额工作量支付绩效工资。延期变动成本关系图如图 2.8 所示。

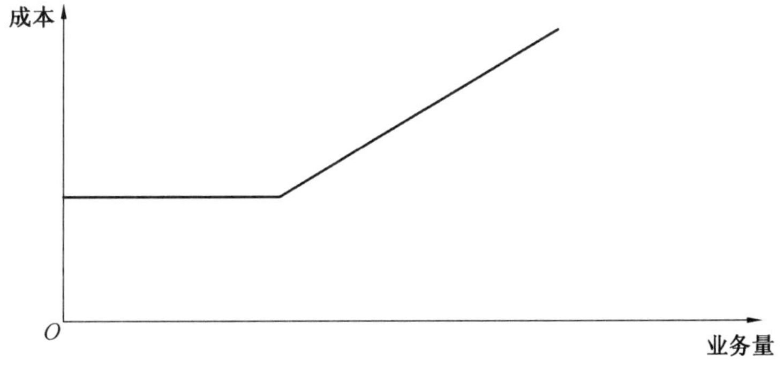

图 2.8　延期变动成本关系图

【例 2.5】　某学校教师薪酬执行固定工资加绩效工资的薪酬制度，每周完成 40 课时，支付 4 000 元固定工资；在此基础上，每增加完成 1 课时，再增加绩效工资 50 元。

根据上述资料，教学课时与教师薪酬的关系用以下公式表示。

$$Y = f(x) = \begin{cases} 4\,000 & (0 \leqslant x \leqslant 40) \\ 4\,000 + 50 \times (x - 40) & (x > 40) \end{cases}$$

二、混合成本分解的一般方法

固定成本和变动成本是按成本性态分析的相对特殊的情形，多数成本是以混合成本形式存在的。为满足管理会计决策的需要,需要按照一定的方法把混合成本分解为变动成本和固定成本,即混合成本的分解。这里只研究相关范围内的混合成本分解。

混合成本分解方法有历史资料分析法、账户分析法(又称会计分析法)、技术测定法(又称工业工程法)、合同确认法。其中后三种方法可通过直接分析认定,而历史资料分析法需要借助数学方法进行分解。

(一) 历史资料分析法

1. 高低点法

高低点法是根据成本和业务量的历史资料,从中选取最高业务量与最低业务量的相应混合成本,测算混合成本中的固定成本 a 和单位变动成本 b 的一种混合成本分解的方法。

高低点法的基本原理,从几何意义上讲是两点决定一条直线;从经济意义上讲,是因为混合成本历史资料属于相关范围,高点的混合成本与低点的混合成本都包含相同的固定成本和单位变动成本,二者的差别仅仅是由于业务量不同引起的变动成本之差,从而求出 b 单位变动成本,然后再求出 a 固定成本。具体计算方法步骤如下。

(1) 确定高低点坐标。

从以前会计期间成本和业务量资料中,找出最高点业务量 $x_{高}$ 以及相应的成本 $y_{高}$、最低点业务量 $x_{低}$ 以及相应的成本 $y_{低}$,确定最高点坐标$(x_{高}, y_{高})$和最低点坐标$(x_{低}, y_{低})$。

即有如下关系

$$\begin{cases} y_{高} = a + bx_{高} \\ y_{低} = a + bx_{低} \end{cases} \tag{2.2}$$

(2) 计算单位变动成本。

根据高低点成本计算式,两式相减得

$$y_{高} - y_{低} = b(x_{高} - x_{低})$$

求得

$$b = \frac{y_{高} - y_{低}}{x_{高} - x_{低}} \tag{2.3}$$

(3) 计算 a 固定成本。

将 b 代入高点(或低点)的混合成本模型,则

$$y_{高} = a + bx_{高} \text{ 或 } y_{低} = a + bx_{低}$$

求得

$$a = y_{高} - bx_{高} \text{ 或 } a = y_{低} - bx_{低} \tag{2.4}$$

(4) 确定成本性态模型。

将求得的 a 和 b 的数值代入 $y = a + bx$,建立成本性态模型。

【例 2.6】 某公司生产车间 1—6 月份相关范围内的机器设备维修工时和维修费见表 2.3。

机器设备维修费是一项混合成本,现要求用高低点法对维修费进行分解。

表 2.3　机器设备维修费表

月份	维修工时(x)/h	维修费(y)/元
1	5 500	745
2	7 000	850
3	5 000	700
4	6 500	820
5	7 500	960
6	8 000	1 000

(1) 确定高低点坐标。

根据表 2.3 中的资料可知

高点业务量 $x_{高} = 8\ 000$　　高点混合成本 $y_{高} = 1\ 000$

低点业务量 $x_{低} = 5\ 000$　　低点混合成本 $y_{低} = 700$

(2) 计算单位变动成本。

$$b = \frac{y_{高} - y_{低}}{x_{高} - x_{低}} = \frac{1\ 000 - 700}{8\ 000 - 5\ 000} = 0.1(\text{元})$$

(3) 计算 a 固定成本。

将 b 代入高点混合成本模型,得

$$1\ 000 = a + 0.1 \times 8\ 000$$

$$a = 1\ 000 - 0.1 \times 8\ 000 = 200(\text{元})$$

(4) 确定成本性态模型。

混合成本维修费模型为

$$y = 200 + 0.1x$$

采用高低点法分解混合成本简便易懂,但由于该方法只利用两个极端的数据资料来建立成本模型,因此当极端值受偶然因素的影响时会使计算结果不准确。所以,这种方法只适用于历史资料比较完备、混合成本比较稳定的企业。

2. 散布图法

散布图法是根据历史混合成本数据,在直角坐标图中绘出若干个混合成本点(也称散布点),在散布点之间画一条尽可能接近所有坐标点的直线,近似反映混合成本变动趋势,据以确定混合成本中固定成本和变动成本的方法。

其具体做法是:先建立直角坐标系,以横轴代表业务量(x),以纵轴代表混合成本(y);再将各个历史混合成本数据逐一在坐标图中描点,这样,各个历史数据就形成若干散布点。然后再用目测的方法在各混合成本点之间画一条尽可能接近所有坐标点的直线,该直线与纵轴交点处所对应的金额,即为混合成本中的固定成本数,扣除固定成本总额即为变动成本额。

【例2.7】 仍以例2.6为例，将表2.3中6个月各月维修工时和维修费的坐标分别标在平面直角坐标图上作散布图，如图2.9所示。

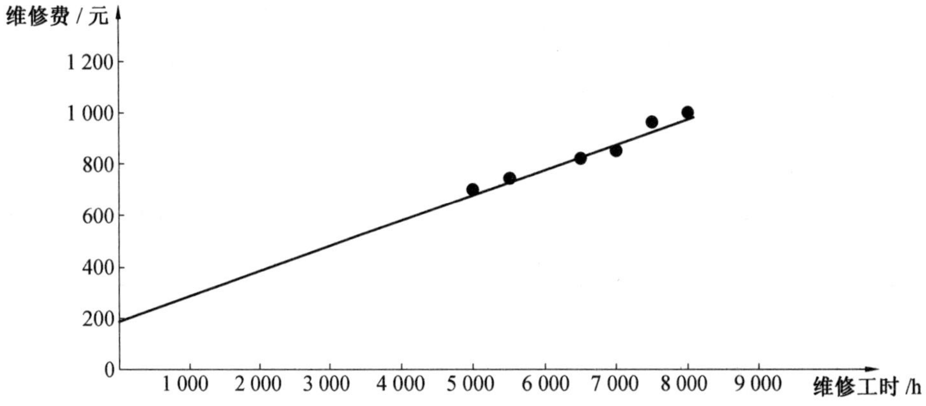

图2.9 成本散布图

由图2.9可见，直线与纵轴相交处的金额为200元，即固定成本总额 $a = 200$ 元。图2.9中成本趋势线的斜率为单位变动成本 b，单位变动成本 b 可用下列公式计算

$$b = \frac{y - a}{x}$$

取直线上任意一点数值代入该公式，如将 $x = 8\ 000$，$y = 1\ 000$ 代入公式，则

$$b = \frac{1\ 000 - 200}{8\ 000} = 0.1(\text{元}/h)$$

根据以上的计算，确定混合成本的性态模型为

$$y = 200 + 0.1x$$

散布图法以全部成本资料作为描述混合成本性态的依据，比高低点法计算结果更为准确，具有简单和形象化的优点。但由于混合成本趋势线是目测而来的，带有明显的主观因素，绘制时容易出现误差，所以测得的数据依然不够精确。

3.回归直线法

回归直线法是企业根据过去一定期间的业务量(x)和混合成本(y)的历史资料，应用最小二乘法原理，计算最能代表业务量与混合成本关系的回归直线，借以确定混合成本中固定成本和变动成本的方法。

回归直线法的基本原理是，将各历史混合成本数据在直角坐标系中逐一描点，形成散布图。在图中，人为配合一条最合理的近似直线 $y = a + bx$，使 y 上各点数据与实际混合成本资料 y_i 形成的误差，先平方后加总，使之达到最小值，满足这个条件下的直线是一条唯一的直线。故此，这种方法又称为“最小二乘法”或“最小平方法”。这条最合理的直线 $y = a + bx$，其中 a、b 称为回归参数，它是根据已知资料(x_i、y_i)按误差平方和为最小值的条件计算出来的参数。

回归直线法简单的推导过程如下：

根据混合成本(y)和业务量(x)，建立回归直线方程 $y = a + bx$。

首先,根据历史资料数值,对 $y = a + bx$ 的每一项求出合计数,即

$$\sum y = na + b\sum x \tag{2.5}$$

根据上式可以推导出

$$a = \frac{\sum y - b\sum x}{n} \tag{2.6}$$

然后,以 x 乘以式(2.5) 的各项,即得

$$\sum xy = a\sum x + b\sum x^2 \tag{2.7}$$

将式(2.6) 代入式(2.7),得出

$$\sum xy = \frac{\sum y - b\sum x}{n}\sum x + b\sum x^2 \tag{2.8}$$

推导出

$$b = \frac{n\sum xy - \sum x\sum y}{n\sum x^2 - (\sum x)^2} \tag{2.9}$$

再把式(2.8) 代入式(2.6),得出

$$a = \frac{\sum x^2\sum y - \sum x\sum xy}{n\sum x^2 - (\sum x)^2} \tag{2.10}$$

确定成本性态模型 $y = a + bx$。

需要说明的是,回归直线法不仅可用于混合成本分解,也可以用于建立其他的经济数学模型。这里有一个条件,即自变量 x 与因变量 y 必须存在线性相关关系,否则,所建的模型没有意义。为此,采用回归直线法建立模型前,要检验已知资料中 x 与 y 是否存在线性相关关系。除画散点图外,更多地可通过计算线性相关系数加以判断检验。尤其是资料数量偏少时,会出现虚假相关现象。所以,必须进行上述这种检验。线性相关系数计算公式为

$$r = \frac{n\sum xy - \sum x\sum y}{\sqrt{[n\sum x^2 - (\sum x)^2][n\sum y^2 - (\sum y)^2]}} \tag{2.11}$$

计算结果讨论:

$r = 0$,表示 x 与 y 不存在线性相关关系。

$|r| = 1$,表示与 x 与 y 完全线性相关(+1 为正相关,-1 为负相关)。

一般情况 $0 < |r| < 1$,表示 x 与 y 在一定程度上存在线性相关关系。

只有当计算出的线性相关系数 $|r|$ 大于它的临界线性相关系数 r_a,才能认为 x 与 y 存在线性相关关系,否则,认为 x 与 y 不存在线性相关关系。临界线性相关系数 r_a 通过查附录五得到,表中 a 为检验水平,f 为自由度,它用 $n-2$ 加以确定。

【例 2.8】　某公司有 6 个月的混合成本与业务量的对应资料,见表 2.4。

要求用回归直线法将混合成本进行分解,并写出混合成本的数学模型。

首先将表 2.4 中的已知资料进行整理,见表 2.5。

表 2.4　混合成本与业务量资料表

月份	业务量(机器小时)x/h	混合成本(维修费)y/元
1	30	270
2	40	330
3	50	450
4	40	370
5	60	460
6	80	520

表 2.5　资料整理表

月份	x	y	x^2	xy	y^2
1	30	270	900	8 100	72 900
2	40	330	1 600	13 200	108 900
3	50	450	2 500	22 500	202 500
4	40	370	1 600	14 800	136 900
5	60	460	3 600	27 600	211 600
6	80	520	6 400	41 600	270 400
$n=6$	$\sum x=300$	$\sum y=2\ 400$	$\sum x^2=16\ 600$	$\sum xy=127\ 800$	$\sum y^2=1\ 003\ 200$

计算线性相关系数 r

$$r=\frac{n\sum xy-\sum x\sum y}{\sqrt{[n\sum x^2-(\sum x)^2][n\sum y^2-(\sum y)^2]}}$$

$$=\frac{6\times 127\ 800-300\times 2\ 400}{\sqrt{[6\times 16\ 600-300^2][6\times 1\ 003\ 200-2\ 400^2]}}$$

$$=0.938\ 2$$

设相关性检验水平为 5%，这里的 $n=6$，查附录五 $r_\alpha=0.811\ 4$，可见，计算结果 $r=0.938\ 2$ 大于 r_α，故可以认为这里 x(业务量) 与 y(维修费) 存在线性相关关系，再将有关系数代入回归系数 a、b 计算公式。得

$$b=\frac{n\sum xy-\sum x\sum y}{n\sum x^2-(\sum x)^2}=\frac{6\times 127\ 800-300\times 2400}{6\times 16\ 600-300^2}=4.875(\text{元}/\text{h})$$

$$a=y-bx=\frac{2\ 400}{6}-4.875\times\frac{300}{6}=156.25(\text{元})$$

维修费混合成本性态模型为

$$y=156.25+4.875x$$

用回归直线法分解混合成本，计算结果较为准确，但计算过程比较复杂，如能借助电子计算机工具，则可扬长避短。

成本性态分析在管理会计中有着广泛的应用范围，变动成本计算和本量利分析是其最有应用效果的领域。

（二）账户分析法

账户分析法是根据相关成本费用账户及其明细账户的内容，分析其与业务量的依存关系，判断其比较接近哪一类成本，将其视为哪一类成本，从而确定其成本性态的一种混合成本分解方法。

通过经验判断，其特征与变动成本较为接近的划入变动成本，其特征与固定成本较为接近的划入固定成本，其特征不易简单地划入变动成本或固定成本的项目，则可通过一定比例将它们分解为变动和固定成本 2 个部分。例如，“制造费用”账户中的生产部门办公费、按年限平均法计算的折旧费等，在一定范围内与业务量的关系并不密切，所以应视为固定成本；而“制造费用”账户内的燃料动力费、维修费等，其发生额的大小与业务量变动的关系很明显，因而可将其视为变动成本。

【例 2.9】　某公司生产车间生产产品，今年全年产量 2 000 件，成本总额 300 000 元，具体成本构成见表 2.6。

表 2.6　车间生产成本项目构成　　单位：元

项目		总成本
生产成本	直接材料	140 000
	直接人工（生产工人计件工资）	100 000
制造费用	办公费	10 000
	燃料动力费	20 000
	折旧费	25 000
	修理费	5 000
合计		300 000

要求：按照账户分析法对成本进行成本性态分解。

解析：根据账户分析法，有关成本费用的分解过程如下。

“生产成本”账户中直接材料和直接人工通常为变动成本。“制造费用”账户中燃料动力费、修理费与业务量变动有明显的变动关系，确定为变动成本；办公费和折旧费与业务量变动没有明显的变动关系，确定为固定成本。

根据表 2.7，该生产车间的总成本被分解为固定成本和变动成本两部分，其中，固定成本 $a = 35\ 000$（元），该生产车间产量为 2 000（件），单位变动成本为

$$b = 265\ 000/2\ 000 = 132.5(\text{元})$$

以数学模型来描述该车间的总成本，即

$$y = 35\ 000 + 132.5x$$

账户分析法分解过程比较简单，是在一定的假设条件下进行的，分析结果带有很强的主观判断，不可避免地带有片面性和局限性。

表 2.7　车间生产成本费用的分解　　单位:元

项目		总成本	固定成本	变动成本
生产成本	直接材料	140 000	—	140 000
	直接人工(生产工人计件工资)	100 000	—	100 000
制造费用	办公费	10 000	10 000	—
	燃料动力费	20 000	—	20 000
	折旧费	25 000	25 000	—
	修理费	5 000	—	5 000
合计		300 000	35 000	265 000

(三) 合同确认法

合同确认法是根据企业与供应商签订的合同中所约定的费用支付方法来确认哪些属于固定成本、哪些属于变动成本的一种混合成本分解方法。合同确认法一般要配合账户分析法使用,通常适用于计价方法明确的各种公用事业费,如电费、水费、天然气费。

【例2.10】　某公司与电信公司签订合同,规定该公司每月需支付电信公司光纤线路使用费用2 000元,每分钟通信时长0.02元,确定该公司电信费用的成本模型。

$$y = 2\ 000 + 0.02x$$

合同确认法划分比较清晰、准确,但是使用范围有限,只能用于已签订合同的项目,有一定的局限性。

(四) 技术测定法

技术测定法是在一定生产技术和管理水平下,通过测定生产过程中投入的材料成本、人工成本来划分固定成本和变动成本。在生产中,企业常常要提供有关工程设计说明书,它规定了在一定生产量条件下应耗用的材料、燃料、动力、工时和台时消耗标准,这些数据通常可较为准确地反映出一定生产技术和管理水平下的投入产出规律。

【例2.11】　某企业铸造车间的工作任务是铸造熔炉,其程序是先点炉,然后熔化铁水,每次点炉要用木柴0.05 t、焦炭1.5 t。熔化1 t铁水需要使用焦炭0.12 t,每个工作日点炉一次,全月工作22 d,木柴单价为300元/t,焦炭单价为450元/t。确定该车间每月燃料总成本方程。

$$y = a + bx = (0.05 \times 300 + 1.5 \times 450) \times 22 + 0.12 \times 450x$$

$$= 15\ 180 + 54x \quad (x\text{ 为每月熔化铁水的吨数})$$

采用这种方法进行划分比较准确,但是该方法工作量大,有些费用类项目分析较为困难。技术测定法适用于投入成本和产出数量之间有规律性联系的成本分解,或者没有历史数据可供参考的企业。

第三节　变动成本法及其比较

一、变动成本法的产生和发展

1836 年英国曼彻斯特工厂的利润计算中就出现了变动成本法的雏形。1906 年 2 月美国《制度》杂志曾刊登过一段话，单位直接收入减去单位直接成本得到单位净贡献，然后以它来抵偿不受生产经营活动量影响的费用(即固定费用)，这与变动成本法的基本思路很相似。美籍英国会计学家乔纳森·哈里斯撰写并发表于 1936 年 1 月 15 日的《全国会计师联合会公报》上的论文是第一篇专门论述变动成本法的论文。

20 世纪 50 年代，随着企业经营环境的改变和决策意识的增强，传统的完全成本法提供的会计信息越来越不能满足企业内部管理的需要。美国的一些会计师和经理又重新研究并开始在实务中试行变动成本法，并将变动成本法中的边际贡献这一概念用于本量利分析及其他方面。到 20 世纪 60 年代，变动成本法风靡欧美，并成为管理会计开展工作的前提条件之一，时至今日，该方法已普遍应用于企业的内部管理。

我国会计实务工作一直执行统一的会计制度和成本计算模式，从 20 世纪 80 年代开始，我国部分城市地区的部分国有大型企业尝试应用变动成本法，财政部 2017 年发布的《管理会计应用指引第 303 号——变动成本法》正式将变动成本法纳入企业成本核算方法。

二、变动成本法和完全成本法的概念

二维码知识点 2.1　北医三院病种成本管理探索与实践

(一) 变动成本法

变动成本法也称直接成本法、边际成本法，是指成本计算过程中，以成本性态分析为基础，只将变动生产成本作为产品成本的构成内容，而将固定生产成本和非生产成本作为期间成本，直接由当期收益予以补偿的一种成本分配方法。

(二) 完全成本法

完全成本法也称制造成本法、吸收成本法，是指在成本计算过程中，以经济用途分类为基础，将全部生产成本作为产品成本的构成内容，而只将非生产成本作为期间成本，按传统式损益确定程序计算损益的成本分配方法。

三、变动成本法的应用环境

应用变动成本法所需要的主要外部条件为：① 在外部环境相对稳定、产品差异化程度不大的外部环境下，企业进行价格等短期决策。② 在行业产能过剩的环境下，企业开展新产品是否投产、新产品产量规模等短期决策。

应用变动成本法所需要的主要内部条件为：① 成本基础信息记录完整，财务会计核算基础工作完善。② 建立了较好的成本性态分析基础,具有划分固定成本与变动成本的科学标准,以及划分标准的使用流程与规范。③ 要求企业能及时、全面、准确地收集与提供有关产量、成本、利润以及成本性态等方面的信息。④ 成本管理人员能胜任成本性态分析工作。

四、变动成本法的适用范围

变动成本法主要适用于同时具备下列特征的企业:① 企业市场竞争环境激烈,需要频繁进行短期决策;② 企业固定成本比重较大,当产品更新换代的速度较快时,分摊计入产品成本中的固定成本比重大,采用变动成本法可以正确反映产品盈利状况;③ 企业规模大,产品或服务的种类多,固定成本分摊存在较大困难。

变动成本法通常为准确分析各种产品的盈利能力,正确制定经营决策,科学进行成本计划、成本控制和成本评价与考核等工作提供有用的决策资料。

五、变动成本法和完全成本法的区别

变动成本法的应用前提是成本按成本性态分析分类,完全成本法的应用前提是成本按经济用途分类。两种方法在下列方面有所不同。

(一) 产品成本和期间费用构成内容不同

1. 完全成本法成本构成

采用完全成本法,要求把一定期间内企业发生的全部成本按其经济用途划分为生产成本和非生产成本两大类。生产成本包括直接材料、直接人工和全部制造费用等。非生产成本包括销售费用、管理费用、财务费用等。

完全成本法是将产品成本包括的一定期间内为生产一定数量的产品而耗用的所有直接材料、直接人工和全部制造费用(包括固定制造费用和变动制造费用),都计入产品生产成本的一种方法。产品成本随着产品销售结转为营业成本,影响当期损益;未完成销售的产品成本结转为期末存货成本。

完全成本法下的期间成本包括一定期间内发生的管理费用、销售费用、财务费用,计入当期损益。完全成本法下企业全部成本构成如图 2.10 所示。

- 全部成本
  - 生产成本(计入产品生产成本)
    - 直接材料
    - 直接人工
    - 全部制造费用
  - 非生产成本(列为期间成本)
    - 管理费用
    - 销售费用
    - 财务费用

图 2.10　完全成本法下企业全部成本构成

2. 变动成本法成本构成

采用变动成本法,要求把一定期间内企业所发生的全部成本按成本习性划分为固定成本和变动成本两大类。变动成本又包括变动生产成本与变动非生产成本,其中,变动生产成本包括直接材料、直接人工和变动性制造费用,变动非生产成本包括变动销售费用、变动管理费用和变动财务费用。固定成本中包括固定生产成本与固定非生产成本,其中固定生产成本就是固定制造费,固定非生产成本包括固定销售费用、固定财务费用和固定管理费用。

变动成本法是将产品生产成本包括的生产一定数量的产品所耗用的直接材料、直接人工和变动制造费用，都计入产品生成成本的一种方法。变动成本法下期间费用包括本期的固定生产成本、固定非生产成本和变动非生产成本。变动成本法下企业全部成本构成如图2.11所示。

- 全部成本
  - 变动成本
    - 变动生产成本（计入产品生产成本）
      - 直接材料
      - 直接人工
      - 变动性制造费用
    - 变动非生产成本
      - 变动销售费用
      - 变动管理费用
      - 变动财务费用
  - 固定成本
    - 固定生产成本 —— 固定性制造费用
    - 固定非生产成本
      - 固定销售费用
      - 固定财务费用
      - 固定管理费用

（变动非生产成本、固定生产成本、固定非生产成本：列为期间成本）

图2.11　变动成本法下企业全部成本构成

变动成本法在成本性态分析的基础上，将与生产过程没有直接关系的固定性制造费用排除在外，计入产品成本的只是与生产过程有直接关系的直接材料、直接人工和变动性制造费用。其理由是，固定性制造费用是为企业提供一定的生产经营条件而发生的，这些生产经营条件一经形成，不管其实际利用程度如何，费用和生产经营期间长短有关，并不随产量变动而变动，所以，应当作为期间成本。

【例2.12】　假设某公司只生产一种产品，期初无存货，本期完工240 000件，有关成本资料见表2.8。

表2.8　成本资料表

成本项目	金额／元
生产耗用的原材料	1 200 000
生产耗用的直接人工	480 000
发生的变动性制造费用	240 000
发生的固定性制造费用	720 000
合计	2 640 000

根据完全成本法和变动成本法计算的产品成本见表2.9和表2.10。

表2.9　完全成本法计算的产品成本

成本项目	总成本／元	单位成本／元每件
生产耗用的原材料	1 200 000	5
生产耗用的直接人工	480 000	2
发生的变动性制造费用	240 000	1
发生的固定性制造费用	720 000	3
合计	2 640 000	11

表 2.10　变动成本法计算的产品成本

成本项目	总成本 / 元	单位成本 / 元每件
直接材料	1 200 000	5
直接人工	480 000	2
变动性制造费用	240 000	1
合计	1 920 000	8

从表 2.9 和表 2.10 中可以清楚地看到,两种成本计算方法的差异在于是否吸收固定性制造费用,完全成本法下单位产品吸收了 3 元的固定性制造费用,利润表的营业成本项目和资产负债表中的库存商品项目均按每件 11 元计价;而变动成本法下的库存商品项目均按 8 元计价,期间发生的固定性制造费用 720 000 元全部作为销售收入的扣减项目,直接计入当期利润表,不再结转下期。

(二) 销售成本和存货成本构成内容不同

由于完全成本法和变动成本法的产品成本构成不同,因此存货成本和销售成本的构成内容也随之不同。

完全成本法下期末存货和本期已销售产品销售成本包括直接材料、直接人工、全部制造费用,既包括变动性制造费用也包括固定性制造费用。

变动成本法下期末存货和本期已销售产品销售成本包括直接材料、直接人工、变动性制造费用,只包括变动性制造费用不包括固定性制造费用。

【例 2.13】　接例 2.12,本期销售 200 000 件产品,期末结存 40 000 件产品,根据完全成本法和变动成本法,计算期末存货成本和本期已销售产品成本。

(1) 完全成本法。

$$期末存货成本 = 11 \times 40\ 000 = 440\ 000(元)$$

$$本期已销售产品成本 = 11 \times 200\ 000 = 2\ 200\ 000(元)$$

(2) 变动成本法。

$$期末存货成本 = 8 \times 40\ 000 = 320\ 000(元)$$

$$本期已销售产品成本 = 8 \times 200\ 000 = 1\ 600\ 000(元)$$

从上述例题中可以看到,两种方法对固定性制造费用的处理方法不同,使得变动成本法计算的期末存货成本和本期已销售成本均低于完全成本法计算的成本。

(三) 对分期损益影响不同

在完全成本法下,由于期末在产品和期末未销售完工产品中都包括了固定性制造费用,期末产品存货越多,所吸收的固定性制造费用就越多,即固定性制造费用随着期末产品存货“递延”到下一期去了。在变动成本法下,固定性制造费用是全额作为期间成本列入损益表的,不计入期末产品存货成本中,它对当期的影响是不变的,与期末产品存货的多少无关。

1. 本期的产量等于销量

当本期的产量等于销量时,期初期末的产品存货数量没有变化,在完全成本法下的固定性制造费用金额为本期已销售完工产品所吸收,进入产品销售成本,从销售收入中扣减,与变动成本法下的固定性制造费用金额作为期间成本列入损益表得到相同的效果，两种方法下所确定的分期损益是一样的。

2. 本期的产量大于销量

当本期的产量大于销量时，在完全成本法下，期末产品存货比期初增加，多吸收了一部分固定性制造费用，本期已销售完工产品成本中包含的固定性制造费用就小于本期实际发生的全部固定性制造费用。因此，在完全成本法下确定的分期损益会高于变动成本法下确定的分期损益。

3. 本期的产量小于销量

当本期的产量小于销量时，在完全成本法下，进入产品销售成本的、从销售收入中扣减的固定性制造费用，除了本期发生的金额以外，还包括进入本期销售的期初产品存货成本中原来吸收的部分。因此，在完全成本法下确定的分期损益会低于变动成本法下确定的分期损益。

六、变动成本法和完全成本法利润表的差异

两种成本计算方法在编制利润表方面有如下区别。

（一）成本分类与排列方式不同

两种方法利润表中的营业收入相同，但成本费用内容和排列不同。

完全成本法利润表中，营业收入后排列的是销售（营业）成本、期间费用；变动成本法利润表中，营业收入后排列的是变动成本、固定成本。

（二）对固定性制造费用的处理方式不同

按完全成本法编制的利润表（也称职能式利润表）中，固定性制造费用全部被吸收到产品生产成本中去。

按变动成本法编制的利润表（也称贡献式利润表）中，固定性制造费用作为期间成本，从销售收入中全部扣减。

（三）税前利润计算内容不同

按完全成本法编制的利润表（职能式利润表），税前利润计算内容如下：

$$\text{销售毛利} = \text{销售收入} - \text{销售成本} \tag{2.12}$$

$$\text{税前利润} = \text{销售毛利} - \text{销售费用、财务费用和管理费用} \tag{2.13}$$

按变动成本法编制的利润表（贡献式利润表），税前利润计算内容如下：

$$\text{贡献毛益} = \text{销售收入} - \text{变动性成本} \tag{2.14}$$

$$\text{税前利润} = \text{贡献毛益} - \text{固定性成本} \tag{2.15}$$

【例 2.14】 假设某公司仅生产一种产品，20×4 年年初开始投产，本年度内的产销情况见表 2.11。

根据表 2.11 中的资料，按完全成本法和变动成本法编制的利润表分别见表 2.12 和表 2.13。

表 2.11　产销情况表(20×4 年)

1. 销售量/件	200 000
单价/元每件	20
销售收入/元	4 000 000
2. 制造成本/元	
生产耗用的原材料费用/元	1 200 000
生产耗用人工费用/元	480 000
变动性制造费用/元	240 000
固定性制造费用/元	720 000
合计/元	2 640 000
产量/件	240 000
3. 销售及管理费用/元	
变动性销售及管理费用/元	400 000
固定性销售及管理费用/元	600 000
4. 期末库存/件	40 000

表 2.12　某公司职能式利润表(按完全成本法编制)　　单位:元

销售收入	4 000 000
减:销售成本	
期初存货	0
本期生产产品成本	2 640 000
可供销售产品成本	2 640 000
期末存货	440 000
本期销货成本	2 200 000
销售毛利	1 800 000
减:销售费用、财务费用和管理费用	
变动性销售及管理费用	400 000
固定性销售及管理费用	600 000
销售、财务和管理费用合计	1 000 000
税前利润	800 000

形成差异的原因在于对固定性制造费用的处理不同。

按照变动成本法,本期发生的固定性制造费用 720 000 元不计入产品生产成本,而是作为期间成本全部从当期的销售收入中扣减。

按照完全成本法,本期发生的固定性制造费用 720 000 元均计入产品生产成本,由 240 000 件产品分摊,每件产品分摊3元,期末有40 000件产品未销售,因而这40 000件产品吸收了固定性制造费用 120 000(40 000 × 3)元,随着期末存货转至下一会计期间,这样,本期就少扣除 120 000 元,从而使税前利润多了 120 000 元。

表 2.13　某公司贡献式利润表(按变动成本法编制)　　单位:元

销售收入	4 000 000
减:变动性成本	
变动性制造成本	1 600 000
变动性销售及管理费用	400 000
变动性成本合计	2 000 000
贡献毛益	2 000 000
减:固定性成本	
固定性制造费用	720 000
固定性销售及管理费用	600 000
固定性成本合计	1 320 000
税前利润	680 000

七、变动成本法和完全成本法的评价

(一) 对完全成本法的评价

1. 完全成本法的优点

完全成本法符合人们对产品成本的传统看法,产品成本"是为了获得某些产品或劳务而付出的代价",因此,不论是变动成本还是固定成本,都是产品生产过程中所必须耗费的支出,故都应作为产品成本的构成要素。

按完全成本法计算产品成本,固定性制造费用在相关范围内是一个固定数额,只要增加产量,单位产品分摊的固定性制造费用必然减少,从而使单位产品成本降低,这会使企业提高生产产品的积极性。

2. 完全成本法的缺点

利润必须通过销售实现,利润与销售应该是同方向变化的。但是,用完全成本法编制的利润表所得到的税前利润,有时候会出现令人不可思议的结果。例如,当固定成本、单位变动成本、产品售价均不变的条件下,会出现产品销售量不变化,企业利润反而变化的奇怪现象,即销量没有变化,但生产产量越大,利润就越大。该方法虽然会刺激企业生产的积极性,但如果企业没有计划地扩张,会形成盲目扩大生产、不重视销售的情形。

完全成本法下固定性制造费用是计入产品成本的,所以,按完全成本法计算产品成本必然有固定性制造费用的分摊工作,这一工作的工作量大,且分摊时无法避免主观随意性。

完全成本法所提供的信息,不能满足企业预测、决策的需要,不利于企业优化管理。它体现不出企业成本、业务量、利润之间的数量关系。

(二) 对变动成本法的评价

1. 变动成本法的优点

(1) 变动成本法揭示了企业成本、业务量、利润三者之间的关系。

揭示了企业成本、业务量、利润之间的依存关系,结合本量利分析,使当期利润真正反映企业经营状况，满足企业经营预测和决策的需要。

与完全成本法相比，在单价、单位变动成本和固定成本保持不变的前提下，变动成本法能够正确地反映业务量与利润的关系，即业务量上升，利润上升；业务量下降，利润下降；业务量不变，利润不变这一客观规律。

(2) 有利于企业做出经营管理决策。

变动成本法可以如实反映利润和销售量之间的关系，利润的增减变化同销售量的增减变化呈同向变化，和生产量的高低与存货的增减无关，销售产品越多，利润越高，经营业绩也越好。因此，采用变动成本法将利润与销售量增减保持一致，有利于促使企业重视销售工作，实现以销定产，防止产品大量积压。

变动成本法按成本性态分为固定成本和变动成本，便于成本责任的归属，有利于明确企业产品盈利能力和划分各部门成本管理和业绩评价。通常，变动生产成本发生在生产过程中，其成本责任归属于采购部门和生产部门；变动非生产成本通常由销售部门负责；固定成本通常由管理部门负责。

(3) 变动成本法简化了成本计算工作。

变动成本法下固定性制造费用被列作期间费用，全额从当期的边际贡献总额中扣除，不需要像完全成本法分摊至产品成本，简化了产品成本的计算工作，又避免了各种固定性制造费用在分摊中的主观随意性。

2. 变动成本法的缺点

(1) 不符合传统成本概念。

变动成本法计算的单位产品或服务成本，并不是完全的产品或服务成本，不能反映产品生产过程中发生的全部耗费。按照传统成本概念，产品成本应包括变动生产成本和固定生产成本两个组成部分。由于完全成本法符合会计准则和税法的规定，对外报送财务报告和进行纳税申报采用完全成本法。

变动成本法在内部报告中的使用较多。在企业使用计算机会计信息系统之前，在内部报告中使用变动成本法而在对外报告中使用完全成本法，但信息成本较高。计算机会计信息系统的建立和完善降低了信息成本，管理软件可以同时提供变动成本报告格式和完全成本报告格式供用户选择。

(2) 混合成本分解有一定的假定性。

变动成本法按成本习性把混合成本进行分解，实际工作中，有时候很难分清它是固定成本或变动成本，这种分解有假定前提性，所以，分解后的固定成本与变动成本并不都十分准确。

(3) 变动成本法不能用于长期决策。

变动成本法所提供的信息只能用于企业短期决策，不能用于长期决策。因为从长期来看，由于产品结构的调整、技术的发展以及经营方针的改变，固定成本不可能长期保持稳定，单位变动成本及售价在较长时期也会发生变动，因此，变动成本法提供的信息只能满足现有经营条件不变的短期决策。

(4) 变动成本法影响所得税。

变动成本法一般会降低期末存货估价，降低营业利润总额，对所得税有一定影响。

第三章

战略管理

课程目标

通过本章的学习，应掌握战略的层次，掌握战略管理的含义和战略管理的应用程序，掌握战略地图的设计步骤、战略地图的内容框架和战略地图的实施程序。理解战略管理的特点、原则和应用环境，理解战略地图的作用和应用评价。了解战略的产生和发展。

课程思政

通过战略管理的学习,提高战略意识、培养大局观,认识到数字化转型背景下战略管理会计的发展,培养创新意识。

思维导图

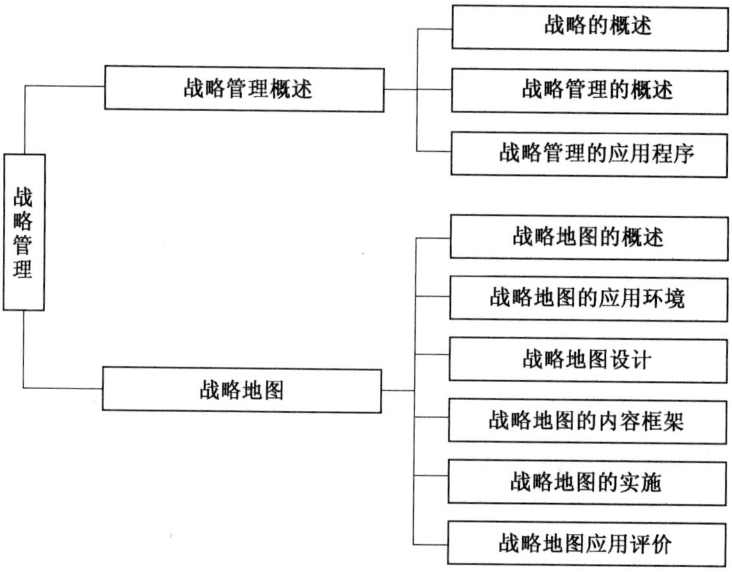

第一节　战略管理概述

一、战略的概述

(一) 战略的产生和发展

"战略"一词源于希腊语 strategos,意为军事将领、地方行政长官,后逐渐演变成军事术语,指军事将领指挥军队作战的谋略,后来被引入政治和经济领域。

在中国古代,"战"指战争,"略"指谋略,春秋时期孙武的《孙子兵法》被认为是中国最早对战略进行全局筹划的著作。"战略"一词,在中国最早见于西晋史学家司马彪所著《战略》一书,后屡见于《三国志》《廿一史战略考》等史籍中。这些古典军事著作尚未明确地把战略从传统兵学中分离出来,泛称为"策""筹""谋略""韬略""方略""兵略""将略"等。

20 世纪 60 年代,战略思想开始运用于商业领域。美国哈佛大学教授波特对战略的定义堪称公司战略传统定义的典型代表。他认为,战略是公司为之奋斗的某些目标与公司为达到这些目标而寻求的途径的结合物。波特的定义概括了 20 世纪 60 年代和 70 年代对公司战略的普遍认识,它强调了公司战略的属性——计划性、全局性和长期性。

20 世纪 80 年代以来，企业的外部环境发生变化，战略的现代概念越来越受到了重视。加拿大学者明茨伯格在 1989 年提出，以计划为基点将企业战略视为理性计划的产物是不正确的，企业中许多成功战略是在事先无计划的情况下产生的。他将战略定义为一系列或整套的决策或行动方式，这套方式包括刻意安排（计划性）的战略和任何临时出现（非计划性）的战略。许多学者也将战略的研究重点放在组织在不可预测的或未知的内外部因素约束下的适应性。

美国学者汤姆森1998 年指出，战略既是预先性的（预谋战略），又是反应性的（适应性战略）。也就是说，战略的制定任务包括制订一个策略计划，即预谋战略，然后随着事情的进展不断对它进行调整，一个实际的战略是管理者在公司内外各种情况不断暴露的过程中不断规划和再规划的结果。

我国《管理会计应用指引第 100 号 —— 战略管理》指出，战略是指企业从全局考虑做出的长远性的谋划。它既包括竞争战略，又包括营销战略、发展战略、品牌战略、融资战略、技术开发战略、人才开发战略、资源开发战略等。企业战略虽然有多种，但基本属性是相同的，都是对企业的谋略，都是对企业整体性、长期性、基本性问题的计谋。

（二）战略的层次

企业战略一般分为 3 个层次，包括选择可竞争的经营领域的总体战略、某经营领域具体竞争策略的业务单位战略和涉及各职能部门的职能战略。

1. 总体战略

总体战略又称公司层战略，是企业最高层次的战略，是企业整体的战略总纲。在大中型企业中，尤其是存在多个经营单位或多种经营业务的情况下，企业总体战略主要是指集团母公司或者公司总部的战略。它需要根据企业的目标，选择企业可竞争的经营领域，合理配置最高层次的战略、合理配置企业经营中所必需的资源，使各项经营业务相互支持、相互协调。这往往涉及整个企业的财务结构和组织结构方面的问题。

总体战略的目标是确定企业未来一段时间的总体发展方向，协调企业下属的各个业务单位和职能部门之间的关系，合理配置企业资源，培育企业核心能力，实现企业总体目标。它主要强调两方面问题：一是“应该做什么业务”，即从公司全局出发，根据外部环境的变化及企业的内部条件，确定企业的使命与任务、产品与市场领域；二是“怎样管理这些业务”，即在企业不同的战略事业单位之间如何分配资源以及采取何种成长方向等，以实现公司整体的战略意图。

2. 业务单位战略

业务单位战略也称竞争战略，涉及各业务单位的主管以及辅助人员。这些人员的主要任务是将公司战略所包括的企业目标、发展方向和措施具体化，形成本业务单位具体的竞争与经营战略。业务单位战略指业务单位要针对不断变化的外部环境，在各自的经营领域中有效竞争。为了保证企业的竞争优势，各经营单位要有效地控制资源的分配和使用。

现代大型企业一般都同时从事多种经营业务，或者生产多种不同的产品，有若干个相对独立的产品或市场部门，这些部门即事业部或战略经营单位。由于各个业务部门的产品或服务不同，所面对的外部环境（特别是市场环境）也各不相同，企业能够为各项业务提供的资源支持也不同。因此，各部门在参与经营过程中所采取的战略也不尽相同，各经营单位有必要制定指导本部门产品或服务经营活动的战略，即业务单位战略。

业务单位战略是企业的一种局部战略，是公司层战略的子战略，它处于战略结构体系中的第二层次。业务单位战略着眼于企业中某一具体业务单元的市场和竞争状况，相对于总体战略有一定的独立性，同时又是企业战略体系的组成部分。业务单位战略主要回答在确定的经营业务领域内，企业如何展开经营活动；在一个具体的、可识别的市场上，企业如何构建持续优势等问题。其侧重点在于以下几个方面：贯彻使命、业务发展的机会和威胁分析、业务发展的内在条件分析、业务发展的总体目标和要求等。

对于一家业务公司来说，总体战略和业务单位战略只有一个，即合二为一，只有对业务多元化的公司来说，总体战略和业务单位战略的区分才有意义。

3. 职能战略

职能战略又称职能层战略，主要涉及企业内各职能部门，如营销、财务、生产、研发、人力资源、信息技术等，其主要职责是如何更好地配置企业内部资源，为其他各级战略服务，提高组织效率。

职能战略是为贯彻、实施和支持公司层战略与业务单位战略而在企业特定的职能管理领域制定的战略。职能战略主要回答某职能的相关部门如何卓有成效地开展工作的问题，重点是提高企业资源的利用效率，使企业资源的利用效率最大化。其内容比业务单位战略更为详细、具体，其作用是使总体战略与业务单位战略的内容得到具体落实，并使各项职能之间协调一致。

在职能战略中，协同作用具有非常重要的意义，首先体现在单个的职能中各种活动的协调性与一致性，其次体现在各个不同职能战略和业务流程或活动之间的协调性与一致性。

3 个层次的战略都是企业战略管理的重要组成部分，但侧重点和影响的范围不同。公司层战略倾向于总体价值取向，以抽象概念为基础，主要由企业高层管理者制定；业务单位战略主要就本业务部门的某一具体业务进行战略规划，主要由业务部门领导层负责；职能层战略主要涉及具体执行和操作问题。公司层战略、业务单位战略与职能层战略一起构成了企业战略体系，在企业内部，企业战略管理各个层次之间是相互联系、相互配合的。企业每一层次的战略都为下一层次战略提供方向，并构成下一层次的战略环境，每一层次的战略又为上一层次的战略目标的实现提供保障和支持。所以，企业要实现其总体战略目标，必须将 3 个层次的战略有效地结合起来。

二、战略管理的概述

企业战略指导着企业的一切活动，企业战略管理的重点是制定和实施企业战略。制定和实施企业战略的关键是对企业的外部环境和内部条件进行分析，并在此基础之上确定企业的使命和战略目标，使它们之间形成并保持动态平衡。

（一）战略管理的定义

“战略管理”一词是 1976 年由安索夫在《从战略规划到战略管理》一书中首先提出，安索夫随后又撰写《战略管理论》，他认为，战略管理是指将企业的日常业务决策同长期计划决策相结合而形成的一系列经营管理业务。

1982 年，斯坦纳在《企业政策与战略》一书中则提出，企业战略管理是确定企业使命，根据企业外部环境和内部经营要素确定企业目标，保证目标的正确落实并使企业使命最终得以实现的一个动态过程。

后续也有学者陆续提出"战略管理是企业处理自身和环境关系过程中实现其使命的管理过程""战略管理是决定企业长期表现的一系列重大管理决策和行动，包括战略的制定、实施、评价和控制"。

我国《管理会计应用指引第100号——战略管理》指出：战略管理，是指对企业全局的、长远的发展方向、目标、任务和政策，以及资源配置做出决策和管理的过程。

从这些表述中，我们可以看出，战略管理是为实现企业的使命和战略目标，科学地分析企业内外部环境与条件，制定战略决策，评估、选择并实施战略方案，控制战略绩效的动态管理。

（二）战略管理的特点

战略管理具有如下特点。

1. 战略管理是企业的综合性管理

这一特征描述战略管理的对象具有全面性、综合性。企业的战略管理是以企业的全局为对象，根据企业总体发展的需要而制定的。虽然这种管理也包括企业的局部活动，但是这些局部活动是作为总体活动的有机组成在战略管理中出现的。具体地说，战略管理不是强调企业某一事业部或某一职能部门的重要性，而是通过制定企业的使命、目标和战略来协调企业各部门自身的表现，这样也就使战略管理具有综合性的特点。

战略管理的对象不仅包括研究开发、生产、人力资源、财务以及市场营销等具体职能，还包括统领各项职能战略的竞争战略和公司层战略。战略管理是一项涉及企业所有管理部门、业务单位及所有相关因素的管理活动。

2. 战略管理是企业的高层次管理

这一特征描述战略管理的主体是高层管理人员。战略管理的核心管理与企业的日常管理和职能管理不同，战略管理必须由企业的高层领导来推动和实施。

由于战略决策涉及一个企业活动的各个方面，虽然它也需要企业上下层管理者和全体员工的参与和支持，但企业的最高层管理人员介入战略决策是非常重要的。这不但是由于他们能够统揽企业全局，了解企业的全面情况，而且更重要的是他们具有对战略实施所需资源进行分配的权力。

3. 战略管理是一种动态性管理

战略管理不是维持现有局面，而是不断改变现存状态，以适应不断变化的环境。现今的企业都存在于一个开放的系统中，企业的内外部条件和因素总是不断变化的，战略管理必须及时了解、研究和应对变化的情况，对战略进行必要的修正，确保战略目标的实现。因此，企业战略管理活动应具有动态性，即适应企业内外部各种条件和因素的变化进行适当调整或变更。

4. 战略管理涉及企业资源配置

企业的资源包括人力资源、实体财产和资金，或者在企业内部进行调整，或者从企业外部来筹集。在任何一种情况下，战略决策都需要在相当长的一段时间内致力于一系列的活动，而实施这些活动需要有大量的资源作为保证，因此，这就需要为保证战略目标的实现，对企业的资源进行统筹规划、合理配置。

5. 战略管理是一种长远性管理

战略管理中的战略决策是指对企业未来较长时期内，就企业如何生存和发展等进行统筹规划。虽然这种决策以企业外部环境和内部条件的当前情况为出发点,并且对企业当前的生产经营活动有指导、限制作用,但是这一切是为了更长远的发展,是长期发展的起步。从这一点上来说,战略管理也是面向未来的管理,这就需要企业做出长期性的战略计划。

(三) 战略管理的原则

企业进行战略管理,一般遵循以下原则。

1. 目标可行原则

战略目标的设定,一方面应具有前瞻性,且通过一定的努力可以实现;另一方面应具有适当的挑战性,并能够使长期目标与短期目标有效衔接。

2. 资源匹配原则

企业应根据各业务部门与战略目标的匹配程度,相应进行资源配置。

3. 责任落实原则

企业应将战略目标落实到具体的责任中心和责任人,构成不同层级彼此相连的战略目标责任圈。

4. 协同管理原则

企业应以实现战略目标为核心,考虑不同责任中心业务目标之间的有效协同,加强各部门之间的协同管理,有效提高资源使用的效率效果。

(四) 战略管理的工具

战略管理领域应用的管理会计工具方法,一般包括战略地图、价值链管理等,可单独应用也可综合应用,以加强战略管理的协同性。

1. 战略地图

战略地图由卡普兰和诺顿提出。战略地图的核心内容包括企业通过运用人力资本、信息资本和组织资本等无形资产(学习与成长),创新和建立战略优势和效率(内部流程),进而使公司把特定价值带给市场(客户),从而实现股东价值(财务)。

2. 价值链管理

价值链的概念由迈克尔·波特教授于20世纪80年代提出,他在研究企业之间竞争的问题时引入了价值链这种"分析工具"。价值链是指一系列由各种纽带连接起来的相互依存的创造价值的作业的集合。也就是说,价值链并不是独立作业的汇集,而是相互依存的作业构成的一个系统。

价值链管理就是指将企业的生产、营销、财务、人力资源等方面有机地整合起来,做好计划、协调、监督和控制等各个环节的工作,使它们形成相互关联的整体,真正按照价值链的特征实施企业的业务流程,使得各个环节既相互关联,又具有处理资金流、物流和信息流的自组织和自适应能力,使企业的供、产、销形成一条价值链。

战略管理工具方法,既可以单独应用,也可以综合应用,企业可以将战略地图与价值链管理综合应用,以加强战略管理的协同性。

(五) 战略管理的应用环境

1. 企业内外部环境

企业应关注宏观环境(包括政治、经济、社会、文化、法律及技术等因素)、产业环境、竞争环境等对其影响长远的外部环境因素,尤其是可能发生重大变化的外部环境因素,确认企业所面临的机遇和挑战；同时应关注本身的历史及现行战略、资源、能力、核心竞争力等内部环境因素，确认企业具有的优势和劣势。

2. 设置专门机构或部门

企业一般应设置专门机构或部门，牵头负责战略管理工作，并与其他业务部门、职能部门协同制定战略目标，做好战略实施的部门协调，保障战略目标得以实现。

3. 科学有效的制度体系

企业应建立健全战略管理有关制度及配套的绩效激励制度等，形成科学有效的制度体系，切实调动员工的积极性，提升员工的执行力，推动企业战略的实施。

三、战略管理的应用程序

企业一般按照战略分析、战略制定、战略实施、战略评价和控制、战略调整等程序应用战略管理工具方法。

（一）战略分析

战略分析的主要目的是评价影响企业目前和今后发展的关键因素，并确定在战略选择制定步骤中的具体影响因素。战略分析需要考虑许多方面的问题，主要包括外部环境分析和内部环境分析。

企业进行环境分析时，可应用态势分析法［strength（优势）、weakness（弱势）、opportunity（机会）、threat（威胁），以下简称 SWOT 分析］、波士顿矩阵分析和波特五力分析等方法，分析企业的环境发展机会和竞争力，分析企业各业务流程在价值创造中的优势和劣势，并对每一业务流程按照其优势强弱划分等级，为战略目标确定奠定基础。

1. 外部环境分析

外部环境分析可以从企业所面对的宏观环境、产业环境、竞争环境和国家竞争优势几个方面展开，环境分析要了解企业所处的环境正在发生哪些变化，这些变化将给企业带来哪些机会和威胁。

（1）宏观环境分析。

一般说来，宏观环境分析可以概括为以下四类因素分析，即政治因素（political factors）、经济因素（economical factors）、社会因素（social factors）、技术因素（technological factors），也被称为 PEST 分析。宏观环境分析的目的是要确定宏观环境中影响行业和企业的关键因素，预测这些关键因素未来的变化，以及这些变化对企业影响的程度和性质、为企业带来的机遇与威胁。

（2）产业环境分析。

波特认为一个产业是由一群生产相似替代品的公司组成的。产业要经过 4 个阶段：导入期、成长期、成熟期和衰退期。当产业走过它的生命周期时，竞争性质会改变。并且波特认为，在每一个产业中都存在 5 种基本竞争力量，即潜在进入者、替代品、购买者、供应者与现有竞争者间的抗衡。

（3）竞争环境分析。

竞争环境分析的重点集中在与企业直接竞争的每一个企业。竞争环境分析包括：① 从个别企业视角去观察分析竞争对手的实力；② 从产业竞争结构视角去观察分析企业所面对的竞争格局。

(4) 国家竞争优势分析。

波特在《国家竞争优势》一书中试图对能够加强国家在产业中的竞争优势的国家特征进行分析。他识别出了国家竞争优势的4个决定因素:① 生产要素,包括人力资源、天然资源、知识资源、资本资源、基础设施;② 需求条件,主要是本国市场的需求;③ 相关与支持性产业,这些产业和相关上游产业是否有国际竞争力;④ 企业战略、企业结构和竞争对手的表现。

2. 内部环境分析

战略分析的另一个方面是进行企业内部环境分析。通过内部环境分析,企业可以决定"能够做什么",即企业所拥有的独特资源与能力所能支持的行为。

(1) 企业资源分析。

企业资源,是指企业所拥有或控制的有效因素的总和。企业资源主要分为3种:有形资源、无形资源和人力资源。有形资源,是指可见的、能用货币直接计量的资源,主要包括物质资源和财务资源;无形资源,是指企业长期积累的、没有实物形态的,甚至无法用货币精确度量的资源,是一种十分重要的企业核心竞争力的来源;人力资源,是指组织成员向组织提供的技能、知识以及推理和决策能力。

企业资源分析的目的在于识别企业的资源状况、企业资源方面所表现出来的优势和劣势及其对未来战略目标制定和实施的影响。

(2) 企业能力分析。

企业能力,是指企业配置资源,发挥其生产和竞争作用的能力。企业能力来源于企业有形资源、无形资源和人力资源的整合,是企业各种资源有机组合的结果。企业能力主要由研发能力、生产管理能力、营销能力、财务能力和组织管理能力等组成。

(3) 企业核心竞争力分析。

企业具备多种资源,但是并不是所有的资源都能形成核心竞争力,相反,有的可能会削弱企业的竞争能力。企业核心竞争力分析的一个重点是识别哪些资源可以形成企业的核心竞争力。

核心竞争力,是指能为企业带来竞争优势的资源和能力,是企业所特有的、能够经得起时间考验的、具有延展性,并且是竞争对手难以模仿的技术或能力。核心竞争力的3个要素是:对顾客有价值、与企业的竞争对手相比有优势、它很难被模仿或复制。

3. 分析方法

(1)SWOT 分析。

二维码知识点 3.1　态势分析法

SWOT 分析是根据企业所拥有的资源,进一步分析企业内部的优势与劣势以及企业外部环境的机会与威胁,进而选择适当的战略。

S是指企业内部的优势(strength),W是指企业内部的劣势(weakness),O是指企业外部环境中的机会(opportunity),T是指企业外部环境中的威胁(threat)。因此,SWOT分析实际上是对企业内外部条件各方面内容进行综合和概括,分析企业的优劣势、面临的机会和威胁,进而帮助企业进行战略选择的一种方法。

SWOT 分析可以帮助企业把资源和行动聚集在自己的强项和有最多机会的地方,并让企业的战略变得更加明朗。优势和劣势分析主要是着眼于企业自身的实力及其与竞争对手的比较,而机会和威胁分析则将注意力放在外部环境的变化及对企业的可能影响上。在分析时,应把所有的内部因素(即优势和劣势)集中在一起,然后用外部的力量来对这些因素进行评估。

(2)波士顿矩阵分析。

波士顿矩阵(BCG 矩阵)是由美国波士顿咨询集团创始人率先提出的,是对企业当前的业务组合进行分析、评价的战略管理工具。它把公司经营的全部业务的组合作为一个总体来看待,故也称"统筹分析法",这种方法假定企业由 2 个以上的业务组成,每个业务有明显的差异并具有不同的细分市场,在拟定每个业务的战略时,主要考虑的是它们的相对市场占有率(企业实力)和市场增长率(市场引力)。市场增长率是决定企业业务结构是否合理的外在因素,相对市场占有率是决定企业业务结构是否合理的内在因素。

波士顿矩阵以相对市场占有率为横坐标,市场增长率为纵坐标,划分4个象限,如图3.1所示。企业各类业务按其相对市场占有率和市场增长率的高低填入相应的位置,形成矩阵。在充分了解 4 种业务的特点后,还需进一步明确各项业务在公司中的不同地位,从而进一步明确其战略。通常有4种战略分别适用于不同的业务:① 发展战略。适用于"明星"业务和"问题"业务中有希望转化为"明星"业务的业务,应加大投入,促其成长。② 保持战略(维持战略)。适用于较大的"金牛"业务,目的是使其继续为企业提供大量现金,对其投入可维持现状。③ 收割战略。适用于处境不佳的"金牛"业务、前景黯淡的"问题"业务和"瘦狗"业务。这种战略主要是为了获得短期收益,目标是在短期内获得最大限度的现金流入。④ 放弃战略。适用于给企业造成很大负担而又无利可图的"瘦狗"业务和"问题"业务。目标是通过清理和撤销某些业务,减轻企业负担,以便将有限的资金用于效益较好的业务。

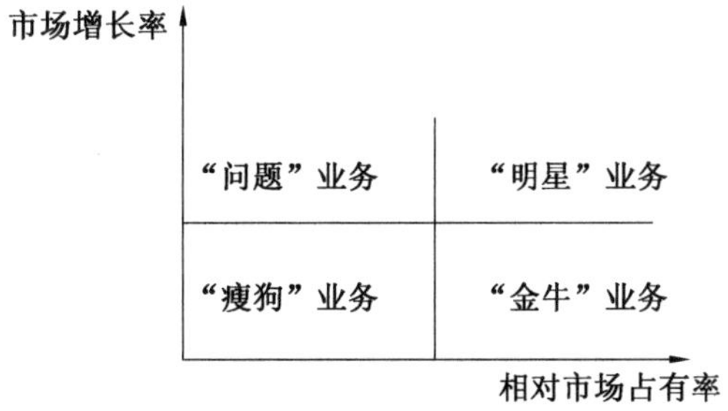

图 3.1　波士顿矩阵

(3)波特五力分析。

波特在《竞争战略》一书中,从产业组织理论的角度,提出了产业结构分析的基本框架 —— 五种竞争力分析。波特认为,在每一个产业中都存在 5 种基本竞争力量,即潜在进入者、替代品、购买者、供应者与现有竞争者间的抗衡,如图 3.2 所示。这 5 种力量共同决定产业竞争的强度以及产业利润率,最强的一种或几种力量占据着统治地位,并且从战略形成角度来看起着关键性作用。产业中众多经济技术特征对于每种竞争力的强弱都是至关重要的。

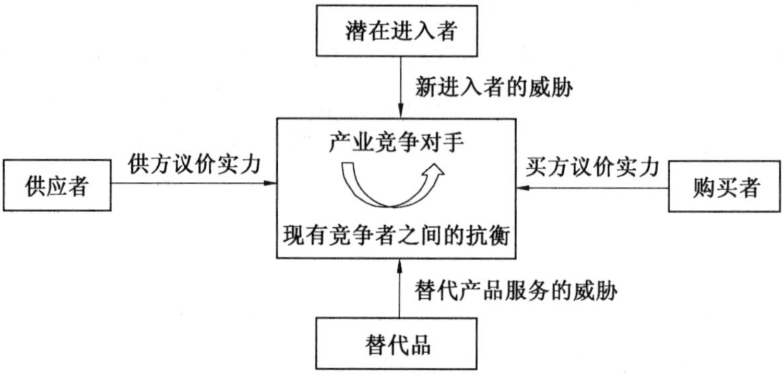

图 3.2　驱动产业竞争的力量

五种竞争力分析表明了产业中的所有公司都必须面对产业利润的威胁力量。公司必须寻求几种战略来对抗这些威胁力量。首先,公司必须自我定位,通过利用成本优势或差异优势把公司与 5 种竞争力相隔离,从而能够超过它们的竞争对手;其次,公司必须识别在产业的哪一个细分市场中,5 种竞争力的影响更少一点,这就是波特提出的“集中战略”;最后,公司必须努力去改进这 5 种竞争力。公司可以与供应者或购买者建立长期战略联盟,以减少相互之间的讨价还价;公司还必须寻求进入阻绝战略来减少潜在进入者的威胁等。

(二) 战略制定

二维码知识点 3.2　长江电工以“成本领先战略”为目标的标准化成本体系构建

战略制定,是指企业根据确定的愿景、使命和环境分析情况,选择和设定战略目标的过程。

企业可根据对整体目标的保障、对员工积极性的发挥以及企业各部门战略方案的协调等实际需要,选择自上而下、自下而上或上下结合的方法,制定战略目标。

企业设定战略目标后,各部门需要结合企业战略目标设定本部门战略目标,并将其具体化为一套关键财务及非财务指标的预测值。为各关键指标设定的预测(目标)值,应与本企业的可利用资源相匹配,并有利于执行人积极有效地实现既定目标。

(三) 战略实施

战略实施也称战略落地,是指将企业的战略目标变成现实的管理过程。战略目标在企业高层达成一致后,应向中下层层层传达,并在各项工作中得以分解、落实,同时,应加强执行反馈,及时修正战略执行偏差,以确保实现战略目标。战略实施是战略管理中最重要的过程。

战略管控,是指应用管理会计的工具方法等,将战略落地的关键业务流程化,融入企业现有的战略管理体系中,包括对战略制定、战略实施等方面的全方位管控。企业应加强战略管控,结合使用战略地图、价值链管理等多种管理会计工具方法,将战略落地的关键业务流程化,并落实到企业现有的营运流程中,确保企业高效率和高效益地实现战略目标。

（四）战略评价和控制

战略评价和控制，是指企业在战略实施过程中，通过检测战略实施进展情况，评价战略执行效果，审视战略的科学性和有效性，不断调整战略举措，以达到预期目标。

企业主要应从以下几个方面进行战略评价：① 战略是否适应企业的内外部环境；② 战略是否达到有效的资源配置；③ 战略涉及的风险程度是否可以接受；④ 战略实施的时间和进度是否恰当。

（五）战略调整

战略调整与战略评价是不可分割的，战略调整是指根据企业的发展变化情况和战略评价结果，即参照实际营运事实、变化的营运环境、新思维、新机会和战略执行情况等，对所制定的战略及时进行调整，以保证战略对企业管理活动的有效指导。

战略调整一般包括调整企业的愿景、长期发展方向、战略目标以及战略举措等。

第二节　战略地图

一、战略地图的概述

战略管理是企业管理的重要组成部分，只有企业的长期目标与企业战略保持一致，企业才可能长远发展下去，战略地图作为战略管理方法也应运而生。

（一）战略地图的含义

战略地图（Strategy Map），是指为描述企业各维度战略目标之间因果关系而绘制的可视化的战略因果关系图。

战略地图通常是以财务、客户、内部业务流程、学习与成长 4 个维度为核心，通过分析这 4 个维度的相互关系，绘制而成的战略因果关系图。企业可根据自身情况对 4 个维度的名称、内容等进行修改和调整。

战略地图是罗伯特·卡普兰和大卫·诺顿两人在长期研究平衡计分卡的过程中，通过总结与 300 多家单位长期合作经验而创建的一种战略工具。他们是平衡计分卡的创始人，在对实行平衡计分卡的企业进行长期的指导和研究的过程中他们发现，企业由于无法全面地描述战略，管理者之间及管理者与员工之间无法沟通，对战略无法达成共识，平衡计分卡只建立了一个战略框架，而缺乏对战略进行具体而系统、全面的描述。2004 年 1 月，两位创始人的第三部著作《战略地图 —— 化无形资产为有形成果》出版，也首次提出了战略地图的相关理论。

战略地图是为方便企业员工充分理解和精准执行企业的各种战略，进行战略管理的一种管理会计工具。在战略地图出现之前，集团公司对下属不同业务的竞争战略无法进行比较；战略地图出现以后，就可以使用这种相同或类似的框架来描述战略。战略地图为比较和分析不同业务的竞争战略提供了有效的方法。因此，战略地图被普遍认为是“平衡计分卡的持续之旅”。

企业应用战略地图，一般包括战略地图设计和战略地图落地 2 个过程。

（二）战略地图的作用

战略地图是在平衡计分卡的基础上发展来的，与平衡计分卡相比，它增加了 2 个层次的内容：一是增加了颗粒层，说明每一个层面下都可以进一步分解为很多的要素；二是增加了动态层，表明战略地图是动态的。战略地图对企业的作用主要体现在以下 3 个方面。

1. 有助于企业内部协调一致

战略地图以清晰、富含逻辑的图表方式，将战略转化为执行语言，使决策层更容易把握方向，使“高深” 的企业战略转化为企业内各个部门都能够理解的语言。

2. 有助于目标量化衡量控制

战略地图提供了一个描述战略的统一方法，从而使战略目标和衡量指标都可以被制定和管理，这一点在业务多样化的集团公司制定战略中效果更为显著。

3. 有助于无形资产价值创造

战略地图关注无形资产（包括人力资本、信息资本和组织资本）。无形资产与企业战略协调一致，才能创造企业的未来价值。

二、战略地图的应用环境

企业应用战略地图，应遵循《管理会计应用指引第 100 号 —— 战略管理》中对应用环境的一般要求。

企业应定期编制战略规划，并在此基础上编制年度计划，设计管理政策、管控制度、激励制度及资源管理制度等，做好企业战略落地的配套制度保障工作。

企业应用战略地图，应注重通过战略地图的有关路径设计，有效使用有形资源和无形资源，高效实现价值创造；同时，通过战略地图落地将战略目标与执行有效绑定，引导各责任中心按照战略目标持续提升业绩，服务企业战略落地。

三、战略地图设计

企业设计战略地图，一般可以分为设定战略目标、确定业务改善路径、定位客户价值、确定内部营运流程优化主题、确定创新与成长主题、进行资源配置、绘制战略地图 7 个步骤。

（一）设定战略目标(财务层面)

战略目标的确定是制定发展战略的核心。战略目标实际上表现为战略期内的总任务，决定着战略重点的选择、战略阶段的划分和战略对策的制定。

战略目标的设定，同时也是企业宗旨的展开和具体化，是企业宗旨中确认的企业经营目标、社会使命的进一步阐明和界定，也是企业在既定的战略经营领域展开战略经营活动所要达到的水平的具体规定。例如，股东期望 6 年之后销售收入能够达到 4 亿元，但是公司只达到 1 亿元，距离股东的价值预期还差 3 亿元，这个预期差就是企业的总体目标。

（二）确定业务改善路径

企业应根据已设定的战略目标，对现有客户（服务对象）和可能的新客户以及新产品（新服务）进行深入分析，寻求业务改善和增长的最佳路径，提取业务和财务融合发展的战略主题。

在财务维度，战略主题一般可划分为 2 个层次：第一层次一般包括生产率提升和营业收入增长等;第二层次一般包括创造成本优势、提高资产利用率、增加客户机会和提高客户价值等。在业务维度,战略主题主要表现为增加客户体验、改善营销关系、提升品牌形象等。

(三)定位客户价值(客户层面)

企业应对现有客户进行分析,从产品(服务)质量、技术领先、售后服务和稳定标准等方面确定、调整客户价值定位。其调整的幅度一般取决于企业的战略定位,战略目标及产品、服务的特征等重要因素。在客户价值定位维度,企业一般可设置客户体验、双赢营销关系、品牌形象提升等战略主题。例如,要实现3亿元销售额的增长,就要对现有的客户进行分析,提供具体的解决方案。

(四)确定内部营运流程优化主题(内部营运流程层面)

企业应首先根据业务提升路径和服务定位,梳理营运流程及其关键增值(提升服务形象)活动,分析行业关键成功要素和内部营运矩阵,再从内部营运流程的管理流程、创新流程、客户管理流程、遵循法规流程等角度确定战略主题,并将业务战略主题进行分类归纳,制定战略举措方案。

(五)确定创新与成长主题(创新与成长层面)

企业应根据业务提升路径和服务定位,分析创新和人力资本等无形资源在价值创造中的作用,识别学习与成长维度的关键要素,并相应确立激励制度创新、信息系统创新和智力资本利用创新等战略主题,为财务、客户、内部业务流程维度的战略主题和关键业绩指标(Key Performance Indicator,简称KPI)提供有力支撑。

(六)进行资源配置

根据上述确定的各维度战略主题,企业应分析其有形资源和无形资源的战略匹配度,对各主题进行战略资源配置。同时应关注企业人力资源、信息资源、组织资源等在资源配置中的定位和创造价值作用的发挥。

(七)绘制战略地图

企业可应用平衡计分卡的四维度划分绘制战略地图,以图形方式展示企业的战略目标及实现战略目标的关键路径。具体绘制程序如下。

1. 确立战略地图的总体主题

总体主题是对企业整体战略目标的描述,应清晰表达企业愿景和战略目标,并与财务维度的战略主题和KPI对接。

2. 根据企业的需要确定四维度的名称

把确定的四维度战略主题对应画入各自战略地图内,每一个主题可以通过若干KPI进行描述。

3. 将各个战略主题和KPI用路径线链接,形成战略主题和KPI相连的战略地图

在绘制过程中,企业应将战略总目标(财务维度)、客户价值定位(客户维度)、内部营运流程主题(内部流程维度)和创新与成长维度及战略KPI链接,形成战略地图。

企业所属的各责任中心的战略主题、KPI相应的战略举措、资源配置等信息一般无法全部绘制到一张图上,一般采用绘制对应关系表或另外绘制下一层级责任中心的战略地图等方式来展现其战略因果关系。

四、战略地图的内容框架

通用的战略地图内容框架,不仅继承了平衡计分卡的 4 个层面维度,而且还补充设计了 2 个新的层次:一是颗粒层,说明每一个层面下都可以进一步分解为更多的具体要素;二是动态层,表明战略地图是动态的,必须结合战略规划过程来绘制。战略地图内容框架如图 3.3 所示。

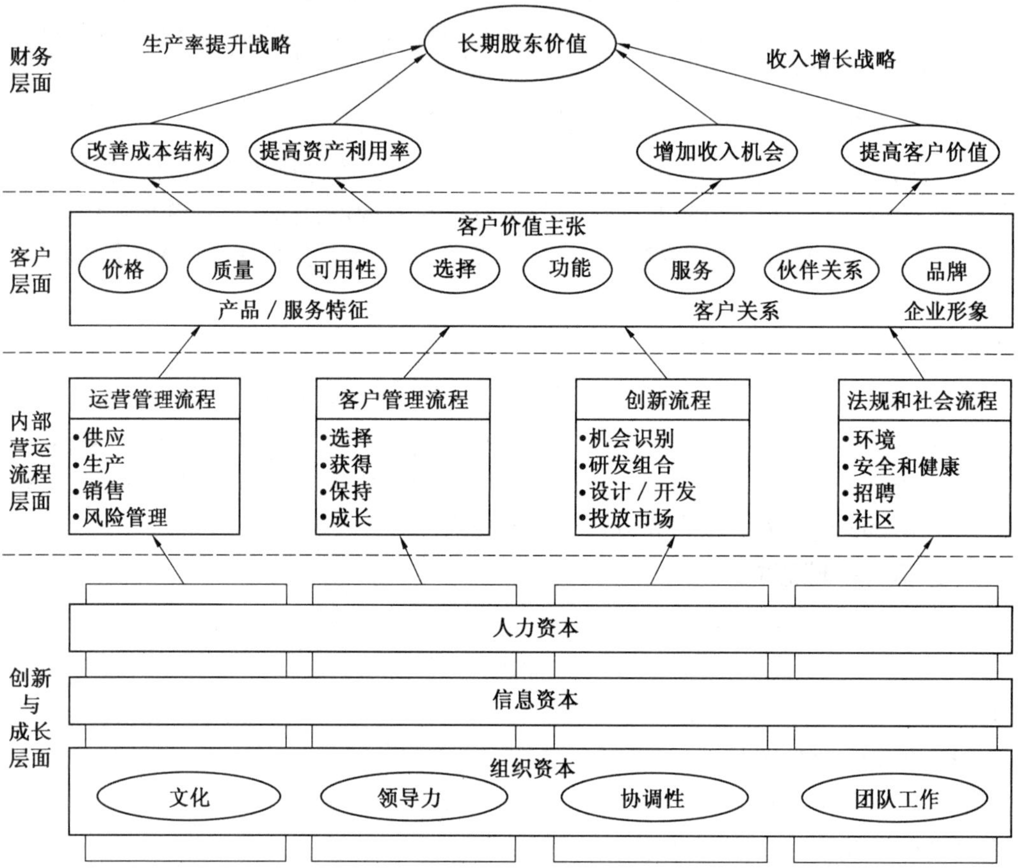

图 3.3　战略地图内容框架示意图

在战略地图中,财务层面和客户层面侧重于描述战略执行的结果,内部营运流程层面和创新与成长层面则集中反映战略的驱动力。企业在绘制战略地图的过程中,应遵循如下原则。

(1) 在财务层面中,必须注意协调长短期财务目标之间的矛盾。短期业绩就是以牺牲长期投资为代价来实现的,描述战略应以平衡并连接短期财务目标(削减成本和提高生产率) 和长期财务目标(盈利收入的增长) 为起点。

(2) 在客户(顾客) 层面中,关键点是如何清晰地反映客户价值主张。在进行战略描述时,应充分考虑差异化客户价值主张。

(3) 在内部营运流程层面中,各个流程的高效协调有助于持续创造更多价值。只有抓住那些能为企业创造价值的少数关键流程,才能突出企业的战略主题。

(4) 在创新与成长(学习与成长) 层面中,只有确保3 种无形资产(人力资本、信息资本和组织资本) 能与企业战略协调一致才能使企业同时具备较高的组织准备、有较强的动员能力和很好的战略执行力。

五、战略地图的实施

战略地图实施也称战略地图落地,是指企业利用管理会计工具方法,确保企业实现既定战略目标的过程。战略地图实施一般按照战略 KPI 设计、战略 KPI 责任落实、战略执行、执行报告、持续改进、评价激励等程序进行,如图 3.4 所示。

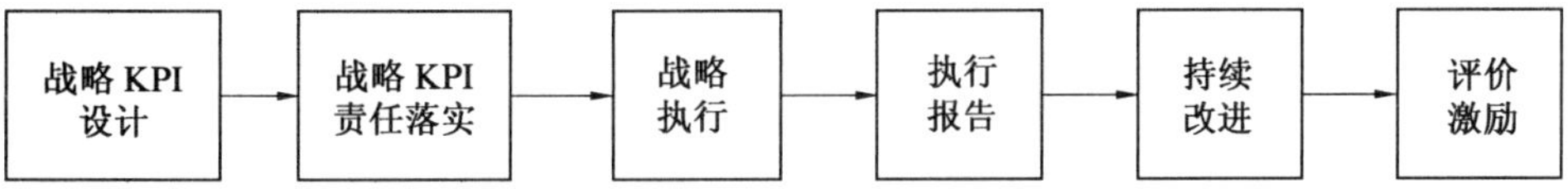

图 3.4　战略地图的实施程序

(一) 战略 KPI 设计

企业应用战略地图,应设计一套可以使各部门主管明确自身责任与战略目标相联系的考核指标,即进行战略 KPI 设计。

(二) 战略 KPI 责任落实

企业应对战略 KPI 进行分解,落实责任并签订责任书。具体可按以下程序进行。

1. 将战略 KPI 分解为责任部门的 KPI

企业应从最高层开始,将战略 KPI 分解到各责任部门,再分解到部门内责任团队,每一个责任部门、责任团队或责任人都有对应的 KPI,且每一个 KPI 都能找到对应的具体战略举措。企业可编制责任表,描述 KPI 中的权、责、利和战略举措的对应关系,以便实施战略管控和形成相应的报告。每一个责任部门的负责人可根据上述责任表,将 KPI 在本部门进行进一步分解和责任落实,层层建立战略实施责任制度。

2. 签订责任书

企业应在分解明确各责任部门 KPI 的基础上,签订责任书,以督促各执行部门落实责任。责任书一般由企业领导班子(或董事会) 与执行层的各部门签订。责任书应明确规定一定时期内(一般为一个年度) 要实现的 KPI 任务、相应的战略举措及相应的奖惩机制。

(三) 战略执行

企业应以责任书中所签任务为基础,按责任部门的具体人员和团队情况,对任务和 KPI 进一步进行分解,并制定相应的执行责任书,进行自我管控和自我评价。同时,以各部门责任书和职责分工为基础,确定不同执行过程的负责人及协调人,并按照设定的战略目标实现日期,确定不同的执行指引表,采取有效战略举措,保障 KPI 实现。

(四) 执行报告

企业应编制执行报告,反映各责任部门的战略执行情况,分析偏差原因,提出具体管控措施。

(1) 每一层级责任部门应向上一层级责任部门提交战略执行报告,以反映战略执行情况,利于制定下一步战略实施举措。

(2) 战略执行报告一般可分为3个层级:① 战略层(如董事会)报告,包括战略总体目标的完成情况和原因分析;② 经营层报告,包括责任人的战略执行方案中相关指标的执行情况和原因分析;③ 业务层报告,包括战略执行方案下具体任务的完成情况和原因分析。

(3) 企业应根据战略执行报告分析责任人战略执行情况与既定目标是否存在偏差,并对偏差进行原因分析,形成纠偏建议,作为责任人绩效评价的重要依据。

(五) 持续改进

企业应在对战略执行情况进行分析的基础上,进行持续改进,不断提升战略管控水平。

1. 与既定目标相比,发现问题并进行改善

企业应根据战略执行报告,将战略执行情况与管控目标进行比对,分析偏差,及时发现问题,提出解决问题的具体措施和改善方案,并采取必要措施。企业在进行偏差分析时,一般应关注以下问题:① 所产生的偏差是否为临时性波动;② 战略 KPI 分解与执行是否有误;③ 外部环境是否发生重大变化,从而导致原定战略目标脱离实际情况。企业应在分析这些问题的基础上,找出发生偏差的根源,及时进行纠正。

2. 达成既定目标时,考虑如何提升

达成战略地图上所列的战略目标时,企业一般可考虑适当增加执行难度,提升目标水平,按持续改善的策略与方法进入新的循环。已达到优秀水准的,企业可将该项战略管控上升成为战略管控标杆,进行经验总结和内部推广。

(六) 评价激励

企业应按照《管理会计应用指引第100号——战略管理》中对战略评价的有关要求,进行战略实施情况的评价,并按照《管理会计应用指引第600号——绩效管理》的有关要求进行激励,引导责任人自觉地、持续地积极工作,有效利用企业资源,提高企业绩效,实现企业战略目标。

六、战略地图应用评价

战略地图的主要优点是:能够将企业的战略目标清晰化、可视化,并与战略 KPI 和战略举措建立明确联系,为企业战略实施提供了有力的可视化工具。

战略地图的主要缺点是:需要多维度、多部门的协调,实施成本高,并且需要与战略管控相融合,才能真正实现战略实施。

第四章

经营预测

课程目标

通过本章学习，了解预测的主要内容和销售预测的定性分析法。掌握销售预测的定量分析法；熟练掌握成本预测的方法及其应用。理解利润预测的本量利分析与敏感性分析及其应用；理解资金预测的销售百分比法的程序和应用。

课程思政

通过学习预测的主要内容和方法，能够使用定量和定性分析法为企业进行经营预测；通过学习各种预测的工具方法，灵活掌握根据不同数据资料选择适当的预测模型为企业进行销售预测、成本预测、利润预测和资金预测的方法。

思维导图

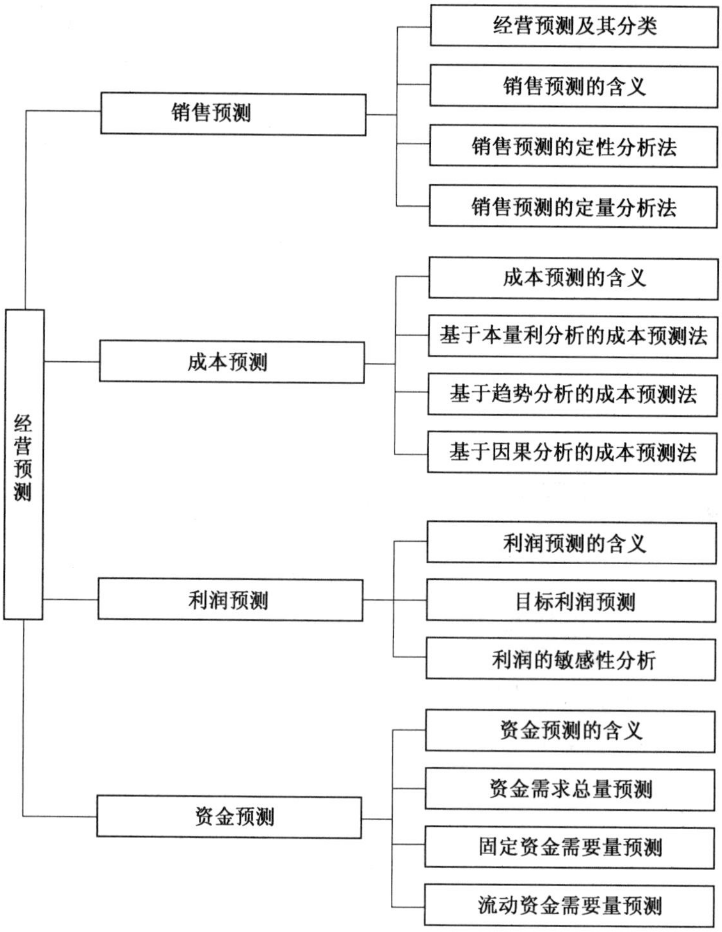

第一节　销售预测

一、经营预测及其分类

二维码知识点 4.1　预测分析程序和基本方法

（一）经营预测的含义

预测是人们事先对未来经济活动可能产生的经济效益及其发展趋势提出的一种科学预见。企业经营中有很多关于预测的应用，统称为经营预测。它是在一定的经济理论指导下，以经济发展的历史和现状为出发点，以统计资料、会计资料和调查研究资料为依据，在对经济过程进行深刻的定性分析和严密的定量计算基础上，对经济发展的未来演变预先做出的科学预见。也就是说，经营预测是从事物的过去和现在已经发生并正在发生的情况出发，预测该事物未来的一项分析活动。通过该分析工作的开展，人们可以逐步认识经济发展过程的客观规律性，从而能动地指导各项经济活动。国外称之为预测技术。

管理会计领域的经营预测注重于预测企业未来销售变化、成本变化、利润变化及资金需求量，以服务于企业的经营计划、利润规划、成本控制及资金安排。经营预测也是企业完成预算编制的重要前提。

预测分析一般具有预见性、明确性、相对性、客观性、可检验性和灵活性等特点。

（二）经营预测的分类

根据预测的时间与范围不同，经营预测分类如下。

1. 按照预测时间的长短分类

按照预测时间的长短经营预测可分为短期预测、中期预测和长期预测。

对1年以内经济发展前景的预测为短期预测；2 ~ 5年为中期预测；5年以上为长期预测。预测时间越短影响预测分析结果的因素变化就越小，预测分析结果的误差也就越小；反之，预测分析结果的误差越大。

2. 按照预测范围的大小分类

按照预测范围的大小经营预测可分为宏观预测、中观预测和微观预测。

宏观预测是对整个国民经济所做的各种预测；中观预测是对一个部门或地区经济发展所做的预测；企业范围内所有各种经济预测均称为微观预测，包括企业的销售预测、成本预测、利润预测、资金预测等。

二、销售预测的含义

销售预测是根据历史销售资料，在充分调查研究的基础上，预测未来一定时期内企业有关产品的销售数量和销售状态及其变化趋势的一种经营预测。销售是企业管理的龙头，商品的销售业务量是企业经营的主要目标之一，企业在各项工作中所做的努力，其成果只有通过销售才能实现，离开了可靠的销售预测，企业所做的其他各种经营预测和决策将无任何意义。在企业预测系统中，销售预测处于先导地位，对于指导利润预测、成本预测和资金预测，进行长短期决策安排计划，组织生产都起着至关重要的作用。

影响销售预测的因素很多，也很复杂，一般可分为外部因素和内部因素两类。影响销售预测的外部因素有：① 当前市场环境；② 企业的市场占有率；③ 经济发展趋势；④ 竞争对手情况等。影响销售预测的内部因素有：① 产品的价格；② 产品的功能和质量；③ 企业提供的配套服务；④ 企业的生产能力；⑤ 各种广告手段的应用；⑥ 推销的方式等。预测时应区分轻重缓急和主次，并综合地考虑这些因素，选择适当的方法进行预测。

三、销售预测的定性分析法

销售预测的定性分析法是根据一些具有丰富经验的经营管理人员或知识渊博的经济学家、教授等对企业一定期间特定产品的销售情况进行综合研究，来估计未来一定时期内市场供需变化趋势，从而确定企业计划期产品销售情况，一般适用于不具备完整可靠的历史资料、无法进行定量分析的企业或者新产品的销售预测。

（一）市场调查法

市场调查法是根据对某种产品市场供需情况变化的详细调查来预测其销售量（或销售额）的一种专门方法，市场调查一般从以下4个方面进行。

1. 对产品本身的调查

任何工业产品都有其产生、发展、衰亡的过程，经济学家通常把这个过程称为产品的“寿命周期”，一般可分为试销、成长、成熟、饱和、衰退5个阶段，对不同阶段的销售量（销售额）的预测是不相同的，其发展呈抛物线趋势。

2. 对消费者情况的调查

应摸清消费者的经济情况和财务状况、消费的风俗习惯、顾客对产品及供应者的要求，掌握消费者的消费心理和个人爱好、习惯和购买力等。

3. 对市场竞争情况的调查

市场经济离不开竞争，要能在市场竞争中求得生存和发展，既要充分了解同行业中同类产品在质量、包装、价格、运输、售后服务等方面的新举措，又要掌握本企业的市场占有率，以取得主动权。

$$市场占有率 = \frac{本企业该类产品在市场上的销售量}{同类产品在市场上的总销售量} \times 100\% \tag{4.1}$$

4. 对经济发展趋势的调查

应充分了解国内外和本地区经济发展的趋势对本企业产品的影响，便于对产品的市场需求做出正确的判断。

最后，将以上4个方面的调查资料进行综合、整理、加工、计算，就可对产品的销售预测做出判断。

【例4.1】 A公司是一家洗衣机生产企业，产品寿命周期处于成长期，根据市场调查资料可以测算市场潜力和市场销量。洗衣机调查资料表见表4.1。

表4.1　洗衣机调查资料表

家庭年收入/元	家庭户数/户	平均购买金额/元每户	家庭购买总金额/元	本企业市场占有率/%	本企业预计销售额/元
80 000以下	100 000	100	10 000 000	20	2 000 000
80 000 ~ 99 999	80 000	200	16 000 000	10	1 600 000
100 000 ~ 199 999	10 000	300	3 000 000	10	300 000
200 000 ~ 299 999	5 000	400	2 000 000	10	200 000
300 000以上	1 000	500	500 000	10	50 000
合计	196 000	—	31 500 000	—	4 150 000

（二）德尔菲法

德尔菲法又称专家调查法，它是一种客观判断法，由美国兰德公司在20世纪40年代首先倡导使用。这种调查法的做法是：通过函询方式向若干经济专家分别征求意见，各专家在互不通气的情况下，根据自己的观点和方法进行预测，然后企业将各专家的判断汇集在一起，并采用不记名方式反馈给各位专家，请他们参考别人意见修正本人原来的判断，如此反复数次，最后集各家之长，对销售的预测值做出综合判断。

【例4.2】 A公司准备开发一种新产品，公司聘请了9位专家采用德尔菲法进行该新产品一定时期的销售量预测。经过专家预测，分别对市场状况好、一般和差3种情况的销售量水平进行估计，取得的专家预测数据见表4.2。

表4.2　专家预测数据汇总表　　单位：件

专家编号	第一次判断			第二次判断			第三次判断			第四次判断		
	好	一般	差	好	一般	差	好	一般	差	好	一般	差
1	2 500	2 000	1 500	2 500	2 000	1 700	2 500	2 000	1 600	2 500	2 000	1 400
2	2 000	1 600	1 300	2 200	1 700	1 300	2 200	1 700	1 300	2 200	1 700	1 100
3	2 100	1 700	1 400	2 100	1 900	1 500	2 100	1 900	1 400	2 100	1 900	1 400
4	1 800	1 500	900	1 800	1 500	1 000	1 800	1 600	1 000	2 000	1 600	1 000
5	3 200	2 300	2 000	3 200	2 000	1 700	3 500	2 000	1 700	3 200	2 100	1 700
6	1 000	900	800	1 100	1 000	900	1 100	900	800	1 200	900	800
7	1 200	1 000	800	1 500	1 200	1 000	1 500	1 100	1 000	1 600	1 200	1 000
8	1 300	1 100	1 000	1 700	1 400	1 000	1 700	1 300	1 100	1 700	1 400	1 100
9	2 000	1 500	1 200	2 200	1 700	1 200	2 300	1 700	1 300	2 300	1 700	1 200
平均值	1 900	1 511	1 211	2 033	1 600	1 256	2 078	1 578	1244	2 089	1 611	1 189

该公司在最后一次预测销售量的基础上，采用算术平均数对新产品未预计销售量进行了预测，新产品预计销售量为

$$\frac{2\ 089 + 1\ 611 + 1\ 189}{3} = 1\ 630（件）$$

四、销售预测的定量分析法

（一）趋势预测分析法

趋势预测分析法又称为时间序列分析法，它是把过去历史销售资料按时间的顺序排列，通过运用数理统计知识来预计推断计划期间的销售数量或销售金额的方法，该法在销售预测中应用较为普遍。具体应用形式包括算术平均法、移动加权平均法、指数平滑法等。

1. 算术平均法

算术平均法又称简单平均法，是根据过去若干时期销售量（或销售额）的算术平均数作为计划期的销售预测数（额）的一种方法。其计算公式为

$$计划期销售预测数(额)=\frac{各期销售量(销售额)之和}{计划期数} \tag{4.2}$$

【例 4.3】 A 公司 20×3 年上半年洗衣机销售额资料见表 4.3。试用算术平均法预测 7 月份公司的销售额。

表 4.3 销售额资料表 单位:万元

月份	1	2	3	4	5	6	合计
销售额	1 000	900	1 200	1 100	1 300	1 400	6 900

$$7\text{ 月份销售预测额}=\frac{6\ 900}{6}=1\ 150(\text{万元})$$

这一方法计算简单,由于没有考虑远近期销售业务量的变化对预测期销售状况的不同影响程度,从而使不同时期资料的差异简单平均化,其预测误差比较大,一般只适用于各期销售业务量比较稳定,没有季节性变动的食品和日常用品等的预测。

2. *移动加权平均法*

移动加权平均法是对过去若干时期的实际销售量(或销售额)按计算期逐期推移进行加权平均数计算,以作为计划期销售预测数的方法。其计算公式为

$$计划期销售预测数=\sum\frac{某期销售量(销售额)\times 该期权数}{各期权数之和} \tag{4.3}$$

其中权数的大小要根据实际销售值对计划期销售预测数的影响而定,一般接近计划期的实际销售值对计划期销售预测影响较大,故其权数要大;反之,要小。

【例 4.4】 沿用例 4.3 资料,$n=6$,销售数据及权数见表 4.4。

表 4.4 销售数据及权数表 单位:万元

月份	1	2	3	4	5	6	合计
销售额	1 000	900	1 200	1 100	1 300	1 400	6 900
权数	1	2	3	4	5	6	—

选择前 6 个月平均,按照近期对预测值影响较大远期影响较小的原则,1— 6 月份的权数分别为 1、2、3、4、5、6,则 7 月份洗衣机的销售预测额为

7 月份销售预测额

$$=\frac{(1\times 1\ 000+2\times 900+3\times 1\ 200+4\times 1\ 100+5\times 1\ 300+6\times 1\ 400)}{(1+2+3+4+5+6)}$$

$$=1\ 223.81(\text{万元})$$

该法克服了算术平均法的缺点,但是移动加权平均法预测值的影响因素有 2 个,即计算预测值的期数和权数,期数和权数不同,预测值就会不同。一般按照由远至近,权数由小到大的原则,即近期实际值对预测值的影响大的原则而定。移动加权平均法的实质就是预测值取前 n 期实际值的平均数,适用于销售量略有波动的产品预测。

3. *指数平滑法*

指数平滑法是利用过去第 t 期实际销售数和第 t 期预测数计算的加权平均数,作为下期预测数的方法。采用该法预测计划期销售量或销售额时,需介入指数平滑系数 α 测算,$0<$

$\alpha < 1$。其计算公式为

计划期预测销售额 = (平滑系数 × 上期实际销售额) + (1 - 平滑系数) × 上期预测销售额

或
$$F_t = \alpha A_{t-1} + (1 - \alpha) F_{t-1} \tag{4.4}$$

式中 A—— 实际销售额;

F—— 预测销售额。

【例 4.5】 沿用例 4.3 资料,假设 α 等于 0.3,1 月份销售额的预测值为 1 200 万元,则 2—7 月份销售额预测值见表 4.5。

表 4.5 指数平滑法预测值计算表

月份	A_t	αA_{t-1}	$(1 - \alpha) F_{t-1}$	预测值 F_t
1	1 000	—	—	1 200
2	900	0.3 × 1 000	(1 - 0.3) × 1 200	1 140
3	1 200	0.3 × 900	(1 - 0.3) × 1 140	1 068
4	1 100	0.3 × 1 200	(1 - 0.3) × 1 068	1 108
5	1 300	0.3 × 1 100	(1 - 0.3) × 1 108	1 106
6	1 400	0.3 × 1 300	(1 - 0.3) × 1 106	1 164
7	—	0.3 × 1 400	(1 - 0.3) × 1 164	1 235

指数平滑法实际是一种分别以 α 和 $1 - \alpha$ 为权数的特殊加权平均法,使用这种方法进行预测可以适当消除偶然因素引起的销售实际波动,使预测更加准确。该法可以排除在实际销售中所包含的偶然因素的影响,但平滑系数对预测结果的影响比较大,平滑系数越大,则近期实际数对预测结果的影响越大;相反,平滑系数越小,则近期实际数对预测结果的影响越小。因此,选择平滑系数尤为重要,若销售表现为随机波动的变化,平滑系数应选择小一些($\alpha < 0.5$),若销售表现有明显的变动趋势(增长或减少),则平滑系数应选择大一些($\alpha > 0.5$)。

(二)因果预测分析法

影响产品销售的因素是多方面的,有些因素对产品销售是关键影响因素,有些因素与产品销售存在某些函数关系。因此,只要建立产品销售(因变量)与相关因素(自变量)之间的函数关系,就可以利用这种函数关系进行产品销售预测,这就是销售预测的因果预测分析法。

常用的因果预测分析法是回归直线法,是假定影响因素只有一个,根据 $y = a + bx$ 的直线方程式,按照最小平方法原理来确定一条能正确反映自变量 x 与因变量 y 之间具有误差平方和最小的直线的方法。其预测模型为

$$y = a + bx \tag{4.5}$$

式中 a、b—— 回归系数;

y—— 销售业务量(因变量函数);

x—— 时间的自变量。

按照回归直线法原理,回归系数 a、b 的计算公式见式(2.9)和式(2.6)。

【例4.6】 甲公司生产洗衣机电机,决定电机销售量的主要因素是洗衣机的销售量。近6年全国洗衣机实际销售量和甲公司电机实际销售量见表4.6,试采用回归直线法预测20×9年甲公司电机销售量。

表4.6 20×3年—20×8年历史数据

年份	20×3	20×4	20×5	20×6	20×7	20×8
甲公司电机实际销售量/万件	20	30	25	35	40	35
全国洗衣机实际销售量/万台	100	130	120	140	150	135

假设20×9年全国洗衣机销售量预计160万台,预计20×9年甲公司电机销售量。回归分析计算表见表4.7。

表4.7 回归分析计算表

月份	洗衣机销售量 x	电机销售量 y	xy	x^2
20×3	100	20	2 000	10 000
20×4	130	30	3 900	16 900
20×5	120	25	3 000	14 400
20×6	140	35	4 900	19 600
20×7	150	40	6 000	22 500
20×8	135	35	4 725	18 225
$n=6$	$\sum x = 775$	$\sum y = 185$	$\sum xy = 24\ 525$	$\sum x^2 = 101\ 625$

可得

$$b=\frac{n\sum xy-\sum x\sum y}{n\sum x^2-\left(\sum x\right)^2}=\frac{6\times 24\ 525-775\times 185}{6\times 101\ 625-775^2}=\frac{3\ 775}{9\ 125}\approx 0.413\ 7$$

$$a=\frac{\sum y-b\sum x}{n}=\frac{185-0.413\ 7\times 775}{6}=-22.60$$

将 a 与 b 的值代入公式 $y=a+bx$,则20×9年甲公司电机销售量为

$$y=a+bx=-22.60+0.413\ 7\times 160=43.59(\text{万台})$$

在销售预测分析实践中,定性和定量预测分析方法并不矛盾、相互排斥,往往根据具体情况运用2种方法进行分析,相得益彰,会取得意想不到的分析效果,从而保证预测的正确、可靠和及时。

假设“时间”是影响销售量的唯一因素,则因果预测就成为一种反映时间序列的趋势预测分析法。

由于观测值按时间顺序排列,间隔期相等,故可采用最简捷的办法,令 $\sum x=0$ 来求回归直线。

具体做法是:若观测期(n)为奇数,则取 x 的间隔期为1,即将0置于所有观测期的中央,

其余上下均以绝对值1为等差递增(按…, -3, -2, -1,0,1,2,3,… 排列);若观测期(n)为偶数,则取x的间隔期为2,即将-1与1置于所有观测期当中的上下两限,其余上下均以绝对值2为等差递增(按…, -5, -3, -1,1,3,5,… 排列),以上2种做法均可使$\sum x=0$。

正因为$\sum x=0$,因而确定a与b值的公式就可以简化为

$$a=\frac{\sum y}{n} \tag{4.6}$$

$$b=\frac{\sum xy}{\sum x^2} \tag{4.7}$$

【例4.7】 某企业前6个月的销售资料统计表见表4.8,试采用回归直线法预测7月份的销售额。

表4.8　销售资料统计表

月份	1	2	3	4	5	6	合计
销售额/万元	5	7	9	8	6	10	45

资料整理表见表4.9。

表4.9　资料整理表

月份	x	销售额y	xy	x^2	y^2
1	-5	5	-25	25	25
2	-3	7	-21	9	49
3	-1	9	-9	1	81
4	1	8	8	1	64
5	3	6	18	9	36
6	5	10	50	25	100
$n=6$	$\sum x=0$	$\sum y=45$	$\sum xy=21$	$\sum x^2=70$	$\sum y^2=355$

可得

$$b=\frac{\sum xy}{\sum x^2}=\frac{21}{70}=0.3$$

$$a=\frac{\sum y}{n}=\frac{45}{6}=7.5$$

则计划期7月份销售预测额为

$$y=a+bx=7.5+0.3\times 7=9.6(\text{万元})$$

第二节　成本预测

一、成本预测的含义

成本预测是根据企业未来的发展目标和现实条件,参考相关资料,利用专门方法和成本预测模型对企业未来成本水平及其发展趋势所进行的预计和推测。

成本预测的内容主要包括目标成本预测和成本变动趋势预测。成本预测的对象通常是企业运营流程中的各成本管理对象,如产品成本预测和各成本项目总额的预测及变动趋势。在年度经营预测和长期的战略成本管理中,将成本预测数据应用于设定成本管理目标、编制成本计划或成本预算,为成本控制、成本分析和成本考核及制定降低成本的方案提供依据。

常用的成本预测方法有基于本量利分析的成本预测法、基于趋势分析的成本预测法和基于因果分析的成本预测法。

二、基于本量利分析的成本预测法

本量利分析法下的成本预测是在销售预测和利润预测的基础上,结合本量利分析进行的成本预测。该方法主要应用于目标成本预测。

(一) 目标成本的含义和计算公式

1. 目标成本的含义

目标成本是为实现目标利润应达到的成本水平或是应控制的成本限额。确定目标成本,是为了控制生产过程中的成本消耗水平,降低产品成本,实现目标利润。

2. 目标成本的计算公式

(1) 对全部产品进行目标成本预测。

$$\text{目标成本} = \text{预计销售收入} - \text{目标利润} - \text{销售税金} \tag{4.8}$$

(2) 按单项产品进行目标成本预测。

$$\text{目标成本} = \text{该产品预计销售单价} \times (1 - \text{相关税率}) \times \text{该产品预计销售量} - \text{该产品目标利润} \tag{4.9}$$

式中　相关税率 —— 消费税、资源税等税率。

(二) 目标成本预测步骤

(1) 提出目标成本方案。目标成本是企业未来一定期间成本管理工作的奋斗目标,它决定着企业在未来的经营期降低成本的努力方向。目标成本的提出和测算要经过多次反复才能完成。

在目标利润已定的前提下,通过市场调查,根据销售预测和国内外同类企业的市场信息资料,选择适当的销售单价,按照预计销售收入扣除目标利润,就可得到所需的目标成本。

(2) 预测成本。目标成本提出后,采用各种专门方法利用有关总成本模型预测总成本发展趋势,并计算出预测成本与目标成本的差距。

(3) 拟定降低成本的各种可行方案。

(4) 修订目标成本。

【例4.8】　某公司预计甲产品全年销售量为200 000件，预计销售单价25元，产品相关销售税率5%，预计产品目标利润1 200 000元，试确定该产品的目标成本。

$$目标成本 = 25 \times (1 - 5\%) \times 200\ 000 - 1\ 200\ 000 = 3\ 550\ 000(元)$$

这种方法可使目标成本和目标利润很好地衔接起来，但它对销售收入的预测要求却很高，产品销售单价也要在一定幅度内增长，既不能过高也不能太低。因为过高会在市场上失去竞争力，过低则难以保本，出现亏损。因此，它无法直接确定目标固定成本和目标单位变动成本指标，想要确定目标固定成本和目标单位变动成本指标还需在此基础上继续分析。

三、基于趋势分析的成本预测法

成本预测的趋势分析是以成本的历史数据为依据，在相关范围内按照成本习性，运用数学分析的方法建立成本数学模型 $y = a + bx$，利用它来预测在一定产量下的产品总成本。常用的方法有高低点法、加权平均法。

（一）高低点法

高低点法是根据过去若干时期的成本资料中最高业务量和最低业务量的总成本之差 Δy 与两者业务量之差 Δx 进行对比，计算出单位变动成本 b，然后再求得固定成本总额 a 的方法。其计算公式为

$$b = \frac{y_{高} - y_{低}}{x_{高} - x_{低}} = \frac{\Delta y}{\Delta x} \tag{4.10}$$

$$a = y_{高} - bx_{高} \text{ 或 } a = y_{低} - bx_{低} \tag{4.11}$$

预测总成本的公式为

$$y = a + bx \tag{4.12}$$

【例4.9】　某公司甲产品总产量和总成本的历史资料见表4.10，预测该公司甲产品20×8年产量为100件时的成本总额。

表4.10　20×1年—20×7年历史资料表

年份	总产量/件	总成本/万元
20×1年	30	40
20×2年	40	45
20×3年	42	50
20×4年	50	60
20×5年	56	70
20×6年	60	75
20×7年	70	80

依据表4.10可以得出

$$x_{低} = 30, x_{高} = 70$$

$$y_{低} = 40, y_{高} = 80$$

$$b = \frac{y_{高} - y_{低}}{x_{高} - x_{低}} = \frac{80 - 40}{70 - 30} = 1$$

$$a = y_{高} - bx_{高} = 80 - 1 \times 70 = 10$$

或

$$a = y_{低} - bx_{低} = 40 - 1 \times 30 = 10$$

可得成本预测模型为

$$y = 10 + x$$

将 $x = 100$ 代入 $y = 10 + x$,得

$$y = 10 + 100 = 110(\text{万元})$$

即当甲产品预测产量为 100 件时,20×8 年甲产品预测成本总额为 110 万元。

高低点法是一种简捷的预测方法,但它只采用个别历史成本资料,很难正确反映成本变动趋势。

(二) 加权平均法

加权平均法是根据过去若干时期的固定成本总额及单位变动成本的历史资料,分别计算加权平均数的方法。距计划期越近,权数就大些,反之权数就小些。(另外,为了计算简便,加权时也可令 $\sum w = 1$)。以过去5年成本为例,按照距离计划期远近分别赋予权重。运用加权平均法预测产品成本的计算公式为

$$\begin{aligned}\text{预测期产品总成本} = & \frac{1}{\sum w_i}(\text{第 1 年固定成本总额} \times w_1 + \text{第 2 年固定成本总额} \times w_2 + \\ & \text{第 3 年固定成本总额} \times w_3 + \text{第 4 年固定成本总额} \times w_4 + \\ & \text{第 5 年固定成本总额} \times w_5) + [\frac{1}{\sum w_i}(\text{第 1 年单位变动成本} \times w_1 + \\ & \text{第 2 年单位变动成本} \times w_2 + \text{第 3 年单位变动成本} \times w_3 + \\ & \text{第 4 年单位变动成本} \times w_4 + \text{第 5 年单位变动成本} \times w_5)] \times \\ & \text{预计销售量} \end{aligned} \tag{4.13}$$

【例 4.10】 某公司生产甲产品,最近 5 年的固定成本总额与单位变动成本的数据见表 4.11。试采用加权平均法预测 20×6 年生产 100 件甲产品的总成本及单位产品成本。

表 4.11 20×1 年—20×5 年历史资料表 单位:元

年份	固定成本总额(a)	单位变动成本(b)
20×1 年	500	4
20×2 年	1 000	6
20×3 年	1 200	7
20×4 年	1 500	5
20×5 年	2 000	9

根据上述资料按距离计划期远近分别给出权数 0.2、0.4、0.6、0.8、0.9。可以预计 20×6 年生产 100 件甲产品的总成本为

$$y = \frac{500 \times 0.2 + 1\,000 \times 0.4 + 1\,200 \times 0.6 + 1\,500 \times 0.8 + 2\,000 \times 0.9}{0.2 + 0.4 + 0.6 + 0.8 + 0.9} + \frac{4 \times 0.2 + 6 \times 0.4 + 7 \times 0.6 + 5 \times 0.8 + 9 \times 0.9}{0.2 + 0.4 + 0.6 + 0.8 + 0.9} \times 100 =$$

$$1\,455.17 + 6.72 \times 100 = 2\,127.17(\text{元})$$

$$预计甲产品单位产品成本 = \frac{2\ 127.17}{100} = 21.27(元)$$

加权平均法进行成本预测适用于具有详细的固定成本总额与单位变动成本资料和数据的企业。固定成本和变动成本数据不全的企业只能采用高低点法预测成本。

四、基于因果分析的成本预测法

回归直线法是一种基于因果分析的成本预测法,是采用若干历史时期的成本资料,根据最小平方法原理,分析确定能反映成本变动趋势的直线 $y = a + bx$,用以测算计划期成本的方法。该方法计算过程如下。

(一) 计算相关系数 r

相关系数是反映成本额 y 与产量 x 之间线性关联程度的一个量,其绝对值在 0 ~ 1 之间,相关系数的绝对值越接近 1,则表明线性关联程度越高;而趋于 0 时,则表示无线性关系,其计算公式为

$$r = \frac{n\sum xy - \sum x \sum y}{\sqrt{[n\sum x^2 - (\sum x)^2] \times [n\sum y^2 - (\sum y)^2]}} \tag{4.14}$$

(二) 计算回归系数 a 与 b

a、b 是回归方程中的待定回归系数,a 反映固定成本总额,b 则表示单位变动成本,计算公式为

$$b = \frac{n\sum xy - \sum x \sum y}{n\sum x^2 - (\sum x)^2} \tag{4.15}$$

$$a = \frac{\sum y - b\sum x}{n} \tag{4.16}$$

(三) 预测计划期成本总额

根据计划期业务量计算成本预测值。

【例 4.11】 某企业生产某种产品,其产量和成本的历史资料及采用回归直线法预测成本的计算表见表 4.12,预测回归直线法下计划期产量为 135 千件时的成本总额。

表 4.12 历史资料及采用回归直线法预测成本的计算表

月份	产量 x/ 千件	成本 y/ 万元	xy/ 千件每万元	x^2/ 千件	y^2/ 万元
1	46	50	2 300	2 116	2 500
2	53	54	2 862	2 809	2 916
3	55	56	3 080	3 025	3 136
4	68	64	4 352	4 624	4 096
5	90	85	7 650	8 100	7 225
6	116	104	12 064	13 456	10 816
$n = 6$	$\sum x = 428$	$\sum y = 413$	$\sum xy = 32\ 308$	$\sum x^2 = 34\ 130$	$\sum y^2 = 30\ 689$

（1）计算相关系数 r。

$$r=\frac{n\sum xy-\sum x\sum y}{\sqrt{[n\sum x^2-(\sum x)^2]\times[n\sum y^2-(\sum y)^2]}}$$

$$=\frac{6\times 32\ 308-428\times 413}{\sqrt{[6\times 34\ 130-428^2]\times[6\times 30\ 689-413^2]}}$$

$$=0.998$$

计算结果表明，该产品的成本额与产量之间关联程度相当密切。

（2）计算回归系数 a 与 b。

$$b=\frac{n\sum xy-\sum x\sum y}{n\sum x^2-(\sum x)^2}=\frac{6\times 32\ 308-428\times 413}{6\times 34\ 130-428^2}=0.79$$

$$a=\frac{\sum y-b\sum x}{n}=\frac{413-0.79\times 428}{6}=12.48$$

可得回归直线方程

$$y=12.48+0.79x$$

（3）预计产量为135千件时的成本总额。

$$y=12.48+0.79\times 135=119.13\ （万元）$$

无论是近期成本预测还是远期成本预测，企业均应对历史成本资料进行必要的调整，剔除偶发因素导致的成本耗费；同时，也应对产品设计、工艺改变等引起产品成本发生重大变化的情况予以考虑，有选择性地利用历史成本数据。

第三节　利润预测

一、利润预测的含义

利润是综合性最强的指标，它反映企业在一定时期内的生产经营成果，是衡量和考核企业经济效益和工作成绩的重要依据。目标利润，是企业在利润预测的基础上，考虑企业生产经营的主客观条件，对企业要实现的利润做出的决定。

利润预测是按照企业经营目标的要求，通过对影响利润变动的成本、销售量、单价等因素的综合分析，测算企业未来一定时期内可能达到的利润水平和变动趋势。进行科学的利润预测，可以使企业根据国内外市场的变化和企业自身生产经营状况及其他相关信息，规划企业的目标利润，采取积极有效的措施，改善企业经营管理，实现最大经济效益，因此利润预测的关键并不仅仅是是测试目标利润。

利润预测的内容一般包括两部分：目标利润预测和利润的敏感性分析。目标利润是企业未来一定时期内经过努力应达到的最优化利润控制目标。利润的敏感性分析即本量利分析法的敏感性分析。

二、目标利润预测

目标利润预测的常用方法有相关比例预测法和本量利法。

(一) 相关比例预测法

相关比例预测法是指根据各种与利润相关利润率指标,如销售利润率、资金利润率、经营杠杆率等指标,直接预测计划期利润的一种方法。

1. 销售利润率法

根据行业销售利润率或预定的目标利润率,结合销售预测来预测计划期利润。其计算公式为

$$预计利润 = 预计销售收入 \times 销售利润率 \tag{4.17}$$

式中　销售利润率——年产品销售利润与年产品销售收入之比。

【例 4.12】　某企业预测 20×3 年销售收入 50 000 000 元,行业平均销售利润率为 20%。

要求:采用销售利润率法预测 20×4 年预计利润。

$$20\times4 年预计利润 = 50\ 000\ 000 \times 20\% = 10\ 000\ 000(元)$$

2. 经营杠杆率法

经营杠杆率(DOL)是指利润增长率相当于销售增长率的倍数,即

$$经营杠杆率(\mathrm{DOL}) = \frac{利润增长率}{销售增长率} = \frac{\Delta P/P}{\Delta S/S} \tag{4.18}$$

在一定业务量范围内,经营杠杆率确定后,即可结合计划期的销售增长率来预测计划期的利润。其计算公式为

$$预计利润 = 基期利润 \times (1 + 销售增长率 \times 经营杠杆率)$$

或

$$P = P_0\left(1 + \frac{\Delta S}{S} \cdot \mathrm{DOL}\right) \tag{4.19}$$

【例 4.13】　某企业按基期资料计算的经营杠杆率为 2,基期利润为 10 万元,基期销售收入 80 万元。若计划期销售收入总额为 120 万元,预测计划期可实现的利润。

$$P = P_0\left(1 + \frac{\Delta S}{S} \cdot \mathrm{DOL}\right) = 10 \times \left(1 + \frac{120 - 80}{80} \times 2\right) = 20(万元)$$

此外,相关比例预测法预测目标利润还有产值利润率、资金利润率、成本利润率等方法。企业应该根据获取的相关历史资料,采用适当的比率进行利润预测。

二维码知识点 4.2　相关比例预测法的其他方法

(二) 本量利法

本量利法就是企业在销售预测的基础上,根据成本、业务量与利润之间的关系,利用本量利基本公式预测计划期企业利润的一种利润预测方法。

1. 单一品种产品生产企业的目标利润预测

单一品种产品生产企业,预计利润的基本公式为

$$P = px - bx - F = M - F$$

或

$$P = (x - x_0) \cdot m = (S - S_0) \cdot mR \quad (4.20)$$

式中 p—— 销售单价;

b—— 单位变动成本;

F—— 固定成本总额;

x—— 预计销售量;

x_0—— 盈亏平衡(保本点)销售量;

m—— 单位边际贡献;

M—— 边际贡献总额;

S—— 预计销售额;

S_0—— 盈亏平衡(保本点)销售额;

mR—— 边际贡献率。

【例4.14】 根据市场需求情况分析,某企业预计计划期间可销售甲产品10 000件。假定甲产品的销售单价为35元,单位变动成本为20元,固定成本总额为50 000元。要求:预测该企业甲产品在计划期间可实现多少利润。

$$P = px - bx - F = 35 \times 10\,000 - 20 \times 10\,000 - 50\,000 = 100\,000(\text{元})$$

2. 多品种产品生产企业的目标利润预测

若企业生产多种产品,预计利润的计算公式可表述为

$$P = \overline{mR} \cdot S - F \quad (4.21)$$

式中 $\overline{mR}$—— 综合边际贡献率;

S—— 预计销售额。

其中,综合边际贡献率的计算公式为

$$\overline{mR} = \sum_{i=1}^{n} (mR_i \cdot W_i) \quad (4.22)$$

式中 mR_i—— 各种产品边际贡献率;

W_i—— 各种产品的销售比重。

【例4.15】 某企业产销A、B、C 3种产品,边际贡献率分别为40%、30%、20%。在企业销售收入总额中各产品销售比重分别为20%、50%、30%。预计下年度销售总额为1 500万元,企业固定成本总额为300万元,其销售结构不变,预测企业下年度可实现的利润。

$$\overline{mR} = \sum_{i=1}^{n} (mR_i \cdot W_i) = 40\% \times 20\% + 30\% \times 50\% + 20\% \times 30\% = 29\%$$

$$P = \overline{mR} \cdot S - F = 29\% \times 1\,500 - 300 = 135(\text{万元})$$

对计划期可能实现的利润进行预测以后,就可以把企业的目标利润确定下来,并应及时组织落实为实现目标利润在产量、成本、价格等方面必须达到的各项指标和有关措施,可应用于作为编制全面预算的基础。

三、利润的敏感性分析

（一）敏感性分析的含义

敏感性分析，是一种“如果…… 会怎么样”的分析技术。针对确定型的决策，敏感性分析所要研究的是当主要变量发生变动时，对结果会产生什么样的影响。

根据本量利分析的基本模型，可以确定产品售价、销售量、变动成本和固定成本的变动都会对企业的期间利润产生影响，但敏感程度是不一样的。也就是说，有的因素较小的变化就会引起利润的大幅度变动；而有的因素敏感程度就不那么显著，需要有较大的变动才会对利润产生较为明显的影响。通常采用敏感系数来测度变量的敏感程度，其计算公式为

$$\text{敏感系数} = \frac{\text{目标值(利润)变动百分比}}{\text{因素值变动百分比}} \tag{4.23}$$

在因素值变动百分比相同的情况下，敏感系数越大，目标值的变动就越大，反映了因素值对目标值的影响越大；反之，敏感系数越小，目标值的变动就越小，因素值对目标值的影响也就越小。敏感系数为正，表示因素值使目标值正向变动；敏感系数为负，表示因素值使目标值反向变动。

（二）各因素对利润影响的敏感程度

根据本量利分析的基本模型的公式 $P = px - bx - F$ 来看，售价、单位销售成本、销售量、固定成本总额对利润的影响是各不相同的。以下结合简例说明售价、单位销售成本、销售量、固定成本总额对企业一定期间利润影响的敏感程度。

【例4.16】 某公司生产一种产品，单位售价10元，单位变动成本4元，全年固定成本为200 000元，预计可实现销售量为60 000件。如果未来一年企业可以顺利完成经营计划，则全年可实现利润为：$P = 60\ 000 \times (10 - 4) - 200\ 000 = 160\ 000$（元）。

假设企业的产品单位售价、产品销售量、单位变动成本和固定成本均在原有基础上增加10%，计算各因素的敏感系数。

（1）产品单位售价的敏感系数。

产品单位售价增加10%时

$$p = 10 \times (1 + 10\%) = 11(\text{元})$$

当产品单位售价提高10%，即由10元/件提高到11元/件，那么企业的期间利润则为

$$P = 60\ 000 \times (11 - 4) - 200\ 000 = 220\ 000(\text{元})$$

$$\text{利润变动百分比} = \frac{220\ 000 - 160\ 000}{160\ 000} \times 100\% = 37.5\%$$

$$\text{产品售价的敏感系数} = \frac{37.5\%}{10\%} = 3.75$$

（2）销售量的敏感系数。

销售量增加10%时

$$x = 60\ 000 \times (1 + 10\%) = 66\ 000(\text{件})$$

当销售量提高10%，即由60 000件提高到66 000件，那么企业的期间利润则为

$$P = 66\ 000 \times (10 - 4) - 200\ 000 = 196\ 000(\text{元})$$

$$利润变动百分比 = \frac{196\ 000 - 160\ 000}{160\ 000} \times 100\% = 22.5\%$$

$$产品销售量的敏感系数 = \frac{22.5\%}{10\%} = 2.25$$

(3) 单位变动成本的敏感系数。

单位变动成本增加10%时

$$b = 4 \times (1 + 10\%) = 4.4(元)$$

当单位变动成本增加10%,即由4元提高到4.4元,则企业的期间利润为

$$P = 60\ 000 \times (10 - 4.4) - 200\ 000 = 136\ 000(元)$$

$$利润变动百分比 = \frac{136\ 000 - 160\ 000}{160\ 000} \times 100\% = -15\%$$

$$单位变动成本的敏感系数 = \frac{-15\%}{10\%} = -1.5$$

(4) 固定成本的敏感系数。

固定成本增加10%时

$$F = 200\ 000 \times (1 + 10\%) = 220\ 000(元)$$

当固定成本增加10%,即由200 000元提高到220 000元时,则企业的期间利润为

$$P = 60\ 000 \times (10 - 4) - 220\ 000 = 140\ 000(元)$$

$$利润变动百分比 = \frac{140\ 000 - 160\ 000}{160\ 000} \times 100\% = -12.5\%$$

$$固定成本的敏感系数 = \frac{-12.5\%}{10\%} = -1.25$$

通过上述计算可以看出,当产品销售价格、销售量、单位变动成本和固定成本分别在原有基础上增加10%,利润以3.75倍的速率随单价正向变化,以2.25倍的速率随销售量正向变化,以1.5倍的速率随单位变动成本反向变化,以1.25倍的速率随固定成本反向变化。4个因素的敏感系数的绝对值从大到小的排列顺序依次是:产品销售价格、销售量、单位变动成本、固定成本。也就是说,在该经营水平上,对利润影响最大的因素是产品销售价格,而销售量、单位变动成本和固定成本的影响相对要小一点。

第四节　资金预测

一、资金预测的含义

企业正确地进行经济活动,除必须进行销售、成本、利润的预测分析外,还要做好资金的预测工作,以确保企业各项经济活动所需资金的供应,也便于企业统筹安排资金。

资金预测是以预测期企业经营规模和资金利用效果等为依据,结合历史资料、技术经济条件和发展规划,运用科学合理的方法,对预测期资金需求量进行科学合理的预计和测算。

资金预测包括资金需求总量预测、固定资金需要量预测和流动资金需要量预测。

二、资金需求总量预测

(一) 趋势预测法

对过去几年的资金总使用总量进行趋势分析的方法很多。在经营环境比较平稳的情况下,可以根据企业历史年份资金使用总量,采用加权平均法或回归分析法等方法建立数学模型,预测未来期间销售收入达到一定水平时的资金需求总量。

以制造业为例,企业可以收集过去若干期间销售收入(或销售量)及资金需求总量的历史资料,作为回归分析的历史数据,然后确定销售收入与资金需求总量,建立回归直线 $y = a + bx$,基于历史数据采用最小二乘法测算未来期间的资金需求总量。

前已述及趋势预测法,这里就不再介绍。

(二) 销售百分比法

计划期实际资金需要的预测常用销售百分比法,又称预计资产负债表法,是在销售预测基础上,假定基期和计划期的销售收入与某些资产、负债项目之间存在着固定百分比的关系,根据资金占用与资金来源的各个项目与销售总额之间的依存关系预计计划期资产、负债和相应的资金需要量,然后利用会计恒等式按照未来一定期间销售额增长情况来预测需要追加的资金量的一种资金预测方法。运用这种预测方法时,企业需要具体判断哪些资产、负债项目同产销活动密切相关,然后才能运用销售百分比法预测。

资金需求总量预测过程如下。

1. 分析资产负债表中资产、负债各个项目与销售收入总额之间的依存关系,确定敏感类资产与敏感类权益

(1) 敏感类资产项目。

用于生产经营周转过程的货币资金,正常的应收账款和存货等项目,一般都会因销售额的增长而相应地增长;而固定资产项目是否要增加,则需视基期的固定资产是否已被充分利用而定。至于长期投资、无形资产等项目,一般不随销售额的增加而增加。

(2) 敏感类权益项目。

应付账款、其他应付款等项目,通常会因销售额的增长而相应地增加;而短期借款、长期负债及实收资本、未分配利润等股东权益等项目,则一般不随销售额的增长而增加。

2. 计算基期敏感项目占销售百分比

根据基期资产负债表,将与销售额有依存关系的敏感类资产项目,按基期销售收入计算其金额占销售的百分比,并假定一定时期内这些销售百分比固定不变,即计划期某项目仍然保持这一百分比。

$$\text{基期某敏感项目占销售百分比} = \frac{\text{基期该敏感项目金额}}{\text{基期销售收入}} \times 100\% \qquad (4.24)$$

3. 根据会计恒等式计算计划期内所需追加资金总量

计划期内所需追加资金总量,按照以下步骤计算。

(1) 由于计划期内销售额增加而追加的资金量。它是根据增长的销售额按销售百分比计算的,其计算公式为

$$增长的销售额所需追加的资金量 = \left(\frac{A}{S_0} - \frac{L}{S_0}\right) \cdot (S_1 - S_0) \quad (4.25)$$

式中　S_0—— 基期销售总额；

S_1—— 计划期销售总额；

$\frac{A}{S_0}$—— 基期随着销售额增加而增加的资产项目金额占销售额的百分比；

$\frac{L}{S_0}$—— 基期随着销售额增加而增加的负债类项目金额占销售额的百分比。

(2) 计划期内提取的折旧未使用的余额(Dep_1)。它是应提取的折旧基金减去计划期用于更新改造后剩余的金额。

(3) 计划期留存收益的计算公式为

$$计划期留存收益 = S_1 \cdot R_1 \cdot (1 - d_1) \quad (4.26)$$

式中　R_1—— 计划期的税后销售利润率；

d_1—— 股利支付率。

$$对外筹集的资金量 = (S_1 - S_0) \cdot \left(\frac{A}{S_0} - \frac{L}{S_0}\right) - Dep_1 - S_1 \cdot R_1 \cdot (1 - d_1) + M_1 \quad (4.27)$$

式中　M_1—— 零星资金需求量。

【例4.17】　某公司20×3年销售收入总额为500 000元,税后净利40 000元,发放股利10 000元,固定资产利用率已达饱和状态。公司20×3年简略资产负债表见表4.13。若该公司20×4年度销售收入总额将达到800 000元,税后销售利润率保持不变,并仍按20×3年股利发放率支付股利,折旧提取数为20 000元,其中60%用于更新改造现有厂房设备;此外20×4年度零星资金需要量为12 000元,试采用预计资产负债表法预测20×4年需对外筹集的资金量。

表4.13　某公司20×3年简略资产负债表　　单位:元

资产		负债及所有者权益	
现金	10 000	应付账款	50 000
应收账款	85 000	应付税款	25 000
存货	100 000	长期负债	115 000
固定资产	150 000	实收资本	200 000
无形资产	55 000	留存收益	10 000
合计	400 000	合计	400 000

先根据基期末的资产负债表各项目与销售额的依存关系计算并填列用销售百分比形式反映的预计资产负债表,见表4.14。

用公式计算需对外筹集的资金量为

$$对外筹集的资金量 = (S_1 - S_0) \cdot \left(\frac{A}{S_0} - \frac{L}{S_0}\right) - Dep_1 - S_1 \cdot R_1 \cdot (1 - d_1) + M_1$$

$$= (800\ 000 - 500\ 000)(69\% - 15\%) - 20\ 000 \times (1 - 60\%) -$$

$$800\,000 \times \frac{40\,000}{500\,000} \times \left(1 - \frac{10\,000}{40\,000}\right) + 12\,000$$

$$= 118\,000(\text{元})$$

表 4.14　预计资产负债表　　单位:元

项目	金额/元	销售百分比/%	项目	金额/元	销售百分比/%
现金	10 000	2	应付账款	50 000	10
应收账款	85 000	17	应付税款	25 000	5
存货	100 000	20	长期负债	115 000	不适用
固定资产	150 000	30	负债总额	190 000	15
无形资产	55 000	不适用	实收资本	200 000	不适用
—	—	—	留存收益	10 000	不适用
资产总额	400 000	69	负债及所有者权益总额	400 000	15

三、固定资金需要量预测

固定资金需要量预测是对未来一定时期内企业生产经营活动所需用的固定资产和相应的固定资金占用量进行预测。要预测固定资金需要量,首先需要根据企业生产经营方向、经营计划和现有生产经营能力,预测固定资产需用量,再根据固定资产需用量预测固定资金需要量。

工业企业全部固定资产中,生产设备是企业进行持续生产经营活动的基本因素,对固定资产需用量预测应以生产设备为重点,在此基础上,预测其他固定资产需用量,进而就可以进行固定资金需要量预测。

(一) 生产设备需用量预测

在对现有设备的数量、质量和生产能力核查的基础上,根据企业现有设备有效台时数和计划期生产设备需用的定额台时数进行比较,计算某类设备多余或不足台数,计算公式为

$$\text{某类设备多余或不足台数} = \text{某类设备现有台数} - \frac{\text{计划期生产任务需用台时定额总数}}{\text{单台设备全年计划有效工作台时数}} \tag{4.28}$$

$$\begin{matrix}\text{计划期生产任务}\\\text{需用台时定额总数}\end{matrix} = \sum(\text{每种产品计划产量} \times \text{单位产品定额台时}) \times \text{定额改进系数} \tag{4.29}$$

$$\text{定额改进系数} = \frac{\text{预计新定额}}{\text{现行定额}} \tag{4.30}$$

$$\text{单台设备全年计划有效工作台时数} = (\text{全年工作日数} - \text{设备检修停工日数}) \times \text{每日开班数} \times \text{每班工时数} \tag{4.31}$$

(二) 其他固定资产需用量预测

企业其他配套性固定资产(如厂房、运输设备等)的需用量与生产设备需用量有一定比例关系。其他配套性固定资产需用量可在测算生产设备需用量基础上,按照其在基期与生

产设备的比例关系,结合计划年度提高设备利用率的要求进行预测。

至于非生产性固定资产需用量,应按照企业的实际需用量和可能条件确定。可以在现有非生产性固定资产数量的基础上,结合职工人数的增减和企业实际需要,估算计划年度需要增加的非生产性固定资产项目。

(三) 根据各项固定资产需用量的预测数和固定资产的重置价值预测固定资金需要量

【例 4.18】 某企业现有生产设备 30 台,计划 20×4 年生产 A、B、C 3 种产品,年产量分别为 600 件、500 件和 400 件,单位产品定额工时分别为 100 台时、120 台时和 80 台时,定额改进系数为 90%。企业执行两班制生产,每班平均工作 7.5 h,全年工作日数 250 d,每台设备检修停工日数 15 d。企业每增加一台该设备,就需要增加一台配套动力设备。另外,如果增加该设备 5 ~ 10 台,还需要扩大厂房面积 80 m^2。企业 20×4 年度计划扩建职工食堂 300 m^2,如果每台生产设备重置价值 200 000 元,配套动力设备 8 000 元,改扩建厂房及职工食堂预计每平方米所需资金分别为 1 000 元和 1 500 元。

要求:(1) 确定 20×4 年度多余或不足的机器台数;

(2) 预测 20×4 年度固定资金需要量。

$$\text{多余或不足的机器台数} = 30 - \frac{(600 \times 100 + 500 \times 120 + 400 \times 80) \times 90\%}{(250 - 15) \times 2 \times 7.5} = -9(\text{台})$$

$$\text{固定资金需要量} = (200\ 000 + 8\ 000) \times 9 + 80 \times 1\ 000 + 300 \times 1\ 500 = 2\ 402\ 000(\text{元})$$

综上,20×4 年该企业不足设备 9 台,固定资金需要量为 2 402 000 元。

四、流动资金需要量预测

常见的流动资金需要量预测方法有资金占用比例预测法和因素测算法。

(一) 资金占用比例预测法

资金占用比例预测法是根据影响流动资金需要量的相关财务指标,如净产值、营业收入、营业成本、营业利润等的预测值,按照基期流动资金平均占用额来预测计划期流动资金需要量的方法。其基本公式为

$$\begin{aligned}&\text{计划期流动资金需要量}\\&= \text{计划期相关财务指标} \times \text{基期流动资金平均占用额与基期相关指标之比} \qquad (4.32)\end{aligned}$$

$$\begin{aligned}&\text{基期流动资金平均占用额与基期相关指标之比}\\&= \frac{\text{基期流动资金实际平均占用额} - \text{不合理平均占用额}}{\text{基期相关指标实际数额}} \times 100\% \qquad (4.33)\end{aligned}$$

(二) 因素测算法

因素测算法是以流动资金项目上年度的实际占用额的平均数为基础,剔除不合理的流动资金平均占用额,再根据计划年度生产经营规划和流动资金周转的变化进行调整,进而预测流动资金需要量的一种方法。其计算公式为

$$\begin{aligned}\text{计划期流动资金需要量} = &(\text{上年度流动资金实际占用额的平均数} - \text{不合理平均占用额}) \times\\&(1 \pm \text{计划年度生产增减百分比}) \times\\&(1 \pm \text{计划年度流动资金周转率变化百分比}) \qquad (4.34)\end{aligned}$$

此外,还有根据某项流动资产日平均周转额进行测算的周转期预测法、以上年余额为基础测算的余额测算法等。

第五章

预算管理

课程目标

通过本章学习，熟悉预算管理的含义、内容，预算管理的应用环境。了解预算管理的作用和原则，预算编制的固定预算、增量预算和定期预算。掌握预算编制的弹性预算、零基预算、滚动预算。熟练掌握全面预算编制。

课程思政

通过学习预算管理的相关知识,充分认识预算管理的重要性;通过学习预算编制的工具方法,能够正确收集资料编制预算;通过学习全面预算的内容,能够正确编制全面预算。

思维导图

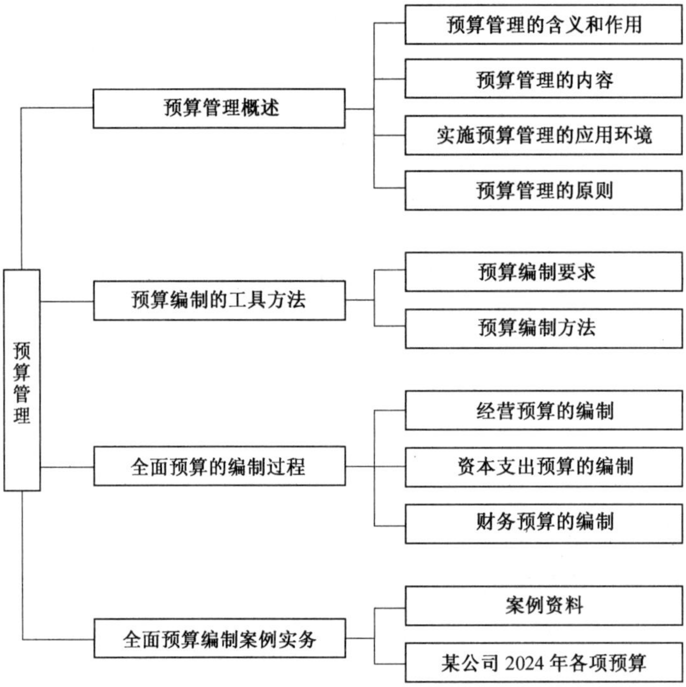

二维码知识点5.1　战略目标及预算管理的实现过程

第一节　预算管理概述

二维码知识点5.2　预算管理——同济医院战略导向的全面预算管理体系构建

一、预算管理的含义和作用

(一) 预算及预算管理

1. 预算的含义

企业的生产经营是一个非常复杂的系统,因此,一旦企业通过长期决策和经营决策确定了企业的经营目标,就必须制定一个能够协调企业内各部门工作的全面计划,以控制企业的经营活动,分析考核企业内部各个责任部门的工作业绩,保证经营目标的实现。预算就是用货币单位表示的财务计划,是以货币的形式来展示未来某一特定期间企业财务及其他资源的取得及运用的详细计划。因此,预算是决策目标的具体化,是从"决策会计"到"执行会计"的中介。实务中利用预算对企业的各种活动实施控制称为预算控制。

全面预算是企业未来计划和目标等各方面的总称。它为销售、生产等活动确定了明确的目标,并表现为预计损益表、预计资产负债表等一整套预计的财务状况和经营成果。因此,它是企业管理当局未来各计划及其如何实施的全面概括。

2. 预算管理的含义

预算管理是指企业以战略目标为导向,为企业未来一定时期内的经营活动进行全面规划,科学、合理配置企业各项财务与非财务资源,按照预算编制、预算协调、预算控制、预算考评等程序,有效组织企业生产经营活动,推动实现企业整体战略目标的管理活动。

(二) 预算管理的作用

预算管理在企业管理中有着非常重要的作用,具体如下。

1. 明确目标

预算是具体化的经营目标。编制预算有助于企业内部各个部门中的职工了解本企业、本部门、本人在实现企业整体经营目标过程中的地位、作用和责任,促使他们想方设法去完成各自的责任目标和企业总目标。

2. 协调力量

预算围绕着企业的经营目标,把企业经营过程中的各个环节、各方面的工作严密地组织起来,使企业内部力量上下左右协调,保持平衡,减少和消除可能出现的各种矛盾冲突,从而使企业成为一个为完成其经营目标而顺利运转的有机整体。企业编制预算可促使各级管理人员消除本位主义观念,加强沟通。

3. 控制业务

预算对经济活动的控制作用表现在 3 个方面:一是事前控制,即在编制预算前广泛征求各有关部门和人员的意见,使预算落在实处。同时为各项经济活动建立控制标准,如材料消耗标准、工时耗用标准、费用支出标准。二是事中控制,即在预算的执行过程中对实际脱离预算的差异进行分析,及时采取必要的纠正措施,保证预算目标的实现。三是事后控制,即将企业经营活动的实际结果与预算进行比较,分析差异原因,提出改进措施,反馈给下一期的预算。

4. 评价业绩

把实际经营成果和预算进行比较,分析差异原因,不仅有助于企业控制各环节、各部门的经济活动,而且有助于评价各责任部门和责任者的工作业绩,通过有效的奖惩措施,提高企业全体职工的积极性,挖掘潜力,提高企业经济效益。

二、预算管理的内容

预算管理以企业的经营目标为基础,以销售预算为起点,进而扩展到采购、生产、成本、资金等各个方面的预算,从而形成一个预算体系。一般来讲,一个完整的预算从内容上应包括经营预算、资本支出预算和财务预算三大部分。

（一）经营预算

经营预算也称业务预算，是指与企业日常经营活动直接相关的经营业务的各种预算。具体包括销售预算、生产预算、直接材料消耗及采购预算、直接工资及其他直接支出预算、制造费用预算、产品生产成本预算、销售及管理费用预算等，这些预算前后衔接、相互钩稽；既有实物量指标，又有价值量和时间指标。

（二）资本支出预算

资本支出预算主要涉及长期投资，是指企业不经常发生的、一次性业务的预算，如企业固定资产的购置、扩建、改建、更新等都必须在投资项目可行性研究的基础上编制预算，具体反映投资的时间、规模、收益以及资金的筹措方式等。

（三）财务预算

财务预算，是指与企业现金收支、经营成果和财务状况有关的各项预算。主要包括现金预算、预计利润表、预计资产负债表等。这些预算以价值指标总括反映经营预算和资本支出预算的结果。

此外，按照编制预算的期限长短，可以将预算划分为长期预算和短期预算。

长期预算又称为资本预算，预算的期限长于1年，是关系到企业生产经营战略目标的长期资金收支预算，如固定资产投资预算等。短期预算则是指涵盖期间不超过1年或1个经营周期的业务预算和财务预算，如销售预算、生产预算、各成本项目预算、销售及管理费用预算、现金预算以及预计财务报表等。短期预算一般比较具体，便于企业控制执行，预算编制期一般与会计期间保持一致，便于考核控制。

企业全面预算的各项预算前后衔接、相互钩稽，形成了一个完整的预算体系，它们之间的关系如图5.1所示。

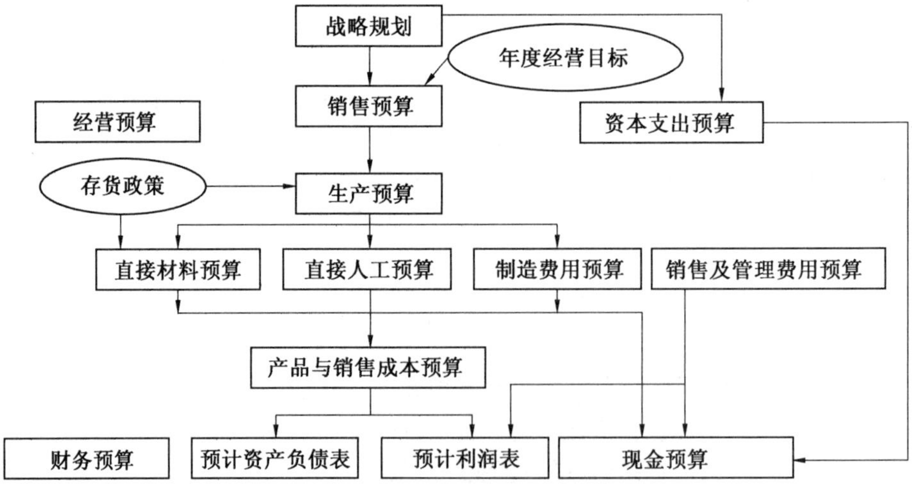

图5.1　全面预算编制流程

从图5.1可知，企业生产经营的全面预算，是以企业的年度经营目标为出发点，以市场需求的研究和预测为基础，以销售预算为主导，进而包括生产、成本和现金收支等各个方面，并特别重视生产经营活动对企业财务状况和经营成果的影响，因此，整个预算体系以预算的财务报表作为终结。

三、实施预算管理的应用环境

二维码知识点5.3　预算管理——A集团基于"鲸鱼曲线"指导思想的全面预算管理实践

企业实施预算管理的应用环境包括战略目标、业务计划、组织架构、内部管理制度和信息系统等方面。

全面预算的编制工作是一项工作量大、涉及面广、时间性强、操作复杂的工作。企业应按照战略目标,确定预算管理的方向、重点和目标,将战略目标和业务计划具体化。一般要在企业内部专设一个预算委员会负责编制预算并监督实施。它通常是由总经理,分管销售、生产、财务等方面的副总经理和总会计师等高级管理人员组成,其主要任务是:① 制定和颁布有关预算制度的各项政策;② 审查和协调各部门的预算申报工作;③ 解决有关方面在编制预算时可能发生的矛盾和争执,批准最终预算,并经常检查预算的执行情况,促使各有关方面协调一致地完成预算所规定的目标和任务。

企业应建立预算管理制度、会计核算制度、定额标准制度、内部控制制度、绩效考核和激励制度,充分利用现代信息技术,规范预算管理流程,提高预算管理效率。预算的编制应采取自上而下、自下而上、上下结合的方法,不断反复和修正,最后由有关机构综合平衡,并以书面形式向下传达,作为正式的预算落实到各有关部门付诸实施。

全面预算编制的一般程序如下。

(1) 在预测与决策的基础上,由预算委员会拟订企业预算总方针,包括经营方针、各项政策以及企业总目标和分目标,如利润目标、销售目标、成本目标等,并下发到各有关部门。

(2) 组织各生产业务部门按具体目标要求编制本部门预算草案。

(3) 由预算委员会平衡与协商调整各部门的预算草案,并进行预算的汇总与分析。

(4) 审议预算并上报董事会最后通过企业的综合预算和部门预算。

(5) 将批准后的预算下达给各级部门执行。

对于预算的编制期间,编制经营预算与财务预算的期间,通常以 1 年为期,这样可使预算期间与会计年度相一致,便于预算执行结果的分析、评价和考核。年度预算要有分季的数字,而其中的第 1 个季度,还应该有分月的数字,当第 2 个季度即将来临的时候,又将第 2 个季度的预算数按月分解,提出第 2 个季度分月的预算数,还可按旬或按周进一步细分。至于资本支出的预算期,则应根据长期投资决策的要求具体制定。

对于预算编制的具体时间,生产经营全面预算一般要在下年度到来之前 2 个月就着手编制,按规定进程由各级人员组织编、报、审等项工作,至年底要形成完整的预算并颁布下去。

四、预算管理的原则

(一) 战略导向原则

预算管理应围绕企业的战略目标和业务计划有序开展,引导各预算责任主体聚焦战略、专注执行，达成绩效。

（二）过程控制原则

预算管理应通过及时监控、分析等把握预算目标的实现进度并实施有效评价，为企业经营决策提供有效支撑。

（三）融合性原则

预算管理应以业务为先导，以财务为协同，将预算管理嵌入企业经营管理活动的各个领域、各个层次、各个环节。

（四）平衡管理原则

预算管理应平衡长期目标与短期目标、整体利益与局部利益、收入与支出、结果与动因等关系，促进企业可持续发展。

（五）权变性原则

预算管理应刚性与柔性相结合，企业一方面应强调预算对经营管理的刚性约束，另一方面又可以根据内外部环境的重大变化调整预算，并针对例外事项进行特殊处理。

第二节　预算编制的工具方法

一、预算编制要求

企业应建立和完善预算编制的工作制度，明确预算编制的依据、编制内容、编制程序和编制方法，确保预算编制依据合理、内容全面、程序规范、方法科学，确保形成各层级广泛接受的、符合业务假设的、可实现的预算控制目标。

全面预算具有约束、协调、控制和标杆的作用，为协调企业各部门和责任主体之间的利益冲突，全面预算必然要经过系统和复杂的编制流程。

预算的编制程序通常有自上而下、自下而上和上下结合 3 种模式。理论上，这 3 种模式可适用于不同企业环境。规模较小、管理上以集权为主的中小企业，适合采用自上而下的模式编制预算，有利于确保企业目标的实现，提高预算管理效率。大规模、管理上以分权为主的集团企业，适合采用自下而上的模式编制预算，有利于保证预算的可执行性，贯彻和实施预算。实际工作中，单纯采用自上而下或自下而上模式编制预算的情况几乎不存在，大多数企业采用的都是上下结合模式编制预算，这是一种理性选择。采用这种模式的关键并不在于自上而下或者自下而上的侧重，而是上与下如何结合才能更好地协调各部门预算，从而实现企业价值最大化。

二、预算编制方法

（一）固定预算和弹性预算

预算按其是否可按业务量调整，分为固定预算和弹性预算两类。

1. 固定预算

固定预算又称静态预算，是指根据预算期内正常的可能实现的某一业务活动水平而编制的预算。前面所讨论的销售预算、生产预算等生产经营的多种预算,均是以某一业务活动水平为基础编制,故皆为固定预算。固定预算的基本特征如下。

(1) 不考虑预算期内业务活动水平可能发生的变动,而只按照预算期内计划预定的某一共同的活动水平为基础确定相应的数据。

(2) 将实际结果与按预算期内计划预定的某一共同的活动水平所确定的预算数进行比较分析,并据以进行业绩评价、考核。

【例 5.1】 某公司只生产一种产品,销售单价 300 元,预算年度内 4 个季度的销售量预计分别为 3 000 件、5 000 件、4 000 件、4 500 件。根据以往经验,销货款在当季可收到 70%,其余部分将在下一季度收到。预计预算年度的第 1 季度可收回上年第 4 季度应收账款 360 000 元。

要求:根据上述资料为预算年度编制销售预算表(表 5.1)。

表 5.1　销售预算表

项目	第 1 季度	第 2 季度	第 3 季度	第 4 季度	全年
预计销售量 / 件	3 000	5 000	4 000	4 500	16 500
销售单价 / 元	300	300	300	300	300
预计销售额 / 元	900 000	1 500 000	1 200 000	1 350 000	4 950 000
收到上季销货款 / 元	360 000	270 000	450 000	360 000	1 440 000
收到本季销货款 / 元	630 000	1 050 000	840 000	945 000	3 465 000
现金收入合计 / 元	990 000	1 320 000	1 290 000	1 305 000	4 905 000

固定预算以某一固定业务活动水平而编制,显然,一旦这种预算赖以生存的前提——预计业务量与实际水平相去甚远(这种情况在当今复杂的市场环境中屡屡发生),必然导致有关成本费用及利润的实际水平与预算水平因基础不同而失去可比性,不利于开展控制与考核。譬如当预计业务量为生产能量的 100%,而实际业务量为 120% 时,那么在成本方面实际脱离预算的差异就会包括本不该在成本分析范畴内出现的非主观因素——业务量增长造成的差异。对成本来说,只要分析单位用量差异和单价差异就够了,业务量差异根本无法控制,分析也没有意义。因此那些经济业务比较稳定的企业或部门,适合采用固定预算方法编制预算。

2. 弹性预算

弹性预算,是指企业在分析业务量与预算项目之间数量依存关系的基础上,分别确定不同业务量及其相应预算项目所消耗资源的预算编制方法。弹性预算是相对于固定预算的一种编制方法。

弹性预算适用于企业各项预算的编制,特别是市场、产能等存在较大不确定性,且其预算项目与业务量之间存在明显的数量依存关系的预算项目。其基本特征如下。

(1) 它按预算期内某一相关范围内的可预见的多种业务活动水平调整其预算额。

(2) 待实际业务量发生后,将实际指标与实际业务量相应的预算额进行对比,使预算执行情况的评价与考核建立在更加客观可比的基础上,更好地发挥预算控制作用。

由于未来业务量的变动会影响成本费用和利润等各个方面,因此弹性预算从理论上讲适用于全面预算中与业务量有关的各种预算,但从实用角度看,主要适用于编制弹性成本费用预算和弹性利润预算等。

(1) 弹性成本费用预算的编制。

编制弹性成本预算应选择适当的业务量计量单位,并确定其有效变动范围,按该业务量与有关成本费用项目之间的内在关系进行分析而编制。鉴于制造费用的复杂性,弹性成本费用预算的编制,以制造费用弹性预算的编制为重点。下面介绍两种常见的方法。

① 公式法。

制造费用弹性预算的编制,通常的做法是,事先只编制单位产品变动成本标准和只对固定成本总预算进行控制,在实际业务发生后,再按照实际业务量换算,形成弹性预算,其计算公式为

$$制造费用弹性预算 = 单位变动成本标准 \times 实际业务量 + 固定成本预算总额 \quad (5.1)$$

因此,制造费用弹性预算是在成本性态分析的基础上,将任何成本近似地表示为 $y_i = a_i + b_i x_i$($b_i = 0$ 时,y_i 为固定成本项目;$a_i = 0$ 时,y_i 为变动成本项目;当 a_i 和 b_i 都不为0时,y_i 为混合成本。x_i 可以为多种业务量指标如产销量、直接人工工时等)。

公式法要求在事先确定有关业务量变动的最高与最低限度(可按历史资料或正常生产能力的70% ~ 110% 来确定),只需列出各项成本的 a 和 b 即可推算出业务量在允许范围内任何水平上的各项预算成本。

【例 5.2】 按公式法编制的某公司 20×4 年制造费用弹性预算,见表 5.2,其中较大的混合成本项目已经过进一步分解。

表 5.2 按公式法编制的某公司 20×4 年制造费用弹性预算

直接人工工时:22 596 ~ 35 508 h 单位:元

项目	a	b	项目	a	b
管理人员工资	8 700	—	辅助材料	1 075.6	0.18
保险费	2 800	—	燃油	—	0.05
设备租金	2 680	—	辅助工工资	—	0.55
维修费	1 661.2	0.21	校验员工资	300	0.02
水费	500	0.12	……	……	……

$$建立数学模型\ y = 17\,716.8 + 1.13x$$

公式法的优点是在一定的范围内不受业务量波动影响;缺点是逐项甚至按细目分解成本比较麻烦,又不能直接查出特定业务量下的总成本预算额,并有一定误差。但是,应该看到预算本身就是对未来的推算,允许出现误差。另外,在成本水平变动不大的情况下,不必在每个预算期都进行成本分解。

② 列表法。

由于制造费用包括变动成本、固定成本、混合成本三部分,为加强控制,更宜按照不同的业务量水平编制制造费用弹性预算。此法在一定程度上能克服公式法查不到业务量下总成本预算的弱点,在相关范围内每隔一定业务量间隔进行预算,以反映一系列业务量下的预算成本水平。

【例 5.3】　按列表法编制的某公司 20×4 年制造费用弹性预算,见表 5.3。

表 5.3　某公司 20×4 年制造费用弹性预算(列表法)

直接人工工时 /h	22 596	24 210	25 824	32 280	33 894	35 508
生产能力利用 /%	70	75	80	100	105	110
变动成本项目 / 元	13 557.6	14 526	15 494.4	19 368	20 336.4	21 304.8
燃油 / 元	1 129.8	1 210.5	1 291.2	1 614	1 694.7	1 775.4
辅助工工资 / 元	12 427.8	13 315.5	14 203.2	17 754	18 641.7	19 529.4
混合成本项目 / 元	15 512.68	16 368.1	17 223.52	20 645.2	21 500.63	22 356.04
维修费 / 元	6 406.36	6 745.3	7 084.24	8 440	8 778.94	9 117.88
水费 / 元	3 211.52	3 405.2	3 598.88	4 373.6	4 567.28	4 760.96
辅助材料 / 元	5 142.88	5 433.4	5 723.92	6 886	7 176.53	7 467.04
校验员工资 / 元	751.92	784.2	816.48	945.6	977.88	1 010.16
固定成本项目 / 元	26 180	26 180	26 180	26 180	26 180	26 180
管理人员工资 / 元	8 700	8 700	8 700	8 700	8 700	8 700
保险费 / 元	2 800	2 800	2 800	2 800	2 800	2 800
设备租金 / 元	2 680	2 680	2 680	2 680	2 680	2 680
制造费用弹性预算额 / 元	55 250.28	57 074.1	58 897.92	66 193.2	68 017.03	69 840.84

注:① 混合成本项目 — 维修费 = 1 661.2 + 0.21x;② 混合成本项目 — 水费 = 500 + 0.12x;③ 混合成本项目 — 辅助材料 = 1 075.6 + 0.18x;④ 混合成本项目 — 校验员工资 = 300 + 0.02x。

(2) 弹性利润预算的编制。

弹性利润预算是以预算期内预期的各种可能实现的销售净收入作为计量基础,按成本性态,扣减相应的成本,据此分别确定不同销售净收入水平下可实现的利润或发生的亏损。弹性利润的作用在于:首先,期初,它可作为确定各种预计业务水平下的预期销售收入、成本以及净利润的基础。利用弹性预算,经理人员可以较方便地了解未来期间各种特定业务水平下的预期收入和预期成本水平。其次,期末,经理人员可以将实际执行结果与相关范围内相应的预算数字进行比较,并据以进行业绩评价与控制。弹性利润预算的编制方法主要有以下 2 种。

① 因素法。

因素法是根据影响利润的有关因素与收入成本的关系,列表反映这些因素分别变动时相应的预算利润水平的方法。

该法适用于单一品种经营或采用分算法处理固定成本的多品种经营的企业。但在预计各种销量、售价变动水平较大时,预算工作量较大。

下面举例说明因素法在编制弹性利润预算中的应用。

【例 5.4】　某公司 20×4 年生产甲产品,销售单价 120 元,单位变动成本 78 元,固定成本 5 000 元。公司充分考虑预算期产品销售量变动的可能情形,编制出售价分别为 108 元,120 元,…… 时的弹性利润预算表。某公司 20×4 年甲产品弹性利润预算(因素法),见表 5.4。

表 5.4　某公司 20×4 年甲产品弹性利润预算(因素法)

销量/件	360			380			……	500		
售价/元每件	108	120	……	108	120	……	……	108	120	……
销售收入/元	38 880	43 200	……	41 040	45 600	……	……	54 000	60 000	……
变动成本/元	28 080	28 080	……	29 640	29 640	……	……	39 000	39 000	……
边际贡献/元	10 800	15 120	……	11 400	15 960	……	……	15 000	21 000	……
固定成本/元	5 000	5 000	……	5 000	5 000	……	……	5 000	5 000	……
利润总额/元	5 800	10 120	……	6 400	10 960	……	……	10 000	16 000	……

② 百分比法。

百分比法又称销售额百分比法,即按不同项目对销售额的百分比编制弹性预算的方法。百分比法适用于多品种经营的企业,比较简单,但必须假定固定成本在固定预算的基础上不变和变动成本随销售收入变动百分比而同比例变动,即销售收入百分比的上下限均不突破相关范围。

【例 5.5】　某公司 20×4 年弹性利润预算(百分比法),见表 5.5。

表 5.5　某公司 20×4 年弹性利润预算(百分比法)

销售收入百分比/%	70	80	……	100	110
销售收入/千元	756	864	……	1 080	1 188
变动成本/千元	548.5	626.9	……	783.6	862
固定成本/千元	62	62	……	62	62
利润总额/千元	145.5	175.1	……	234.4	264

(二) 增量预算和零基预算

预算按是否以历史期实际经济活动及预算为基础,分为增量预算和零基预算。

1. 增量预算

增量预算是以历史期实际经济活动及其预算为基础,结合预算期经济活动及相关影响因素的变动情况,通过调整历史期经济活动项目及金额形成预算的预算编制方法。

增量预算的假定条件:① 企业现有的业务活动是合理的、必需的,不需要调整;② 企业现有各项业务的开支水平是合理的,在预算期予以保持;③ 以现有业务活动和各项活动的开支水平,确定预算期内各项活动的预算数。

【例 5.6】　某加油站人员包括站长、加油工、计表员、核算员和后勤人员。加油站编制 20×4 年职工薪酬预算,其职工薪酬支出按照固定工资加奖金提成计算,具体人员编制和职工薪酬增量预算见表 5.6。

表 5.6　具体人员编制和职工薪酬增量预算表

项目	编制人数/个	20×3 年职工薪酬实际数/元	20×4 年职工薪酬预算数/元	涨幅说明
站长	1	120 000	125 000	上涨 5 000 元
加油工	8	480 000	500 000	上涨 20 000 元
计表员	2	140 000	143 000	上涨 3 000 元
核算员	2	130 000	132 000	上涨 2 000 元
后勤人员	1	50 000	51 500	上涨 1 500 元
合计	14	920 000	951 500	合计上涨 31 500 元

可见,这种方法的问题并不在于现有费用应否继续存在下去,而在于应增加多少。这种方法在指导思想上是以承认现实的基本合理性作为出发点,从而使原来不合理的费用开支也继续存在下去甚至有增无减,造成资金的巨大浪费。

2. 零基预算

二维码知识点 5.4　管理会计应用指引第 202 号 —— 零基预算

零基预算于 20 世纪 70 年代由美国德州仪器公司所创建,目前已作为费用预算的编制方法被其他国家广泛采用。

零基预算,是指企业不以历史期实际经济活动及其预算为基础,以零为起点,从实际需要出发分析预算期经济活动的合理性,经综合平衡,形成预算的预算编制方法。零基预算是相对于增量预算的一种预算编制方法。

零基预算适用于企业各项预算的编制,特别是不经常发生的预算项目或预算编制基础变化较大的预算项目。

编制零基预算的程序是:首先,针对企业在预算年度的总体目标以及由此确定的各预算单位的具体目标和业务活动水平,提出相应费用计划方案,并说明每一费用开支的理由与数额;其次,根据"成本 - 效益分析"方法,比较每一项费用及相应的效益,评价每项开支计划的重要程度,最好能相应划分等级,区分不可避免成本与可延缓成本,以便区别对待;最后,对不可避免费用项目优先分配资金,对可延缓成本则根据可动用资金情况,按轻重缓急分级依次安排预算项目,经协调具体规定有关指标后,逐项下达费用预算。

应该看到,零基预算按照开办新业务一样,以零为起点,不受现有框架限制,对一切费用一视同仁,能促使各方面精打细算、量力而行、合理使用资金,因而可大幅度压缩开支,提高效益。但这势必带来繁重的工作量,甚至可能造成预算顾此失彼,难以突出重点。因此,在执行零基预算时,一方面要充分调动和利用各级管理人员的积极性、创造性,主动控制开支;另一方面又要掌握重点,统筹组织,量力而行。

【例 5.7】　某公司采用零基预算法编制 20×4 年部分费用预算,公司的管理部门根据企业经营目标和任务,提出了预算期可能发生的有关管理费用项目及预算开支金额,见表 5.7 和表 5.8。分析其是否合理。

表 5.7　管理部门费用项目及开支金额　　　　单位:万元

费用项目	开支金额
办公费	18 000
职工薪酬	51 000
保险费	8 000
系统升级维护费	36 000
咨询费	25 000
合计	138 000

表 5.8　系统升级维护费和咨询费成本 - 效益分析表

费用项目	成本	效益
系统升级维护费	1	6
咨询费	1	4

(1) 管理部门根据本部门具体任务和预算目标,提出本部门费用预算方案,列出了必须开支的费用项目及开支金额。

(2) 经预算委员会研究,认为办公费、职工薪酬和保险费属于约束性费用,在预算期必须全额保证其支出;而系统升级维护费和咨询费属于酌量性费用,可按照对企业提供效益的大小程度择优分配。若该公司20×4年管理费用预算额只有120 000万元,而酌量性费用的分配可采用"成本 - 效益分析"方法进行确定。

(3) 排列费用支出的先后顺序。

① 不可避免费用项目:办公费、职工薪酬、保险费。

② 酌量性费用按照成本效益比相对较大的项目是系统升级维护费。

③ 酌量性费用按照成本效益比相对较小的项目是咨询费。

(4) 重新计算酌量性费用的预算分配额。

$$\text{系统升级维护费} = [120\ 000 - 18\ 000 - 51\ 000 - 8\ 000] \times \frac{6}{4+6} = 25\ 800(\text{万元})$$

$$\text{咨询费} = [120\ 000 - 18\ 000 - 51\ 000 - 8\ 000] \times \frac{4}{4+6} = 17\ 200(\text{万元})$$

(5) 根据以上排列顺序分配资源,重新编制20×4年管理费用预算(表5.9)。

表 5.9　20×4 年管理费用预算表　　　　单位:万元

费用项目	开支金额
办公费	18 000
职工薪酬	51 000
保险费	8 000
系统升级维护费	25 800
咨询费	17 200
合计	120 000

零基预算的优点是弥补了增量预算的缺陷,不受历史期经济活动中的不合理因素的影响,预算编制更贴近预算期企业经济活动的需要,有助于预算控制。缺点是预算编制的工作量较大,成本较高,对企业管理水平和相关数据标准的准确性要求较高。

(三) 定期预算和滚动预算

1. 定期预算

定期预算,是以固定不变的会计期间(如年度、季度、月度)作为预算期间而编制的预算。定期预算的优点是保证预算期间与会计期间一致,便于依据按会计期间编制的财务报告数据与预算进行比较,考核和评价预算的执行结果。但是由于预算期间固定不变,不利于前后各个期间的预算衔接,因此定期预算不能适应连续不断的业务活动过程的预算管理。

2. 滚动预算

传统预算为便于将实际执行结果同预算数进行对比分析,通常按会计年度进行编制,并往往于会计年度的最后一个季度就开始着手编制下年度的预算。这种以会计年度为单位定期编制预算的做法有如下缺点。

(1) 预算的指导性差。

由于预算期较长,因此编制预算时难以预测未来预算期的某些活动,特别是对预算期的后半阶段,往往只能提出一个比较笼统的预算,从而给预算的执行带来种种困难。

(2) 预算的灵活性差。

事先预见到的某些活动,在预算执行过程中往往会有所变动,而原有预算却未能及时调整,从而使原有预算显得不相适应。

(3) 预算的连续性差。

预算执行过程中,由于受预算期的限制,管理人员做出决策的视野局限于剩余预算期间的活动,缺乏长远的打算,不利于企业的长期稳定与有序发展。

为了克服定期预算的盲目性、不变性和间断性,可采用滚动预算的方法。滚动预算又称永续预算或连续预算,是一种经常稳定保持一定期限(如1年)的预算。其基本特点是凡预算执行过1个月后,即根据前1个月的经营成果执行中发生的变化等新信息,对剩余11个月加以修订,并自动后续1个月,重新编制新一年的预算,从而使总预算经常保持12个月的预算期。滚动预算示意图如图5.2所示。

第1次滚动

第1次1年预算											
2023年1月	2月	3月	4月	5月	6月	7月	8月	9月	10月	11月	12月

第2次滚动

第2次1年预算											
2月	3月	4月	5月	6月	7月	8月	9月	10月	11月	12月	20×4年1月

第3次滚动

第3次1年预算											
3月	4月	5月	6月	7月	8月	9月	10月	11月	12月	20×4年1月	20×4年2月

图5.2　滚动预算示意图

为做到长计划短安排、远略近详，在实务中，滚动预算往往对未来头3个月按月编制详细预算，而对以后9个月则按季粗略预算，待头一个滚动期过后，根据其实际执行情况随时调整一下滚动期，并对其做出详细预算安排。

滚动预算可以保持预算的连续性和完整性，使有关人员了解未来12个月内总体规划与近期目标，便于随时修订预算，确保企业经营管理工作秩序的稳定性，充分发挥预算的指导与控制作用。从这个意义上看，编制预算已不再仅仅是每年末才开展的工作了，而是与日常管理密切结合的一项措施。

（四）概率预算

影响预算编制的因素有很多，如销售量、单位售价、单位变动成本和固定成本。如果预算期较短，并且预算编制的时间和预算执行期间前后间隔不长，那么，对影响预算编制的各个变量可较准确地予以估计，但如预算期较长，且市场波动和内外环境变化较大，这些变量的定值就难以确定了。这就需要根据客观条件，对有关变量做进一步估计，估计它们可能变动的范围，估计它们在该范围内出现的可能性，然后对各变量进行调整，计算期望值，编制预算。这种借助概率分析来编制预算的方法称作概率预算。概率预算的编制程序为：① 调查研究，分析各变量可能变化的范围，并运用统计的方法和实地观察的方法，预算各种变化值的概率；② 分别计算各个变量的期望值；③ 按各个变量的期望值，编制预算，最后确定目标利润。

【例5.8】 某企业估计下一预算年度各个预算变量的数值及概率见表5.10。试计算企业下一预测年度的期望利润。

表5.10　预算变量的数值及概率表

预算变量	事件估计	好	中	差
销售数量/件	数值	20 000	30 000	40 000
	概率	0.2	0.5	0.3
单价/元每件	数值	210	200	180
	概率	0.1	0.7	0.2
单位变动成本/元	数值	138	140	142
	概率	0.2	0.6	0.2
固定成本/元	数值	400 000	480 000	560 000
	概率	0.3	0.5	0.2

根据表5.10的资料，可计算各个变量的期望值如下：

$$销售数量 = 20\ 000 \times 0.2 + 30\ 000 \times 0.5 + 40\ 000 \times 0.3 = 31\ 000（件）$$

$$单价 = 210 \times 0.1 + 200 \times 0.7 + 180 \times 0.2 = 197（元）$$

$$单位变动成本 = 138 \times 0.2 + 140 \times 0.6 + 142 \times 0.2 = 140（元）$$

$$固定成本 = 400\ 000 \times 0.3 + 480\ 000 \times 0.5 + 560\ 000 \times 0.2 = 472\ 000（元）$$

最后，根据上述各个变动因素的期望值计算期望利润。

$$期望利润 = 31\ 000 \times 197 - 31\ 000 \times 140 - 472\ 000 = 1\ 295\ 000（元）$$

在概率预算中，各个变量及目标利润的正确与否，关键在于各个变量范围及概率估计是否正确。如果估计不正确，那么，第二步和第三步的计算结果毫无意义。

（五）作业预算

1. 作业预算的概念

《管理会计应用指引第 204 号 —— 作业预算》中指出，作业预算是指基于“作业消耗资源、产出消耗作业”的原理，以作业管理为基础的预算管理方法。其中作业、资源费用等有关定义参见《管理会计应用指引第 304 号 —— 作业成本法》。

作业预算主要适用于具有作业类型较多且作业链较长、管理层对预算编制的准确性要求较高、生产过程多样化程度较高，以及间接或辅助资源费用所占比重较大等特点的企业。

2. 作业预算的应用环境

企业应用作业预算工具方法，应遵循《管理会计应用指引第 200 号 —— 预算管理》和《管理会计应用指引第 304 号 —— 作业成本法》中对应用环境的一般要求。企业应具有满足作业管理、资源费用管理要求的信息系统，能通过外部市场和企业内部可靠、完整、及时地获取作业消耗标准、资源费用标准等基础数据。

3. 作业预算的应用程序

企业应遵循《管理会计应用指引第200号 —— 预算管理》中的应用程序，实施作业预算管理。企业编制作业预算一般按照确定作业需求量、确定资源费用需求量、平衡资源费用需求量与供给量、审核最终预算等程序进行。

（1）企业应根据预测期销售量和销售收入预测各相关作业中心的产出量（或服务量），进而按照作业与产出量（或服务量）之间的关系，分别按产量级作业、批别级作业、品种级作业、客户级作业、设施级作业等计算各类作业的需求量。作业类别的划分参见《管理会计应用指引第 304 号 —— 作业成本法》。一般应先计算主要作业的需求量，再计算次要作业的需求量。

① 产量级作业。

该类作业的需求量一般与产品（或服务）的数量成正比例变动，有关计算公式如下：

$$\text{产量级作业需求量} = \Sigma\ \text{各产品（或服务）预测的产出量（或服务量）} \times \text{该产品（或服务）作业消耗率} \quad (5.2)$$

② 批别级作业。

该类作业的需求量一般与产品（或服务）的批次数成正比例变动，有关计算公式如下：

$$\text{批别级作业需求量} = \Sigma\ \text{各产品（或服务）预测的批次数} \times \text{该批次作业消耗率} \quad (5.3)$$

③ 品种级作业。

该类作业的需求量一般与品种类别的数量成正比例变动，有关计算公式如下：

$$\text{品种级作业需求量} = \Sigma\ \text{各产品（或服务）预测的品种类别数} \times \text{该品种类别作业消耗率} \quad (5.4)$$

④ 客户级作业。

该类作业的需求量一般与特定类别客户的数量成正比例变动，有关计算公式如下：

$$\text{客户级作业需求量} = \Sigma\ \text{预测的每类特定客户数} \times \text{该类客户作业消耗率} \quad (5.5)$$

⑤ 设施级作业。

该类作业的需求量在一定产出量（或服务量）规模范围内一般与每类设施投入量成正比例变动，有关计算公式如下：

$$\text{设施级作业需求量} = \Sigma\ \text{预测的每类设施能力投入量} \times \text{该类设施作业消耗率} \quad (5.6)$$

作业消耗率，是指单位产品(或服务)、批次、品种类别、客户、设施等消耗的作业数量。

(2) 企业应依据作业消耗资源的因果关系确定作业对资源费用的需求量。有关计算公式如下：

$$资源费用需求量 = \Sigma 各类作业需求量 \times 资源消耗率 \tag{5.7}$$

资源消耗率，是指单位作业消耗的资源费用数量。

(3) 企业应检查资源费用需求量与供给量是否平衡，如果没有达到基本平衡，需要通过增加或减少资源费用供给量或降低资源消耗率等方式，使两者的差额处于可接受的区间内。

资源费用供给量，是指企业目前经营期间所拥有并能投入作业的 资源费用数量。

(4) 企业一般以作业中心为对象，按照作业类别编制资源费用预算。有关计算公式如下：

$$资源费用预算 = \Sigma 各类资源需求量 \times 该资源费用预算价格 \tag{5.8}$$

资源费用的预算价格一般来源于企业建立的资源费用价格库。企业应收集、积累多个历史期间的资源费用成本价、行业标杆价、预期 市场价等，建立企业的资源价格库。

(5) 作业预算初步编制完成后，企业应组织相关人员进行预算评审。预算评审小组一般应由企业预算管理部门、运营与生产管理部门、作业及流程管理部门、技术定额管理部门等组成。评审小组应从业绩要求、作业效率要求、资源效益要求等多个方面对作业预算进行评审，评审通过后上报企业预算管理决策机构进行审批。

(6) 企业应按照作业中心和作业进度进行作业预算控制，通过把预算执行的过程控制精细化到作业管理层次，把控制重点放在作业活动驱动的资源上，实现生产经营全过程的预算控制。

(7) 企业作业预算分析主要包括资源动因分析和作业动因分析。资源动因分析主要揭示作业消耗资源的必要性和合理性，发现减少资源浪费、降低资源消耗成本的机会，提高资源利用效率；作业动因分析主要揭示作业的有效性和增值性，减少无效作业和不增值作业，不断地进行作业改进和流程优化，提高作业产出效果。

4. 作业预算评价

作业预算的主要优点：一是基于作业需求量配置资源，避免了资源配置的盲目性；二是通过总体作业优化实现最低的资源费用耗费，创造最大的产出成果；三是作业预算可以促进员工对业务和预算的支持，有利于预算的执行。

作业预算的主要缺点：预算的建立过程复杂，需要详细地估算生产和销售对作业和资源费用的需求量，并测定作业消耗率 和资源消耗率，数据收集成本较高。

二维码知识点 5.5　作业预算编制

上述编制预算的 5 种方法不是独立无关的，而是相互联系的。预算的编制可以采用弹性预算的方法，编制期可以滚动延续下去。对于固定成本预算，也可以采用零基预算法编制。如预算期长，环境变动较大，就要对预算中心各个变量进行概率分析，计算期望值，确定目标利润。

第三节 全面预算的编制过程

全面预算编制在内容上包括经营预算(也称业务预算)、资本支出预算以及财务预算。

一、经营预算的编制

(一) 销售预算

销售预算是规定预算期内各季度销售目标和实施计划的一种预算。它是编制全面预算的起点,也是日常业务预算的基础。在编制过程中,根据有关年度内各季度市场预测的销售量和售价,确定计划期销售收入,有时还要同时预计销售税金,并根据各季现销收入与回收赊销货款的信用政策的可能情况反映现金收入,以便为编制现金收支预算提供信息。

$$预计销售收入 = 销售量 \times 销售单价 \tag{5.9}$$

$$预计现金收入 = 收回前期应收款 + 收回本期应收款 \tag{5.10}$$

(二) 生产预算

生产预算是安排预算期预算规模的计划。它是基于销量预测和销售预算,遵循以销定产的逻辑编制,并为进一步预算成本和费用提供依据的,也是业务预算中唯一仅以数量形式反映预算期内各季有关产品生产数量及品种构成的一种预算。生产预算的编制通常先确定预计生产量,然后根据生产流程中各项资源耗费和成本项目编制直接材料预算、直接人工预算和制造费用预算,最后形成产品成本预算和期末产成品存货预算。

$$预计生产量 = 预计销售量 + 预计期末产成品存货量 - 预计期初产成品存货量 \tag{5.11}$$

编制生产预算,不仅要考虑企业的销售能力,而且要考虑企业的存货政策,预算期期初和期末产成品存货量,将存货纳入产量预算的目的是避免存货占用过多资金造成积压浪费,或存货不足、无货销售导致收入下降。

(三) 直接材料采购预算

预计生产量确定后,将单位产品的直接材料消耗量乘以预计生产量可预测生产需用量,同时应考虑存货政策,预计期初、期末材料存货量,即可得直接材料采购量,并据此编制直接材料预算。与编制生产预算相同,编制直接材料预算时考虑期初、期末材料存量的目的在于避免因材料存货不足影响生产,或由于材料存货过多造成资金占用和积压浪费。

$$预计直接材料采购量 = 预计生产量 \times 单位产品材料耗用量 + 预计期末材料存货 - 预计期初材料存货 \tag{5.12}$$

预计直接材料采购量不仅可以用于安排预算期内材料采购计划,也可用于编制直接材料采购预算。

$$直接材料采购预算 = 预计直接材料采购量 \times 直接材料预计单价 \tag{5.13}$$

$$预计现金支出 = 支付前期应付款 + 支付本期应付款 \tag{5.14}$$

(四) 直接人工预算

直接人工预算与直接材料预算相同,也是按照生产预算的预计生产量编制。

直接人工预算 = 预计生产量 × 单位产品直接人工工时 × 小时工资率　　(5.15)

(五) 制造费用预算

制造费用预算是除直接材料预算、直接人工预算以外的其他产品成本预算。这些成本按照成本习性可分为变动制造费用与固定制造费用两大类。不同性态的制造费用的预算编制方法不同。

变动制造费用与生产量之间存在线性关系,计算公式为

变动制造费用 = 变动制造费用标准分配率 × 预计直接人工工时　　(5.16)

固定制造费用与生产量之间没有线性关系,其预算通常是根据上年实际水平进行适当调整编制。此外,固定资产折旧作为一项固定制造费用,由于不需要现金支出,在编制制造费用预算计算现金支出时,需要从固定制造费用预算中扣除。

制造费用预算 = 变动制造费用 + 固定制造费用　　(5.17)

预计现金支出的制造费用 = 预计制造费用合计 - 折旧　　(5.18)

(六) 产品成本预算

产品成本预算是在生产预算的基础上,按照预计的各项产品成本归集计算编制的。

产品成本预算 = 直接材料预算 + 直接人工预算 +
变动制造费用预算 + 固定制造费用预算　　(5.19)

结合产品生产周期,企业应预计预算年度内的生产进度,将产品成本预算在完工产品和期末在产品之间进行分配,可得预算年度内预计单位产品成本。

产品销售成本预算 = 生产成本合计 + 期初存货成本 - 期末存货成本　　(5.20)

(七) 期末产成品存货预算

期末产成品存货的预计金额关乎预计资产负债表和预计贡献式利润表的编制。

期末产成品存货预算 = 产成品预计单位成本 × 预计期末产成品存货量　　(5.21)

(八) 销售及管理费用预算

销售及管理费用预算主要由销售部门、管理部门编制,将各季度销售费用、管理费用按其成本性态分为变动成本和固定成本两部分。

预计变动销售费用 = 单位产品变动销售及管理费用 × 预计销售量　　(5.22)

一般来说,固定销售及管理费用与销售收入没有直接联系,因此,固定销售及管理费用一般都是固定成本。

预计固定销售及管理费用可采用与固定制造费用预算相同的方法计算。

预计现金支出的销售、管理费用 = 预计销售、管理费用合计 - 折旧　　(5.23)

(九) 其他支出预算

其他支出预算是剔除生产经营过程和资本支出的现金支出外所发生的现金收支,包括固定资产出售收入,固定资产清理变价收入,缴纳的增值税、所得税,支付的现金股利等。

应缴增值税 = 销项税额 - 进项税额　　(5.24)

应缴所得税费用 = 预计销售收入 × 销售利润率 × 所得税税率　　(5.25)

支付的现金股利 = 预计销售收入 × 销售利润率 × (1 - 所得税税率) × 股利支付率　　(5.26)

二、资本支出预算的编制

经营预算编制完成后，接下来编制资本支出预算。资本支出预算也称专门决策预算，是指企业为那些在预算期内不经常发生的或一次性业务活动所编制的预算。

三、财务预算的编制

（一）现金预算

现金预算中的现金包括库存现金、银行存款和其他货币资金。它是按照现金量表中经营活动产生的现金净流量项目进行编制的，反映企业在预算期内全部现金收支及其结果的预算。它以业务预算、资本支出预算和筹资预算为基础，是全部预算中有关现金收支的汇总。

现金预算由现金收入、现金支出、现金多余或不足及期末现金余额四部分组成。其基本公式为

$$现金收入 = 期初现金余额 + 预算期内预计发生的现金收入 \tag{5.27}$$

$$现金多余或不足 = 现金收入 - 现金支出 \tag{5.28}$$

$$期末现金余额 = 现金多余或不足 \pm 资金筹集(运用) \tag{5.29}$$

现金收入包括期初现金余额和预算期内预计发生的现金收入，期初现金余额是编制现金预算时预计的，预算期内预计发生的现金收入是销售预算中的预计现金收入，这是现金收入的主要来源。此外，现金收入的来源还包括提供劳务的收入、对外投资的利息或股利收入、出租固定资产的租金收入等。

现金支出包括预算期内的各项现金支出，相关数据来自于直接材料预算、直接人工预算、制造费用预算、销售及管理费用预算、其他收支预算和资本支出预算等。此外，企业的现金支出还包括其他现金支出，如上缴所得税、支付股利、支付租入固定资产的租金、短期投资和长期投资的现金支出等。

现金多余或不足（即现金收入与支出的差额），表示期末现金净流量。期末现金净流量为正数，表示现金盈余，企业可以根据需要用其偿还借款或进行短期证券投资；期末现金净流量为负数，表示现金不足，企业就需要向银行取得新的借款或采取其他方式融资。

期末现金余额是资金筹集或运用的最终结果，根据预算期现金收支的差额和企业有关资金管理的各项政策，确定筹集或运用的资金数额。如果现金多余，可用于偿还借款本息或投资短期有价证券；如果现金不足，可以向银行借款或发行债券筹资。现金多余或不足减去资金运用金额或加上资金筹集即为期末现金余额。

（二）预计贡献式利润表

预计贡献式利润表是按照利润表内容和格式编制的，反映预算期内预算执行单位的利润目标的预算报表。它是在销售预算、产品成本预算、销售及管理费用预算、现金预算的基础上，根据权责发生制原则编制而成。

（三）预计资产负债表

预计资产负债表是按照资产负债表的内容和格式编制的，反映预算期内预算执行单位财务状况的预算报表。它以预算期前期期末实际资产负债表为基础，对销售预算、期末产成品存货预算、资本支出预算、制造费用预算、销售及管理费用预算、直接材料预算、现金预算和预计贡献式利润表中的有关资料进行汇总和调整，编制而成。

第四节　全面预算编制案例实务

一、案例资料

(1) 某公司经营生产多种产品,2004 年各季度预计销售丁产品 15 500 件,第 1—4 季度分别销售 3 600 件、3 700 件、4 000 件、4 200 件。销售单价 450 元,收款条件为当季现收占销售额的 70%,余款在后 2 个季度依次收回 10% 和 20%。假设不考虑坏账影响,2023 年第 3、第 4 季度销售额分别为 700 000 元和 900 000 元。公司每季度弹性预算的业务量范围为 3 500 ~4 500 件,本例中只编制每个季度最有可能实现销售量的销售预算。其他预算也按照此销售量编制。

(2) 公司继续保持上年的存货政策,每季度需要保持的产品库存为下季度预计销售量的 20%。2025 年第 1 季度预计销售量 3 800 件。

(3) 公司生产的丁产品只耗用一种材料,预计 2024 年年末材料库存量 1 400 kg。2023 年年末材料库存量 1 200 kg,丁产品材料消耗定额为 4 kg/ 件,材料单价为 40 元/kg。每季度期末材料库存量为下一季度生产耗用量的 10%。材料购货款当季付现 70%,余款下季度付清。2023 年末应付账款为 120 000 元。

(4) 丁产品单位产品工时定额为 2 h/ 件,直接人工小时工资率 20 元 /h。

(5) 变动制造费用分配率为 9 元 /h,其中:间接材料 2 元 /h,间接人工 2 元 /h,检修费 1 元 /h,水电费 1 元 /h,其他 3 元 /h。固定制造费用全年预计 1 000 000 元,全年各季度均衡发生,其中包括人员工资 400 000 元、折旧费 240 000 元、检修费 80 000 元、设计费 40 000 元、财产保险费 120 000 元、其他费用 120 000 元。除折旧费外,其他制造费用均需当季支付。

(6) 变动制造费用的产品工时定额 2 h/ 件。2023 年丁产品单位成本 215 元。

(7) 预计单位变动销售费用 14 元/ 件。预计每季度固定销售及管理费用 150 000 元(其中包括每季度折旧费 29 000 元)。

(8)2023 年末现金余额 220 000 元,每季度末最低现金余额为 200 000 ~ 300 000 元。超过现金余额部分可用于购买交易性金融资产。预计第 1 季度需购置设备一套,价值 1 200 000 元,当季支付 100 000 元,剩余货款在第 2、3、4 季度分别支付 500 000 元、240 000 元和360 000 元。企业现有尚未到期长期借款 800 000 元,年利率 8%,每年末支付利息。另获得银行 3 个月账期的贷款授信额度 600 000 元,年利率 10%,每季度初借入,下季度初还本付息。贷款额为10 000 元的倍数。预计第 2 季度贷款 180 000 元,第 4 季度贷款 540 000 元。另外,预计第 4 季度对外投资入股,投资额 600 000 元。

(9) 预计每季度缴纳所得税 90 000 元。

(10) 某公司 2023 年度资产负债表(简表) 见表 5.11。

表 5.11 资产负债表(简表)

××公司 2023年12月31日 单位:元

<table>
<tr><th colspan="3">资产</th><th>金额</th><th colspan="2">负债及股东权益</th><th>金额</th></tr>
<tr><td rowspan="4">流动资产</td><td colspan="2">货币资金</td><td>220 000</td><td rowspan="2">负债</td><td>应付账款</td><td>120 000</td></tr>
<tr><td colspan="2">应收账款</td><td>410 000</td><td>长期借款</td><td>800 000</td></tr>
<tr><td rowspan="2">存货</td><td>原材料</td><td>48 000</td><td colspan="2" rowspan="2">负债小计</td><td rowspan="2">920 000</td></tr>
<tr><td>产成品</td><td>154 800</td></tr>
<tr><td colspan="3">流动资产小计</td><td>832 800</td><td rowspan="2">股东权益</td><td>股本</td><td>1 400 000</td></tr>
<tr><td>非流动资产</td><td colspan="2">固定资产</td><td>1 700 000</td><td>留存收益</td><td>212 800</td></tr>
<tr><td colspan="3">非流动资产小计</td><td>1 700 000</td><td colspan="2">股东权益小计</td><td>1 612 800</td></tr>
<tr><td colspan="3">资产总计</td><td>2 532 800</td><td colspan="2">负债及股东权益总计</td><td>2 532 800</td></tr>
</table>

二、某公司2024年各项预算

某公司2024年各项预算见表5.12 ~ 表5.23。

表 5.12 销售预算(2024年度)

项目	第1季度	第2季度	第3季度	第4季度	全年
预计销售量/件	3 600	3 700	4 000	4 200	15 500
销售单价/元	450	450	450	450	450
预计销售额/元	1 620 000	1 665 000	1 800 000	1 890 000	6 975 000
收到上季应收销货款/元	230 000	342 000	490 500	513 000	1 575 500
收到本季销货款/元	1 134 000	1 165 500	1 260 000	1 323 000	4 882 500
现金收入合计/元	1 364 000	1 507 500	1 750 500	1 836 000	6 458 000

表 5.13 生产预算(2024年度) 单位:件

项目	第1季度	第2季度	第3季度	第4季度	全年
预计销售量	3 600	3 700	4 000	4 200	15 500
加:预计期末产成品存货量	740	800	840	760	760
减:预计期初产成品存货量	720	740	800	840	720
预计生产量	3 620	3 760	4 040	4 120	15 540

注:①预计期末产成品存货量 = 下季度预计销售量 × 20%;②预计期初产成品存货量 = 上季度期末存货。

表 5.14　直接材料预算(2024 年度)

项目	第 1 季度	第 2 季度	第 3 季度	第 4 季度	全年
预计生产量 / 件	3 620	3 760	4 040	4 120	15 540
材料消耗定额 /kg · 件$^{-1}$	4	4	4	4	4
生产需要量 /kg	14 480	15 040	16 160	16 480	62 160
加:期末存量 /kg	1 504	1 616	1 648	1 400	1 400
减:期初存量 /kg	1 200	1 504	1 616	1 648	1 200
预计材料采购量 /kg	14 784	15 152	16 192	16 232	62 360
材料单价 / 元 · kg^{-1}	40	40	40	40	40
预计采购金额 / 元	591 360	606 080	647 680	649 280	2 494 400
支付上季应付款 / 元	120 000	177 408	181 824	194 304	673 536
支付本季应付款 / 元	413 952	424 256	453 376	454 496	1 746 080
预计现金支出 / 元	533 952	601 664	635 200	648 800	2 419 616

表 5.15　直接人工预算(2024 年度)

项目	第 1 季度	第 2 季度	第 3 季度	第 4 季度	全年
预计生产量 / 件	3 620	3 760	4 040	4 120	15 540
工时定额 /h · 件$^{-1}$	2	2	2	2	2
直接人工总工时 /h	7 240	7 520	8 080	8 240	31 080
小时工资率 / 元 · h^{-1}	20	20	20	20	20
直接人工总成本 / 元	144 800	150 400	161 600	164 800	621 600

表 5.16　制造费用预算(2024 年度)

项目		小时费用率	第 1 季度	第 2 季度	第 3 季度	第 4 季度	全年
变动制造费用	直接人工总工时 /h		7 240	7 520	8 080	8 240	31 080
	间接材料	2/ 元 · h^{-1}	14 480	15 040	16 160	16 480	62 160
	间接人工	2/ 元 · h^{-1}	14 480	15 040	16 160	16 480	62 160
	检修费	1/ 元 · h^{-1}	7 240	7 520	8 080	8 240	31 080
	水电费	1/ 元 · h^{-1}	7 240	7 520	8 080	8 240	31 080
	其他	3/ 元 · h^{-1}	21 720	22 560	24 240	24 720	93 240
	小计	9/ 元 · h^{-1}	65 160	67 680	72 720	74 160	279 720

续表

项目		小时费用率	第 1 季度	第 2 季度	第 3 季度	第 4 季度	全年
固定制造费用	工资／元		100 000	100 000	100 000	100 000	400 000
	折旧费／元		60 000	60 000	60 000	60 000	240 000
	检修费／元		20 000	20 000	20 000	20 000	80 000
	设计费／元		10 000	10 000	10 000	10 000	40 000
	财产保险费／元		30 000	30 000	30 000	30 000	120 000
	其他费用／元		30 000	30 000	30 000	30 000	120 000
	小计／元		250 000	250 000	250 000	250 000	1 000 000
制造费用合计／元			315 160	317 680	322 720	324 160	1 279 720
减:折旧费／元			60 000	60 000	60 000	60 000	240 000
现金支出／元			255 160	257 680	262 720	264 160	1 039 720

表 5.17　产品成本预算(2024 年度)

项目	定额标准	单价	单位变动成本
直接材料	4 kg/ 件	40 元 /kg	160 元
直接人工	2 h/ 件	20 元 /h	40 元
制造费用	2 h/ 件	9 元 /h	18 元
单位产品生产成本	218 元／件		
项目	期末库存量／件	单位产品成本／元	产成品库存成本／元
第 1 季度	740	218	161 320
第 2 季度	800	218	174 400
第 3 季度	840	218	183 120
第 4 季度	760	218	165 680

表 5.18　产品成本与销售成本预算(2024 年度)

项目		第 1 季度	第 2 季度	第 3 季度	第 4 季度	全年
预计生产量／件		3 620	3 760	4 040	4 120	15 540
直接材料／元	160 元／件	579 200	601 600	646 400	659 200	2 486 400
直接人工／元	40 元／件	144 800	150 400	161 600	164 800	621 600
制造费用／元	18 元／件	65 160	67 680	72 720	74 160	279 720
生产成本合计／元	218 元／件	789 160	819 680	880 720	898 160	3 387 720
期初产成品存货量／件		720	740	800	840	720
加:期初库存产成品成本／元		154 800	161 320	174 400	183 120	154 800
期末产成品存货／件		740	800	840	760	760
减:期末库存产成品成本／元		161 320	174 400	183 120	165 680	165 680
销售成本合计／元		782 640	806 600	872 000	915 600	3 376 840

注:第 1 季度期初库存产成品成本 ＝ 720 × 215 ＝ 154 800(元)。

表 5.19 销售及管理费用预算(2024 年度)

项目	第 1 季度	第 2 季度	第 3 季度	第 4 季度	全年
预计销售量/件	3 600	3 700	4 000	4 200	15 500
单位变动销售费用/元每件	14	14	14	14	14
变动销售费用小计/元	50 400	51 800	56 000	58 800	217 000
固定销售及管理费用/元	150 000	150 000	150 000	150 000	600 000
销售及管理费用合计/元	200 400	201 800	206 000	208 800	817 000
减:折旧费/元	29 000	29 000	29 000	29 000	116 000
现金支出/元	171 400	172 800	177 000	179 800	701 000

表 5.20 资本支出预算(2024 年度)　　单位:元

项目	第 1 季度	第 2 季度	第 3 季度	第 4 季度	全年
对内投资设备	100 000	500 000	240 000	360 000	1 200 000
对外投资	—	—	—	600 000	600 000
现金支出	100 000	500 000	240 000	960 000	1 800 000

表 5.21 现金预算(2024 年度)　　单位:元

项目	第 1 季度	第 2 季度	第 3 季度	第 4 季度	全年
一、期初现金余额	220 000	288 688	203 644	203 124	220 000
预计现金收入	1 364 000	1 507 500	1 750 500	1 836 000	6 458 000
二、现金收入合计	1 584 000	1 796 188	1 954 144	2 039 124	6 678 000
三、现金支出					
直接材料	533 952	601 664	635 200	648 800	2 419 616
直接人工	144 800	150 400	161 600	164 800	621 600
制造费用	255 160	257 680	262 720	264 160	1 039 720
销售及管理费用	171 400	172 800	177 000	179 800	701 000
购置设备	100 000	500 000	240 000	360 000	1 200 000
对外投资				600 000	600 000
缴纳税费	90 000	90 000	90 000	90 000	360 000
现金支出合计	1 295 312	1 772 544	1 566 520	2 307 560	6 941 936

续表　　　　单位:元

项目	第 1 季度	第 2 季度	第 3 季度	第 4 季度	全年
四、现金余缺	288 688	23 644	387 624	-268 436	-263 936
五、现金筹措					
向银行贷款		180 000		540 000	720 000
六、现金使用					
归还贷款本金			180 000		180 000
归还贷款利息			4 500	64 000	68 500
七、期末现金余额	288 688	203 644	203 124	207 564	207 564

注:① 向银行贷款或者进行短期投资的数额取决于现金最低限额;② 第 3 季度归还贷款利息 = 180 000 × 10% ×3/12 = 4 500(元);③ 第 4 季度归还贷款利息 = 800 000 × 8% = 64 000(元)。

表 5.22　预计贡献式利润表(2024 年度)　　　　单位:元

项目	第 1 季度	第 2 季度	第 3 季度	第 4 季度	全年
销售收入	1 620 000	1 665 000	1 800 000	1 890 000	6 975 000
变动成本					
变动销售成本	782 640	806 600	872 000	915 600	3 376 840
变动销售费用	50 400	51 800	56 000	58 800	217 000
小计	833 040	858 400	928 000	974 400	3 593 840
边际贡献	786 960	806 600	872 000	915 600	3 381 160
固定成本					
固定制造费用	250 000	250 000	250 000	250 000	1 000 000
固定销售及管理费用	150 000	150 000	150 000	150 000	600 000
小计	400 000	400 000	400 000	400 000	1 600 000
营业利润	386 960	406 600	472 000	515 600	1 781 160
减:利息	16 000	20 500	16 000	29 500	82 000
利润总额	370 960	386 100	456 000	486 100	1 699 160
减:所得税	90 000	90 000	90 000	90 000	360 000
净利润	280 960	296 100	366 000	396 100	1 339 160

注:①按照权责发生制编制预计利润表;②第 1 季度应计利息 = 800 000 × 8% × 3/12 = 16 000(元);③ 第 2 季度应计利息 = 800 000 × 8% × 3/12 + 180 000 × 10% × 3/12 = 20 500(元);④第 3 季度应计利息 = 800 000 × 8% × 3/12 = 16 000(元);⑤第 4 季度应计利息 = 800 000 × 8% × 3/12 + 540 000 × 10% × 3/12 = 29 500(元)。

表 5.23　预计资产负债表(简表)

××公司　　　　2024 年 12 月 31 日　　　　单位:元

资产	金额	负债及股东权益	金额
流动资产		负债	
货币资金	207 564	应付账款	194 784
应收账款	927 000	短期借款	540 000
存货	221 680	应付利息	13 500
流动资产小计	1 356 244	长期借款	800 000
		负债小计	1 548 284
非流动资产		股东权益	
长期股权投资	600 000	股本	1 400 000
固定资产	2 544 000	留存收益	1 551 960
非流动资产小计	3 144 000	股东权益小计	2 951 960
资产总计	4 500 244	负债及股东权益总计	4 500 244

注:①应收账款 = 1 800 000 × 20% + 1 890 000 × 30% = 927 000(元);②原材料存货 = 1 400 × 40 = 56 000(元);③产成品存货 = 760 × 218 = 165 680(元);④固定资产 = 1 700 000 + 1 200 000 − 240 000 − 116 000 = 2 544 000(元);⑤应付账款 = 649 280 × 30% = 194 784(元);⑥应付利息 = 540 000 × 10% × 3/12 = 13 500(元);⑦留存收益 = 212 800 + 1 339 160 = 1 551 960(元)。

到此为止,企业全面预算编制完成。可以看出,全面预算编制的基本流程是从销售预算开始,一直到预计资产负债表结束。

第六章

生产经营决策

课程目标

通过本章学习，了解决策分析的含义和原则，理解决策分析中的相关成本和非相关成本，掌握短期经营决策的差量分析法、本量利分析法、最优分析法；能够熟练运用短期经营决策方法进行生产品种决策、生产数量决策和生产组织决策；理解成本导向、市场需求导向和特殊需求导向的定价决策方法；了解存货控制的目标和存货成本构成，熟练运用存货基本模型进行存货决策，熟悉特殊情况下的存货决策，了解存货的日常管理活动。

课程思政

通过学习决策分析的含义和原则,能够了解企业经营决策的目的;通过学习相关成本和非相关成本,能够将相关成本服务于企业不同目的的经营决策;通过学习短期经营决策方法,能够为企业进行生产决策、定价决策和存货决策。

思维导图

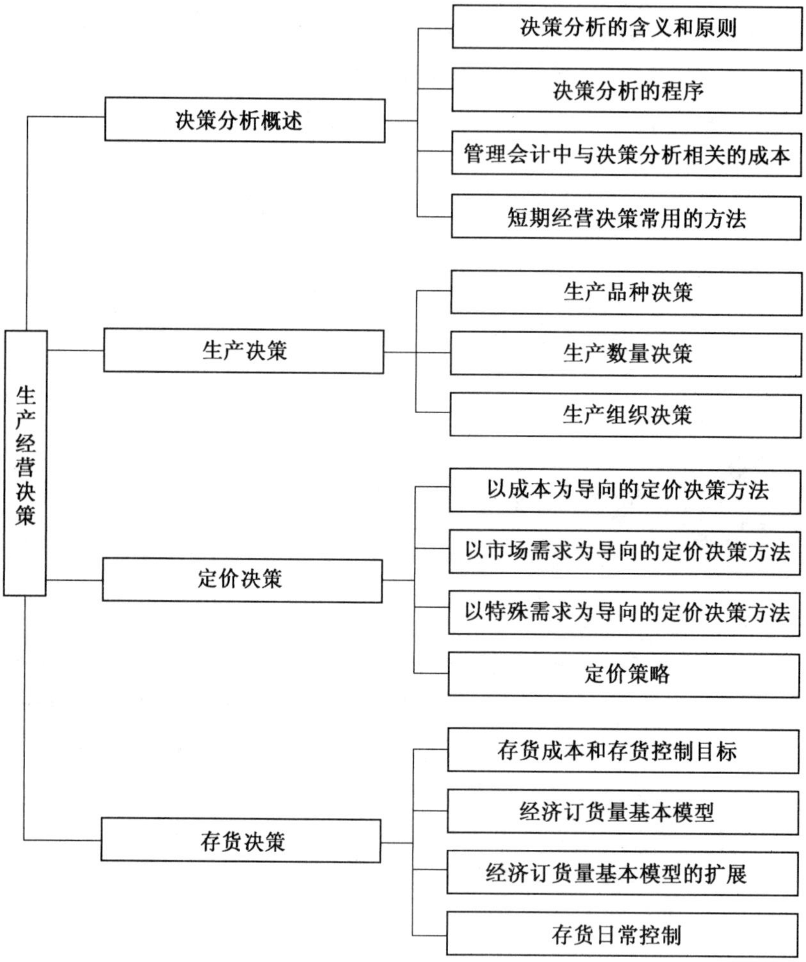

第一节　决策分析概述

一、决策分析的含义和原则

(一) 决策分析的含义

决策是对未来实践的方向、目标、原则和方法所做的决定。

决策问题存在于人类生产、生活的各个领域,如政治、经济、文化等。管理会计中讲的决策只限于经济领域的决策。管理学家亨利·法约尔认为:“管理的重心在经营,经营的重心在决策。”西蒙更是说:“管理就是决策。”可见,决策在企业管理中占有非常重要的地位。决策是企业管理的核心,决策正确与否在很大程度上决定着企业的兴衰、经济效益的高低和生产秩序的好坏。

决策分析是企业在一定时期内,为达到某一经营目标,由管理人员在充分利用会计信息及其他有关信息的基础上,运用专门的技术方法进行科学的测算和分析比较,选定一个合理方案的过程。决策分析按其涉及时间的长短分为短期决策分析和长期决策分析。

短期决策分析一般是指只涉及一年以内的专门业务,并仅对该时期内的收支盈亏产生影响进行的决策分析。这种决策分析通常不考虑增加设备或提供更多的物质生产能力,而是侧重于如何最充分、最有效地利用现有资源,如产品最优生产批量的决策、自制或外购零部件的决策、是否接受追加订货的决策等。本章着重讲述的便是短期经营决策的有关问题。

长期决策是企业生产经营中涉及超过一年的时间、投资数额较大、风险较大、对企业未来发展影响较大的决策,亦称“投资决策”或“资本支出决策”。这种决策侧重于投入资本的报酬应大于资金成本的支出。长期决策分析对企业具有长远意义,是企业战略发展规划的重要内容,如对原有固定资产进行更新、改造的决策,新产品的开发、研制决策和资本限量决策等。长期决策分析问题将在后面有关章节中专门阐述。

(二) 决策分析的原则

决策分析的原则是企业管理人员进行决策分析工作必须遵循的准则。一般包括如下几项。

1. 系统原则

系统是由若干个相互作用、相互依存的部分有机结合而成的整体。企业作为一个系统,有着明确的目标,并由许多相关联的部门构成。管理人员进行决策分析时既要考虑系统内部各因素的制约,又要考虑外部环境的影响;既要顾及各子系统之间的联系和协调,又要服从整体目标。只有这样,才能使整体效益达到最优。

2. 目标原则

确定目标是经营决策的前提。经营决策问题是个十分复杂的问题,其目标往往有多个,有时各目标之间还有冲突,这就给决策带来困难。管理人员应根据目标重要性分清主次,抓住主要目标,把次要目标列为约束条件,有针对性地做好各个阶段的决策分析工作。

3. 满意原则

传统的决策理论认为,决策者是“理性的人”或“经济的人”,在决策时他们受“最优化”的行为准则支配,应当选择“最优”方案;近代决策理论认为,由于受到认识能力和时间、成本、情报来源等方面的限制,决策者不能坚持要求最理想的解答,常常只能满足于“令人满意的”或“足够好的”决策。

4. 行动原则

决策分析的目的是做出满意的决策,而决策必须转化为行动。因此,管理人员在进行决策分析时必须考虑将来实施的行动,方能使决策分析有效。

决策实施后还要注意检验,决策者应通过信息反馈对正在实施的决策进行修正。

二、决策分析的程序

决策分析工作一般有如下程序。

(一) 确定决策目标

要进行决策分析，首先必须确定决策目标，即确定决策分析的具体内容。由于各种不同的决策目标所需的分析资料不同，所采取的技术方法也有所不同。因此，只有明确决策目标，才有可能做出科学的决策。

(二) 收集资料

决策分析所需资料是进行决策分析的重要依据。决策目标确定之后，就要有针对性地收集有关进行该项决策所需的数据资料和其他信息资料，并进行必要的检查、加工和整理。资料占有得越充分，提出解决问题的方案就越多，分析的结论也就更为精确。可见，收集资料是关系决策分析的目的和要求能否达到的一项重要工作。

(三) 拟定备选方案

根据决策目标有针对性地收集资料后，对其进行加工、整理，提出实现目标的各种可供选择的方案。所提出的这些备选方案，必须都是经过测算切实可行的。如果这些备选方案都是不可行的，那么做出的决策也全都是失误的。可见，备选方案的可行性研究也是决策分析中不可缺少的重要一环。

(四) 选择最优方案

备选方案提出之后，要采用一定的决策分析方法从中选择出最优方案。决策分析方法多种多样，不同的决策目标可以采用不同的决策分析方法，选择确定适宜的决策分析方法是提高决策工作质量、减少失误的重要保证。在将几个备选方案的经济效益进行对比分析后，经过筛选确定最优方案。

三、管理会计中与决策分析相关的成本

经营决策的最终目的是在诸多备选方案中选出最优方案。“优”的标准主要是经济效益，成本是衡量经济效益的一个关键性指标，但经营决策中所要着重考虑的“多维成本”概念同企业的基本成本资料既有联系又有区别。多维成本是根据企业经营管理的需要，特别是企业经营决策的需要而专门计算的成本数据。它可以是事前的，也可以是事中、事后的；可能已经发生，也可能没有发生；可以是全面的，也可以是专题的；可以是连续的，也可以是某个时期的。它没有公认的、固定的概念，也没有统一的、强制的规定。它是企业经营决策中极为重要的信息。

相关成本与非相关成本是根据成本与决策的“相关性”所划分的 2 种类型。在进行管理决策时，成本是一个重要的因素，在比较备选方案优劣时，成本高低直接影响着决策方案。经营决策中通常要根据不同情况灵活选择一些独特的“成本概念”，用以作为方案优劣决策的评价依据。

相关成本是指与决策有关，在进行决策分析时必须加以考虑的成本。非相关成本亦称无关成本，是指过去已经发生或虽未发生但对未来决策没有影响，在决策分析时无须考虑的成本。

（一）相关成本的特征

与传统成本相比，相关成本具有以下特征。

1. 相关成本是特定决策需要考虑的成本

传统财务会计中的成本计算需要遵守会计准则。而决策相关成本的计算不需要遵守会计准则，无须入账，只需要在决策过程中成为评价备选方案时必须考虑的因素。

2. 相关成本是一种未来成本

传统成本属于实际发生的费用支出，是实际成本；决策相关成本则属于未来将要发生的费用支出，是估计成本。由于决策是面向未来的，因此只有未来将要发生的成本才可能影响决策。

3. 相关成本是一种有差别的成本

如果一个成本项目对所有备选方案都相同，该项成本就不会使备选方案产生差别，也就是说，是否考虑该项成本不会引起方案选择有不同结果。这种成本与决策无关，决策分析时不需要考虑。而相关成本是一种有差别的成本。

（二）多维成本的种类

1. 差量成本和边际成本

（1）差量成本。

差量成本也称差异成本或差别成本，是指可供选择的不同方案之间在成本上的差异。不同方案的经济效果往往可以从不同方案的差量成本的对比中进行判别。差量成本是决策中需要考虑的相关成本。

差量成本既可以是变动成本，也可以是固定成本。从现有生产量的增加或减少所形成的成本的差异上看，在“相关范围”内，差量成本就是变动成本；超过相关范围，由于产量变动还可能引起固定成本和半变动成本的变动，差量成本在数量上不等于变动成本。差量成本有时还和追加成本相混用。实际上，追加成本仅仅是差量成本的一种形式。工程技术人员往往把追加成本作为一个专门术语来使用。差量成本是经营决策中广泛应用的一个重要成本概念，它可用于许多方面的决策，如零部件外购或自制的决策，更新机器时的购买成本、维护成本、电力成本决策等。

与差量成本相对应的概念是差量收入，是指备选方案预定收入之间的差额。差量收入减去差量成本的余额反映不同备选方案的差量收益，是评价备选方案优劣的重要依据。

【例 6.1】　某公司扩大生产需要一台关键设备，甲和乙 2 种型号的设备都能生产出同等质量的产品，2 种设备的购置成本分别是 500 万元和 800 万元。2 种设备为企业带来的营业收入分别是 1 000 万元和 1 200 万元。可以看出，2 种设备的购置成本就是方案的差量成本，2 种方案的营业收入就是方案的差量收入。因此可以通过评价 2 种设备的差量收益进行方案优劣对比。

（2）边际成本。

边际成本是经济学的一个概念，指成本对产量无限小变化的变动部分，其数学含义是成本对产量的一阶导数，是一种特殊的差量成本。在现实经济活动中，所谓产量无限小，最小只能小到一个单位，产量的单位小到一个单位以下，就没有什么实际意义了。所以边际成本的实际计算，就是产量增加或减少一个单位所引起的成本变动。

边际成本在经营决策中有许多重要作用。例如,在研究成本与产量的关系时,要掌握边际成本与平均成本之间的关系,当平均成本与边际成本相等时,平均成本为最低;在研究成本、收入与利润的关系时,要掌握边际成本与边际收入的关系,当边际收入和边际成本相等、边际利润等于零时,企业能实现最多的利润,这对促进企业提高生产经营的经济效益有着重要的指导意义。

2. 机会成本

机会成本,是指已放弃机会可计量的潜在利益的价值。它是基于一种资源往往有多种用途,提供多种使用的机会,如果用于甲用途,就必须放弃其他用途,那么资源用于次优的、被放弃的其他用途可能得到的净收入就是资源用于甲用途的机会成本。机会成本不是一般意义上的成本,它不构成企业的实际支出,也不记账,但它却是正确做出经营决策必须认真考虑的现实因素。企业在进行经营决策时一般都要在若干方案中选出一个最优方案,从而放弃次优方案。权衡得失,已放弃次优方案的"失",应能从选用方案的"得"中得到补偿。这是评价最优方案的一个必要条件。例如,如果一个人(年收入 20 万元)选择辞职返回学校继续学习,那么返回学校的机会成本就是每年 20 万元。

机会成本在管理决策中的现实意义在于它有助于决策者全面考虑各种备选方案,以便为有限的资源寻求对企业最有利的使用途径,帮助企业实现最大的价值。对于决策而言,机会成本属于相关成本,是决策时需考虑的重要因素。

3. 沉没成本和重置成本

(1) 沉没成本。

沉没成本亦称沉落成本,是指已经支出,不能收回,不是目前决策所能改变的成本。例如,企业生产能力过剩,是否接受利用多余生产能力的订货,不论采用哪一方案,原设备投资额及折旧费均不改变,它们属于沉没成本,与决策无关,可不予考虑,只需计算差异成本和现金支出成本即可。沉没成本具有 2 个重要特征:① 过去已经发生;② 无论未来决策结果怎样,其发生额不会发生改变。

【例 6.2】 某企业购买了一台办公设备,买价 4 000 元,使用一个月后就坏了。经技术人员认定需要进行大修理或者直接报废更新。对于大修理和更新这 2 个方案来说,购买该办公设备的买价 4 000 元就是沉没成本,与决策无关。因为只有未来发生的成本才是决策相关成本,而办公设备的购买价格 4 000 元是过去的购买价格,对未来现金流量并无影响。

沉没成本的特征决定了它与管理决策不存在相关性,因此当前决策可以不予考虑,它是决策非相关成本。

(2) 重置成本。

重置成本,是指按目前市价购买某项资产时所需支付的成本,亦称现实成本、现价重置成本。它对正确计算实际损益和进行经营决策具有重要意义。我们知道,财务会计是以历史成本作为入账基础的。在价格变动的情况下,它对于面向未来的决策往往作用不大。比如关于产品定价的决策,就必须以重置成本作为考虑的重点。

【例 6.3】 某零售企业上年末购进 1 000 件 A 商品,每件 5 元。本年由于 A 商品市场供求紧张,价格上涨到每件 6 元。因此 A 商品的现行价格就是重置成本。企业在对 A 商品进行销售定价时,必须将重置成本纳入考虑因素。如果从历史成本考虑,按照 5.5 元确定售价,每件可获得 0.5 元毛利。但是,如果出售后再重新购买,每件需要花费 6 元,不但不能获利,每件还要亏损 1 元。

可以看出,沉没成本(历史成本)是决策不相关成本,而重置成本(现行价格)是决策相关成本。

4. 现金支出成本和总成本

(1) 现金支出成本。

现金支出成本也称付现成本,是指要实际动用现金进行支付的成本。当企业资金紧张时特别需要把现金支出成本作为选择方案的重要因素。在某些情况下,管理部门用现金支出成本最少的方案来取代总成本最低的方案,可能对企业更为有利。

(2) 总成本。

总成本,是指企业所有的成本费用,既包括付现的成本费用,也包括非付现的成本费用。

【例 6.4】　张某离职后要自己创业,准备购置一家门面房开咖啡店,有 2 种不同的付款方案。

方案一:要求一次性付全款,金额为 160 万元。

方案二:要求每年支付 30 万元,共支付 10 年,最后一次支付完成,取得房产所有权。

在不考虑资金时间价值的情况下,方案二最后需要累计支付 300 万元;如果资金利润率 10%,方案二的未来付款额的现值高达 184.34 万元,高于方案一要求的期初付款额。

通过比较,如果张某资金充裕,可以选择方案一购置门面房比较有利,这时的总成本是决策相关成本,而现金支出成本是决策非相关成本。但是如果张某资金不足,又没有其他方式筹集资金,那么现金支出成本就是相关成本,而总成本成为决策非相关成本。张某应选择方案二。

5. 专属成本和共同成本

(1) 专属成本。

专属成本,是指专门由于生产某种或某批产品而发生的固定成本。明确归属于某种或某批产品成本之中,故称为专属成本。例如,为生产某种产品而使用的机床的折旧费、保险费等都是专属成本。

(2) 共同成本。

共同成本,是指需要由几种、几批产品或几个部门共同分担的固定成本。例如,企业管理人员工资、共同使用的机器或厂房的折旧费等都是共同成本。

专属成本是不同备选方案的差别成本,与决策相关,决策时应加以考虑。而在一般情况下,共同成本是决策的无差别成本,属于决策非相关成本,决策时无须考虑。

6. 可避免成本与不可避免成本

(1) 可避免成本。

可避免成本发生与否,取决于经营者的决策。如果某项成本与某一方案直接相联系,采用这一方案,这项成本必定发生;如不采用这一方案,则这项成本不会发生,这项成本称为可避免成本。可避免成本属于决策相关成本。

(2) 不可避免成本。

不可避免成本是可避免成本的对称。其发生与否不取决于经营者的决策,无论是否实施某一方案,这项成本均是客观存在的。因而考虑新的决策方案时,决策时无须考虑不可避免成本,它是决策非相关成本。

四、短期经营决策常用的方法

日常经营过程中企业会经常面临各种各样的经营决策问题,决策分析所采用的具体方法各不相同。根据所获取的相关资料的确定程度,短期经营决策中常用的方法有确定型决策和风险型决策。

(一) 确定型决策

短期经营决策中常用的确定型决策方法有 3 种:差量分析法、本量利分析法、最优分析法

1. 差量分析法

差量分析法,是指在短期经营决策中,通过比较不同备选方案的差量成本或差量收入,以差量收益评价方案优劣的一种决策方法。其计算公式为

$$差量收益 = 差量收入 - 差量成本 \tag{6.1}$$

差量收益表示选择最优方案比其他备选方案多获得的收益(利润)。差量分析法一般可通过编制差量利润表来计算差量收益指标,评价依据采用收益(利润)最大化原则。

当备选方案之间收入相同时,收入成为决策的非相关因素,则比较备选方案的差量成本,收益最大化就等同于成本最小化,差量分析法转化为成本差量决策。反之,当备选方案的成本相同时,成本成为决策的非相关因素,收益最大化就等同于收入最大化,差量分析法转化为收入差量决策。

2. 本量利分析法

在短期经营决策中,一般不涉及改变企业生产能力的问题,因而一定业务量范围内固定成本总额通常稳定不变。这种情况下,备选方案的差量收益等同于差量边际贡献,能够使边际贡献最大化的方案通常就是给企业带来最大利润的方案。因此,比较备选方案的边际贡献,就可以评价方案优劣,这就是本量利分析法,也称边际贡献分析法。

本量利分析法评价方案优劣的程序如下。

(1) 确定每个备选方案的总收入。

(2) 确定每个备选方案的变动成本。

(3) 计算每个备选方案的边际贡献,计算公式为

$$边际贡献 = 各方案的总收入 - 各方案的变动成本 \tag{6.2}$$

(4) 按照边际贡献最大化原则选择最优方案。

另外,备选方案涉及专属成本和机会成本时,应当采用相关损益指标进行决策。某备选方案的相关损益即该方案的边际贡献扣除该方案的专属成本或机会成本的差额。

3. 最优分析法

短期经营决策中的最优分析法通常是通过计算确定成本无差别点,即 2 个备选方案相关成本总额相等时的业务量。其基本步骤如下。

(1) 根据约束条件,建立每个备选方案中成本与业务量的函数关系。

(2) 将 2 个备选方案的函数关系式组成联立方程组,对其求解所得的业务量即为无差别点业务量。

(3) 运用图解法,通过坐标系绘制成本 - 业务量直线。

(4) 在坐标系中,根据企业预计产品数量选择成本最低的方案。

通过坐标轴直观地进行判断，适用于备选方案收入相同，但成本不同，且业务量未知的方案决策。

此外，最优分析法也适用于存货模型，运用一阶导数的原理进行计算。

（二）风险型决策

风险型决策是在每个备选方案面临2种或2种以上自然状态，决策者虽不能肯定将来出现何种状态，但能计算或估计出自然状态概率及相应损益值的条件下所进行的决策。这种类型的决策其程序如下。

（1）收集与决策有关的情报资料，拟定主要决策方案。

（2）调查并找出决策所面临的自然状态，计算或估计出各自然状态概率。

（3）计算每一决策方案在各自然状态下相应损益值，综合考虑期望损益及风险水平，通过比较进行择优。

在其他条件相同的情况下，决策可遵循期望收益最大准则；在期望收益水平相同的情况下，可遵循风险最小准则。常见的风险型决策方法有决策表法和决策树法。

1. 决策表法

决策表法，是指通过决策利润表选择方案的方法。决策利润表包括决策方案、自然状态、状态概率和方案在各自然状态下能够实现的损益值。下面举例说明决策利润表的编制及应用。

【例6.5】　某公司准备开发新产品甲或新产品乙，相关数据见表6.1。

表6.1　相关数据表

项目	甲产品	乙产品
销售单价／元	30.00	28.50
单位变动成本／元	26.80	25.60
固定成本／元	24 000	24 000

销售量是一随机变量，在不同的自然状态下，其概率分布见表6.2。

表6.2　销售量概率分布表

预计销售量／万件	概率	
	甲产品	乙产品
60	—	0.1
80	0.1	0.2
90	0.1	0.2
100	0.3	0.4
120	0.3	0.1
140	0.2	—

要求：试用决策表法做出开发何种新产品的决策。

根据上述资料可编制决策利润表（表6.3）。

表 6.3 决策利润表

备选方案	不同自然状态下的销售量/万件	状态概率	期望销售量/万件	单位边际贡献/元每件	期望边际贡献总额/万元
甲产品	80	0.1	8	30.00 - 26.80	3.20 × 111
	90	0.1	9		
	100	0.3	30		
	120	0.3	36		
	140	0.2	28		
	期望值		111	3.20	355.20
乙产品	60	0.1	6	28.50 - 25.60	2.90 × 92
	80	0.2	16		
	90	0.2	18		
	100	0.4	40		
	120	0.1	12		
	期望值		92	2.90	266.80

从表 6.3 的计算结果可以看出,开发新产品甲比开发新产品乙的期望边际贡献总额多 88.40 万元(355.20 - 266.80 = 88.40),所以开发新产品甲比开发新产品乙合算。

如果获利水平相当,可比较备选方案的风险程度。

【例 6.6】 某公司有 2 个投资方案甲和乙,试采用决策表法做出投资哪个方案的决策,编制的决策利润表见表 6.4。

表 6.4 决策利润表

备选方案	经济状况	状态概率	预计年收益/万元	期望年收益/万元	标准离差/万元
方案甲	繁荣	0.2	6 000	1 200	—
	正常	0.6	5 000	3 000	—
	衰退	0.2	4 000	800	—
	合计	1.0	—	5 000	632.46
方案乙	繁荣	0.2	10 000	2 000	—
	正常	0.6	5 000	3 000	—
	衰退	0.2	0	0	—
	合计	1.0	—	5 000	3 162.28

方案甲的标准离差

$$= \sqrt{(6\ 000 - 5\ 000)^2 \times 0.2 + (5\ 000 - 5\ 000)^2 \times 0.6 + (4\ 000 - 5\ 000)^2 \times 0.2}$$

$= 632.46$(万元)

方案乙的标准离差

$$=\sqrt{(10\,000-5\,000)^2\times 0.2+(5\,000-5\,000)^2\times 0.6+(0-5\,000)^2\times 0.2}$$

$$=3\,162.28(万元)$$

从表6.4可看出，甲、乙两方案的期望年收益水平相同，但方案乙的标准离差大于方案甲，说明方案乙的风险较大，故应选择方案甲。

如果获利水平和风险程度均不相等，那么，方案的取舍将依赖于决策者的性格特征、冒险精神等，不同的决策者可能会有不同的决策结果。

【例6.7】　设有2个投资额和其他条件相同的投资项目A和项目B，它们可能的投资报酬率及相应的概率分布见表6.5。试进行决策。

表6.5　投资报酬率及相应的概率分布表

A项目		B项目	
投资报酬率/%	概率	投资报酬率/%	概率
13	0.1	11	0.3
15	0.8	16	0.4
17	0.1	21	0.3
合计	1.0	合计	1.0

根据表6.5资料，编制决策利润表，见表6.6。

表6.6　决策利润表

备选方案	不同自然状态下的预计投资报酬率/%	状态概率	期望投资报酬率/%	标准离差/%
A项目	13	0.1	1.3	$\sqrt{(13-15)^2\times 0.1+(15-15)^2\times 0.8+(17-15)^2\times 0.1}$
	15	0.8	12	
	17	0.1	1.7	
	—	1.0	15	0.89
B项目	11	0.3	3.3	$\sqrt{(11-16)^2\times 0.3+(16-16)^2\times 0.4+(21-16)^2\times 0.3}$
	16	0.4	6.4	
	21	0.3	6.3	
	—	1.0	16	3.87

如果其他情况完全相同，投资者总是爱好期望投资报酬率较高的项目。本例中，A项目的期望投资报酬率为15%，B项目的期望投资报酬率为16%，但投资者却不一定选择B项目，因为B项目的标准离差高于A项目，即B项目的风险高于A项目。因此那些不求大利、谨慎小心的决策者可能会选择A项目；而那些敢冒风险、谋求大利的决策者可能会选择B项目。对于这种情况，可以通过标准离差率进行方案评价。

$$标准离差率 V_A = \frac{标准离差}{期望投资报酬率} = \frac{0.89}{15\%} = 5.93$$

$$标准离差率 V_B = \frac{标准离差}{期望投资报酬率} = \frac{3.87}{16\%} = 24.19$$

B 项目的标准离差率高于 A 项目,说明 B 项目的风险高于 A 项目。因此审慎的投资者通常选择 A 项目。

2. 决策树法

决策树法,是指通过绘制决策树辅助决策的方法。其程序可大致分为收集和分析资料、绘制决策树、计算损益期望值、比较择优四步。其中,绘制决策树是核心步骤。决策树是一种用树状结构图来显示各阶段要决策的问题的预测模型。下面举例说明决策树的绘制及应用。

(1) 单阶段决策。

只有一个决策点的决策称为单阶段决策,既可用决策表决策,也可用决策树决策。

【例 6.8】 某厂计划开发一种新产品,它的经济寿命预期为 5 年。如果建大厂需要投资 2 000 万元,建小厂需要投资 1 000 万元。预计将来各种市场需求出现的状态概率及 5 年内每年的现金净收益见表 6.7,试用决策树法分析是建大厂还是建小厂合算。

表 6.7 方案资料表

备选方案	市场需求状况	状态概率	每年现金净收益/万元
建大厂	大	0.4	1 000
	中	0.4	500
	小	0.2	-200
	—	1.0	—
建小厂	大	0.4	400
	中	0.4	400
	小	0.2	400
	—	1.0	—

根据表 6.7 的数据可画出单阶段决策树,如图 6.1 所示。

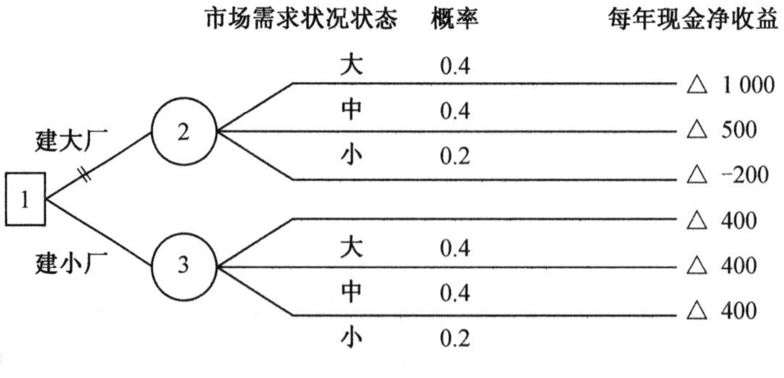

图 6.1 单阶段决策树图

图中的方块 1 称为决策点,决策树图中有一个方块称单阶段决策,有多个方块称多阶段决策;决策点后面的“树枝” 称为方案枝,有几种方案就有几条分枝;图中的圆圈 ② 和 ③ 称为机会点，说明面临的自然状态；圆圈后面的“树枝”称为概率枝，有几种自然状态便有几条分枝，它表明每种自然状态下的结果及相应的概率；△ 表示决策终点，说明决策过程结束，决策终点右边的数值是方案在该自然状态下的损益值；‖ 双截线表示剪枝，表明此方案不合理，应予否定。绘制决策树，按书写顺序，自左向右，向后展开；计算损益期望值与绘制决策树顺序相反，自右向左，向前展开计算。

图 6.1 中，机会点 ② 处的期望值为

$$[1\,000 \times 0.4 + 500 \times 0.4 + (-200) \times 0.2] \times 5 - 2\,000 = 800(\text{万元})$$

机会点 ③ 处的期望值为

$$(400 \times 0.4 + 400 \times 0.4 + 400 \times 0.2) \times 5 - 1\,000 = 1\,000(\text{万元})$$

比较2个机会点的期望值，③ 处的期望值大，应保留，建大厂的方案枝应剪掉。可见，决策结果是建小厂，从期望现金净收益来看，建小厂比建大厂 5 年多获利 200 万元。

（2）多阶段决策。

多阶段决策时，应先进行后面的决策，再进行前面的决策，即所谓逆向决策分析法。

【例 6.9】 某公司为满足市场需要决策生产一种新产品。经营人员提出 2 个建厂方案：一是建大厂，投资额3 000 万元，使用10 年；二是建小厂，投资额1 200 万元，使用10 年。现知未来10 年中，前3 年销路好的概率为0.7，建大厂年收益可达1 000 万元，建小厂年收益达400 万元；销路差的概率为0.3，建大厂年收益为 -200 万元，建小厂年收益为300 万元。后7 年自然状态是，若前3 年销路好，后7 年销路好的概率为0.9；若前3 年销路差，后7 年销路差的概率为0.9。针对后7 年，经营人员提出，若前3 年真的销路好，可考虑是否将小厂扩建，小厂扩建投资1 500 万元，若销路好年收益为950 万元，销路差年收益为0，试绘图决策。

根据上述资料，绘制多阶段决策树如图 6.2 所示。

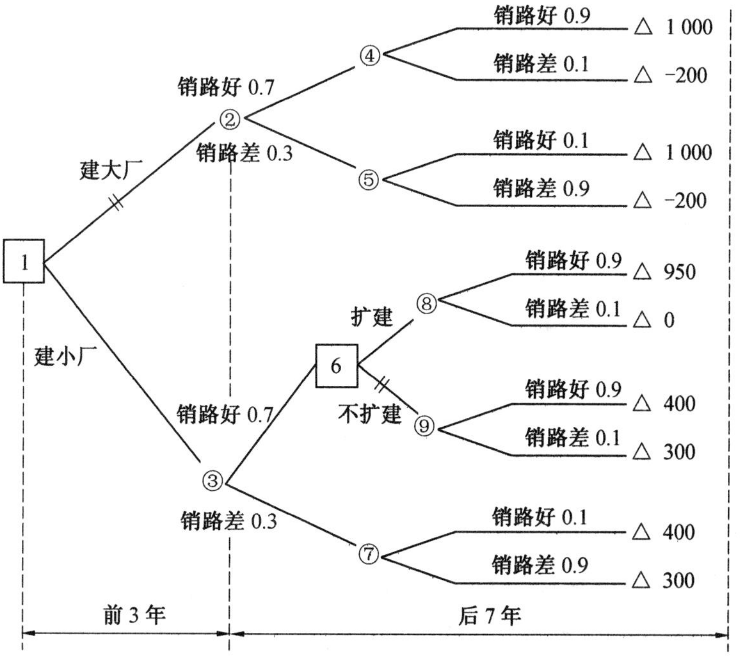

图 6.2　多阶段决策树图

图6.2中有2个决策点1和6,属于两阶段决策,根据逆向决策分析法,首先确定决策点6,计算2个机会点⑧和⑨的损益期望值。

⑧扩建:$(950 \times 0.9 + 0 \times 0.1) \times 7 - 1\ 500 = 4\ 485$(万元)

⑨不扩建:$(400 \times 0.9 + 300 \times 0.1) \times 7 = 2\ 730$(万元)

比较⑧和⑨,⑧的损益期望值大于⑨的损益期望值,故应保留扩建方案枝,剪掉不扩建方案枝。决策点6的期望值为4 485万元。

然后计算机会点④、⑤、⑥、⑦的损益期望值。

④销路好:$[1\ 000 \times 0.9 + (-200) \times 0.1] \times 7 = 6\ 160$(万元)

⑤销路差:$[1\ 000 \times 0.1 + (-200) \times 0.9] \times 7 = -560$(万元)

⑥销路好:4 485(万元)

⑦销路差:$(400 \times 0.1 + 300 \times 0.9) \times 7 = 2\ 170$(万元)

最后计算机会点②和③的损益期望值。

②:$[1\ 000 \times 0.7 + (-200) \times 0.3] \times 3 + 6\ 160 \times 0.7 + (-560) \times 0.3 - 3\ 000 = 3\ 064$(万元)

③:$[400 \times 0.7 + 300 \times 0.3] \times 3 + 4\ 485 \times 0.7 + 2\ 170 \times 0.3 - 1\ 200 = 3\ 700.5$(万元)

比较②和③,③的损益期望值大于②的损益期望值,故应保留建小厂方案枝,剪掉建大厂方案枝。通过以上分析可知,先建小厂然后扩建的方案为中选方案。

在现实生活中,决策阶段、需求水平、工厂规模都可能不止这几种,每年的收益也可能互不相等,因此决策树要复杂得多。另外,本例中都没有考虑资金的时间价值,而在实际决策分析工作中,各年的净收益必须折算成现值,在折算时,贴现率还应根据风险的大小进行必要的调整。

用决策树进行决策分析有很多优点。它能使决策过程有次序地进行,使管理者在比较近期的决策方案时,同时考虑它们的长远效果。

二维码知识点6.1　不确定型决策法

第二节　生产决策

生产决策是企业经营决策的重要内容之一,这类决策所涉及的问题大体上可以分为3类:生产什么,生产多少和如何生产,即生产品种决策、生产数量决策和生产组织决策。

一、生产品种决策

生产品种决策要解决的问题是生产什么产品,提供什么劳务。这里要介绍的是短期生产经营中利用现有剩余生产能力,或利用停产过时的老产品腾出来的生产能力,投产哪种新产品的决策分析方法。至于通过大量投资追加技术装备、扩大生产能力以发展新产品的决策,则属于长期决策范围。

(一) 生产何种产品的决策

企业应根据它的生产能力来安排产品的生产。如果企业可以用相同的设备生产不同的产品,就需要根据不同产品所能提供的预期利润进行分析、判断,选择对企业最为有利的产品。

【例 6.10】 某企业现有生产能力的利用程度为 70%,尚具有剩余生产能力为 30 000 台时。现在根据市场需求情况准备利用剩余生产能力增产甲产品或乙产品,有关资料见表 6.8。试做出增产哪种产品的决策。

表 6.8　甲、乙产品资料表

项目	甲产品	乙产品
销售单价 / 元	100	50
单位变动成本 / 元	80	35
单位产品定额台时 / 台时每件	5	3

1. 差量分析法

由于是利用剩余生产能力增产新产品,并不增加固定成本,因此只需比较 2 种产品提供的利润总额便能做出选择。运用差量分析法的计算分析过程及结果见表 6.9。

表 6.9　差量分析法计算分析表

项目	甲产品	乙产品	差量
预计产销量 / 件	30 000 ÷ 5 = 6 000	30 000 ÷ 3 = 10 000	—
收入 / 元	100 × 6 000 = 600 000	50 × 10 000 = 500 000	100 000
成本 / 元	80 × 6 000 = 480 000	35 × 10 000 = 350 000	130 000
利润 / 元	120 000	150 000	- 30 000

由计算结果可知,生产乙产品比生产甲产品多获得利润 30 000 元,故应增产乙产品。

2. 本量利分析法

运用本量利分析法的计算分析过程及结果见表 6.10。

表 6.10　本量利分析法计算分析表

项目	甲产品	乙产品
预计产销量 / 件	30 000 ÷ 5 = 6 000	30 000 ÷ 3 = 10 000
销售单价 / 元	30	50
单位变动成本 / 元	15	35
单位边际贡献 / 元	100 - 80 = 20	50 - 35 = 15
边际贡献总额 / 元	20 × 6 000 = 120 000	15 × 10 000 = 150 000

可见,生产乙产品比生产甲产品可多获利 30 000 元,故应增产乙产品。

假如此例中不知剩余生产能力到底有多少台时,那么可以比较甲、乙两种产品的单位台时边际贡献,因为在剩余生产能力一定的条件下,单位台时边际利润越多,边际贡献总额也就越多。运用单位台时本量利分析法的计算分析过程及结果见表6.11。

$$单位台时边际贡献 = \frac{单位边际贡献}{单位产品定额台时} \tag{6.3}$$

表6.11 单位台时本量利分析法计算分析表

项目	甲产品	乙产品
销售单价／元	100	50
单位变动成本／元	80	35
单位边际贡献／元	100 - 80 = 20	50 - 35 = 15
单位产品定额台时／台时每件	5	3
单位台时边际贡献／元每台时	20 ÷ 5 = 4	15 ÷ 3 = 5

可见乙产品比甲产品单位台时能多提供边际贡献1(5 - 4)元，利用30 000台时的剩余生产能力就能提供30 000(1 × 300 000)元的边际贡献，故应增产乙产品，结论与上例相同。

(二) 开发新产品影响老产品的决策

【例6.11】 某企业原来只生产甲产品，现准备开发乙产品或丙产品，有关产品数据见表6.12。

表6.12 甲、乙、丙产品资料表 单位：元

项目	甲产品	乙产品	丙产品
销售收入	100 000	180 000	170 000
变动成本总额	50 000	150 000	130 000
边际贡献总额	50 000	30 000	40 000
固定成本总额		30 000	

根据企业现有生产能力，如果开发乙产品，甲产品必须减产25%；如果开发丙产品，甲产品必须减产50%。试分析应否开发新产品及开发哪种新产品较为有利。

无论是否开发新产品及开发哪种新产品，均是利用企业现有生产能力，固定成本总额不变，属无关成本。只需比较各个方案的边际贡献总额，即可做出选择。利用现有生产能力计算分析表见表6.13。

表6.13 利用现有生产能力计算分析表 单位：元

项目	只生产甲产品	甲产品保留75% 并开发乙产品	甲产品保留50% 并开发丙产品
边际贡献总额	50 000	50 000 × 75% + 30 000 = 67 500	50 000 × 50% + 40 000 = 65 000

可见，开发乙产品比开发丙产品多获利2500元，比不开发新产品多获利17 500元。故应开发乙产品。

另外，在开发新产品时，企业为了弥补生产能力不足的缺陷或满足新产品的一些特殊需求，往往要增添一些专用设备、装置、工具、模具等，与此相关的成本即为专属成本。

【例6.12】 接上例，假定开发乙产品需要购置一台专用设备，与此相关发生的专属成

本为 6 000 元，而开发丙产品不需添置其他设备，这种情况下开发哪种产品较好。增加专属成本计算分析表见表 6.14。

表 6.14　增加专属成本计算分析表　　单位：元

项目	甲产品	乙产品	丙产品
边际贡献总额	50 000	67 500	65 000
减：专属成本	0	6 000	0
净边际贡献总额	50 000	61 500	65 000

可见，此时开发丙产品较为有利，可比开发乙产品多获利 3 500 元。

（三）亏损产品应否停产的决策

企业生产经营几种产品，采用完全成本法计算损益，有的产品可能获利而有的产品可能会发生亏损，这时如何对待亏损产品？是将其停产还是继续生产？决策标准是：如果亏损产品停产以后，闲置下来的生产能力无法被用于其他方面，既不能转产，又不能将有关设备对外出租的情况下，只要亏损产品能够提供边际贡献，就不应停产这种产品。

【例 6.13】　某企业生产 A、B、C、D 4 种产品，继续生产 A 产品的成本及收益情况见表 6.15，停产 A 产品后的成本及收益情况见表 6.16。

表 6.15　继续生产 A 产品的成本及收益情况　　单位：元

项目	A 产品	B 产品	C 产品	D 产品	合计
销售收入	10 000	20 000	30 000	40 000	100 000
变动成本总额	9 000	16 000	20 000	27 000	72 000
边际贡献总额	1 000	4 000	10 000	13 000	28 000
固定成本（按销售比重分摊）	2 000	4 000	6 000	8 000	20 000
营业利润	-1 000	0	4 000	5 000	8 000

表 6.16　停产 A 产品后的成本及收益情况　　单位：元

项目	B 产品	C 产品	D 产品	合计
销售收入	20 000	30 000	40 000	90 000
变动成本总额	16 000	20 000	27 000	63 000
边际贡献总额	4 000	10 000	13 000	27 000
固定成本（为简化计算不分摊固定成本）	20 000			
营业利润	27 000 - 20 000 = 7 000			

根据表 6.15、表 6.16 中的资料可知，A 产品亏损 1 000 元是因为它负担了一部分固定成本所致。A 产品虽然不能获利，但在分摊固定成本前，还为企业提供 1 000 元的边际贡献，能为补偿固定成本做出一定的贡献。若将 A 产品停产，企业边际贡献总额将减少 1 000 元（28 000 元 -27 000 元），但固定成本并不会因此而减少，它将转嫁给其他产品负担，从而导

致企业利润总额减少 1 000 元。因此停产 A 产品,不仅不会增加企业利润,反而会使企业利润由 8 000 元降至 7 000 元。

可见,在剩余生产能力无法转移的情况下,亏损产品只要能够提供边际贡献,就能给企业增加利润,不应该停产。与此同理,微利产品、保本产品(如 B 产品)更不应该停产。

(四)亏损产品是否转产的决策

如果亏损产品停产以后,闲置下来的生产能力可以转移,如用于生产其他产品、承揽零星加工业务或将设备对外出租。那么即使亏损产品能够提供边际贡献,也不一定继续生产。

例如,若上例中的 A 产品停产后,剩余的生产能力可生产甲产品。而甲产品能取得销售收入 13 000 元,其变动成本为 10 000 元,能够提供的边际贡献额为 3 000 元,比 A 产品多 2 000 元,那么转产甲产品就能比继续生产 A 产品增加 2 000 元利润,这时应停产 A 产品而转产甲产品。

再如,若上例中的 A 产品停产后,可将闲置设备对外出租,租金收入(指扣除按合同规定应由出租者负担的某些费用后的净收入)为 2 000 元,大于亏损产品提供的边际贡献。故应采纳停产 A 产品将设备出租的方案,这样可使企业利润总额增加 1 000 元。

可见,在短期经营决策中,由于不改变生产能力,固定成本一般稳定不变,决策时可不予考虑,需要考虑的只是边际贡献,哪种方案提供的边际贡献越多,越能为企业带来更多的利润,哪种方案就应被采纳。

二、生产数量决策

在确定生产什么产品之后,接下来便是生产多少的问题。生产数量决策主要解决 3 类问题:产品组合决策、是否接受追加订货的决策及最优生产批量的决策。

(一)产品组合决策

企业的生产经常会遇到设备能力、原材料来源、动力供应等方面的限制,产品组合决策就是研究如何将有限的生产资源充分加以利用并在各种产品之间进行有利的分配,以便使企业获得最大的经济效益。

【例 6.14】 某家具厂有木工和油漆 2 个生产车间,生产餐桌和衣柜 2 种产品。餐桌和衣柜产品资料表见表 6.17。

表 6.17 餐桌和衣柜产品资料表

项目	单位产品所需工时		车间每月最高工时
	餐桌	衣柜	
木工车间 /h	6	2	720
油漆车间 /h	4	4	800
单位创利额 / 元每套	1 000	800	—

试分析如何安排生产,才能使该厂实现最大的盈利。

这类问题可用线性规划方法求得产品组合的最优决策。

设 x 为餐桌每月产量(套);y 为衣柜每月产量(套);P 为月利润总额。

决策分析的目标是找到月利润总额最大的产品组合,因此首先应列出目标函数

$$P = 1\ 000x + 800y$$

由于 2 个生产车间的最高工时有限，2 种产品的产量要受到下面 2 个约束条件的限制

$$\begin{cases} 6x + 2y \leqslant 720\text{（木工车间）} \\ 4x + 4y \leqslant 800\text{（油漆车间）} \end{cases}$$

写出函数关系式

$$y_1 = 360 - 3x, y_2 = 200 - x$$

令 $y_1 = y_2$，解得 $x = 80$（套），$y = 120$（套）。

绘制最优组合图，如图 6.3 所示。

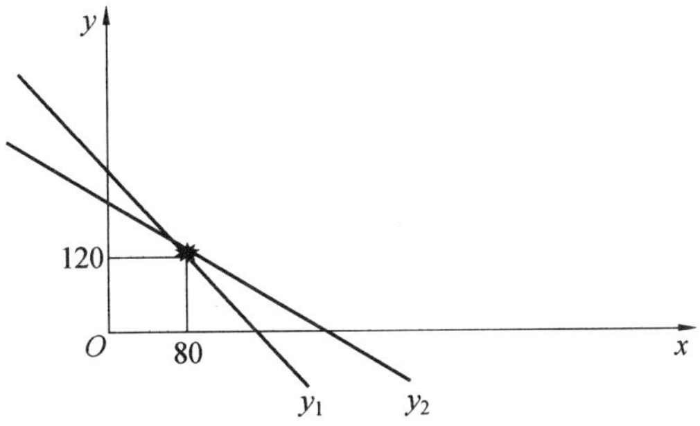

图 6.3　最优组合图解法

此时 P 最大为 176 000 元。即该厂品种最佳组合是：生产餐桌 80 套、衣柜 120 套，这样可使企业获得 176 000 元的最大利润。

如果产品超过 2 种，约束条件较多，可采用单纯形法确定最优产品组合，也可借助电子计算机求解线性规划问题。

（二）是否接受追加订货的决策

当企业生产能力有剩余时，可以考虑接受客户的追加订货。至于能否接受客户的追加订货，取决于客户所开出的销售单价。如果客户开价与正常销售价格相同，毫无疑问应当接受追加订货；如果客户开价低于正常价格甚至低于计划产量的平均单位成本，则应针对不同情况考虑是否接受这种条件苛刻的追加订货。

（1）追加订货不冲击本期计划任务的完成，又不要求追加专属成本，而且剩余生产能力无法转移时，只要客户开价大于该产品的单位变动成本，就可以接受追加订货。

【例 6.15】　某机械厂只生产小钻床，全年最大生产力为 100 台，正常产销量为 80 台。小钻床正常销售单价为 10 000 元，其单位产品成本构成如下。

直接材料	3 000 元
直接人工	2 000 元
制造费用：	
变动制造费用	1 000 元
固定制造费用	2 000 元
单位产品成本合计	8 000 元

现有一客户前来订货，数量为 20 台，出价每台 7 000 元，试分析此项订货能否接受（假定剩余生产能力无法转移）。

根据以上资料,企业可利用剩余生产能力完成追加订货的生产,而不会妨碍正常订货的生产,且无论是否接受追加订货,均不会改变固定成本,因此追加订货不必负担固定成本。只要客户开价高于该产品的单位变动成本,就能带来边际贡献,从而增加企业利润总额,这项订货就应该接受。计算分析过程详见表6.18。

表6.18　追加订货不冲击本期计划任务计算分析表

项目	小钻床
追加订货出价/元每台	7 000
追加订货单位变动成本/元	6 000 其中:直接材料3 000 直接人工2 000 变动制造费用1 000
追加订货单位边际贡献/元每台	7 000 - 6 000 = 1 000
追加订货数量/台	20
追加订货获边际贡献总额/元	1 000 × 20 = 20 000

从计算结果可知,虽然追加订货的出价7 000元低于正常销售单价10 000元,甚至低于正常订货的单位产品成本8 000元,但接受订货比不接受可多获边际贡献20 000元,故应接受这一追加订货。

(2)追加订货妨碍本期原有计划任务的完成,应将由此而减少的边际贡献作为追加订货方案的机会成本,当追加订货增加的边际贡献足以补偿这部分机会成本时,方可接受追加订货。

【例6.16】　上例中如果客户订货40台,仍出价7 000元,而且接受40台订货就将减少20台的正常销售量,试分析可否接受此项订货。

这时就需比较由此增加的边际贡献与减少的边际贡献(即机会成本)。如果边际贡献有净增加额,企业有利可图,则该项订货可以接受,否则不能接受。计算分析过程详见表6.19。

表6.19　追加订货妨碍本期原有计划任务计算分析表

项目	金额/元
追加订货20台增加的边际贡献	20 × (7 000 - 6 000) = 20 000
减:正常生产量减少20台的边际贡献	20 × (4 000 - 1 000) = 60 000
净增边际利润	20 000 - 60 000 = - 40 000

正常销售每台可获边际贡献4 000元(10 000 - 6 000),追加订货每台获边际贡献1 000元,故追加订货每台损失边际贡献3 000元(4 000 - 1 000),追加订货20台,减少边际贡献总额40 000元。

由以上分析可知,如果接受这项订货,企业利润将减少40 000元,故不能接受。

(三)最优生产批量的决策

在按批生产的企业中,每批生产都将发生准备成本,如调整机器设备,准备工具、模具,布置生产线,下达派工单等。每批产品发生的准备成本基本上是相同的,因此,年准备成本与生产批数成正比。批数越多,年准备成本就越高;反之,就越低。要想降低年准备成本,就应减少批数。但是,减少批数必将增大批量,从而提高与批量成正比的年储存成本,即仓库及设备的折旧费和修理费、保险费,保管人员工资,利息等;反之,要降低年储存成本,就需要缩小批量,增加批数,从而提高了年准备成本。最优生产批量的决策分析就是研究如何确定批量和批数,才能使这 2 种成本之和达到最低的程度。所谓最优生产批量也称经济批量,就是指这 2 种成本之和最低时的批量。

在成批生产一种产品、零件时,确定最优生产批量、最优生产批数和最低总成本可按如下公式计算

$$Q^* = \sqrt{\frac{2AS}{C\left(1 - \frac{d}{P}\right)}} \tag{6.4}$$

$$N^* = \frac{A}{Q^*} \tag{6.5}$$

$$T^* = \sqrt{2ASC\left(1 - \frac{d}{P}\right)} \tag{6.6}$$

式中　A—— 全年销售量;

S—— 全批准备成本;

C—— 每单位产品(零件) 年均储存成本;

P—— 每日产量;

d—— 每日销售量(耗用量);

Q^*—— 最优生产批量;

N^*—— 最优生产批数;

T^*—— 最低总成本。

【例 6.17】　某机械厂全年需要 A 零件 36 000 个,专门生产 A 零件的设备每天能生产 150 个,每天领用量为 120 个。每批调整准备成本为 300 元,每单位零件年均储存成本为 2 元。试为该机械厂做出最优生产批量的决策分析,并算出全年最优生产批数和最低总成本。

根据题意,将 $A = 36\ 000$ 个、$S = 300$ 元、$C = 2$ 元、$P = 150$ 个、$d = 120$ 个直接代入上述公式得

$$Q^* = \sqrt{\frac{2 \times 36\ 000 \times 300}{2 \times \left(1 - \frac{120}{150}\right)}} = 7\ 348.47(\text{个})$$

$$N^* = \frac{36\ 000}{7\ 348.47} = 4.90(\text{次})$$

$$T^* = \sqrt{2 \times 36\ 000 \times 300 \times 2 \times \left(1 - \frac{120}{150}\right)} = 2\ 939.39(\text{元})$$

需要注意的是,在实际工作中,生产批数只能是整数,否则无意义。因此本例最优生产批数应为 5 次,相应调整最优生产批量为

$$Q^* = \frac{36\ 000}{5} = 7\ 200(\text{个})$$

此时

$$T^* = 年准备成本 + 年储存成本 = N^* \cdot S + \frac{Q^*}{2} \cdot C \cdot \left(1 - \frac{d}{P}\right)$$

$$= \frac{36\ 000}{7\ 200} \times 300 + \frac{7\ 200}{2} \times 2 \times \left(1 - \frac{120}{150}\right) = 2\ 940(元)$$

三、生产组织决策

生产品种、生产数量确定之后，还需解决如何组织、安排生产才能使企业降低成本，获得最大收益的问题。在这方面，既有技术问题，也有经济问题。这里只介绍 3 类决策：有关产品是否深加工的决策，零、部、配件取得方式的决策，生产工艺技术方案的决策。

（一）有关产品是否深加工的决策

企业生产出来的产品可按不同的加工深度组织经营，如纺织厂既可以直接出售棉纱，又可以将其进一步加工成坯布后再出售，这时企业会面临将产品加工到什么程度再出售的问题。

在这类决策中，深加工前的半成品、联产品或副产品的成本（无论是变动成本还是固定成本）都属于沉没成本，与决策无关，不必加以考虑，相关成本只包括与深加工有关的成本。是否应该进一步加工，需视进一步加工后增加的收入是否超过增加的成本而定。

1. 半成品是否深加工的决策

半成品本来是企业连续生产的中间产品，但它们往往也可以直接上市出售，如白灰厂生产的生石灰，既可以进一步加工成熟石灰，也可以直接出售。深加工后的产成品售价自然要高于半成品售价，但相应要追加一定的深加工成本。因此，在决策时不但要考虑作为半成品和产成品的销路问题，还要考虑有关售价、加工成本、专属成本、现有深加工能力及其是否可以转移的问题。当半成品与产成品的投入产出比不为 1:1 时，要考虑它们的相关产量。

【例 6.18】 某企业每年生产甲产品 10 000 件，单位变动成本 15 元，单位固定成本 10 元，销售单价 30 元。如果把甲产品进一步加工成乙产品，销售单价可提高到 50 元，但需追加单位变动成本 5 元，专属固定成本 30 000 元，试做出直接出售甲产品还是进一步加工成乙产品再出售的决策分析。

本例中甲产品的原生产成本属沉没成本，属于决策非相关成本，决策时不需要考虑。而深加工成本与专属成本是决策相关成本，决策时需要考虑。详细计算分析见表 6.20。

表 6.20　半成品是否深加工计算分析表一　　单位：元

项目	金额
进一步加工增加的收入	(50 − 30) × 10 000 = 200 000
进一步加工增加的成本	80 000
	其中：变动成本　5 × 10 000 = 50 000
	专属固定成本　30 000
进一步加工增加的利润	200 000 − 80 000 = 120 000

从以上分析可见,进一步加工成乙产品再出售可使企业增加利润120 000元,故应进一步加工。

但是,如果上例中企业只有8 000件的深加工能力,该能力也可用于对外承揽加工业务,预计一年可获净收益70 000元,半成品甲与产成品乙的投入产出比为5∶4。在这种情况下,企业应否进行深加工呢?

这里,由于深加工投入产出比为5∶4,即将甲产品加工成乙产品的收得率为80%,8 000件甲产品可加工成6 400件(8 000 × 80%)乙产品。相关成本除了加工成本、专属成本以外,还有机会成本(即深加工所损失的对外承揽加工业务的净收益)。详细计算分析见表6.21。

表6.21　半成品是否深加工计算分析表二　　单位:元

项目	金额
进一步加工增加的收入	50 × 6 400 - 30 × 8 000 = 80 000
进一步加工增加的成本	140 000 其中:变动成本　5 × 8 000 = 40 000 专属固定成本　30 000 机会成本　30 000
进一步加工增加的利润	80 000 - 140 000 = - 60 000

分析结果表明,进一步加工会使企业利润减少60 000元,故应直接出售甲产品,并将深加工能力用于对外承揽其他加工业务。

2. 联产品是否深加工的决策

联产品是指对同一种原材料按同一生产过程生产出来的若干种经济价值较大的产品的统称。例如,石油化工厂对原油裂化加工分离出来的汽油、柴油、重油等产品都属于联产品。有些联产品可以在分离后就出售,也可以继续加工后再出售。分离前的成本属于联合成本,要按售价等标准分配给各种联产品。联产品在分离后继续加工的追加变动成本和专属固定成本称为可分成本。联合成本是沉没成本,与决策无关,可分成本属于决策相关成本。联产品是否继续加工与半成品是否继续加工,问题相似,只要进一步加工增加的收入超过增加的成本,就应继续加工,否则应立即出售。

3. 副产品是否深加工的决策

副产品是经济价值很低或没有经济价值的联产品,其是否继续加工的决策,可参照联产品的分析方法处理。如果副产品是作为废料处理的,则它不仅不能直接出售,相反还要发生一定的处理费用,那么继续加工就可省去这部分处理费用。省去费用同增加收入的结果是相同的,因此当继续加工后的销售收入与废料处理费用之和超过加工费时,在经济上就是合算的,应当继续加工,否则应直接处理。

(二) 零、部、配件取得方式的决策

很多企业都存在零、部、配件应该自制还是外购的问题。进行这类决策时,除了考虑零、

部、配件的质量保证、价格水平波动、市场供求变化等因素以外,还应考虑成本的高低,即将外购方案增加的成本(购入成本包括买价和订购、运输、装卸、保险、收货等费用)同自制方案增加的成本相比较,择其低者。由于自制和外购所依据的情况各异,故应根据具体情况进行分析。

1. 需用量确定时自制或外购的决策

【例 6.19】 某机械厂每年生产甲零件 3 000 件,若向市场购买,每件进货成本 18 元。该厂金工车间尚有剩余生产能力可以自制,经测算,每件自制成本 20 元,其成本构成如下:直接材料费 8 元,直接人工费 5 元,变动制造费 3 元,固定制造费 4 元。金工车间剩余生产能力无法转移。试为该机械厂做出甲零件应自制还是外购的决策分析。

这里,由于机械厂已具备生产甲零件的能力,且该能力无法转移,因此固定成本既不会因自制而增加,也不会因外购而减少,与决策无关,自制方案增加的成本只是甲零件的变动生产成本,若低于外购成本就应自制,否则应外购。详细计算分析见表 6.22。

表 6.22 需用量确定时自制或外购计算分析表一 单位:元

项目	金额
自制方案增加的成本:变动生产成本	(8 + 5 + 3) × 3 000 = 48 000
外购方案增加的成本:购入成本	18 × 3 000 = 54 000
差额	48 000 − 54 000 = −6 000

由表中数据知,自制比外购一年可节约成本 6 000 元,故甲零件应自制。

另外,假定上例中金工车间自行制造甲零件需租入有关专用设备,月租金 200 元,如果外购,金工车间剩余生产能力可出租,每年可得租金净收入 6 000 元。试分析应自制还是外购。

此时,自制方案增加的成本除考虑变动生产成本以外,还应考虑专属成本和机会成本(自制所损失的年租金净收入),详细计算分析见表 6.23。

表 6.23 需用量确定时自制或外购计算分析表二 单位:元

项目	金额	
自制方案增加的成本		56 400
	其中:变动生产成本	(8 + 5 + 3) × 3 000 = 48 000
	专属成本	200 × 12 = 2 400
	机会成本	6 000
外购方案增加的成本		18 × 3 000 = 54 000
差额		56 400 − 54 000 = 2 400

由上表中数据知,外购比自制每年可节约成本 2 400 元,故甲零件应外购。

2. 需用量不确定时自制或外购的决策

企业的生产计划有时需要根据市场需求的变化加以调整,这时一些零、部、配件的需要量也会有相应的调整。当零、部、配件需要量不确定时,便无法准确计算自制方案与外购方案增加的成本,此时需建立成本模型,确定"成本分界点","成本分界点"是指能使两方案总成本相等的业务量。然后再进行比较分析。

【例 6.20】　上例中甲零件全年需要量未知，试做出机械厂取得甲零件方式的决策。

它的计算分析如下。

设 x 为甲零件年需要量，则

$$自制方案增加的成本 = (8 + 5 + 3)x + 2\,400 + 6\,000 = 16x + 8\,400$$

$$外购方案增加的成本 = 18x$$

这 2 种方案成本相等时的年需要量就是成本分界点，则

$$16x + 8\,400 = 18x$$

$$x = \frac{8\,400}{18 - 16} = 4\,200(件)$$

将两方案的成本模型画在同一直角坐标图中，如图 6.4 所示。

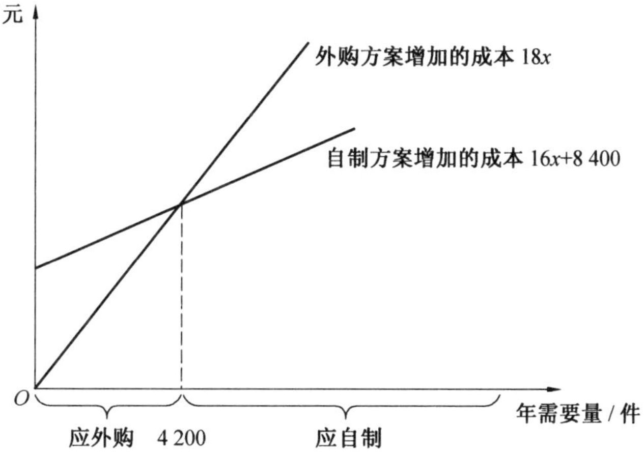

图 6.4　成本模型图一

由图 6.4 可知，当甲零件全年需要量在 0 ～ 4 200 件之间变动时，应安排外购；当超过 4 200 件时，则以自制为优。

（三）生产工艺技术方案的决策

制造企业有时可采用不同的工艺技术进行生产，如同一种产品既可以用手工操作方式，又可以安排半机械化、机械化或自动化方式生产。在一般情况下，自动化程度越高，产品单位变动成本就越低，因为可以降低材料消耗和工人劳动强度，提高劳动生产率，但这就要求相应增加固定成本；反之，自动化程度越低，产品单位变动成本越高，而固定成本较低。因此，必须根据市场供求条件、产品所处的寿命周期阶段等信息以及未来销量的变动趋势，以销定产，根据生产计划规模决定选用何种技术工艺方案，而不能片面地认为机械化、自动化程度越高越好；总的来说，产量较大时应采用自动化程度较高的工艺，产量较小时应采用自动化程度较低的工艺。于是必须先求出划分这种产量大小的标准，即成本分界点，才能根据计划产量抉择生产工艺方案。在进行这种决策分析时，不必考虑那些对各方案相同的固定成本，如管理人员工资、折旧费、办公费、差旅费等，只需考虑对各方案不同的专属固定成本，如消耗性材料、工具装备费、设备调整准备费等。

【例 6.21】 某机械厂在加工某种型号的齿轮时,可用普通铣床、万能铣床或数控铣床进行加工。有关资料见表 6.24。

表 6.24 成本资料表

铣床	专属固定成本 / 元	单位变动成本 / 元
普通铣床	30	0.8
万能铣床	60	0.4
数控铣床	120	0.2

根据上述资料做出选择何种铣床较优的决策分析。

设该种型号齿轮的产量为 x 个。根据表 6.24 中资料可知

$$普通铣床加工成本 = 30 + 0.8x$$
$$万能铣床加工成本 = 60 + 0.4x$$
$$数控铣床加工成本 = 120 + 0.2x$$

成本分界点可计算为

$$30 + 0.8x_1 = 60 + 0.4x_1$$
$$30 + 0.8x_2 = 120 + 0.2x_2$$
$$60 + 0.4x_3 = 120 + 0.2x_3$$

得到:$x_1 = 75$ 个,$x_2 = 300$ 个,$x_3 = 150$ 个。

由图 6.5 可知,当齿轮产量不足 75 个时,以普通铣床加工为好;产量在 75 ~ 300 个之间时,以万能铣床加工为好;产量超过 300 个时,以数控铣床加工为好。

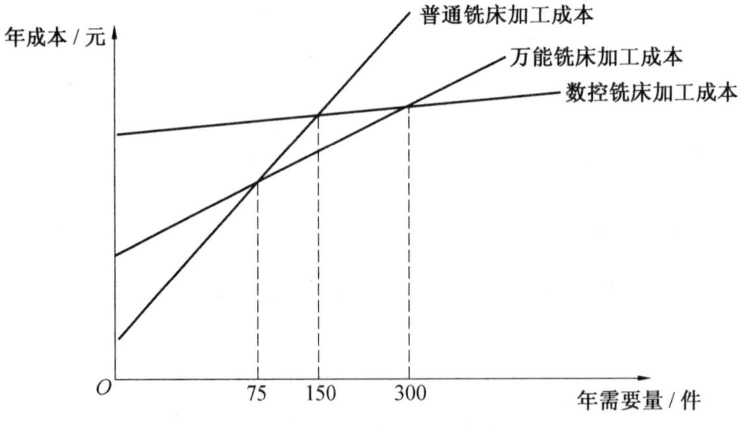

图 6.5 成本模型图二

第三节 定 价 决 策

管理会计中的定价决策只是在一定范围内才起作用,而并非适用于所有商品的价格确定。国外将高度发达的市场经济环境中的价格划分为垄断价格、完全自由竞争价格和企业可控制价格三大类。其中垄断价格(不论是国家垄断价格还是企业财团垄断价格)对于个

别企业来说，只能执行，无法变更，不存在定价决策问题；在完全自由竞争条件下，即当市场上某种商品的供应者与购买者的数量都很多，又很分散。此时完全由供求规律支配所形成的价格为完全自由竞争价格。因为个别企业的市场占有率都较低，若擅自提价或降价，只会失去原有市场或招致损失。所以企业必须根据市场客观的供求规律去测定均衡价格并自觉执行它。因此，只有企业可控制价格才属于管理会计中定价决策的范围。所谓企业可控制价格是指企业可以自行决策的价格，企业的经济效益与定价决策的好坏有着密切的关系。企业在定价时应充分考虑产品的成本水平、质量好坏、所处寿命周期阶段、市场供求关系及国家价格政策等因素。

(1) 成本。

成本是影响价格的基本因素。在完全竞争的产品市场上，产品价格由市场决定。从长期看，产品价格应等于成本加上合理的利润。从短期看，企业应根据成本结构确定产品价格，即产品价格必须高于变动成本，以便于掌握盈亏，减少经营风险。

(2) 消费者需求。

从产品设计到价格制定，企业必须关注消费者需求，即企业不能脱离市场需求为产品定价。例如，如果消费者追求高品质的产品，就意味着要耗费更昂贵的原材料和更多的制造时间，就会形成高昂的价格。

(3) 竞争者行为。

产品竞争的激烈程度不同，对定价影响也不同。竞争越激烈，对价格的影响越大。完全竞争市场中，企业几乎没有定价的主动权，完全由市场定价；不完全竞争市场中，产品的定价取决于产品制造工艺的复杂程度和供求形势。而企业和竞争者都在同一市场上努力将产品销售出去。如果竞争者降价，那么企业很可能紧随其后进行降价，以避免失去市场份额，失去客户。但企业也不能盲目跟随，否则会陷入两败俱伤的“囚徒困境”

(4) 产品生命周期。

产品生命周期包括投入期、成长期、成熟期和衰退期。不同阶段，定价策略应有所不同。投入期的价格，既要补偿高成本，又要为市场接受；成长期和成熟期是产品大量销售，扩大市场占有率的时机，价格需要稳定，便于占有市场；进入衰退期，一般应采取降价策略。

(5) 宏观因素。

宏观因素包括政治、法律等因素。政治因素有时影响产品定价。例如，公众可能通过舆论对立法者施加压力，从而规范定价。而法律一般会禁止公司在制定价格时歧视消费者。

企业在定价时应充分考虑各方因素，既要运用一些计算分析方法，又要讲究定价策略。

一、以成本为导向的定价决策方法

价格的基础是成本，定价必须以成本为依据。为新产品和非标准产品定价，为工程项目投标定价以及商业企业为商品定价更是离不开成本。按成本定价的方法很多，有的利用全部成本法提供的成本资料定价，有的利用变动成本法提供的成本资料定价。

(一) 按总成本定价

当企业只生产一种产品时，可以采用以总成本为基础的定价方法。计算公式为

$$单价=\frac{预计总成本+目标利润}{预计产销量} \tag{6.7}$$

不论按哪种成本计算模式,上式中总成本都按相应的产品成本加上期间成本确定,目标利润可以事先确定,也可以按投资利润率、成本利润率加以确定。

【例6.22】 某服装厂计划生产1 000套西装,其中衣料费用45 000元,人工费用15 000元,其他变动费用5 000元,固定费用8 000元,成本利润率为50%,试确定西装销售单价。

$$预计总成本 = 45\ 000 + 15\ 000 + 5\ 000 + 8\ 000 = 73\ 000(元)$$

$$目标利润 = 总成本 \times 成本利润率 = 73\ 000 \times 50\% = 36\ 500(元)$$

$$单价 = \frac{73\ 000 + 36\ 500}{1\ 000} = 109.5(元/套)$$

若上例中,企业购置服装生产线投资120 000元,要求投资利润率为35%,试确定西装销售单价。

$$预计总成本 = 73\ 000(元)$$

$$目标利润 = 投资额 \times 投资利润率 = 120\ 000 \times 35\% = 42\ 000(元)$$

$$单价 = \frac{73\ 000 + 42\ 000}{1\ 000} = 115(元/套)$$

当企业生产多种产品时,若用此法,应先将联合固定成本(即与各种产品都有关的固定成本)采用合适的标准分配给各有关产品,以确定各产品的总成本,只因产销某种产品而发生的专属固定成本不必分摊,只能由有关产品负担。当然,目标利润也应在各产品之间分配。

按总成本定价所需资料比较容易取得,计算也较简单,但产销量预测不准确或固定成本分配不恰当时,定价就会不准。这种决策分析方法对产销量稳定或按固定客户订单生产的企业较为适用。

(二)按单位成本定价

1.按单位产品成本加成定价

这种方法简称成本加成定价法,即在单位产品成本基础之上按一定的加成率计算确定商品价格,其计算公式为

$$价格 = 单位产品成本 \times (1 + 加成率) \tag{6.8}$$

在不同成本计算模式下,单位产品成本和加成率的口径有所不同。如以完全成本法为基础,加成内容有销售管理费及目标利税;若以变动成本法为基础,加成内容应包括固定成本及目标利税。总之,要随成本基础确定其加成内容。

【例6.23】 某公司生产甲产品,该产品的单位平均固定成本为6元,直接材料成本为20元,直接人工成本为10元,变动制造费用为4元。根据国家有关政策及企业利税目标,经测定成本加成率为15%,试利用成本加成定价法确定甲产品的价格。

$$甲产品价格 = (6 + 20 + 10 + 4) \times (1 + 15\%) = 46(元/件)$$

成本加成定价法是一种传统定价方法,其优点是简便易行,能保证成本得到全部补偿;其缺点是会忽视市场供求关系,不能刺激企业努力降低成本去争取利润。

2.按单位产品成本及相关收益比率定价

这种方法是在单位产品成本及相关收益比率的基础上进行定价的一种方法。在完全成本法下,其计算公式为

$$价格 = \frac{单位产品成本}{1 - 销售毛利率} = \frac{单位材料成本 + 单位加工成本}{1 - 销售毛利率} \tag{6.9}$$

在变动成本法下，其计算公式为

$$价格=\frac{单位变动成本}{变动成本率}=\frac{单位变动成本}{1-边际贡献率} \tag{6.10}$$

在成本发生变动而重新定价时，可以考虑沿用历史的变动成本率或边际贡献率；在为新产品定价时，可以考虑采用同类产品的变动成本率或边际贡献率。这种定价方法十分简便，临时接受订货时常采用此法。

3. 合同奖励定价法

当新产品上市，无市价可资比较时，一般由供求双方以成本为基础协商定价。比如供求双方在合同中订明预计成本和预期利润，并规定实际成本超过预计成本时，可实报实销；成本如有节约，则按合同规定比例由双方分享。

【例 6.24】　一客户委托机械加工厂加工一种零件，合同中明言预计成本 80 元，预期利润 20 元，预计单价 100 元/件，若成本超支，按实际成本定价；若成本节约，60% 作为制造方的额外利润，40% 归委托方。假如实际成本为 88 元，试确定该零件的单价。

$$单价=88+20=108(元/件)$$

假如实际成本为 70 元，试确定该零件的单价。

$$单价=70+(80-70)\times 60\%+20=96(元/件)$$

此时，生产厂家每件获利 26 元，比预期利润每件多得 6 元；委托方也以低于预计价格 4 元的出厂价得手，从中获利。可见合同奖励定价于供求双方均有利，可激励生产厂家加强管理，降低成本，提高效益。

二、以市场需求为导向的定价决策方法

以市场需求为导向的定价决策方法又叫按需定价方法，这种定价方法优先考虑的是消费者对价格的接受程度，企业必须研究确定什么样的价格才能使企业的产销量不仅符合社会需要，而且能给企业带来最佳效益。按需定价应考虑价格与供求的关系、均衡价格以及最优价格等问题。

（一）供求曲线与均衡价格的形成

1. 需求曲线

在其他条件（如需求者的购买力和爱好，其他相关商品的价格等）不变的情况下，一种产品的需求量会随价格的上升而减少，随价格的下降而增加。将这种关系绘入直角坐标系，即得需求曲线 D 如图 6.6 所示。

需求曲线会随着条件的改变而移动。当需求者的收入增加、消费兴趣提高或相关产品涨价时，需求曲线会向右移动，如图 6.6 中新的需求曲线 D' 所示，反之，则向左移动。

2. 供给曲线

在其他条件（如生产要素价格、生产技术水平等）不变的情况下，供给量会随着价格的上升而增加，随价格的下降而减少。将这种关系绘入直角坐标系，即得供给曲线 S，如图 6.7 所示。

如果其他条件发生变化，供给曲线也会移动。当生产要素价格上涨或原料来源减少时，供给曲线会向左移动，如图 6.7 中新的供给曲线 S' 所示，反之则向右移动。

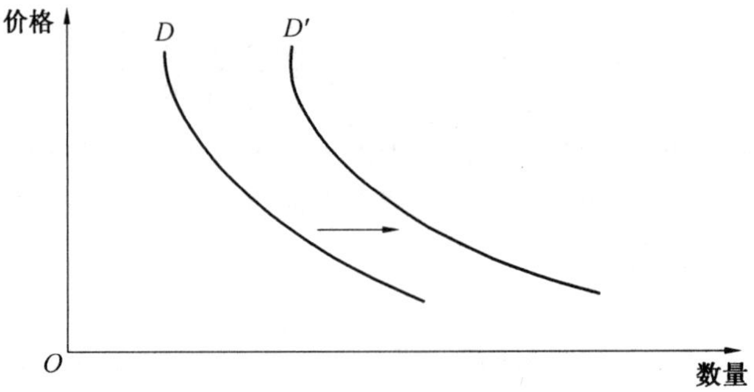

图 6.6　需求曲线图

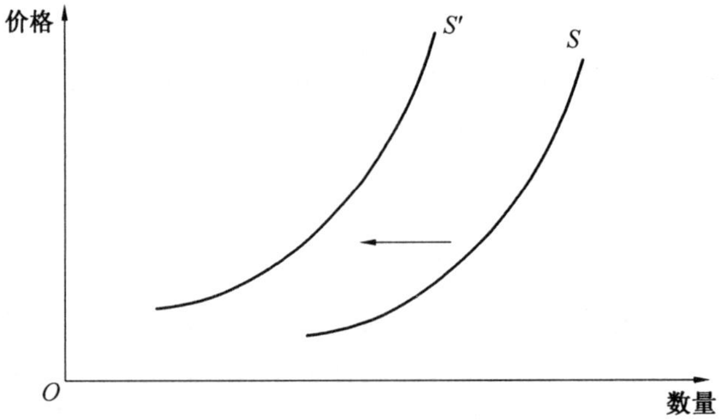

图 6.7　供给曲线图

3. 均衡价格

如果将一种产品的需求曲线 D 和供给曲线 S 绘入同一直角坐标系，则曲线 D 与曲线 S 将相交于供求平衡点 B。平衡点 B 横坐标的值代表供求平衡的数量，纵坐标的值代表供求平衡时的价格，即均衡价格 P_B，如图 6.8 所示。

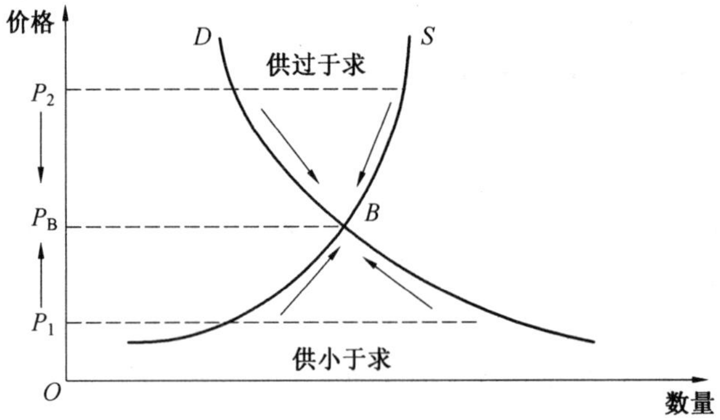

图 6.8　均衡价格图

显然，当价格高于均衡价格时，会出现供大于求的局面，造成产品过剩。供应者为了能卖出商品只得削价出售，从而刺激需求量上升，同时供应者因售价有下降趋势，便会主动减少供应量，从而最终达到供求平衡；反之，当价格低于均衡价格时，会导致供不应求的局面。这样，一方面，消费者愿意以高于 P_1 的价格争购商品；另一方面，又会因价格提高而促使供应者追加供应量。随着物价的不断提高,消费者的需求热情会再度下降,最终会达到供求平衡。可见,不论哪种情况均会自动达到供求平衡。

综上所述,便可得出供求规律如下:需求的增加会提高价格,并增加购买量;需求的减少会降低价格,并减少购买量;供给的增加会降低价格,并增加购买量;供给的减少会提高价格,并减少购买量。

(二)最优价格的确定

对于企业自行定价的产品,如果定价过高,将会减少销售量,甚至被逐出市场;如果定价过低,则不能保证足够的利润,甚至会发生亏损,使企业无以自立。最优价格既不是水平最高的价格,又不是水平最低的价格,而是能够使企业获得最大利润的价格。最优价格决策是根据边际收入等于边际成本时利润最大,此时的价格和销售量是最优价格和最优销售量这一原理来确定的价格决策。由于收入及成本函数有连续型和离散型之分,故最优价格的确定有公式法与列表法2种。

1. 公式法

当收入及成本函数均为可导函数时,可采用公式法确定最优价格。

【例6.25】 某产品的售价与销量有如下关系:$p = 600 - 2x$;单位变动成本与销量的关系是 $b = 100 + 0.5x$;固定成本 $a = 1\ 000$ 元。

要求:用公式法求销量与售价的最优组合并计算企业的最大利润。

$$销售收入(S) = px = (600 - 2x) \cdot x = 600x - 2x^2$$

边际收入是收入函数对销量的一阶导数,即

$$边际收入(S'_x) = 600 - 4x$$

$$总成本(y) = a + bx = 1\ 000 + (100 + 0.5x)x = 1\ 000 + 100x + 0.5x^2$$

边际成本是成本函数对销量的一阶导数,即

$$边际成本(y'_x) = 100 + x$$

根据相关原理,边际收入 = 边际成本时,利润最大,令 $S'_x = y'_x$,则

$$600 - 4x = 100 + x$$

$$x = 100(件)$$

$$p = 600 - 2x = 600 - 2 \times 100 = 400(元/件)$$

将 $x = 100$ 代入,利润为

$$\begin{aligned} P = S - y &= 600x - 2x^2 - (1\ 000 + 100x + 0.5x^2) \\ &= 500x - 2.5x^2 - 1\ 000 \\ &= 24\ 000(元) \end{aligned}$$

即当企业按400元/件的价格销售100件时,可实现最大利润24 000元。

这种方法的优点是以微分极值原理为理论依据,可直接对收入与成本函数求导,计算结果比较精确;缺点在于售价与销量的函数关系及总成本函数关系不容易确定。另外,只有可导函数才能求导,而非连续函数则无法用公式法计算,只能借助列表法才能求得最优价格。

2. 列表法

当收入和成本函数均为离散型函数时,可通过列表判断边际收入与边际成本的关系或考察边际利润的值来确定最优价格。

【例 6.26】 某企业产销甲产品，有关资料见表 6.25。试据此做出甲产品的最优价格决策分析。

表 6.25　甲产品资料表

销售单价/元	产销量/件	销售额/元	销售总成本/元
50	15	750	640
48	16	768	647
46	17	782	655
44	18	792	664
42	19	798	674
40	20	800	685

当收入成本为离散型函数时，边际收入是指在一定销量的基础上增加一个单位的销量所增加的销售收入；边际成本是指在一定产量的基础上增加一个单位的产量所增加的成本；边际利润是销量增加一个单位所增加的利润，它也是边际收入与边际成本之差。在离散条件下，除了当边际收入 = 边际成本，即边际利润 = 0 时，可找到最优价格外，还可以在边际利润为不小于 0 的最小值的地方找到最优价格。

本例中需列表计算甲产品的边际收入、边际成本、边际利润及利润总额，从中确定甲产品的最优价格。甲产品最优价格分析见表 6.26。

表 6.26　甲产品最优价格分析表

销售单价/元	产销量/件	销售收入/元	边际收入/元	销售总成本/元	边际成本/元	边际利润/元	利润总额/元
①	②	③ = ① × ②	④	⑤	⑥	⑦ = ④ - ⑥	⑧ = ③ - ⑤
50	15	750	—	640	—	—	110
48	16	768	18	647	7	11	121
46	17	782	14	655	8	6	127
44	18	792	10	664	9	1	128 *
42	19	798	6	674	10	- 4	124
40	20	800	2	685	11	- 9	115

从表 6.26 的计算可见，边际收入最接近于边际成本，即边际利润最小值为 1，此时销售单价为 44 元，销量为 18 件，企业最大利润为 128 元。

这种定价方法既根据成本水平又考虑市场情况，较为科学。但准确估计各种价格的期望销售量及获得各种相关资料却需要付出不小的代价。

（三）调价决策的确定方法

1. 利用价格弹性确定调价策略

在市场经济条件下，不可能指望某种产品的价格一成不变，对价格进行调整是企业定价决策需认真考虑的问题之一，而调整价格又必须首先考虑价格弹性的作用。

我们知道,在其他条件不变的情况下,一种产品的需求量会随着价格的上升而减少,随着价格的下降而增加,但是不同产品受影响的程度是不一样的。例如,食盐价格上升50%而引起的需求量的变化肯定要远远小于羊绒大衣因价格上涨50% 而引起的需求量变化。为了比较不同产品的需求量因价格变化而受到影响的程度,经济学上使用“价格弹性”作为工具。

价格弹性又称需求的价格弹性,它是反映需求量对价格变动的反应程度的。其计算公式为

$$价格弹性(E)=\frac{需求量变动的百分比}{价格变动的百分比} \tag{6.11}$$

其经济含义是价格变动百分之一会使需求量变动百分之几。在计算价格弹性时需注意:由于价格弹性公式中,分子、分母是按相反方向变动的,即价格上升时,需求量下降;价格下降时,需求量上升,因此计算出来的价格弹性是负值。但通常我们使用绝对值来比较弹性的大小。

当$|E|>1$时,被称为弹性大,表明价格发生较小幅度变化会引起需求量产生较大幅度反应,如高档的奢侈品、装饰品,有其他替代品的商品等。当$|E|<1$时,被称为弹性小,表明即使价格发生较大幅度变化,需求量的变化幅度也不会太大,如粮食、食盐、医药等生活必需品。当$|E|=1$时,表明需求量与价格变动幅度一致。

利用价格弹性进行调价的策略是:对于弹性大的产品应采用调低价格的方法,实现薄利多销;对于弹性小的产品,在条件允许的范围内应适当调高价格,以达到增加收益的目的。

【例6.27】　某企业生产甲产品,年生产能力为2 000件,发生固定成本2 000元,单位变动成本5元,基期销售单价为10元,销售量为1 000件。现计划将产品价格降至8元,经测算销量可达1 800件。试计算甲产品的价格弹性系数,并分析该调价方案的可行性。

$$甲产品价格弹性=\frac{\frac{1\,800-1\,000}{1\,000}}{\frac{8-10}{10}}=-4$$

$|E=4|>1$,说明甲产品价格弹性大。

$$降价前的销售收入(S_0)=p_0x_0=10\times 1\,000=10\,000(元)$$

$$降价前的利润(P_0)=S_0-a-bx_0=10\,000-2\,000-5\times 1\,000=3\,000(元)$$

$$降价后的销售收入(S)=px=8\times 1\,800=14\,400(元)$$

$$降价后的利润(P)=S-a-bx=14\,400-2\,000-5\times 1\,800=3\,400(元)$$

可见,调低价格后可扩大销售,使企业增加销售收入4 400(14 400 − 10 000)元,增加利润400(3 400 − 3 000)元。故该调价方案是可行的。

若上例中将甲产品价格提高到12元/件,预计销量将下降到200件,试问调价方案是否可行。

$$提价后的销售收入(S)=px=12\times 200=2\,400(元)$$

$$提价后的利润(P)=S-a-bx=2\,400-2000-5\times 200=-600(元)$$

可见提价后将削减销售,使企业销售收入减少7 600 (10 000 − 2 400)元,并导致企业亏

损600元,故调价方案不可行。

此例告诉我们:通常人们认为要增加收入就只要提高价格的想法是不正确的。当商品的价格弹性大时,降低价格,采取薄利多销的方式才能增加销售收入,为企业带来更多的收益。

2. 利用利润无差别点确定调价策略

尽管价格弹性在调价决策中有很大的指导作用,但在实际经济生活中,有时很难确定弹性,这时可利用利润无差别点确定调价策略。

利润无差别点是指某种产品为确保原有盈利水平,在调价后至少应达到的销售量指标。其计算公式为

$$\text{利润无差别点销量}(x_n)=\frac{\text{固定成本}+\text{调价前可获利润}}{\text{拟调单价}-\text{单位变动成本}}=\frac{a+P^*}{p-b} \tag{6.12}$$

利润无差别点销量其实质就是保利销售量(目标销售量),此时目标利润 P^* 为调价前的利润额。利用无差别点进行调价的策略是:若调价后预计销售量大于无差别点销量,则可考虑调价;若调价后预计销售量小于无差别点销量,则不能调价;若调价后预计销售量等于无差别点销量,则调价与不调价效益一样。

【例6.28】 某企业生产经营某种产品,现有最大生产能力为10 000件,固定成本为3 000元,单位变动成本为12元,其售价为20元/件时可销售5 000件。

要求:利用利润无差别点法评价以下各不相关条件下的调价方案的可行性。

(1) 若将售价调低为17元/件,预计销量可达9 000件左右。

(2) 若将售价调低为16元/件,预计销量可达11 000件,但企业必须追加800元固定成本才能具备生产11 000件的生产能力。

(3) 若调高售价为22元/件,只能争取到3 500件订货,并且剩余生产能力无法转移。

(4) 调价水平与销量情况同(3),但剩余生产能力可移作他用,预计获利8 000元。

根据题意,已知调价前售价 $p_0=20$ 元/件,销量 $x_0=5\ 000$ 件,单位变动成本 $b=12$ 元,固定成本 $a=3\ 000$ 元,则调价前利润为

$$P^*=p_0x_0-a-bx_0=20\times5\ 000-3\ 000-12\times5\ 000=37\ 000(\text{元})$$

设调价后的预计销量为 x_2,利润无差别点销量为 x_n。

(1) 调价后 $p=17$ 元/件,$x_2=9\ 000$ 件,则

$$x_n=\frac{a+p^*}{p-b}=\frac{3\ 000+37\ 000}{17-12}=8\ 000(\text{件})$$

因为 $x_2>x_n$,故该调价方案可行。

(2) 调价后 $p=16$ 元/件,追加固定成本800元,$x_2=11\ 000$ 件,则

$$x_n=\frac{a+800+p^*}{p-b}=\frac{3\ 000+800+37\ 000}{16-12}=10\ 200(\text{件})$$

因为 $x_2>x_n$,故该调价方案可行。

(3) 调价后 $p=22$ 元/件,$x_2=3\ 500$ 件,则:

$$x_n=\frac{a+p^*}{p-b}=\frac{3\ 000+37\ 000}{22-12}=4\ 000(\text{件})$$

因为 $x_2<x_n$,故该调价方案不可行。

(4) 调价后 $p = 22$ 元/件,剩余生产能力转移所获 8 000 元利润可补偿损失的利润,则

$$P^* = 37\ 000 - 8\ 000 = 29\ 000(\text{元})$$

$$x_n = \frac{a + p^*}{p - b} = \frac{3\ 000 + 29\ 000}{22 - 12} = 3\ 200(\text{件})$$

因为 $x_2 > x_n$,故该调价方案可行。

三、以特殊需求为导向的定价决策方法

(一) 保本定价法

在竞争的形式下,有些企业生产经营的个别产品价格在一定条件下可能定得比较低,只有微利甚至仅仅保本,如为开拓市场、争取顾客、提高产品的市场占有率等。企业可按下面的公式确定保本价格。

$$\text{保本价格} = \text{单位变动成本} + \frac{\text{固定成本}}{\text{预计销量}} \tag{6.13}$$

只要价格略大于或等于保本价格,企业就不会吃亏。这种方法除了适用于竞争产品保守价格的确定外,还可应用于计算确定那些需要追加专属成本的特殊订货的最低可行价格。

【例 6.29】 某服装厂生产一批服装,固定成本总额 5 000 元,单位变动成本 65 元,预计销量 1 000 件,试计算保本价格。若实际销售单价为 105 元,企业将盈利多少?

$$\text{保本价格} = 65 + \frac{5\ 000}{1\ 000} = 70(\text{元/件})$$

若实际销售单价为 105 元,则

$$P = 105 \times 1\ 000 - 5\ 000 - 65 \times 1\ 000 = 35\ 000(\text{元})$$

可见,这些服装的保本价格为 70 元/件;实际价格超过 70 元/件,企业有盈利;不足 70 元/件,企业将亏损;若实际价格为 105 元/件,企业可获利 35 000 元。

(二) 保利定价法

保利定价法就是利用本量利分析原理中介绍过的实现目标利润价格公式进行定价的方法。计算公式为

$$\text{保利价格} = \text{单位变动成本} + \frac{\text{固定成本} + \text{目标利润}}{\text{预计销量}} \tag{6.14}$$

如前例中企业的目标利润为 10 000 元,则

$$\text{保利价格} = 65 + \frac{5\ 000 + 10\ 000}{1\ 000} = 80(\text{元/件})$$

即只要销售价格达到 80 元/件,便可确保目标利润的实现。

(三) 反向定价法

反向定价法是根据产品消费者能承受的零售价格决定企业在制造产品时只能用多少成本和销售费用,进而反向推算出产品出厂价的定价方法。这种方法需要进行大量调查研究或征询用户、分销商的意见,拟定出购买者或消费者可以接受的价格,然后反向推算出厂价格。

【例 6.30】 某厂生产的灭蚊器在市场上的零售价为 20 元/个,零售商加成 20%,批发商加成 15%,试为该厂制定出厂价。

因为

$$出厂价 \times (1 + 15\%) = 批发价$$

$$批发价 \times (1 + 20\%) = 零售价$$

故

$$批发价 = \frac{零售价}{1 + 20\%} = \frac{20}{1 + 20\%} = 16.67(元/个)$$

$$出厂价 = \frac{批发价}{1 + 15\%} = \frac{16.67}{1 + 15\%} = 14.50(元/个)$$

这种方法是根据市场需求、购买力水平和消费者愿意支付的价格而定价的,所以是一种比较好的定价方法。

(四) 最低极限价格定价法

最低极限价格定价法是企业出于经营上的某种需要或考虑有时要制定最低的价格作为经销产品售价的下限的定价方法。在企业生产能力有剩余且无法转移时,追加订货的最低极限价格就是单位变动成本。对于那些实在难以找到销路的超储积压物资和产品,甚至可以规定它们在一定时期内平均负担的仓储保管成本和损耗费以及有关的资金占用成本的合计数作为确定极限价格的依据。只要出售价格不低于这种极限价格,出售就是有利可图的,或使蒙受的损失最小。

四、定价策略

由于市场变幻莫测,竞争对手的行动计划不可预料,需求曲线难以准确测定,影响价格的很多因素无法一一引入定价模型,因此企业在定价决策中,既要借助于计算分析,更要依靠丰富的经验,深谋远虑,随机应变。企业常用的定价策略有以下几种。

(一) 新产品定价策略

新产品定价有2种策略:一种是撇油法;另一种是渗透法。

高价投放新产品,以保证初期高额利润,并随着产品销路扩大,逐步降价的策略称为撇油法。此法可能迅速引来竞争,也会影响及时打开销路,因此常用于没有竞争而容易开辟市场的产品。这是一种短期定价策略,不能持久。

另一种手法是用低价为新产品开路,等市场建立,牌子叫响后再逐步提价,这种策略叫渗透法。此法能有效地排除竞争,便于建立长期的领先地位,持久地给企业带来日益增多的利润。这是一种长远的策略。

(二) 系列产品定价策略

系列产品既可以指包装规格不同的产品,又可以指配套使用的产品(如化妆品系列)。对前者可采取差别定价法。有些商品小包装销路好,如袋装的洗发膏;有些商品大包装销路好,如牙膏。对这些销路好的产品可适当提价。对成套使用的商品可规定两组价格:成套价格和单件价格,前者一般低于后者之和,可促使一次成交。

(三) 心理定价策略

零售企业可利用各类消费者的不同心理进行定价,以促进销售。具体手法很多,如对中低档商品采用尾数定价法,多用以9或8为尾数而不进位成整数的价格,即诱人价格;对高档商品采用整数定价,以提高商品的身价;对不著名的商品采用心理折扣,即抬高原价后再打折扣；对亟待出售需降价处理的商品，可将削价前后价格同时列出，促使顾客通过对比积极购买；发行减价券、代价券；设置有奖销售；设置吸引客人的特价品；赠送小商品；等等。

（四）分期收款定价策略

对于价格较高的耐用消费品采用分期收款方式可以增加吸引力，招揽顾客，如小汽车、住房等。分期收款的价格因已包含延付利息在内，一般都稍高于立即收款的价格。采用本策略，可促进及时销售，避免商品的大量积压。

（五）价格折扣策略

1. 数量折扣

订购达一定数量，售价可打折扣，购买数量越多，折扣越大。数量折扣可分为一次订购数量折扣、一期（年、季、月）订购数量折扣、多品种合计数量折扣等。这种策略可以鼓励消费者大批购买，实现薄利多销。

2. 季节折扣

对于销售有季节性的商品，顾客提前购买可以享受折扣，销售的企业则可减少储存成本，减轻对仓库的压力。航空、旅游、邮电、水电等在营业上有季节性或时间性的企业，可充分利用营业能力，增加收入。

3. 过时商品折扣

对于款式陈旧、技术落后的商品以及已过时令的季节性商品，可打折扣以求及时脱手，避免长期负担利息、保管费、保险费、财产税和锈蚀、变质等损失。

第四节　存货决策

一、存货成本和存货控制目标

（一）存货成本

为充分发挥存货的固有功能，企业必须储备一定的存货，但也会由此而发生各项支出，这就是存货成本。它包括以下几个方面。

1. 取得成本

取得成本指为取得某种存货而支出的成本。具体又分为购置成本和订货成本。

（1）购置成本。

购置成本，是指存货本身的价值，等于数量与单价的乘积。在一定时期进货总量既定的条件下，无论企业采购次数如何变动，存货的购置成本通常是保持相对稳定的（假设物价不变且无采购数量折扣），因而属于决策的无关成本。

（2）订货成本。

订货成本，是指企业为组织进货而开支的费用，如办公费、差旅费、邮资、电话电报费、运输费、检验费、入库搬运费等支出。订货成本有一部分与订货次数有关，如差旅费、邮资、电话电报费等费用与进货次数成正相关变动，这类变动性订货成本属于决策的相关成本；另一部分与订货次数无关，如专设采购机构的基本开支等，这类固定性订货成本则属于决策的无关成本。

2. 储存成本

企业为持有存货而发生的费用即为存货的储存成本，主要包括存货资金占用费（以贷款购买存货的利息成本）或机会成本（以现金购买存货而同时损失的证券投资收益等）、仓储费用、保险费用、存货的残损霉变损失等。与订货成本一样，储存成本可以按照与储存数额的关系分为变动性储存成本和固定性储存成本两类。其中，固定性储存成本与存货储存数额的多少没有直接的联系，如仓库折旧费、仓库职工的固定月工资等，这类成本属于决策的无关成本；而变动性储存成本则随着存货储存数额的增减成正比例变动关系，如存货资金的应计利息、存货的残损霉质损失及保险费用等，这类成本属于决策的相关成本。

3. 缺货成本

缺货成本是因存货不足而给企业造成的损失，包括由于材料供应中断造成的停工损失、成品供应中断导致延误发货的信誉损失及丧失销售机会的损失等。如果生产企业能够以替代材料解决库存材料供应中断之急的话，缺货成本便表现为替代材料紧急采购的额外开支。缺货成本能否作为决策的相关成本，应视企业是否允许出现存货短缺的不同情形而定。若允许缺货，则缺货成本便与存货数量反向相关，即属于决策的相关成本；反之，若企业不允许发生缺货情形，则此时缺货成本为0，也就无须加以考虑。

（二）存货控制目标

存货是指企业在生产经营过程中为销售或者耗用而储备的物资，包括材料、燃料、低值易耗品、在产品、半成品、产成品、协作件、商品等。如果工业企业能在生产投料时随时购入所需的原材料，或者商业企业能在销售时随时购入该项商品，就不需要存货。但实际上，企业总有储存存货的需要，并因此占用或多或少的资金。这种存货的需要出自以下原因。

1. 保证生产或销售的经营需要

事实上，企业难以做到随时购入生产或销售所需的各种物资，即使是市场供应量充足的物资也如此。因为企业距供货点较远，而需要必要的途中运输，以及可能出现运输故障。一旦生产或销售所需物资短缺，生产经营将被迫停顿，造成损失。为了避免或减少出现停工待料、停业待货等事故，企业需要储存存货。

2. 出自价格的考虑

零购物资的价格往往较高，而整批购买在价格上常有优惠。但是，过多的存货要占用较多的资金，并且会增加包括仓储费、保险费、维护费、管理人员工资在内的各项开支。存货占用资金是有成本的，占用过多会使利息支出增加并导致利润的损失；各项开支的增加更直接使成本上升。因此，如何在存货的功能（收益）与成本之间进行利弊权衡，在充分发挥存货功能的同时降低成本、增加收益、实现它们的最佳组合，成为存货管理的基本目标。

二、经济订货量基本模型

通过上述对存货成本的分析可知，决定存货经济订货批量的成本因素包括变动性订货成本（简称订货成本）、变动性储存成本（简称储存成本）以及允许缺货时的缺货成本。不同的成本项目与订货批量呈现着不同的变动关系。减少订货批量，增加订货次数，在使储存成本降低的同时，也会导致订货费用与缺货成本的提高；相反，增加订货批量，减少订货次数，尽管有利于降低订货费用与缺货成本，但同时会使储存成本提高。因此，如何协调各项成本间的关系，使其总和保持最低水平，是企业组织订货过程需解决的主要问题。

按照存货管理的目的，需要确定合理的进货批量和进货时间，使存货的总成本最低，这个批量叫作经济订货量或经济批量。经济订货量基本模型需要的设立假设条件是：① 企业能够及时补充存货，即需要订货时便可立即取得存货。② 能集中到货，而不是陆续入库。③ 不允许缺货，即无缺货成本，这是因为良好的存货管理本来就不应该出现缺货成本。④ 需求量稳定，并且能预测，即年需求量为已知常量。⑤ 存货单价不变，不考虑数量折扣，即单价为已知常量。⑥ 企业现金充足，不会因现金短缺而影响进货。⑦ 所需存货市场供应充足，不会因买不到需要的存货而影响其他。在上述假设下，存货模型可用图 6.9 表示。

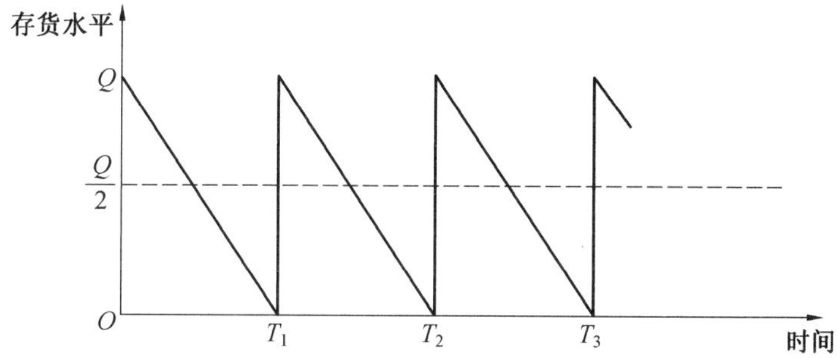

图 6.9　存货模型示意图

横轴表示时间，$O \sim T_1$、$T_1 \sim T_2$、$T_2 \sim T_3$ 分别表示 3 个订货周期；纵轴表示存货水平，Q 表示能立即补足的订货量。因为存货水平介于 0 至订货量 Q 之间，平均存货量即等于订货量的一半，即 $Q/2$。

由于企业不允许缺货，即每当存货数量降至 0 时，下一批订货便会随即全部购入，故不存在缺货成本。此时与存货订购批量、批次直接相关的就只有订货成本和储存成本两项。那么，总的年存货成本就等于订货成本加上储存成本，即

$$存货总成本\ TC(Q^*) = 订货成本 + 储存成本 = \frac{D}{Q} \cdot K + \frac{Q}{2} \cdot C \qquad (6.15)$$

式中　D—— 存货需求总量；

Q—— 每次订货量；

K—— 平均每次订货成本；

C—— 单位存货年度单位储存成本。

存货模型的目标是在存货订货成本和储存成本的增减变化中，找出能使存货总成本最低时的订货量，即经济订货量。为此，对上式求导，并令其等于 0，则有

$$\frac{C}{2} + \frac{D \cdot K}{Q^2} = 0 \qquad (6.16)$$

$$经济订货量(Q^*) = \sqrt{\frac{2KD}{C}} \qquad (6.17)$$

在上述假定条件下，相关总成本只有变动性订货成本和变动性储存成本。对于订货成本，由于每次订货成本是固定的，与订货批量无关，因此每次订货批量越大则订货次数就越少，从而年订货总成本就越低。对于储存成本，每次订货批量越大则平均库存量就越高，从而年储存总成本也就越高。即年订货成本随订货批量成反向变动，而年储存成本随订货批

量的变化成同向变动。因此,要使年存货总成本最低,就需要找到使订货成本与成本之和最小的点。经济订货量基本模型图如图 6.10 所示。

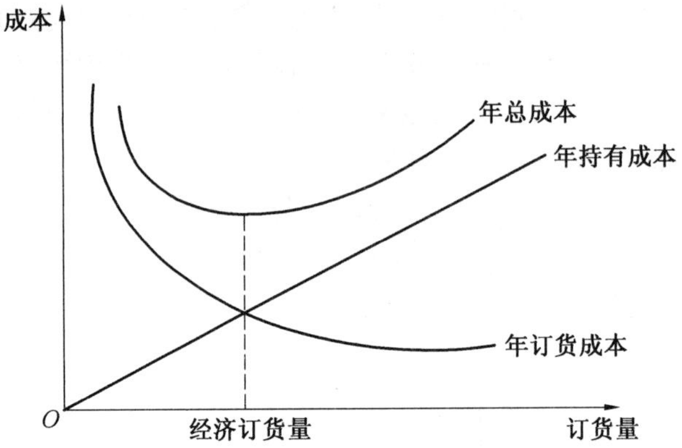

图 6.10　经济订货量基本模型图

这个基本模型还可以演变为其他几种形式。

存货总成本公式为

$$TC(Q^*)=\frac{KD}{\sqrt{\frac{2KD}{C}}}+\frac{\sqrt{\frac{2KD}{C}}}{2}\cdot C=\sqrt{2KDC} \tag{6.18}$$

年度最佳订货批次公式为

$$N=\frac{D}{Q^*}=\frac{D}{\sqrt{\frac{2KD}{C}}}=\sqrt{\frac{DC}{2K}} \tag{6.19}$$

年度最佳订货周期公式为

$$t=\frac{1}{N}=\frac{1}{\sqrt{\frac{DC}{2K}}} \tag{6.20}$$

经济订货量平均占用资金公式为

$$W=\frac{Q^*}{2}\cdot P=\frac{\sqrt{\frac{2KD}{C}}}{2}\cdot P=\sqrt{\frac{KD}{2C}}\cdot P \tag{6.21}$$

式中　P——材料单位成本。

【例 6.31】　企业每年耗用某种材料 7 200 kg,该材料单位成本为 10 元,单位存储成本为2元,一次订货成本50元,试计算存货总成本、年度最佳订货批次和周期、经济订货量平均占用资金。

$$Q^*=\sqrt{\frac{2KD}{C}}=\sqrt{\frac{2\times 50\times 7\ 200}{2}}=600(\text{kg})$$

$$N=\frac{D}{Q^*}=\frac{7\ 200}{600}=12(\text{次})$$

$$TC(Q^*)=\sqrt{2KDC}=\sqrt{2\times 50\times 7\ 200\times 2}=1\ 200(\text{元})$$

$$t = \frac{1}{N} = \frac{12}{12} = 1(\text{个月})$$

$$W = \frac{Q^*}{2} \cdot P = \frac{600}{2} \times 10 = 3\,000(\text{元})$$

三、经济订货量基本模型的扩展

经济订货量基本模型是在前述各假设条件下建立的,但现实生活中能够满足这些假设条件是十分困难的。为使模型更接近于实际情况,具有较高的可用性,需逐一放宽假设,同时改进模型。

(一)再订货点的确定

一般情况下,企业的存货不能做到随用随时补充,因此不能等存货用光再去订货,而需要在没有用完时提前订货。在提前订货的情况下,企业再次发出订货单时,尚有存货的库存量,称为再订货点,用 m 来表示,它的数量等于交货时间(L) 和每日平均需用量(d) 的乘积。如前例,企业订货日至到货期的时间为 10 d,每日存货需要量 20 kg,那么

$$m = L \cdot d = 10 \times 20 = 200(\text{kg})$$

即企业在尚存 200 kg 存货时,就应当再次订货,等到下批订货到达时(再次发出订货单 10 d 后),原有库存刚好用完。此时,有关存货的每次订货批量、订货间隔时间等并无变化,与瞬时补充相同。这就是说,订货提前期对经济订货量并无影响,可仍按原来瞬时补充情况下的 600 kg 为订货批量,只不过在达到再订货点(库存 200 kg) 时即发出订货单罢了。

(二)实行数量折扣的经济订货量

为了鼓励客户购买更多的商品,销售企业通常会给予不同程度的价格优惠,即实行商业折扣或称价格折扣。购买越多,所获得的价格优惠越大。此时,进货企业对经济进货批量的确定,除了考虑进货费用与储存成本外,还应考虑存货的进价成本,因为此时的存货进价成本已经与进货数量的多少有了直接的联系,属于决策的相关成本。其具体方法是将接受价格折扣下的存货总成本与不接受价格折扣、仅按经济订货批量的存货总成本进行比较,从中选取成本较低的方案。

【例 6.32】 某企业全年需某种材料 10 000 kg,单价为每千克 4 元,每次订货成本为 40 元,每千克材料年储存成本为 5 元。假定一次订货量在 1 000 kg 以上 2 000 kg 以下的,可享受 4% 的价格折扣;一次订货量在 2 000 kg 以上的,可享受 7% 的价格折扣。计算最佳经济订货量。

1. 不接受折扣时

$$Q^* = \sqrt{\frac{2 \times 10\,000 \times 40}{5}} = 400(\text{kg})$$

$$\text{购置成本} = 10\,000 \times 4 = 40\,000(\text{元})$$

$$\text{年订货及储存成本} = 40 \times \frac{10\,000}{400} + 5 \times \frac{400}{2} = 2\,000(\text{元})$$

$$\text{存货总成本} = 40\,000 + 2\,000 = 42\,000(\text{元})$$

2. 若订货量为 1 000 kg,可享受 4% 的折扣时

$$\text{购置成本} = 10\,000 \times 4 \times (1 - 4\%) = 38\,400(\text{元})$$

$$年订货及储存成本 = 40 \times \frac{10\ 000}{1\ 000} + 5 \times \frac{1\ 000}{2} = 2\ 900(元)$$

$$存货总成本 = 38\ 400 + 2\ 900 = 41\ 300(元)$$

3. 若订货量提高到 2 000 kg，可享受 7% 的折扣时

$$购置成本 = 10\ 000 \times 4 \times (1 - 7\%) = 37\ 200(元)$$

$$年订货及储存成本 = 40 \times \frac{10\ 000}{2\ 000} + 5 \times \frac{2\ 000}{2} = 5\ 200(元)$$

$$存货总成本 = 37\ 200 + 5\ 200 = 42\ 400(元)$$

通过比较可以发现，在各种价格条件下的批量范围内，成本总额最低的进货批量为 1 000 kg。当然这一结论是建立在基本经济进货模式其他各种假设条件均具备的前提上的。

（三）存货陆续供应和使用条件下的经济订货量

在建立基本模型时，假设存货一次全部入库，故存货增加时存量变化为一条垂直线。事实上，各批存货可能陆续入库，使存量陆续增加。尤其是产成品入库和在产品转移，几乎总是陆续供应和陆续耗用的。这种情况的订货量如图 6.11 所示。

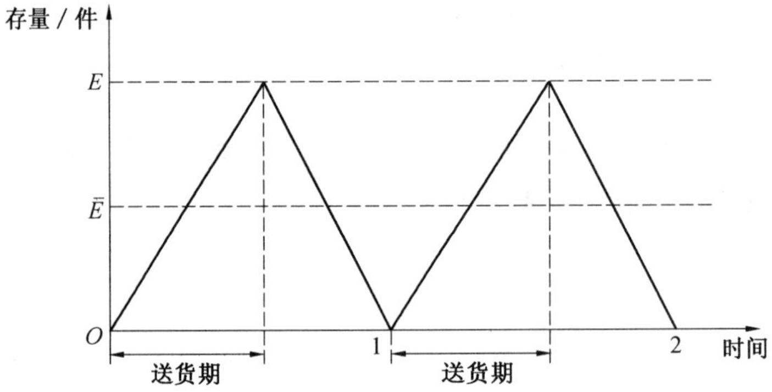

图 6.11　存货陆续入库情况的订货量示意图

设每批订货数为 Q，每日送货量为 R，故该批货全部送达所需日数为 Q/R，称为送货期。

设存货每日耗用量为 d，故送货期内的全部耗用量为：$\frac{Q}{R} \cdot d$

由于存货边送边用，因此每批送完时，最高库存量为：$Q - \frac{Q}{R} \cdot d$

平均库存量则为：$\frac{1}{2}\left(Q - \frac{Q}{R} \cdot d\right)$

图 6.11 中的 E 表示最高库存量，$\bar{E}$ 表示平均库存量。

这样，与批量有关的总成本的计算公式为

$$TC(Q^*) = \frac{D}{Q} \cdot K + \frac{1}{2}\left(Q - \frac{Q}{R} \cdot d\right) \cdot C = \frac{D}{Q} \cdot K + \frac{Q}{2}\left(1 - \frac{d}{R}\right) \cdot C \qquad (6.22)$$

在订货变动成本与储存变动成本相等时，$TC(Q^*)$ 有最小值，故存货陆续供应和使用的经济订货量公式为

$$\frac{D}{Q} \cdot K = \frac{Q}{2}\left(1 - \frac{d}{R}\right) \cdot C \qquad (6.23)$$

$$Q^* = \sqrt{\frac{2KD}{C} \cdot \left(\frac{R}{R-d}\right)} \tag{6.24}$$

将这一公式代入上述 $TC(Q^*)$ 公式，可得出存货陆续供应和使用的经济订货量总成本公式

$$TC(Q^*) = \sqrt{2KDC\left(1-\frac{d}{R}\right)} \tag{6.25}$$

【例 6.33】　某材料年需要量(D)为 7 200 kg，每日送货量(R)为 30 kg，每日耗用量(d)为 20 kg，单价(P)为 10 元，一次订货成本(K)为 50 元，单位储存变动成本(C)为 2 元。则

$$Q^* = \sqrt{\frac{2 \times 50 \times 7\ 200}{2} \times \frac{30}{30-20}} = 1\ 040(\text{kg})$$

$$TC(Q^*) = \sqrt{2 \times 50 \times 7\ 200 \times 2 \times \left(1-\frac{20}{30}\right)} = 693(\text{元})$$

(四) 保险储备量的确定

之前的讨论假定存货的供需稳定且确知，即每日需求量不变，交货时间也固定不变。实际上，每日需求量可能变化，交货时间也可能变化。按照某一订货批量(如经济订货量)和再订货点发出订单后，如果需求增大或送货延迟，就会发生缺货或供货中断。为防止由此造成的损失，就需要多储备一些存货以备应急之需，称为保险储备量(安全存量)。这些存货在正常情况下不动用，只有当存货过量使用或送货延迟时才动用。保险储备量如图 6.12 所示。

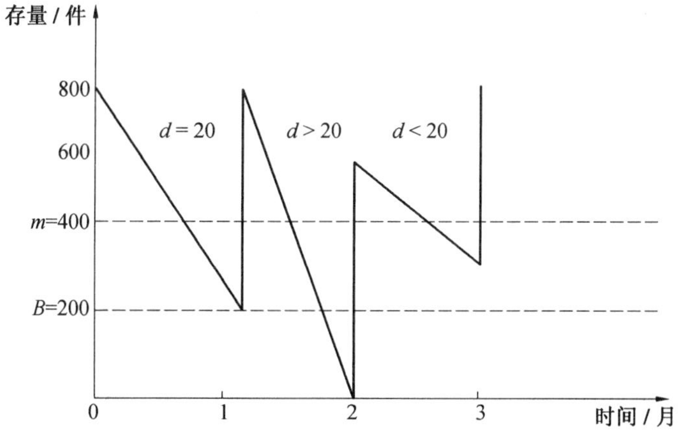

图 6.12　保险储备量示意图

图 6.12 中，年需用量(D)为 7 200 kg，已计算出经济订货量为 600 kg，每年订货 12 次。又知全年平均日需求量(d)为 20 kg，平均每次交货时间(L)为 10 d。为防止需求变化引起缺货损失，设保险储备量(B)为 200 kg，再订货点(m)由此而相应提高为 400 (10 × 20 + 200) kg。

在第 1 个订货周期里，$d = 20$，不需要动用保险储备；在第 2 个订货周期内，$d > 20$，需求量大于供货量，需要动用保险储备；在第 3 个订货周期内，$d < 20$，不仅不需动用保险储备，正常储备亦未用完，下次存货即已送到。

建立保险储备，固然可以使企业避免缺货或供应中断造成的损失，但存货平均储备量加大却会使储备成本升高。研究保险储备的目的，就是要找出合理的保险储备量，使缺货或供应中断损失和储备成本之和最小。方法上可先计算出各不同保险储备量的总成本，然后再对总成本进行比较，选定其中最低的。

（五）批进批出存货储存期的控制

无论是商品流通企业还是生产制造企业，其商品（产品）一旦入库，更面临着如何尽快销售出去的问题。且不考虑未来市场供求关系的不确定性，仅是存货储存本身就会给企业造成较多的资金占用费（如利息成本或机会成本）和仓储管理费。因此，尽力缩短存货储存时间，加速存货周转，是节约资金占用、降低成本费用、提高企业获利水平的重要保证。

企业进行存货投资所发生的费用支出，按照与储存时间的关系可以分为固定储存费与变动储存费两类。前者数额的大小与存货储存期的长短无直接联系，如各项进货费用、管理费用等。后者即变动储存费则随着存货储存期的延长或缩短成正比例增减变动，如存货资金占用费（贷款购置存货的利息或现金购置存货的机会成本）、存货仓储管理费、仓储损耗（为计算方便，如果仓储损耗较小，亦将其并入固定储存费）等。

基于上述分析，可以将本量利的平衡关系式调整为

$$\text{利润} = \text{毛利} - \text{固定储存费} - \text{税金及附加} - \text{变动储存费} \times \text{储存天数} \tag{6.26}$$

可见，存货的储存成本之所以会不断增加，主要是由于变动储存费随着存货储存期的延长而不断增加的结果，所以，利润与费用之间此增彼减的关系实际上是利润与变动储存费之间此增彼减的关系。这样，随着存货储存期的延长，利润将日渐减少。当毛利－固定储存费－税金及附加的余额被变动储存费抵消到恰好等于企业目标利润时，表明存货已经到了保利期。当它完全被变动储存费抵消时，便意味着存货已经到了保本期。无疑，存货如果能够在保利期内售出，所获得的利润便会超过目标值；反之，将难以实现既定的利润目标。倘若存货不能在保本期内售出的话，企业便会蒙受损失。具体计算公式为

$$\text{存货保本储存天数} = \frac{\text{毛利} - \text{固定储存费} - \text{税金及附加}}{\text{每日变动储存费}} \tag{6.27}$$

$$\text{存货保利储存天数} = \frac{\text{毛利} - \text{固定储存费} - \text{税金及附加} - \text{目标利润}}{\text{每日变动储存费}} \tag{6.28}$$

以批进批出（即存货整批购进又整批卖出）方式经销某批存货获利或亏损额＝变动储存费×（保本储存天数－实际储存天数），即较保本期每提前一天售出，就可以节约一天的变动储存费，即取得一个相当于变动储存费的利润额。

【例6.34】 商品流通企业购进甲商品1 000件，单位进价（不含增值税）100元，单位售价120元（不含增值税），经销该批商品的一次费用为10 000元，若货款均来自银行贷款，年利率10.8%，该批存货的月保管费用率3‰，销售税金及附加800元。试计算该批存货的保本储存期。

$$\text{存货保本储存天数} = \frac{(120-100)\times 1\,000 - 10\,000 - 800}{100\times 1\,000\times(10.8\% \div 360 + 3‰ \div 30)} = 9\,200 \div 40 = 230(\text{d})$$

若企业要求获得3% 的投资利润率，计算保利期。

$$存货保利储存天数=\frac{(120-100)\times 1\ 000-10\ 000-800-100\times 1\ 000\times 3\%}{100\times 1\ 000\times(10.8\%\div 360+3‰\div 30)}$$

$$=6\ 200\div 40=155(\mathrm{d})$$

若该批存货实际储存了 200 d,该企业能否实现3% 的目标投资利润率?差额是多少?

$$实际利润=40\times(230-200)=1\ 200(元)$$

$$\Delta 利润=实际利润-目标利润=1\ 200-100\times 1\ 000\times 3\%=-1\ 800(元)$$

$$\Delta 利润率=实际利润率-目标利润率=\frac{1\ 200}{100\times 1\ 000}\times 100\%-3\%=-1.8\%$$

若该批存货亏损了 2 000 元,则实际储存了多少天?

$$实际储存天数=230+\frac{2\ 000}{40}=280(\mathrm{d})$$

可见,通过对存货储存期的分析与控制,可以及时地将企业存货的信息传输给经营决策部门,如有多少存货已过保本期或保利期,金额多大,比重多高等。这样,决策者就可以针对不同情况采取相应的措施。一般而言,凡是已过保本期的商品大多属于积压呆滞的存货,对此,企业应当积极推销,压缩库存,将损失降至最低限度;对超过保利期但未过保本期的存货,应当首先检查销售状况,查明原因,是人为所致,还是市场行情已经逆转,有无沦为过期积压存货的可能,若有,需尽早采取措施;至于那些尚未超过保利期的存货,企业亦应密切监督、控制,以防发生过期损失。从财务管理方面,需要分析哪些存货基本能在保利期内销售出去,哪些存货介于保利期与保本期之间售出,哪些存货直至保本期已过才能售出或根本就没有市场需求。通过分析,财务部门应当通过调整资金供应政策,促使经营部门调整产品结构和投资方向,推动企业存货结构的优化,提高存货的投资效率。

(六) 批进零售存货储存期的控制

上述通过保本保利储存期对存货的损益情况进行的分析,是建立在批进批出的前提条件之上的,在企业存货经销的实际工作中,批进批出只是一种偶然现象,普遍的情形是存货大批量购进、小批量售出或批进零售,此时若仍然按照批进批出的假设测算批进零售存货经销的损益情况,必然与实际产生很大的出入。为此,有必要提出一种批进零售的存货控制模式。

【例 6.35】　企业购进 H 型存货 2 000 件,单位进价 1 000 元(不含增值税)。该款项均来自银行贷款,月利率 12‰,企业月存货保管费用 9 420 元,存货购销的固定储存费 200 000 元。据市场调研反馈信息表明,该存货日均销量约 12 件,需 167 d 左右的时间方能全部售出,单位售价(不含增值税)1 250 元。销售税金及附加 125 000 元。试计算该批存货的保本储存天数。

$$\mathrm{H}型存货保本储存天数=\frac{毛利-固定储存费-税金及附加}{每日变动储存费}$$

$$=\frac{(1\ 250-1\ 000)\times 2\ 000-200\ 000-125\ 000}{2\ 340\ 000\times 12‰\div 30+9\ 420\div 30}$$

$$=\frac{175\ 000}{1\ 250}=140(\mathrm{d})$$

第 1 天售出的 12 件可获利

$$\frac{1\ 250 \times 12}{2\ 000} \times (140 - 1) \tag{1}$$

第 2 天售出的 12 件可获利

$$\frac{1\ 250 \times 12}{2\ 000} \times (140 - 2) \tag{2}$$

以此类推,第 140 天售出的 12 件可获利

$$\frac{1\ 250 \times 12}{2\ 000} \times (140 - 140) \tag{140}$$

第 141 天售出的 12 件可获利

$$\frac{1\ 250 \times 12}{2\ 000} \times (140 - 141) \tag{141}$$

以此类推,第 167 天售出的 12 件可获利

$$\frac{1\ 250 \times 12}{2\ 000} \times (140 - 167) \tag{167}$$

经销该批存货总计可获利金额为

$$\begin{aligned} P &= (1) + (2) + \cdots + (140) + (141) + \cdots + (167) \\ &= \frac{1\ 250 \times 12}{2\ 000} \times (140 - 1) + \frac{1\ 250 \times 12}{2\ 000} \times (140 - 2) + \cdots + \\ &\quad \frac{1\ 250 \times 12}{2\ 000} \times (140 - 140) + \\ &\quad \frac{1\ 250 \times 12}{2\ 000} \times (140 - 141) + \cdots + \\ &\quad \frac{1\ 250 \times 12}{2\ 000} \times (140 - 167) \\ &= \frac{1\ 250 \times 12}{2\ 000} \times \left[140 \times 167 - \frac{167 \times (167 + 1)}{2}\right] \\ &= 1\ 250 \times \left[140 - \frac{(167 + 1)}{2}\right] = 70\ 000(\text{元}) \end{aligned}$$

于是,得出如下基本公式

$$\begin{aligned} &\text{批进零售经销某批存货预计可获利或亏损额} \\ &= \text{该批存货每日变动储存费} \times \left(\text{平均保本储存天数} - \frac{\text{实际零散售完天数} + 1}{2}\right) \\ &= \text{购进批量} \times \text{单位进价} \times \text{变动储存费率} \times \left(\text{平均保本储存天数} - \frac{\text{购进批量} \div \text{日均销量} + 1}{2}\right) \\ &= \text{购进批量} \times \text{单位存货变动储存费} \times \left(\text{平均保本储存天数} - \frac{\text{购进批量} \div \text{日均销量} + 1}{2}\right) \end{aligned} \tag{6.29}$$

此外,企业对上述公式还可以根据需要做其他具体分解。此处不再一一列示。

四、存货日常控制

企业在存货日常管理中，要建立和健全存货的收入、发出和保管的各项规章制度，定期清查存货，做到账实相符并应防止存货发生霉烂变质、损坏短缺等事故，但是企业存货品种繁多、情况千差万别。有的存货品种数量很少，但金额巨大，若管理不善，将给企业造成极大的损失。相反，有的存货虽然品种数量繁多，但金额很小，即使管理当中出现一些问题，也不至于对企业产生较大影响。因此，企业存货的日常管理若不分巨细，必将事倍功半。正是基于这一考虑，意大利经济学家巴雷特于 19 世纪首先提出了 ABC 分类管理法，目的在于使企业分清主次，突出重点，以提高存货资金管理的整体效果。

（一）ABC 分类管理法的基本原理

所谓 ABC 分类管理就是按照一定的标准，将企业的存货划分为 A、B、C 3 类，分别实行分品种重点管理、分类别一般控制按总额灵活掌握的存货管理方法。ABC 分类管理法的基本原理是，先将存货分为 A、B、C 3 类，其分类的标准主要有 2 个：一是金额标准；二是品种数量标准。其中金额标准是最基本的，品种数量标准仅作为参考。

A 类存货的特点是金额巨大，但品种数量较少；B 类存货金额一般，品种数量相对较多；C 类存货品种数量繁多，但金额却很少。一般而言，3 类存货的金额比重大致为 A∶B∶C = 0.7∶0.2∶0.1，而品种数量比重大致为 A∶B∶C = 0.1∶0.2∶0.7。A、B、C 3 类存货的具体划分过程可以分 3 个步骤。

（1）列示企业全部存货的明细表，并计算出每种存货的价值总额及占全部存货金额的百分比。

（2）按照金额标志由大到小进行排序并累加金额百分比。

（3）当金额百分比累加到 70% 左右时，以上存货视为 A 类存货；百分比介于 70% ~ 90% 之间的存货为 B 类存货，其余则为 C 类存货。

【例 6.36】　某公司共有 20 种材料，总金额为 600 000 元，按金额多少的顺序排列，并按上述原则将其划分成 A、B、C 3 类，列表 6.27。各类存货金额百分比用图形表示如图 6.13 所示。

表 6.27　材料 ABC 分类表

材料品种（用编号代替）	金额／元	类别	各类存货数量和比重	各类存货金额和比重
1	240 000	A	2 个	420 000 元
2	180 000		10%	70%
3	45 000	B	4 个 20%	120 000 元 20%
4	36 000			
5	24 000			
6	15 000			

续表

材料品种（用编号代替）	金额 / 元	类别	各类存货数量和比重	各类存货金额和比重
7	9 000	C	14 个 70%	60 000 元 10%
8	7 400			
9	6 900			
10	6 100			
11	6 000			
12	5 400			
13	4 050			
14	3 900			
15	3 150			
16	2 100			
17	1 800			
18	1 650			
19	1 350			
20	1 200			
合计	600 000	—	20 个 100%	600 000 100%

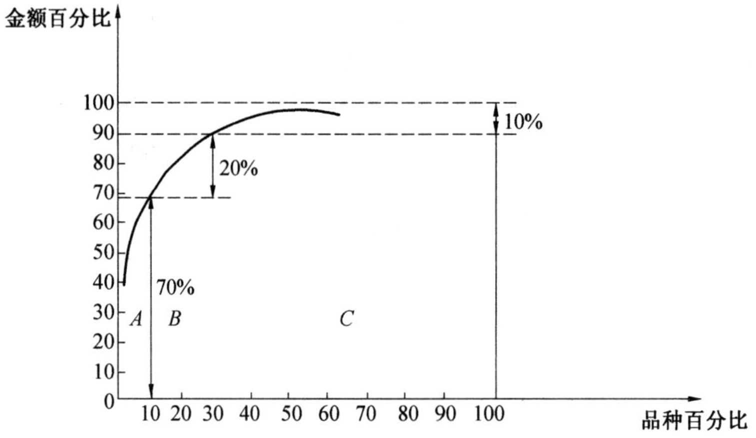

图 6.13　材料存货金额百分比示意图

(二) ABC 3 类存货的特点与控制要求

1. A 类存货的特点与控制要求

A 类存货品种、数量少,但占用资金多,企业应集中主要力量进行周密的规划和严格的管理,应列为控制的重点。其控制要求是:一是计算确定其经济订货量、最佳保险储备量和再订货点，严格控制存货数量；二是采用永续盘存制对存货的收发结存情况进行严密监视，当存货数量达到再订货点时，应及时通知采购部门组织进货。

2. B 类存货的特点与控制要求

B 类存货品种、数量、占用资金均属中间状态，不必像 A 类存货控制那样严格，但也不能过于宽松。其控制要求是：一是计算确定每种存货的经济订货量、最佳保险储备量和再订货点；二是采用永续盘存制对存货的收发结存情况进行反映和监督。

3. C 类存货的特点与控制要求

C 类存货品种多、数量大，但资金占用量很小。企业对此类存货不必花费太多的精力，可以采用总金额控制法，根据历史资料分析后，按经验适当增大订货批量，减少订货次数。

第七章

营 运 管 理

课程目标

通过本章学习，熟悉营运管理的内容；理解本量利分析的基本原理；掌握保本分析和安全边际分析的方法；理解保利分析和敏感性分析。

课程思政

通过学习本量利分析的基本前提和方程式,能够理解企业的成本、业务量对利润变动的影响;通过学习盈亏平衡的分析方法,能帮助企业合理确定保本点销售量和保本点销售额;通过学习敏感性分析理论和方法,能科学分析有关因素变动对利润的敏感程度,帮助企业提高营运管理能力。

思维导图

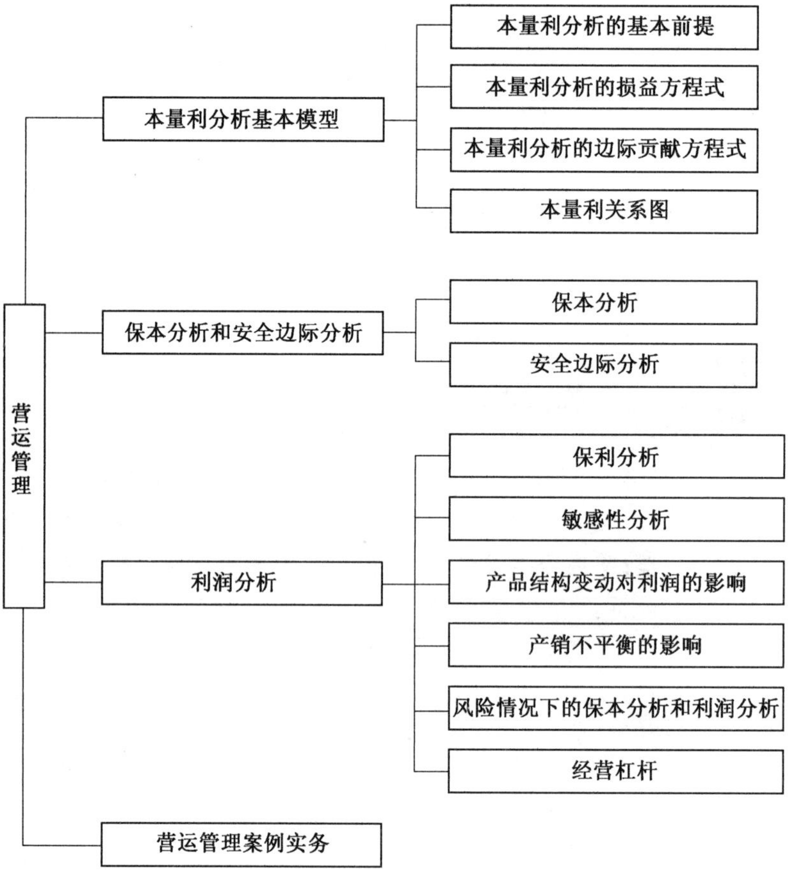

营运管理是指为了实现企业战略和营运目标,企业各级管理者通过计划、组织、指挥、协调、控制和激励等活动,实现对企业生产经营过程中的物料供应、产品生产和销售等环节的价值增值管理。营运管理按照计划、执行、调整、控制和考核的程序形成闭环管理,使营运管理工作系统化、科学化。

企业经营决策的关键在于如何建立优化模型,对企业经营利润进行定量分析。管理会计为企业提供了揭示成本、业务量与经营利润之间的量化分析方法(即本量利分析法),为构建盈利模型和分析经营利润的关键影响因素提供了决策支持。营运管理使用的管理会计工具方法,一般包括保本分析、保利分析、边际分析和敏感性分析等。

第一节　本量利分析基本模型

一、本量利分析的基本前提

（一）相关范围假设

本量利分析的前提条件之一，是在一定期间和一定业务量范围内，构建了企业的成本、业务量和利润的经济模型。

1. 业务量假设

本量利分析建立在成本性态基础上，将企业成本划分为固定成本和变动成本。而固定成本和变动成本的数量规律是在一定业务量范围内才成立的。当企业的业务量发生较大变动时，成本性态可能产生变化。因此，成本性态和以此为基础的本量利分析是基于一定业务量范围展开的。

2. 期间假设

如上所述，固定成本总额和单位变动成本只有在一定期间内才保持不变。随着期间范围变化，固定成本总额和单位变动成本可能会产生变化。因此，成本性态和以此为基础的本量利分析是基于一定期间展开的。

（二）线性关系假设

（1）本量利分析假设固定成本总额和单位变动成本不变。

（2）本量利分析假设销售价格不变，即在本量利分析模型中，假定固定成本总额、单位变动成本、销售单价都是线性模型中的常数。

（三）品种结构不变和产销平衡假设

企业产销多种产品的情况下，每种产品的获利能力是不同的。而产销结构发生变化会对企业利润产生较大影响。为简化分析，在分析多产品经营企业的盈利情况时，本量利分析假设每种产品的销售收入在企业销售总收入中销售比重不变。

（四）期初期末存货水平不变

本量利分析中的业务量包括生产量和销售量 2 个指标，产销不平衡时出现的期末存货会引起本量利分析中一系列复杂情况，如由于期初期末存货的存在导致完全成本法和变动成本法计算的损益就不同。基本的本量利分析是假定产销平衡，即生产量与销售量相等，本章分析中统称为产销量。现实生活中，产销不平衡及与之相关的存货问题可以结合本量利分析原理进行深入分析。

本量利分析的线性模型有损益方程式和边际贡献方程式两种。

二、本量利分析的损益方程式

如果我们把成本、业务量和利润三者之间的依存关系用方程式来描述，那就是本量利分

析的基本公式，或本量利分析的损益方程式，即

$$销售收入总额 - (变动成本总额 + 固定成本总额) = 利润$$

或 $$销售单价 \times 销售量 - (单位变动成本 \times 销售量 + 固定成本总额) = 利润 \quad (7.1)$$

设 p 为销售单价；x 为销售量；F 为固定成本总额；b 为单位变动成本；P 为利润。现将这些符号代入上述方程式。则为

$$px - bx - F = P \quad (7.2)$$

【例 7.1】 某公司产销一种产品，20×4 年度计划销售 100 000 件，单位售价为 20 元。该公司的费用预算见表 7.1(假设产销量一致)。

表 7.1　费用预算表(20×4 年)

项目		单位成本	总金额 / 元
制造成本	原材料	5 元 / 件	500 000
	直接人工	2 元 / 件	200 000
	变动性制造费用	2 元 / 件	200 000
	固定性制造费用	—	600 000
	合计	—	1 500 000
销售费用	变动性销售费用	1 元 / 件	100 000
	固定性销售费用	—	25 000
	合计	—	125 000
管理费用	变动性管理费用	0.5 元 / 件	50 000
	固定性管理费用	—	80 000
	合计	—	130 000
费用合计		—	1 755 000

要求：计算该公司 20×4 年度的预计营业利润。

根据表 7.1 的资料，可求得

$$\begin{aligned}变动成本总额 &= 500\ 000 + 200\ 000 + 200\ 000 + 100\ 000 + 50\ 000 \\ &= 1\ 050\ 000(元)\end{aligned}$$

$$固定成本总额 = 600\ 000 + 25\ 000 + 80\ 000 = 705\ 000(元)$$

$$单位变动成本 = 5 + 2 + 2 + 1 + 0.5 = 10.5(元)$$

$$营业利润 = px - bx - F = 20 \times 100\ 000 - 1\ 050\ 000 - 705\ 000 = 245\ 000(元)$$

或 $$营业利润 = 20 \times 100\ 000 - 10.5 \times 100\ 000 - 705\ 000 = 245\ 000(元)$$

在上述本量利分析的基本公式中，涉及 5 个因素，即 p、F、b、x、P，并将利润 P 放在等式右边，这种形式有利于确定计划期的预计利润。若待求的数值是利润(P)以外的其他变量，则可通过移项，把待求变量放在等号左边，其他参数放在右边，从而就形成如下本量利分析基本公式的 4 个变形方程式

$$预计销售单价 = \frac{固定成本总额 + (单位变动成本 \times 销售量) + 预计利润}{销售量} \quad (7.3)$$

$$预计单位变动成本=\frac{(销售单价\times销售量)-固定成本总额-预计利润}{销售量} \tag{7.4}$$

$$预计固定成本总额=(销售单价\times销售量)-(单位变动成本\times销售量)-预计利润 \tag{7.5}$$

$$预计销售量=\frac{固定成本总额+预计利润}{销售单价-单位变动成本} \tag{7.6}$$

三、本量利分析的边际贡献方程式

成本性态分析是管理会计的基础。与成本性态分析相联系的一个重要概念——边际贡献(或称贡献毛益、边际利润),是管理会计在营运管理时常用的重要分析指标。

(一)边际贡献、边际贡献率和变动成本率

1. 单位边际贡献和边际贡献总额

(1)单位边际贡献。

单位边际贡献是指某产品在现有销量的基础上,再多销一个单位产品所得到的追加的利润。其计算公式为

$$单位边际贡献=销售单价-单位变动成本$$

或

$$m=p-b \tag{7.7}$$

例如,根据表7.1中的资料,计算某公司该产品的单位边际贡献。

$$m=p-b=20-10.5=9.5(元/件)$$

(2)边际贡献总额。

边际贡献总额是在现有的销量的基础上,再多销 x 个产品所得到的追加利润,也即销售收入总额减去变动成本总额后的余额。其计算公式为

$$边际贡献总额=销售收入总额-变动成本总额$$

或

$$M=px-bx=(p-b)x \tag{7.8}$$

例如,根据表7.1中的资料,计算该公司边际贡献总额。

销售收入(20 × 100 000)	2 000 000元
减:变动成本总额	
变动性制造费用(500 000 + 200 000 + 200 000)	900 000元
变动性销售费用	100 000元
变动性管理费用	50 000元
边际贡献总额	950 000元

或

$$M=(p-b)x=(20-10.5)\times100\,000=950\,000(元)$$

从本量利的基本公式 $px-bx-F=P$ 可以看出,边际贡献首先要补偿固定成本,如果 $M>F$,即边际贡献在补偿固定成本之后如果还有剩余,才能为企业提供利润;如果 $M<F$,即边际贡献不足以补偿固定成本,那么企业就会发生亏损,因此边际贡献是补偿固定成本能力大小的度量。

由于固定成本总额 F 在相关范围内为常数,显然,M 越大,$M-F$ 越大,即 P 越大;反之,

M 越小，$M-F$ 越小，P 越小，因此，边际贡献是反映为企业获利所做贡献大小的度量指标。

2. 边际贡献率

单位边际贡献、边际贡献总额都是以绝对数的形式表示的，我们还可以选择以相对数指标来表示，即边际贡献率。

边际贡献率是指单位边际贡献与销售单价的比率，或边际贡献总额与销售收入总额的比率。其计算公式为

$$\text{边际贡献率}=\frac{\text{单位边际贡献}}{\text{销售单价}}\times 100\%$$

即

$$mR=\frac{m}{p}\times 100\% \tag{7.9}$$

或

$$\text{边际贡献率}=\frac{\text{边际贡献总额}}{\text{销售收入总额}}\times 100\%$$

即

$$mR=\frac{M}{S}\times 100\% \tag{7.10}$$

例如，根据表 7.1 中的资料，计算该公司的边际贡献率。

$$mR=\frac{m}{p}\times 100\%=\frac{20-10.5}{20}\times 100\%=47.5\%$$

或

$$mR=\frac{M}{S}\times 100\%=\frac{950\ 000}{2\ 000\ 000}\times 100\%=47.5\%$$

边际贡献率是以相对数的形式反映一个企业或一种产品的盈利能力。边际贡献率越高，盈利能力越强；边际贡献率越低，盈利能力越弱。

3. 变动成本率

变动成本率是变动成本在销售收入中所占的比重，可以用下式计算

$$\text{变动成本率}=\frac{\text{单位变动成本}}{\text{销售单价}}\times 100\%$$

即

$$bR=\frac{b}{p}\times 100\% \tag{7.11}$$

或

$$\text{变动成本率}=\frac{\text{变动成本总额}}{\text{销售收入总额}}\times 100\%$$

即

$$bR=\frac{V}{S}\times 100\% \tag{7.12}$$

例如，根据表 7.1 中的资料，计算该公司的变动成本率。

$$bR=\frac{b}{p}\times 100\%=\frac{10.5}{20}\times 100\%=52.5\%$$

就某一种产品而言，边际贡献率与变动成本率存在如下关系

$$mR=\frac{m}{p}\times 100\%=\frac{p-b}{p}\times 100\%=1-\frac{b}{p}=1-bR$$

即

$$mR+bR=1 \tag{7.13}$$

可见，每一种产品的边际贡献率与其变动成本率之和为1。凡变动成本率低的企业，则边际贡献率高，盈利能力强；凡变动成本率高的企业，则边际贡献率低，盈利能力弱。

（二）边际贡献和边际贡献率方程式

1. 边际贡献方程式

由于营业利润 = 销售收入 - 变动成本 - 固定成本，可得边际贡献方程式为

$$营业利润 = 销售量 \times 单位边际贡献 - 固定成本 \tag{7.14}$$

以边际贡献的方式表达营业利润，更清晰地表达了本、量、利之间的相互关系。还可以根据需要转换出以下公式

$$销售量 = \frac{固定成本 + 营业利润}{单位边际贡献} \tag{7.15}$$

$$单位边际贡献 = \frac{固定成本 + 营业利润}{销售量} \tag{7.16}$$

$$固定成本 = 销售量 \times 单位边际贡献 - 营业利润 \tag{7.17}$$

2. 边际贡献率方程式

$$边际贡献率 = \frac{边际贡献总额}{销售收入总额} \times 100\%$$

$$边际贡献总额 = 销售收入总额 \times 边际贡献率 \tag{7.18}$$

$$营业利润 = 边际贡献总额 - 固定成本 \tag{7.19}$$

所以边际贡献率方程式还可以写为

$$营业利润 = 销售收入总额 \times 边际贡献率 - 固定成本 \tag{7.20}$$

同时，根据需要可以将边际贡献率方程式转换为以下公式

$$销售收入总额 = \frac{固定成本 + 营业利润}{边际贡献率} \tag{7.21}$$

$$边际贡献率 = \frac{固定成本 + 营业利润}{销售收入总额} \times 100\% \tag{7.22}$$

$$固定成本 = 销售收入总额 \times 边际贡献率 - 营业利润 \tag{7.23}$$

四、本量利关系图

（一）基本本量利关系图

基本本量利关系图，也称盈亏平衡图，就是将成本、业务量、利润之间的线性关系利用直角坐标系形象直观地表达出来，如图7.1所示。

绘制基本本量利关系图的程序是：先确定直角坐标系，横坐标代表销售量，纵坐标代表金额；然后在这个坐标系中绘制平行于横轴的固定成本线 F，固定成本线在纵轴的截距即为固定成本；以固定成本线与纵轴线的交点为起点，以单位变动成本为斜率，绘制总成本线 C；以坐标原点为起点，以销售单价为斜率，绘制销售收入线 S。

由图7.1可以看出：固定成本线 F 与横轴之间的距离为固定成本 F，不随销售量变动而变动，呈现为一条平行于横轴的直线；总成本线 C 与固定成本线 F 之间的垂直距离即为变动成本，变动成本随着销售量呈正比例变动；销售收入线 S 与总成本线 C 之间的交点即为企业

不赢不亏时的销售量。

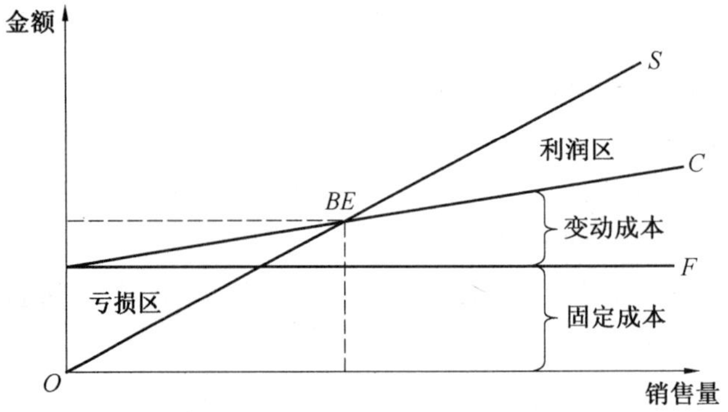

图 7.1　基本本量利关系图

坐标系中,销售收入线与总成本线交点的经济含义即收入等于成本,即"盈亏平衡点 *BE*"的概念。该平衡点所对应的横坐标数值即为盈亏平衡销售量或保本点销售量,该点所对应的纵坐标数值即为盈亏平衡销售额或保本点销售额。盈亏平衡点 *BE* 将图分为上下 2 个三角区,上三角区称利润区,下三角区称亏损区。显然,只有实际销售量大于盈亏平衡点 *BE* 销售量时,企业才能获得利润。

由图 7.1 得到业务量、成本、利润之间的规律性动态关系,主要有以下几方面。

(1) 盈亏平衡点不变,业务量越大,实现的利润越多或亏损越少;业务量越少,实现的利润也越少或亏损越多。

(2) 业务量不变,盈亏平衡点越高,能实现的利润越少;盈亏平衡点越低,实现的利润也越多。

(3) 在销售收入确定的情况下,盈亏平衡点的高低取决于固定成本的高低和单位变动成本的大小。固定成本越高或单位产品的变动成本越高,盈亏平衡点就越高;固定成本越低或单位产品的变动成本越低,盈亏平衡点就越低。

(4) 在销售的总成本确定的情况下,盈亏平衡点的高低受单位产品售价的影响。售价越高,盈亏平衡点越低,利润越多;售价越低,盈亏平衡点越高,利润越少。

基本本量利关系图将固定成本置于变动成本之下,以便于体现固定成本不随业务量变动而变动的成本习性。但是,无法反映边际贡献与其他因素之间的关系。

(二) 边际贡献式本量利关系图

根据图7.1的数据可以绘制图7.2的边际贡献式本量利关系图。绘制步骤为:建立直角坐标系,以坐标原点为起点,先绘制变动成本线 *V*,绘制与变动成本线平行的总成本线 *C*,变动成本线与总成本线之间的垂直距离即为固定成本。与基本本量利关系图相同,以坐标原点为起点,以销售单价为斜率绘制总收入线 *S*。

从图 7.2 可以看出,在任一销售量下,总收入线高于变动成本线的部分即为边际贡献,边际贡献首先用于弥补固定成本,盈亏平衡点 *BE* 下方的三角区即为亏损区;盈亏平衡点 *BE* 上方的三角区,边际贡献弥补固定成本后仍有剩余,即为利润区。

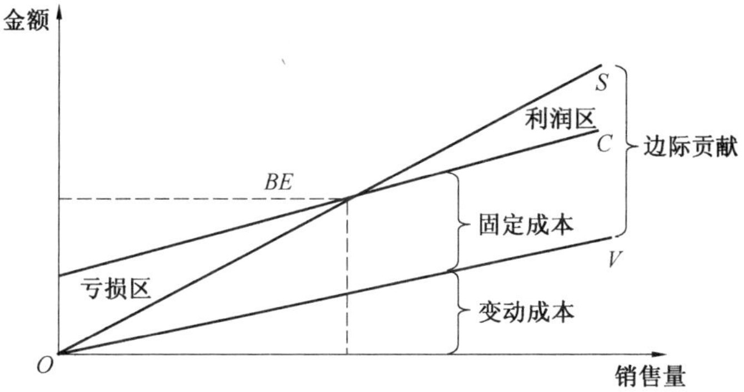

图 7.2　边际贡献式本量利关系图

（三）量利式本量利关系图

根据图7.1的数据可以绘制图7.3的量利式本量利关系图。绘制步骤为:建立直角坐标系,以横轴表示销售量,纵轴表示利润(或亏损);找到销售量为0时对应纵轴的固定成本总额;任意选择一个销售量,利用本量利分析的基本公式确定该销售量下的营业利润或亏损;连接两点之间的直线即为营业利润线。

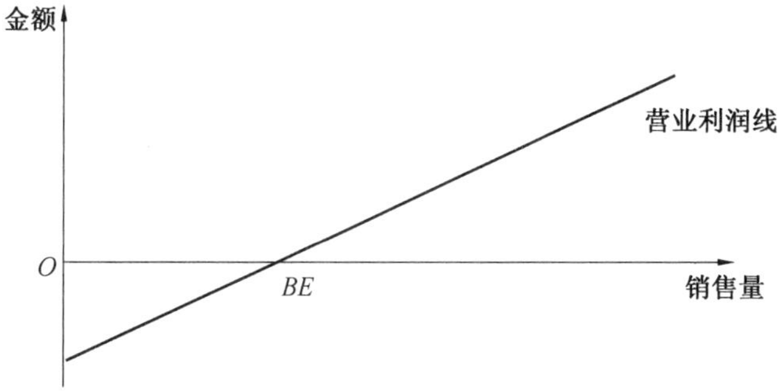

图 7.3　量利式本量利关系图

量利式本量利关系图强调营业利润随销售量变动而变动。在某一销售量水平上,横轴与营业利润线之间的垂直距离即为这一销售量的利润或亏损。但这种图示不能反映出成本与销售量的内在联系。

第二节　保本分析和安全边际分析

一、保本分析

了解了单位边际贡献、边际贡献总额和边际贡献率等基本概念后,我们就可以测算企业需要达到什么样的业务量水平才可以补偿企业的所有成本 —— 正好够本,即盈亏相抵。这就是保本点分析,它是本量利分析的特例。

（一）保本点的含义

根据变动成本计算和本量利分析,我们知道企业的利润可以通过下列公式确定

$$px - bx - F = P$$

其中 $px - bx$ 为边际贡献总额。企业的边际贡献首先要用来补偿特定期间发生的固定成本,补偿后还有剩余才成为企业的经营利润;补偿不足,就会发生亏损。

保本点又称盈亏平衡点,就是企业边际贡献刚好等于固定成本,企业处于不盈不亏的状态时的业务量或业务额。企业的业务量如果低于该点,就发生亏损;如果高于该点,则取得盈利。

(二) 单一产品保本点分析

根据盈亏平衡点的定义,可以推导出如下等式

$$px - bx - F = P = 0 \tag{7.24}$$

保本点可以采用如下几种表示方式表示。

1. 保本点销售量

$$保本点销售量 = \frac{固定成本}{销售单价 - 单位变动成本} = \frac{固定成本}{单位边际贡献}$$

即

$$x_0 = \frac{F}{p - b} = \frac{F}{m} \tag{7.25}$$

2. 保本点销售额

由于

$$边际贡献率 = \frac{单位边际贡献}{销售单价} \times 100\%$$

所以

$$单位边际贡献 = 销售单价 \times 边际贡献率 \tag{7.26}$$

可得

$$保本点销售额 = \frac{固定成本}{边际贡献率} \tag{7.27}$$

【例 7.2】 根据表 7.1 中的资料,计算某公司该产品的保本点销售量和保本点销售额。

$$保本点销售量 = \frac{705\ 000}{20 - 10.5} = 74\ 211(件)$$

$$保本点销售额 = \frac{705\ 000}{47.5\%} = 1\ 484\ 211(元)$$

绘制某公司盈亏平衡图如图 7.4 所示。

由图 7.4 可见,总收入与总成本相交处即为盈亏平衡点,盈亏平衡点的销售量为 74 211 件,盈亏平衡点销售额为 1 484 211 元。

3. 保本点作业率

保本点作业率是以保本点的业务量除以企业正常开工完成的业务量。该指标用相对数说明了企业要实现盈利所要求的最低作业水平。其计算公式为

$$保本点作业率 = \frac{保本点业务量}{正常开工业务量} \tag{7.28}$$

续上例:某公司正常开工所完成的产销量就是 100 000 件,计算该公司的保本点作业率。

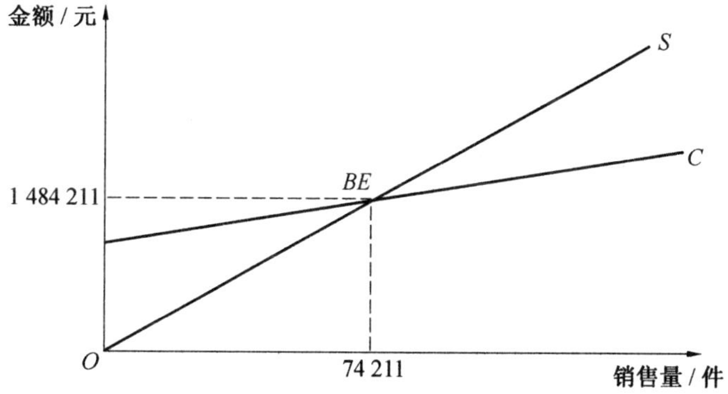

图 7.4　某公司盈亏平衡图

$$保本点作业率 = \frac{保本点业务量}{正常开工业务量} = \frac{74\ 211}{100\ 000} = 74.2\%$$

这就是说，若该企业的开工作业率低于 74.2% 时，企业就会发生亏损，只有在开工作业率高于 74.2% 时才有盈利。

（三）多种产品保本点分析

如前所述，本量利分析的前提之一是销售品种结构或销售比重保持不变，多种产品（产品组合）的保本点有以下 2 种计算方式。

（1）在每一种单一产品边际贡献率的基础上，按照各种产品的销售额比重进行加权平均，据以计算综合边际贡献率，然后计算产品组合的保本点。

（2）利用所有产品的边际贡献总额除以所有产品的销售收入总额，据以计算综合边际贡献率，然后确定产品组合的保本点。

因此计算企业综合边际贡献率是关键的一步。综合边际贡献率的计算公式为

$$某产品销售额比重 = \frac{该产品销售收入}{全部产品销售收入总额} \times 100\% \tag{7.29}$$

$$综合边际贡献率 = \sum(单一产品边际贡献率 \times 某产品销售额比重) \tag{7.30}$$

或

$$\begin{aligned}综合边际贡献率 &= \frac{全部产品边际贡献总额}{全部产品销售收入总额} \times 100\% \\ &= \frac{全部产品销售收入总额 - 全部产品变动成本总额}{全部产品销售收入总额} \times 100\% \\ &= 1 - 综合变动成本率\end{aligned}$$

即

$$综合边际贡献率 = \frac{\sum M}{\sum S} \times 100\% = \frac{\sum(S - V)}{\sum S} \times 100\% = 1 - \overline{bR} \tag{7.31}$$

其中

$$综合变动成本率 = \frac{全部产品变动成本总额}{全部产品销售收入总额}$$

即

$$综合变动成本率 = \frac{\sum V}{\sum S} \times 100\% \tag{7.32}$$

$$综合保本点销售额=\frac{固定成本总额}{综合边际贡献率}=\frac{固定成本总额}{1-综合变动成本率} \tag{7.33}$$

【例7.3】 某企业计划期产销甲、乙、丙3种产品,相关资料见表7.2。

表7.2 计划期企业资料

项目	甲	乙	丙
产销量/件	1 000	2 000	2 500
单价/元每件	50	15	8
单位变动成本/元	40	9	6
固定成本总额/元	21 600		

要求:计算该企业计划期的综合保本点销售额及各产品的保本点销售额、保本点销售量。

(1)计算企业销售总额。

$$S_{甲}=50\times1\ 000=50\ 000(元)$$
$$S_{乙}=15\times2\ 000=30\ 000(元)$$
$$S_{丙}=8\times2\ 500=20\ 000(元)$$

$$销售收入总额=\sum S=50\ 000+30\ 000+20\ 000=100\ 000(元)$$

(2)计算企业边际贡献总额。

$$M_{甲}=(50-40)\times1\ 000=10\ 000(元)$$
$$M_{乙}=(15-9)\times2\ 000=12\ 000(元)$$
$$M_{丙}=(8-6)\times2\ 500=5\ 000(元)$$

$$边际贡献总额=\sum M=10\ 000+12\ 000+5\ 000=27\ 000(元)$$

(3)计算企业的变动成本总额。

$$V_A=40\times1\ 000=40\ 000(元)$$
$$V_B=9\times2\ 000=18\ 000(元)$$
$$V_C=6\times2\ 500=15\ 000(元)$$

$$变动成本总额=\sum V=40\ 000+18\ 000+15\ 000=73\ 000(元)$$

(4)计算企业的综合边际贡献率和综合变动成本率。

$$\overline{mR}=\frac{\sum M}{\sum S}\times100\%=\frac{27\ 000}{100\ 000}\times100\%=27\%$$

$$\overline{bR}=\frac{\sum V}{\sum S}\times100\%=\frac{73\ 000}{100\ 000}\times100\%=73\%$$

可见

$$\overline{mR}+\overline{bR}=1$$

或者:先计算各产品的边际贡献率

$$mR_{甲}=\frac{50-40}{50}\times 100\%=20\%$$

$$mR_{乙}=\frac{15-9}{15}\times 100\%=40\%$$

$$mR_{丙}=\frac{8-6}{8}\times 100\%=25\%$$

则

$$\overline{mR}=\sum(\text{单一产品边际贡献率}\times\text{某产品销售额比重})$$

$$=\sum\left(20\%\times\frac{50\ 000}{100\ 000}+40\%\times\frac{30\ 000}{100\ 000}+25\%\times\frac{20\ 000}{100\ 000}\right)=27\%$$

(5) 计算企业的综合保本点销售额。

$$\text{综合保本点销售额}=\frac{\text{固定成本总额}}{\text{综合边际贡献率}}=\frac{\text{固定成本总额}}{1-\text{综合变动成本率}}$$

$$=\frac{21\ 600}{27\%}=\frac{21\ 600}{1-73\%}=80\ 000(\text{元})$$

(6) 计算企业的各产品保本点销售额和保本点销售量。

$$\text{甲产品保本点销售额}=80\ 000\times\frac{50\ 000}{100\ 000}=40\ 000(\text{元})$$

$$\text{甲产品保本点销售量}=\frac{40\ 000}{50}=800(\text{件})$$

$$\text{乙产品保本点销售额}=80\ 000\times\frac{30\ 000}{100\ 000}=24\ 000(\text{元})$$

$$\text{乙产品保本点销售量}=\frac{24\ 000}{15}=1\ 600(\text{件})$$

$$\text{丙产品保本销售额}=80\ 000\times\frac{20\ 000}{100\ 000}=16\ 000(\text{元})$$

$$\text{丙产品保本点销售量}=\frac{16\ 000}{8}=2\ 000(\text{件})$$

综合边际贡献率是各种产品边际贡献总额合计与各种产品销售收入合计的比值。它反映企业在产销多种产品的情况下,其销售收入获利能力或补偿固定成本的平均能力。

二维码知识点 7.1　基于本量利分析的限量成本投入优化方法应用

二、安全边际分析

(一) 安全边际

安全边际是指保本点业务量与实际业务量之间的差额。其具体的经济含义是指现有的业务量再降低多少企业将从盈利状态转入亏损状态。与盈亏平衡点一样,安全边际业务量也有安全边际量和安全边际额 2 种表示方式。其计算公式为

$$安全边际量 = 实际业务量 - 保本点业务量 \tag{7.34}$$

$$安全边际额 = 实际销售额 - 保本点销售额 \tag{7.35}$$

例如,根据表 7.1 中的资料,计算该公司该种产品的安全边际业务量。

$$安全边际量 = 100\ 000 - 74\ 211 = 25\ 789\ (件)$$

$$安全边际额 = 100\ 000 \times 20 - 1\ 484\ 211 = 515\ 789\ (元)$$

(二) 安全边际率

安全边际更常见的做法是以相对指标 —— 安全边际率来表示。安全边际率是安全边际量与实际业务量的比率。其计算公式为

$$安全边际率 = \frac{安全边际量}{实际业务量} \times 100\% = \frac{实际业务量(额) - 保本点业务量(额)}{实际业务量(额)} \times 100\% \tag{7.36}$$

此外,当实际业务量等于正常开工业务量时,由于

$$安全边际率 = \frac{实际业务量(额) - 保本点业务量(额)}{实际业务量(额)} \times 100\%$$

$$= 1 - \frac{保本点业务量(额)}{实际业务量(额)} \times 100\% = 1 - 保本点作业率 \tag{7.37}$$

所以

$$安全边际率 + 保本点作业率 = 1 \tag{7.38}$$

例如,根据表 7.1 中的资料,计算该公司该产品的安全边际率。

$$安全边际率 = \frac{100\ 000 - 74\ 211}{100\ 000} \times 100\% = 25.79\%$$

或

$$安全边际率 = \frac{20 \times 100\ 000 - 1\ 484\ 211}{20 \times 100\ 000} \times 100\% = 25.79\%$$

安全边际率能反映企业经营的风险程度,安全边际率越大(无论是绝对量或相对量)表示企业经营越安全,即企业获利的把握性越大;反之,企业的安全边际率越小,则企业经营的风险越大,获利的把握性越小。如果实际业务量下降了,但只要还在安全边际内,企业仍然有利可图。国外的企业评价安全程度的一般标准见表 7.3。

表 7.3　国外的企业安全程度评价表

安全边际率	10% 以下	11% ~ 20%	21% ~ 30%	31% ~ 40%	40% 以上
安全程度	危险	值得注意	比较安全	安全	很安全

(三) 销售利润率与安全边际率的关系

销售利润率与安全边际率存在如下关系

$$销售利润率 = 安全边际率 \times 边际贡献率 \tag{7.39}$$

可推导如下:

营业利润 = 边际贡献 - 固定成本

$$= 销售收入 \times 边际贡献率 - 保本点销售额 \times 边际贡献率$$

$$= (销售收入 - 保本点销售额) \times 边际贡献率 \qquad (7.40)$$

将等式两边同时除以销售收入,可得

$$\frac{营业利润}{销售收入} = \frac{(销售收入 - 保本点销售额)}{销售收入} \times 边际贡献率$$

即

$$销售利润率 = 安全边际率 \times 边际贡献率 \qquad (7.41)$$

该公式的经济含义表明只有安全边际部分(即超过盈亏平衡点的业务量)的边际贡献才成为企业的利润。根据前面的有关计算,某公司该产品的销售利润率为12.25%(25.79% ×47.5% = 12.25%)

【例7.4】 某服装厂只生产一种产品,销售单价500元,单位变动成本340元,固定成本80 000元。正常开工业务量为1 200件。实际产销量为1 000件。

要求:

(1)计算安全边际量和安全边际率。

(2)验证销售利润率 = 安全边际率 × 边际贡献率。

(3)计算保本作业率。

(1)保本点业务量 $= \frac{80\ 000}{500 - 340} = 500$(件)

$$安全边际量 = 实际业务量 - 保本点业务量 = 1\ 000 - 500 = 500(件)$$

$$安全边际率 = \frac{安全边际量}{实际业务量} \times 100\% = \frac{500}{1\ 000} \times 100\% = 50\%$$

(2)销售利润率 $= \frac{销售量 \times (销售单价 - 单位变动成本) - 固定成本}{销售收入} \times 100\%$

$$= \frac{1\ 000 \times (500 - 340) - 80\ 000}{1\ 000 \times 500} \times 100\% = 16\%$$

$$边际贡献率 = \frac{500 - 340}{500} \times 100\% = 32\%$$

$$安全边际率 \times 边际贡献率 = 50\% \times 32\% = 16\%$$

(3)保本作业率 $= \frac{保本点业务量}{正常开工业务量} \times 100\% = \frac{500}{1200} \times 100\% = 42\%$

应该指出的是,保本分析是建立在一定业务量范围内的方法,应该与企业其他数据或信息结合使用,而不应该孤立使用。长期看,没有单纯的固定成本,企业发生的所有成本都是变动的。

第三节　利润分析

一、保利分析

保利分析也称目标利润分析,是在本量利分析基础上,计算为达到目标利润所需达到的业务量、收入和成本的一种利润规划方法。

(一) 单一产品的目标利润分析

根据本量利分析的基本关系式

$$px - bx - F = P$$

可得

$$实现目标利润的销售量 = \frac{目标利润 + 固定成本}{销售单价 - 单位变动成本} \quad (7.42)$$

$$实现目标利润的销售额 = 销售单价 \times 实现目标利润的销售量$$

$$= \frac{目标利润 + 固定成本}{边际贡献率} \quad (7.43)$$

【例7.5】 某企业生产和销售单一产品,销售单价为500元,单位变动成本250元,固定成本500 000元。假定企业目标利润为400 000元,计算该企业实现目标利润的销售量和销售额。

$$实现目标利润的销售量 = \frac{400\ 000 + 500\ 000}{500 - 250} = 3\ 600(件)$$

$$实现目标利润的销售额 = 500 \times 3\ 600 = 1\ 800\ 000(元)$$

或 $$实现目标利润的销售额 = \frac{400\ 000 + 500\ 000}{(500 - 250) \div 500} = 1\ 800\ 000(元)$$

即该企业销售量达到3 600件,或者销售额达到1 800 000元时,就能实现目标利润400 000元。

(二) 多种产品的目标利润分析

根据单一产品的目标利润分析,可得多种产品最优组合的目标利润基本公式如下:

$$实现目标利润的销售额 = \frac{目标利润总额 + 固定成本总额}{综合边际贡献率} = \frac{目标利润总额 + 固定成本总额}{1 - 综合变动成本率} \quad (7.44)$$

【例7.6】 某企业计划期产销甲、乙、丙3种产品,相关资料见前例7.3。

要求:

(1) 如果该企业计划期目标利润10 800元,企业实现目标利润的销售额是多少。

(2) 实现目标利润时每一种产品的销售额是多少。

$$实现目标利润的销售额 = \frac{21\ 600 + 10\ 800}{27\%} = 120\ 000(元)$$

即该企业3种产品的销售额达到120 000元时,能实现目标利润10 800元。根据各种产品的销售比重,可以计算出各种产品实现目标利润时的销售额。

$$甲产品销售额 = 120\ 000 \times 50\% = 60\ 000(元)$$

$$乙产品销售额 = 120\ 000 \times 30\% = 36\ 000(元)$$

$$丙产品销售额 = 120\ 000 \times 20\% = 24\ 000(元)$$

二、敏感性分析

前面介绍盈亏平衡点时,是建立在一系列严格的基本假设基础上的。这些假设主要包括:① 在分析范围内,企业业务收入和费用的支付均随业务量的增减变化呈直线变动。② 发生的费用可以明确地划分为变动性和固定性两类。③ 企业生产的产品品种构成比例不变。④ 计算期间损益时,均假设期初、期末存货水平不变。

倘若现实生活中,不符合上述基本假设,盈亏平衡点会有什么变化?这就要考察各因素变动对盈亏平衡点的影响。其思路是在各因素变动之前先计算盈亏平衡点,各因素变动后再计算盈亏平衡点,然后将二者对比,从而观察出各因素变动对盈亏平衡的影响方向及程度。

(一) 相关因素临界值的确定

由本量利分析的公式 $px - bx - F = P$,可知销售量、销售单价、单位变动成本、固定成本总额的变化,都会对利润产生影响。当这种影响达到一定程度时,就会使利润发生质变、企业由盈利转为亏损。敏感性分析的首要目的就是确定能引起这种质变的各因素变化的临界值,即利润等于 0 时各因素的最大、最小允许值。

由本量利分析的基本模型可计算每个影响因素值

$$\text{销售量} = \frac{\text{固定成本总额}}{\text{销售单价} - \text{单位变动成本}} \tag{7.45}$$

$$\text{销售单价} = \text{单位变动成本} + \frac{\text{固定成本总额}}{\text{销售量}} \tag{7.46}$$

$$\text{单位变动成本} = \text{销售单价} - \frac{\text{固定成本总额}}{\text{销售量}} \tag{7.47}$$

$$\text{固定成本总额} = (\text{销售单价} - \text{单位变动成本}) \times \text{销售量} \tag{7.48}$$

【例 7.7】　某公司仅生产一种产品 A,计划年度预计有关资料包括:销售量 10 000 件,单位变动成本 7 元,期间的固定成本 25 000 元,产品单位售价 12 元。试确定销售量、销售单价、单位变动成本、固定成本总额的临界值并绘图分析企业盈亏情况。

(1) 销售量的临界值。

$$x = \frac{25\ 000}{12 - 7} = 5\ 000(\text{件})$$

销售量的最小允许值为5 000 件,也就是盈亏临界点。即当实际销售量由10 000 件下降到 5 000 件以下时,企业将会亏损。绘制销售量变化前后的盈亏平衡图如图 7.5 所示。

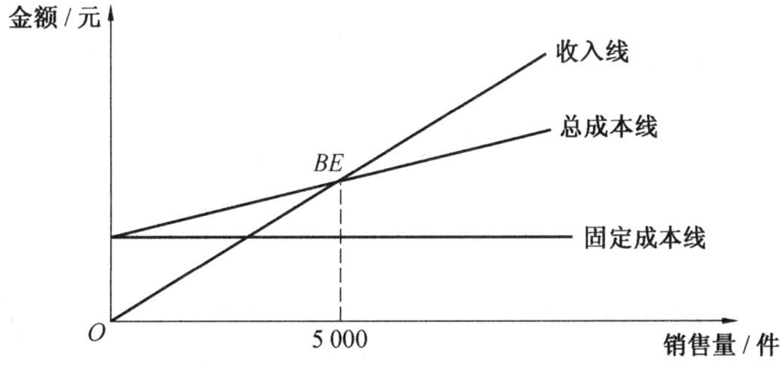

图 7.5　销售量变化前后的盈亏平衡图

由图 7.5 可以看出,销售量降至 5 000 件时,企业处于不赢不亏状态,但是继续下降,企业将会亏损。

(2) 销售单价的临界值。

$$p = 7 + \frac{25\ 000}{10\ 000} = 9.5(\text{元})$$

销售单价的最小允许值为9.5元,即实际单价由12元下降到9.5元以下,企业将会发生亏损。

由图7.6可以看出,当销售单价下降时,坐标轴中的保本点由*BE*右移至*BE'*,即保本点上升,盈利能力降低;反之,如果销售单价上升,保本点左移使保本点下降,盈利能力增加。

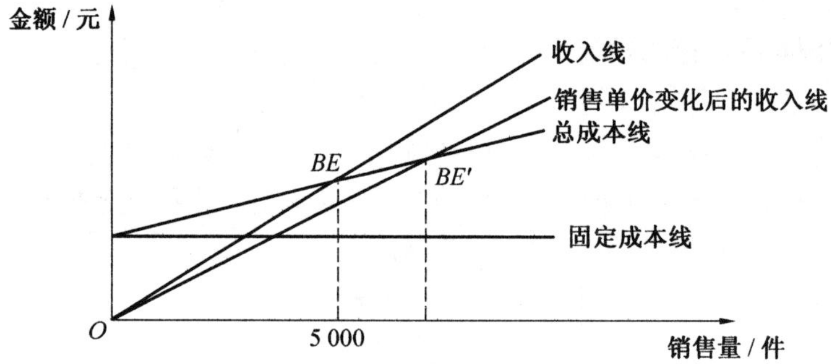

图7.6　销售单价变化前后的盈亏平衡图

(3) 单位变动成本的临界值。

$$\text{单位变动成本} = 12 - \frac{25\ 000}{10\ 000} = 9.5(\text{元})$$

单位变动成本的最大允许值为9.5元,即单位变动成本由7元上升到9.5元以上时,企业将会发生亏损。

由图7.7可以看出,当单位变动成本上升时,坐标轴中保本点由*BE*右移至*BE'*,使保本点上升,盈利能力降低;反之,如果单位变动成本下降时,保本点左移使保本点下降,盈利能力增加。

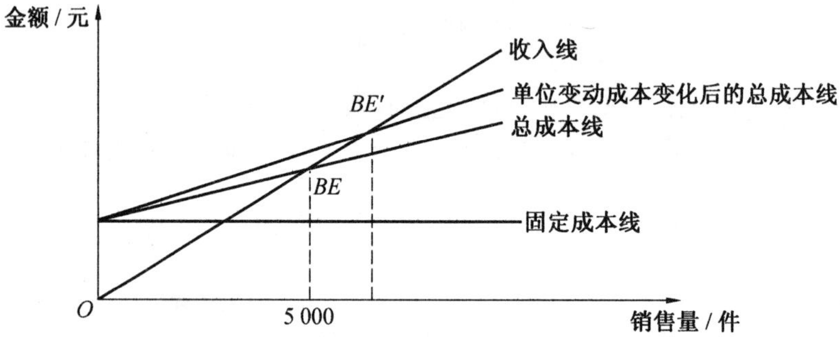

图7.7　单位变动成本变化前后的盈亏平衡图

(4) 固定成本总额的临界值。

$$\text{固定成本总额} = (12 - 7) \times 10\ 000 = 50\ 000(\text{元})$$

固定成本总额的最大允许值为50 000元,即当固定成本由25 000元上升到50 000元以上时,企业将会发生亏损。

由图7.8可以看出,当固定成本上升时,企业的保本点必将上升,盈利能力降低;反之,固定成本下降时,保本点左移使保本点下降,盈利能力增加。

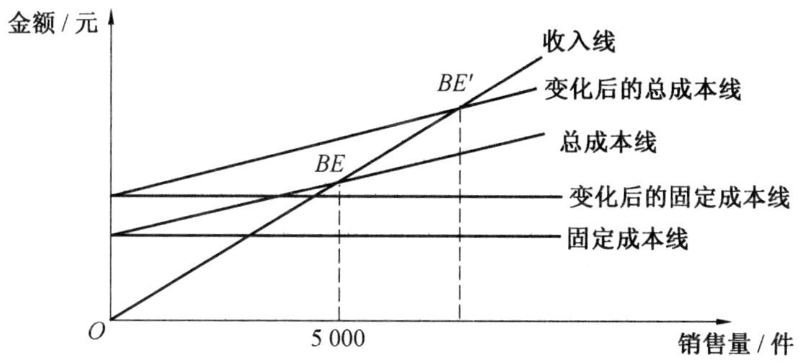

图 7.8　固定成本总额变化前后的盈亏平衡图

（二）相关因素变化对利润的敏感程度

影响利润的各因素变化都会相应引起利润变化，但是影响程度各不相同。有的因素发生较大变动时，对利润的影响并不明显；而有些因素发生微小变化时，会引起利润发生很大变动。

反映利润敏感程度的指标称为敏感系数，计算公式如下：

$$\text{敏感系数} = \frac{\text{营业利润变动百分比}}{\text{因素值变动百分比}} \tag{7.49}$$

敏感系数为正值，说明营业利润随因素值增长而上升；敏感系数为负值，说明营业利润随因素值增长而下降。敏感系数的绝对值越大，该因素值对利润的敏感程度越大。

【例 7.8】　根据前例 7.7 的资料，某公司的产品 A，计划年度预计有关资料包括：销售量 10 000 件，单位变动成本 7 元，期间的固定成本 25 000 元，产品单位售价 12 元。如果销售量、销售单价、单位变动成本、固定成本总额分别增长 20%，计算各影响因素的敏感系数。

（1）销售量的敏感系数。

$$\text{变动前：}P = (12 - 7) \times 10\,000 - 25\,000 = 25\,000(\text{元})$$

$$\text{销售量增长 20\% 后，}x = 10\,000 \times (1 + 20\%) = 12\,000(\text{件})$$

$$\text{变动后：}P = (12 - 7) \times 12\,000 - 25\,000 = 35\,000(\text{元})$$

$$\text{营业利润变动百分比} = \frac{35\,000 - 25\,000}{25\,000} \times 100\% = 40\%$$

$$\text{销售量的敏感系数} = \frac{40\%}{20\%} = 2$$

（2）销售单价的敏感系数。

$$\text{销售单价增长 20\% 后，}p = 12 \times (1 + 20\%) = 14.4(\text{元})$$

$$\text{变动后：}P = (14.4 - 7) \times 10\,000 - 25\,000 = 49\,000(\text{元})$$

$$\text{营业利润变动百分比} = \frac{49\,000 - 25\,000}{25\,000} \times 100\% = 96\%$$

$$\text{销售单价的敏感系数} = \frac{96\%}{20\%} = 4.8$$

（3）单位变动成本的敏感系数。

$$\text{单位变动成本增长 20\% 后，}b = 7 \times (1 + 20\%) = 8.4(\text{元})$$

$$\text{变动后：}P = (12 - 8.4) \times 10\,000 - 25\,000 = 11\,000(\text{元})$$

$$营业利润变动百分比 = \frac{11\ 000 - 25\ 000}{25\ 000} \times 100\% = -56\%$$

$$单位变动成本的敏感系数 = \frac{-56\%}{20\%} = -2.8$$

（4）固定成本的敏感系数。

$$固定成本增长20\%后,F = 25\ 000 \times (1 + 20\%) = 30\ 000(元)$$

$$变动后:P = (12 - 7) \times 10\ 000 - 30\ 000 = 20\ 000(元)$$

$$营业利润变动百分比 = \frac{20\ 000 - 25\ 000}{25\ 000} \times 100\% = -20\%$$

$$固定成本的敏感系数 = \frac{-20\%}{20\%} = -1$$

根据本例的计算结果，利润以2倍的速度随销售量增长而增长；以4.8倍的速度随销售单价的增长而增长；以2.8倍的速度随单位变动成本的增长而下降，以1倍的速度随固定成本的增长而下降。可见，影响利润的相关因素敏感程度由大到小依次为销售单价、单位变动成本、销售量和固定成本。当然，如果具体条件发生变化，各相关因素敏感系数之间的排列顺序也可能发生变化。

敏感性分析除应用于目标利润规划外，还可应用于长期投资决策分析中，用于分析项目期限、贴现率、现金流量等因素值的变化对长期投资决策的净现值、内含报酬率等产生的影响，对项目进行可行性评价。

三、产品结构变动对利润的影响

当一个企业同时生产多种产品时，由于各种产品的边际贡献通常是不一样的，因此产品组合变动也会对企业的盈亏平衡点产生影响。

【例7.9】 根据前例7.7的资料，某公司除原计划生产的10 000件产品外，还有部分剩余的生产能力可以用来将2 000件产品A做进一步的深加工，形成新的产品B。深加工过程中，每单位产品需发生新增的变动成本5元，产品B单位售价25元。可以确定产品A和产品B的边际贡献率分别为41.46%和50%，A、B产品资料表见表7.4。

表7.4 A、B产品资料表

产品	销售收入/元	边际贡献	
		金额/元	边际贡献率/%
产品A	96 000	40 000	41.67
产品B	50 000	26 000	52
合计	146 000	66 000	45.21

根据表7.4确定新的盈亏平衡点。

$$保本点销售额 = \frac{25\ 000}{45.21\%} = 55\ 298(元)$$

$$原来的保本点销售额 = \frac{25\ 000}{(12 - 7) \div 12} = 60\ 000(元)$$

可见,产品结构发生调整,不同边际贡献率的产品在销售收入总额中的比重发生变动,企业的综合边际贡献率也因此改变,其结果必然会反映到保本点上来。

四、产销不平衡的影响

在进行个别因素变动分析时,我们基本上采用的是变动成本计算法。由于假定企业产销平衡,变动成本计算和完全成本计算确定的期间利润是一样的。但在产销不平衡的情况下,变动成本计算和完全成本计算确定的期间利润是不一样的。

如果企业的利润表以变动成本计算法为编制基础,那么期间发生的全部固定成本均要由当期的销售收入补偿,期末产成品库存仅以其变动成本入账。因此,无论是否实现产销平衡,对盈亏平衡点的计算都没有影响。

但如果企业的利润表以完全成本计算法为编制基础,那情况就有所不同了。完全成本计算要求发生的固定成本要在当期生产的产品间进行分摊,如果产销不能平衡,那么,只有由当期已实现销售的产成品所分摊的那部分固定成本会在当期得到补偿,其余部分则反映在期末的产成品库存价值当中。因此,完全成本计算法下的保本点销售量的计算公式可以调整为

$$保本点销售量 = \frac{当期销售产品所分摊的固定成本}{当期销售产品的单位边际贡献} \tag{7.50}$$

五、风险情况下的保本分析和利润分析

现实生活中,企业产品销售单价、销售量、单位变动成本和固定成本总额等因素的变动会出现不确定性,导致相关因素会出现多种可能,这时就应该采用概率技术结合决策表或决策树方法进行本量利分析。首先确定不同概率条件下各相关因素的预计值;其次在决策表中列示计算不同随机组合情况下保本点和预计利润;最后根据随机组合概率计算各组合的期望值,将不同组合的期望值相加即风险情况下的期望保本销售量和期望利润。

【例7.10】 某企业生产一种产品,经过市场调查,预算年度该产品的销售单价、单位变动成本、销售量和固定成本总额出现各种可能的估计值及相应概率见表7.5。

要求:对该企业进行风险情况下的保本分析和利润分析。

表7.5 产品相关数据及概率

项目	销售单价/元		单位变动成本/元		销售量/件			固定成本总额/元	
估计值	15	12	10	9	50 000	55 000	60 000	90 000	75 000
概率	0.7	0.3	0.6	0.4	0.2	0.7	0.1	0.7	0.3

(1) 风险情况下的保本分析。

由于销售单价、单位变动成本、固定成本总额各出现2种情况,综合各种情况的随机组合有8种(2×2×2)。风险情况下的保本销售量的组合概率分析见表7.6。

表 7.6　风险情况下的保本销售量的组合概率分析

组合	销售单价 / 元	单位变动成本 / 元	固定成本总额 / 元	保本点销售量 / 件	随机组合概率	期望保本点销售量 / 件
1	15	10	90 000	18 000	0.7 × 0.6 × 0.7 = 0.294	5 292
2	15	10	75 000	15 000	0.7 × 0.6 × 0.3 = 0.126	1 890
3	15	9	90 000	15 000	0.7 × 0.4 × 0.7 = 0.196	2 940
4	15	9	75 000	12 500	0.7 × 0.4 × 0.3 = 0.084	1 050
5	12	10	90 000	45 000	0.3 × 0.6 × 0.7 = 0.126	5 670
6	12	10	75 000	37 500	0.3 × 0.6 × 0.3 = 0.054	2 025
7	12	9	90 000	30 000	0.3 × 0.4 × 0.7 = 0.084	2 520
8	12	9	75 000	25 000	0.3 × 0.4 × 0.3 = 0.036	900
合计					1	22 287

可见,由销售单价、单位变动成本和固定成本总额这 3 个因素所决定的保本点有 8 种可能的结果,每一种结果都是对这 3 个因素的随机概率进行组合计算而得。每一种组合的随机概率乘以该种情况下的保本点销售量(盈亏临界点销售量),就是期望保本点销售量(盈亏临界点销售量)的预测数,即 22 287 件。

(2) 风险情况下的利润分析。

与风险情况下的保本点销售量分析一样,由于销售单价、单位变动成本、固定成本总额各出现 2 种情况,销售量出现 3 种情况,综合各种情况的随机组合有 24 种(2 × 2 × 3 × 2)。风险情况下的随机组合概率分析见表 7.7。

表 7.7　风险情况下的随机组合概率分析

组合	销售单价 / 元	单位变动成本 / 元	销售量 / 件	固定成本总额 / 元	利润 / 元	随机组合概率	期望利润值 / 元
1	15	10	50 000	90 000	160 000	0.058 8	9 408
2	15	10	50 000	75 000	175 000	0.025 2	4 410
3	15	10	55 000	90 000	185 000	0.205 8	38 073
4	15	10	55 000	75 000	200 000	0.088 2	17 640
5	15	10	60 000	90 000	210 000	0.029 4	6 174
6	15	10	60 000	75 000	225 000	0.012 6	2 835
7	15	9	50 000	90 000	210 000	0.039 2	8 232
8	15	9	50 000	75 000	225 000	0.016 8	3 780
9	15	9	55 000	90 000	240 000	0.137 2	32 928
10	15	9	55 000	75 000	255 000	0.058 8	14 994
11	15	9	60 000	90 000	270 000	0.019 6	5 292

续表

组合	销售单价/元	单位变动成本/元	销售量/件	固定成本总额/元	利润/元	随机组合概率	期望利润值/元
12	15	9	60 000	75 000	285 000	0.008 4	2 394
13	12	10	50 000	90 000	10 000	0.025 2	252
14	12	10	50 000	75 000	25 000	0.010 8	270
15	12	10	55 000	90 000	20 000	0.088 2	1 764
16	12	10	55 000	75 000	35 000	0.037 8	1 323
17	12	10	60 000	90 000	30 000	0.012 6	378
18	12	10	60 000	75 000	45 000	0.005 4	243
19	12	9	50 000	90 000	60 000	0.016 8	1 008
20	12	9	50 000	75 000	75 000	0.007 2	540
21	12	9	55 000	90 000	75 000	0.058 8	4 410
22	12	9	55 000	75 000	90 000	0.025 2	2 268
23	12	9	60 000	90 000	90 000	0.008 4	756
24	12	9	60 000	75 000	105 000	0.003 6	378
合计						1	159 750

从表 7.7 中可见，运用概率技术进行利润预测，与保本点分析法相同，先计算每一种组合下的利润，再乘以相应概率以计算期望利润值，各期望值的合计就是期望利润，即 159 750 元。

六、经营杠杆

（一）经营杠杆的概念

在其他条件不变的情况下，产销量的增加虽然一般不会改变固定成本总额，但会降低单位固定成本，从而提高单位利润，使息税前利润的增长率大于产销量的增长率；反之，产销量的减少会提高单位固定成本，降低单位利润，使利润下降率也大于产销量下降率。如果不存在固定成本，所有成本都是变动的，那么贡献毛益就是息税前利润，这时利润变动率就同产销量变动率完全一致。在某一固定成本比重下，销售量变动对利润产生的作用，称为经营杠杆。

产销量的变动必然引起边际贡献的变动，而且两者的变动率是一致的。这一点由下式可以证明

$$M=(p-b)\cdot x \tag{7.51}$$

式中　M—— 边际贡献总额；

p—— 销售单价；

b—— 单位变动成本；

x—— 产销量。

上式两端同时乘以一个常数,其恒等式关系不变。因此,在销售单价和单位变动成本不变的条件下,产销量和边际贡献的变动率相等。

产销量的变动同时会引起利润的变动,但是,由于固定成本的存在,产销量的变动率与利润变动率不相等,后者大于前者。

除非固定成本是零或业务量无穷大,否则,利润变动率总是大于边际贡献变动率,而边际贡献变动率与产销量变动率相等,因此,利润变动率大于产销量变动率。

(二)经营杠杆的计量

从上述情况可知,只要企业存在固定成本,就存在经营杠杆的作用。但不同企业,经营杠杆作用的程度是不完全一致的,为此,需要对经营杠杆进行计量。对经营杠杆进行计量的最常用指标是经营杠杆系数或经营杠杆度。所谓经营杠杆系数,是指利润变动率相当于产销量变动率的倍数。其计算公式为:

$$经营杠杆系数 = \frac{利润变动率}{产销量变动率}$$

或

$$\mathrm{DOL} = \frac{\Delta P/P}{\Delta S/S} \tag{7.52}$$

式中 DOL—— 经营杠杆系数

P—— 变动前的利润

ΔP—— 利润的变动额

S—— 变动前的产销量

ΔS—— 产销量的变动额。

【例 7.11】 某公司有关资料见表 7.8,试计算该企业的经营杠杆系数。

表 7.8 某公司资料表

单位:元

项目	产销量变动前	产销量增加 20%	变动额	变动率(+%)	产销量下降 20%	变动额	变动率(+%)
销售额	10 000	12 000	2 000	20	8 000	-2 000	-20
变动成本	6 000	7 200	1 200	20	4 800	-1 200	-20
边际贡献	4 000	4 800	800	20	3 200	-800	-20
固定成本	2 000	2 000	—	—	2 000	—	—
营业利润	2 000	2 800	800	40	1 200	-800	-40

注:假设产销量一致。

$$\mathrm{DOL} = \frac{\Delta P/P}{\Delta S/S} = \frac{\frac{800}{2\ 000}}{\frac{2\ 000}{10\ 000}} = \frac{40\%}{20\%} = 2$$

说明产销量增加 20% 时,利润将以 40% 速度增长;反之,产销量下降 20%,利润以 40% 速度下降。

上述公式是计算经营杠杆系数的常用公式，但利用该公式，必须根据变动前和变动后的有关资料才能进行计算，而不能仅仅根据基期资料计算。为此，我们根据上述公式推导出用基期资料计算经营杠杆系数的公式。

因为产销量变动率与边际贡献变动率一致，所以，变动后的边际贡献为

$$\text{边际贡献} = M + M \cdot \frac{\Delta S}{S} \tag{7.53}$$

则

$$\mathrm{DOL} = \frac{\Delta P/P}{\Delta S/S} = \frac{\Delta P}{\frac{\Delta S}{S} \cdot P} = \frac{\left(M + M \cdot \frac{\Delta S}{S} - F\right) - (M - F)}{\frac{\Delta S}{S} \cdot P} = \frac{M \cdot \frac{\Delta S}{S}}{\frac{\Delta S}{S} \cdot P} = \frac{M}{P} \tag{7.54}$$

得到

$$\text{经营杠杆系数} = \frac{\text{基期边际贡献}}{\text{基期营业利润}} \tag{7.55}$$

将表 7.8 资料代入得

$$\mathrm{DOL} = \frac{4\ 000}{2\ 000} = 2$$

（三）经营杠杆与经营风险

引起企业经营风险的主要原因是市场需求和成本等因素的不确定性，经营杠杆本身并不是利润不稳定的根源。但是，产销量增加时，利润将以 DOL 的倍数的幅度增加；而产销量减少时，利润又将以 DOL 的倍数的幅度减少。可见，经营杠杆扩大了市场需求和成本等不确定因素对利润变动的影响。而且经营杠杆系数越高，利润变动越激烈，企业的经营风险就越大。于是，企业经营风险的大小和经营杠杆有重要关系。一般来说，在其他因素不变的情况下，固定成本越高，经营杠杆系数越大，经营风险越大。经营杠杆与固定成本的计算公式为

由

$$\mathrm{DOL} = \frac{M}{P}$$

$$P = M - F$$

可得

$$\mathrm{DOL} = \frac{M}{M - F} \tag{7.56}$$

上式表明，DOL 将随 F 的变化呈同方向变化，即在其他因素一定的情况下，固定成本越高，DOL 越大。相应地，经营杠杆越大，企业经营风险也就越大。

二维码知识点 7.2　管理会计应用指引第 405 号——多维度盈利能力分析

第四节　营运管理案例实务

资料一：某建材公司是一个中小型建筑公司，近年来公司以产品质量优质、服务客户受到市场欢迎，近年来销售量比较稳定，企业发展处于上升时期。公司尚有持续生产能力，为了企业可持续发展，公司拟在计划年度(20×4年)开发新材料。经市场调研，新材料销售单价预计12元，单位变动成本8元，全年可分摊固定成本1 000 000元，计划销售量400 000 kg。

资料二：企业经营安全程度的一般标准参照表7.9和表7.10。

表7.9　企业经营安全程度的一般标准(正指标)

安全边际率	< 10%	(10% ~ 20%)	(20% ~ 30%)	(30% ~ 40%)	> 40%
安全程度	危险	值得注意	较安全	安全	很安全

表7.10　企业经营安全程度的一般标准(反指标)

安全边际率	< -10%	(-10% ~ -20%)	(-20% ~ -30%)	(-30% ~ -40%)	> -40%
安全程度	危险	值得注意	较安全	安全	很安全

资料三：根据市场需求情况、企业生产能力和技术水平，预计销售量、销售单价、单位变动成本、固定成本会发生变动。由于销售单价对利润最为敏感，该公司决定采用降价刺激销售量。但是，企业需要扩大生产能力以满足销售量的增加，规模效应使单位变动成本降低。也有可能固定成本不变，而材料、人工涨价，单位变动成本可能会上升。分为以下情况(表7.11)。

表7.11　各因素变动情况

项目		x = 300 000 kg	x = 400 000 kg	x = 500 000 kg	x = 600 000 kg
		p = 11元	p = 11.5元	p = 12元	p = 12.5元
b = 8.8元	a = 1 000 000元	-340 000元	80 000元	600 000元	1 220 000元
b = 8元	a = 1 000 000元	-100 000元	400 000元	1 000 000元	1 700 000元
b = 7.7元	a = 1 120 000元	-130 000元	400 000元	1 030 000元	1 760 000元
b = 7.4元	a = 1 240 000元	-160 000元	400 000元	1 060 000元	1 820 000元

要求：

(1) 利润规划：根据资料一，为该建材公司估算该产品的目标利润，并估算公司由盈利转为亏损的单因素的临界值。

(2) 安全性分析：根据资料二，分析各因素变动给目标利润带来的不利影响程度，评价企业抵御营运风险的能力。

(3) 多因素变动的利润规划：根据资料三，当销售单价、销售量、单位变动成本和固定成本共同变动时，企业要实现或超额实现目标利润600 000元，如何使目标利润最大化。

案例解析如下。

(1) 利润规划。

$$全年目标利润=(12-8)\times 400\ 000-1\ 000\ 000=600\ 000(元)$$

$$销售量的临界值=1\ 000\ 000\div(12-8)=250\ 000(kg)$$

$$销售单价的临界值=8+\frac{1\ 000\ 000}{400\ 000}=10.5(元)$$

$$单位变动成本的临界值=12-\frac{1\ 000\ 000}{400\ 000}=9.5(元)$$

$$固定成本的临界值=(12-8)\times 400\ 000=1\ 600\ 000(元)$$

分析说明:当单因素发生变动时,即销售量下降到250 000 kg,或销售单价下降到10.5元,或单位变动成本上升到9.5元,或固定成本上升到1 600 000元时,企业目标利润会降至盈亏平衡点,此时稍有变动,企业将会发生亏损。

(2) 安全性分析。

① 销售量的安全性分析。

$$安全边际量=400\ 000-250\ 000=150\ 000(kg)$$

$$安全边际率=(400\ 000-250\ 000)\div 400\ 000=37.5\%$$

分析说明:销售量的临界值是250 000 kg。当销售量小于250 000 kg时,企业将会发生亏损,即销售量的下降幅度不能超过37.5%。

② 销售单价的安全性分析。

$$安全边际量=12-10.5=1.5(元)$$

$$安全边际率=(12-10.5)\div 12=12.5\%$$

分析说明:销售单价的临界值是10.5元。当销售单价小于10.5元时,企业将会发生亏损,即销售单价的下降幅度不能超过12.5%。

③ 单位变动成本的安全性分析。

$$安全边际量=8-9.5=-1.5(元)$$

$$安全边际率=(8-9.5)\div 8=-18.75\%$$

分析说明:单位变动成本的临界值是9.5元。当单位变动成本大于9.5元时,企业将会发生亏损,即单位变动成本的上涨幅度不能超过18.75%。

④ 固定成本的安全性分析。

$$安全边际量=1\ 000\ 000-1\ 600\ 000=-600\ 000(元)$$

$$安全边际率=(1\ 000\ 000-1\ 600\ 000)\div 1\ 000\ 000=-60\%$$

分析说明:固定成本的临界值是1 600 000元。当固定成本大于1 600 000元时,企业将会发生亏损,即固定成本的上涨幅度不能超过60%。

根据该公司的市场调查数据,销售量的安全边际率为37.5%,销售单价的安全边际率为12.5%,分别处于“安全”和“值得注意”的状态;而反向变动的指标中单位变动成本的安全边际率为-18.75%,固定成本的安全边际率为-60%,分别处于“值得注意”和“很安全”的状态。

通过分析可以看出,销售单价的安全边际率最低,其风险高于其他因素,该公司应高度关注销售单价的变化。而销售量和固定成本都处于“安全”和“很安全”的状态,发生亏损的可能性很小,抵御风险的能力较强。只要控制住了各因素变动范围,就可以控制企业不发生亏损。

(3) 多因素变动的利润规划。

根据本量利分析基本模型可知,要确保实现或超过目标利润 600 000 元,可以增加销售量和销售单价,或者降低单位变动成本和固定成本。但是由于销售量、销售单价和固定成本相互联系,其中一个因素变动,就会使其他因素发生变动。因此,同时提高销售单价和销售量,并降低单位变动成本和固定成本,无法提高利润。本案例中,有以下 8 种组合可以实现或超额完成目标利润,见表 7.12。

表 7.12　实现或超额完成目标利润的情况

项目		x = 500 000 kg	x = 600 000 kg
		p = 12 元	p = 12.5 元
b = 8.8 元	a = 1 000 000 元	600 000 元	1 220 000 元
b = 8 元	a = 1 000 000 元	1 000 000 元	1 700 000 元
b = 7.7 元	a = 1 120 000 元	1 030 000 元	1 760 000 元
b = 7.4 元	a = 1 240 000 元	1 060 000 元	1 820 000 元

其中,当销售单价达到 12.5 元,销售量 600 000 kg,单位变动成本 7.4 元,固定成本 1 240 000 元时,利润最大。

第八章

投融资管理

课程目标

通过本章学习，应掌握资金时间价值的计算，贴现期和现金净流量的计算，投资决策评价指标，个别资本成本、加权平均资本成本和边际资本成本的计算，并能运用评价指标和资本成本进行投融资决策；理解投融资管理的概念、原则、工具方法和投融资管理的程序，贴现现金流量法的折现率，资本成本的含义和作用及资本成本的种类。

课程思政

通过投融资决策的学习理解资金时间价值和资本成本,树立正确的信贷观;通过信用教育的学习,培养投资风险意识,正确理解投资收益。

思维导图

第一节　投融资管理概述

一、投融资管理的概念

投融资管理包括投资管理和融资管理。

投资管理，是指企业根据自身战略发展规划，在价值最大化的前提下，将资金投入到营运过程中的管理活动。投资管理的对象包括权益性投资和非权益性投资。

融资管理，是指企业为实现既定的战略目标，在风险匹配的原则下，以信用为基础筹集资金的管理活动。融资管理的对象包括权益性融资和债务性融资。

二、投融资管理的原则

企业进行投融资管理时，一般应遵循以下原则。

1. 价值创造原则

投融资管理应以持续创造社会价值和经济价值为核心。

2. 战略导向原则

投融资管理应符合企业发展战略与规划，与企业战略布局和结构调整方向相一致。

3. 风险匹配原则

投融资管理应确保投融资对象的风险评级与企业的风险综合承受能力相匹配。

三、投融资管理的工具方法

投融资管理领域应用的工具方法包括但不限于贴现现金流量法、项目管理、资本成本分析、情景分析、约束资源优化等。

（一）贴现现金流量法

1. 贴现现金流量法的定义

贴现现金流量法，是以明确的假设为基础，选择恰当的贴现率对预期的各期流入和各期流出进行贴现，通过贴现值的计算和比较为财务合理性提供判断依据的价值估算方法。

贴现现金流量法一般适用于在企业日常经营过程中，与投融资管理相关的资产价值估算、企业估值和项目投资决策等。贴现现金流量法也适用于其他价值评估方法不适用的企业，包括正在经历巨大变化的企业，如债务重组、重大转型、战略性重新定位、亏损或者处于开办期的企业等。

2. 贴现现金流量法的应用环境

企业应用贴现现金流量法开展投融资管理决策时，应对企业战略、行业特征、外部信息等进行充分了解。

（1）企业应用贴现现金流量法时，应从战略层面明确贴现现金流量法开展的可行性，并根据实际情况，建立适宜贴现现金流量法开展的沟通协调程序和操作制度，明确信息提供的责任主体、基本程序和方式，确保信息提供的充分性和可靠性。同时，企业应考虑估算标的未来将采取的会计政策和企业在估算基准日时所采用的会计政策在重要方面是否基本一致。

（2）企业应用贴现现金流量法时，应确认内外部环境对贴现现金流量法的应用可提供充分支持，如现金流入和现金流出的可预测性、折现率的可获取性，以及所有数据的可计量特征等。通常需要考虑以下内容：① 国家现行的有关法律法规及政策、国家宏观经济形势有无重大变化，各方所处地区的政治、经济和社会环境有无重大变化；② 有关利率、汇率、税基及税率、政策性征收费用等是否发生重大变化；③ 估算标的的所有者和使用者是否完全遵守各有关法律法规，估算标的在现有的管理方式和管理水平的基础上，经营范围、方式与目前方向是否保持一致；④ 有无其他不可抗拒因素及不可预见因素对企业造成重大不利影响。

（二）项目管理

二维码知识点8.1　项目管理的基本程序

1. 项目管理的定义

项目管理是指通过项目各参与方的合作，运用专门的知识、工具和方法，对各种资源进行计划、组织、协调、控制，使项目能够在规定的时间、预算和质量范围内，实现或超过既定目标的管理活动。

2. 项目管理的原则

企业进行项目管理时，一般应遵循以下原则。

（1）注重实效，协同创新。

项目应围绕项目管理的目标，强调成本效益原则，实现项目各责任主体间的协同发展、自主创新。

（2）按级负责，分工管理。

项目各责任主体应当根据管理层次和任务分工的不同，有效行使管理职责，履行管理义务，确保项目取得实效。

（3）科学安排，合理配置。

严格按照项目的目标和任务，科学合理编制预算，严格执行预算。

3. 项目管理的基本程序

项目管理的基本程序一般包括可行性研究、项目立项、项目计划、项目实施、项目验收和项目后评价等。

4. 项目财务管理

项目财务管理是指基于项目全生命周期的项目财务活动的归口管理工作，是对项目营运过程中财务资源使用的全流程管理活动。在项目营运过程中，企业应当重视并严格执行项目预算管理，项目执行成本控制，项目会计核算，资金管理与项目结算，项目决算，项目经济后评价等。

5. 项目管理的工具方法

项目管理的工具方法一般包括挣值法、成本效益法、价值工程法等。

(1) 挣值法。

挣值法是指综合考虑进度和资源绩效,以评估项目进展和绩效的方法。挣值法广泛适用于项目管理中的项目实施、项目后评价等阶段。挣值法的评价基准包括成本基准和进度基准,通常可以用于检测实际绩效与评价基准之间的偏差。

(2) 成本效益法。

成本效益法是指通过比较项目不同实现方案的全部成本和效益,以寻求最优投资决策的一种项目管理工具方法。其中,成本指标可以包括项目的执行成本、社会成本等;效益指标可以包括项目的经济效益、社会效益等。成本效益法属于事前控制方法,可广泛适用于项目可行性研究阶段。

(3) 价值工程法。

价值工程法是指对研究对象的功能和成本进行系统分析,比较为获取的功能而发生的成本,以提高研究对象价值的管理工具方法。功能是指对象满足某种需求的效用或属性,本方法下的成本是指按功能计算的全部成本费用;价值是指对象所具有的功能与获得该功能所发生的费用之比。价值工程法可广泛适用于项目设计与改造、项目实施等阶段。

(三) 资本成本分析

资本成本分析是计算决策方案的资本成本,通过比较,进行决策分析。

在融资决策中,企业可以通过计算不同资本组合的综合资本成本来优化资本结构,以其中综合资本成本最低的组合为最佳。

在投资决策中,企业可以通过计算资本成本来评估投资项目的可行性。如果项目的预期回报率可以超过资本成本,则可以判断项目是可行的,反之则不可行。

(四) 情景分析

1. 情景分析的概念

情景分析,又称脚本法或前景描述法,是指在对企业经营管理中未来可能出现的相关事件情景进行假设的基础上,结合企业管理要求,通过模拟等技术分析相关方案发生的可能性、相应后果和影响,以做出最佳决策的方法。

情景分析是一种预测方法,但有别于传统预测方法。传统预测方法往往假定未来的发展结果是唯一的,并根据近年的发展情况进行趋势外推,得出关于未来发展状况的预测;而情景分析是着眼于未来发展的不确定性,对未来的发展做出多种可选择的描述。

2. 情景分析的适用范围

情景分析一般适用于企业的投融资决策,也可用于战略目标制定、风险评估等。情景分析适用于资金密集、产品或技术开发的前导期长、战略调整所需投入大、风险高的产业,如石油、钢铁行业等。情景分析也适用于不确定因素太多,无法进行唯一准确预测的行业,如制药业、金融业等。

3. 情景分析的应用环境

企业应用情景分析工具方法,应重点考虑对决策事项有重大影响的事件情景,评价事件情景与分析方案、决策事项关联程度,并将情景分析建立在合理假设的基础上。

企业应用情景分析工具方法,应考虑与决策事项有关的参数、边界条件等的完整性及可获取性,尤其应考虑宏观环境因素的可测性,如产业政策、行业状况等。

4. 情景分析的应用程序

企业应用情景分析工具方法，一般按照确认决策事项、确认影响因素、设定情景、分析调整方案和分析实施后果等程序进行。

企业应用情景分析工具方法，应根据决策目标和决策需求确定决策事项。同时，决策事项应存在多种可量化的影响因素及其不同的实现路径。

企业应用情景分析工具方法，应对决策事项的影响因素进行全面分析，并根据重要性原则明确决策事项的主要影响因素，以此作为设置情景的主要内外部影响因素。

（1）在进行投融资决策时，通常应考虑投资额、资本成本等影响因素。

（2）在进行战略目标制定时，通常应考虑消费者信心指数、市场占有率等影响因素。

（3）在进行风险评估时，通常应考虑利率、汇率等产生可承受最大损失等影响因素。

企业通常应根据决策事项设定不同的情景，这些情景应能提供有意义的测试环境，以便后续制定多个可选择方案。

（1）根据历史情况设定情景时，通常可以选取最优、最差或基准的历史情况作为情景，或者以历史特殊事件作为情景，如重复进行的标准历史事件。

（2）根据其他假设设定情景时，通常使用人为假设、专家认定或者数据模拟等方法来设定情景。

企业应在情景设定的基础上，建立影响因素与决策目标之间的逻辑关系。通过搜集相关数据，对不同情景下决策事项的总体发展状况进行分析，或对不同情景下决策事项可能产生的经济后果进行测算，制定出各种情景下的对策和实施方案。企业应建立情景变化监测机制，及时调整情景分析中的主要影响因素，修正对策和实施方案。

企业在应用情景分析工具方法后，通过梳理总结决策事项、影响因素、情景设定、情景分析结果、应对措施设置等，并考虑情景假设设定的基本原则及理由，不断完善情景分析工具方法。

5. 情景分析的主要优缺点

情景分析的主要优点：注重情景发展的多种可能性，降低决策失误对企业造成的影响，对决策事项的可参考性较强。

情景分析的主要缺点：情景假设的主观性较强，对于情景数据的准确性、逻辑性及因果关系的建立要求较高。

（五）约束资源优化

1. 约束资源优化的概念

约束资源优化，是指企业通过识别制约其实现生产经营目标的瓶颈资源，并对相关资源进行改善和调整，以优化企业资源配置、提高企业资源使用效率的方法。

约束资源，是指企业拥有的实际资源能力小于需要的资源能力的资源，即制约企业实现生产经营目标的瓶颈资源，如流动资金、原材料、劳动力、生产设备、技术等要素及要素投入的时间安排等。

约束资源优化一般适用于企业的投融资管理和营运管理等领域。

2. 约束资源优化的应用环境

企业应用约束资源优化工具方法，约束资源的缺口一般应相对稳定，相关数据一般应完整并可获取，必要时提供信息技术的支持。

3. 约束资源优化的应用程序

企业应用约束资源优化工具方法，一般按照识别约束资源、寻找突破方法、协同非约束资源、评价实施效果等程序进行。

（1）识别约束资源。

企业应用约束资源优化工具方法，应识别出管理过程中制约既定目标实现的约束资源，并对约束资源进行定量分析。在约束资源难以进行定量分析时，可以通过内部评审法、专家评价法等，识别出管理过程中的约束资源。

内部评审法，是指企业通过内部组织开展评议、审查识别约束资源的方法。企业通常应组建满足约束资源识别所需的，由财务部门、生产部门和其他相关部门人员组成的内部评审小组或类似评审组织，通过集中研讨等方式，识别出管理过程中的约束资源。

专家评价法，是指利用专家的经验、知识等识别约束资源的方法。对于企业既定目标的实现形成重大制约影响的约束资源，企业通常采用此方法进行综合评判。

（2）寻找突破方法。

在识别约束资源的基础上，企业应比较约束资源的资源能力差距，搜集约束资源的相关数据等信息，系统分析约束资源形成的原因和涉及的实施责任主体，制定约束资源优化的实施方案，建立实现约束资源优化的长效机制，促进约束资源的资源能力提升。

① 当约束资源是流动资金时，通常采取企业资金内部调剂、缩短应收账款回收周期、加快存货周转、延长付款周期等方法消除流动资金缺口，也可以通过外部融资扩大企业的资金来源，如债务融资、权益融资等。

② 当约束资源是原材料时，通常采取设置库存缓冲、确保原材料的及时供应等方法消除原材料缺口。

③ 当约束资源是劳动力时，通常采取招聘新员工、增设新岗位、其他岗位借调等方法消除劳动力瓶颈。

④ 当约束资源是生产设备时，通常采取提前安排设备购置计划、寻找委托加工方式等补充产能的不足。

⑤ 当约束资源是技术时，通常采取技术研发、引进新技术等方法来消除技术瓶颈。

⑥ 当约束资源是要素投入的时间时，通常在明确各项作业的关键路线和关键工序的基础上，重新安排各项作业的工作流程，利用时间缓冲进行优化，确保要素投入的时间不受影响。

（3）协同非约束资源。

企业应根据约束资源优化的解决方法和解决方案，重新安排其他资源和活动，确保非约束资源的协同利用。通常情况下，企业需要根据约束资源的运作节奏，调整和改变原有的管理政策和其他资源的配置，利用倒排的方法对其他资源进行调整，确保非约束资源的运作与约束资源同步，实现各个环节的衔接，协调整个管理流程。

（4）评价实施效果。

企业应评价并确认原有约束资源的资源能力得到改善，确保原有约束资源不再制约企业实现既定目标，重新梳理各项作业流程，识别新的约束资源，寻找相应的突破方法，进一步实现资源优化配置。

4. 约束资源优化的主要优缺点

约束资源优化的主要优点:促进企业不断地发现、分析和解决企业发展的关键瓶颈,提高企业资源配置效率。

约束资源优化的主要缺点:涉及多个部门、多个责任主体,协调沟通难度大;对相关数据的量化要求较高。

四、投融资管理的程序

(一) 投资管理程序

二维码知识点8.2　管理会计多领域应用助力公司稳定发展——以中国移动某省分公司为例

企业应建立健全投资管理的制度体系,根据组织架构特点,设置能够满足投资管理活动所需的,由业务、财务、法律及审计等相关人员组成的投资委员会或类似决策机构,对重大投资事项和投资制度建设等进行审核,有条件的企业可以设置投资管理机构,组织开展投资管理工作。

投资管理的程序一般包括投资计划制订、可行性分析、实施过程控制、投资后评价和定期编制投资报告等。

1. 投资计划制订

企业投资管理机构应根据战略需要,定期编制中长期投资规划,并据此编制年度投资计划。中长期投资规划一般应明确指导思想、战略目标、投资规模、投资结构等,年度投资计划一般应包括编制依据、年度投资任务、年度投资任务执行计划、投资项目的类别及名称、各项目投资额的估算及资金来源构成等,并纳入企业预算管理。

2. 可行性分析

企业可以自行组织开展投资可行性分析,也可委托具有相应资质的投资咨询机构执行。投资可行性分析的内容一般包括该投资在技术和经济上的可行性、可能产生的经济效益和社会效益、可以预测的投资风险、投资落实的各项保障条件等。

3. 实施过程控制

企业进行投资管理,应当将投资控制贯穿于投资实施的全过程。投资控制的主要内容一般包括进度控制、财务控制、变更控制等。进度控制,是指对投资实际执行进度方面的规范与控制,主要由投资执行部门负责;财务控制,是指对投资过程中资金使用、成本控制等方面的规范与控制,主要由财务部门负责;变更控制,是指对投资变更方面的规范与控制,主要由投资管理部门负责。

4. 投资后评价

投资项目实施完成后,企业应对照项目可行性分析和投资计划组织开展投资后评价。投资后评价的主要内容一般包括投资过程回顾、投资绩效和影响评价、投资目标实现程度和持续能力评价、经验教训和对策建议等。

5. 定期编制投资报告

企业可定期编制投资报告,反映一定期间内投资管理的总体情况,一般至少应于每个会计年度出具一份；也可根据需要编制不定期报告，主要用于反映特殊事项和特定项目的投资管理情况。

投资报告应根据投资管理的执行结果编制，反映企业投资管理的实施情况。投资报告主要包括以下两部分内容。

（1）投资管理的情况说明，一般包括投资对象、投资额度、投资结构、投资进度、投资效益、投资风险、需要说明的其他重大事项等。

（2）投资管理建议，可以根据需要以附件形式提供支持性文档。

投资报告是重要的管理会计报告，应确保内容真实、数据可靠、分析客观、结论清楚，为报告使用者提供满足决策需要的信息。

企业应及时进行回顾和分析，检查和评估投资管理的实施效果，不断优化投资管理流程，改进投资管理工作。

（二）融资管理程序

二维码知识点 8.3　管理会计全面助推集团产业发展

企业应建立健全融资管理的制度体系，融资管理一般采取审批制，根据企业的战略需要，实施分级授信、逐级上报。企业应设置满足融资管理所需的，由业务、财务、法律及审计等相关人员组成的融资委员会或类似决策机构，对重大融资事项和融资管理制度等进行审批，融资管理一般由企业财务部门负责归口管理工作。

融资管理的程序一般包括融资计划制订、融资决策分析、融资方案的实施与调整、融资管理分析和定期编制融资报告等。

1. 融资计划制订

企业对融资安排应实行年度统筹、季度平衡、月度执行的管理方式，根据战略需要、业务计划和经营进展情况，预测现金流量，统筹各项收支，编制年度融资计划，并据此分解至季度和月度融资计划。必要时根据特定项目的需要，编制专项融资计划。

年度融资计划的内容一般包括编制依据、融资规模、融资方式、资本成本等，季度和月度融资计划的内容一般包括年度经营计划、企业经营情况和项目进展水平、资金周转水平、融资方式、资本成本等。

企业融资计划可作为预算管理的一部分，纳入企业预算管理。

2. 融资决策分析

企业应根据融资决策分析的结果编制融资方案，融资决策分析的内容一般包括融资规模、融资方式、资本成本、融资机构的选择依据、融资用途、偿付能力、融资潜在风险和应对措施、还款计划等。

3. 融资方案的实施与调整

融资方案经审批通过后，进入实施阶段，一般由财务部门具体负责落实。如果融资活动受阻或者融资量无法达到融资需求目标，财务部门应对融资方案进行及时调整，数额较大时应按照融资管理程序重新报请融资委员会或类似决策机构审批。

4. 融资管理分析

企业融资完成后,应对融资进行统一管理,必要时应建立融资管理台账,一般由财务部门负责执行。企业应定期进行融资管理分析,内容一般包括还款计划、还款期限、资本成本、偿付能力、融资潜在风险和应对措施等。还款计划应纳入预算管理,以确保按期偿还融资。

5. 定期编制融资报告

企业可定期编制融资报告,反映一定期间内融资管理的总体情况,一般至少应于每个会计年度出具一份;也可根据需要编制不定期报告,主要用于反映特殊事项和特定项目的融资管理情况。

融资报告应根据融资管理的执行结果编制,反映企业融资管理的实施情况。融资报告主要包括以下两部分内容。

(1) 融资管理的情况说明,一般包括融资需求测算、融资渠道、融资方式、融资成本、融资程序、融资风险及应对措施、需要说明的重大事项等。

(2) 融资管理建议,可以根据需要以附件形式提供支持性文档。

融资报告是重要的管理会计报告,应确保内容真实、数据可靠、分析客观、结论清楚,为报告使用者提供满足决策需要的信息。

企业应及时进行回顾和分析,检查和评估融资管理的实施效果,不断优化融资管理流程,改进融资管理工作。

第二节　贴现现金流量法

贴现现金流量法,是以明确的假设为基础,选择恰当的贴现率对预期的各期流入和各期流出进行贴现,通过贴现值的计算和比较为财务合理性提供判断依据的价值估算方法。

一、资金时间价值

(一) 资金时间价值的含义

资金时间价值,是指一定量资金在不同时点上的价值量的差额。

众所周知,在商品经济条件下,今天的1元钱和将来的1元钱不等值,前者要比后者的经济价值大,即使除去通货膨胀和风险因素,等量资金在不同时点上的价值也不相等,这是由于资金在使用过程中随时间的推移而发生增值,即为资金时间价值。例如,你现在有1 000元暂时不用,存入银行,定期1年,让银行代为运用,到期以后你可以从银行收到1 050元,多得的50元就是你从银行得到的报酬,即通常所谓的"利息"。在实际工作中,人们还把利息(50元)占原存入本金(1 000元)的百分比率(5%)称为"利率",这里的"利息""利率"就是货币的时间价值。因此,我们可以说货币的时间价值有2种表现形式:一种是绝对值——利息;另一种是相对值——利率。

如果将这1 050元再次存入银行继续投资,它仍然会带来价值递增。企业资金循环的起点是投入货币资金,企业用它来购买所需的资源,然后生产出新的产品,产品出售时得到的货币量大于最初投入的货币量。每完成一次循环,货币就增加一定金额,如此循环反复,货币价值将随着时间的延续按几何级数的方式不断增长,从而使货币具有时间价值。

通常情况下,资金时间价值被认为是没有风险和没有通货膨胀条件下的社会平均资金利润率。实际上,长期投资决策总是或多或少地存在风险,而通货膨胀也是市场经济中客观存在的经济现象,因此,利率不仅包含时间价值,而且也包含风险价值和通货膨胀的因素。只有在购买国库券等政府债券时几乎没有风险,如果通货膨胀率很低的话,政府债券利率可视同时间价值。实务中,通常以利率、报酬率等来替代货币的时间价值率。

由于市场竞争的结果,投资者的投资目的都是使自己的投资尽快增值,这必然要求投资报酬率高于社会平均利润率,因此货币的时间价值就成为投资决策中评价投资方案的基本标准,只有当投资报酬率高于货币的时间价值时,该项目才可能被接受,否则就必须放弃此项目。

(二) 复利的终值和现值

终值与现值的计算涉及利息计算方式的选择,目前有 2 种利息计算方式,即单利和复利。单利方式下,每期都按初始本金计算利息,当期利息不计入下期本金,计算基础不变。复利方式下,以当期末本利和为计息基础计算下期利息,即“利上滚利”。

复利是指在一定时间(如 1 年),按 1 年利率将本金所生利息加入本金再计利息,资金时间价值通常是按复利计算的。

1. 复利的终值(已知现值 P,求终值 F)

复利的终值是指一定量的本金按复利计算若干期后的本利和。为计算方便,先设定如下符号标示:I 为利息;P 为现值;F 为终值;i 为每一利息期的利率(折现率);n 为计算利息的期数。

根据复利的计算法则,复利的终值的计算公式可推导如下:

第 1 年的本利和为

$$F = P + P \cdot i = P \cdot (1 + i)$$

第 2 年的本利和为

$$F = [P \cdot (1 + i)] \cdot (1 + i) = P \cdot (1 + i)^2$$

第 3 年的本利和为

$$F = [P \cdot (1 + i)^2] \cdot (1 + i) = P \cdot (1 + i)^3$$

第 n 年的本利和为

$$F = [P \cdot (1 + i)^{n-1}] \cdot (1 + i) = P \cdot (1 + i)^n$$

$$F = P \cdot (F/P, i, n) \tag{8.1}$$

式中 $(1 + i)^n$ 通常称为“复利终值系数”,用符号 $(F/P, i, n)$ 表示。

复利终值系数可以通过查阅“复利终值系数表”(见附录一) 直接获得。

【例 8.1】 某人将 100 000 元存放于银行,年存款利率为 3%,试计算经过 5 年时间的本利和。

$$F = P \cdot (1 + i)^n = 100\,000 \times (1 + 3\%)^5 = 100\,000 \cdot (F/P, 3\%, 5)$$
$$= 100\,000 \times 1.159\,3 = 115\,930(\text{元})$$

本例 $(F/P, 3\%, 5)$ 表示利率为 3%、5 期复利终值的系数,通过复利终值系数表可查出 $(F/P, 3\%, 5) = 1.159\,3$,即在时间价值为 3% 的情况下,现在的 1 元和 5 年后的 1.159 3 元在经济上是等效的,根据这个系数可以把现值换算成终值。

2. 复利的现值(已知终值 F,求现值 P)

复利的现值是复利的终值的逆运算,它是指今后某一特定的时间收到或付出的一笔款项按折现率(i)所计算的现在时点价值。即为取得将来一定本利和现在所需要的本金。其计算公式为

$$P = F \cdot (1+i)^{-n} \tag{8.2}$$

$$P = F \cdot (P/F,i,n) \tag{8.3}$$

式中$(1+i)^{-n}$通常称作"复利现值系数",记作$(P/F,i,n)$,可以直接查阅"复利现值系数表"(见附录二)。

【例8.2】 某投资项目预计5年后可获得收益1 000万元,按年利率(折现率)8%计算,问这笔收益的现在价值是多少?

$$P = F \cdot (1+i)^{-n} = F \cdot (P/F,i,n) = 1\,000 \times (1+8\%)^{-5}$$
$$= 1\,000 \times (P/F,8\%,5) = 1\,000 \times 0.680\,6 = 680.6(\text{万元})$$

本例$(P/F,8\%,5)$表示利率为8%、5期复利现值的系数,通过复利现值系数表可查出$(P/F,8\%,5) = 0.680\,6$,即在时间价值为8%的情况下,5年后的1元和现在的$(P/F,8\%,5) = 0.680\,6$元在经济上是等效的,根据这个系数可以把终值换算成现值。

(三)年金的终值和现值

在现实经济生活中,除了上述一次性收付款项业务外,还存在如保险费、折旧、租金、等额分期收款、等额分期付款以及零存整取或整存零取储蓄等一定时期内多次收付的款项,每次收付的金额相等,这样的系列收付款项便称为年金。即年金是指等额、定期的系列收支,通常记作 A。

年金按其每次收付发生的时点不同,可分为普通年金、预付年金、递延年金、永续年金等几种。

1. 普通年金的终值与现值

普通年金又称后付年金,是指一定时期内每期期末等额收付的系列款项。普通年金的收付形式如图8.1所示。横线代表时间的延续,用数字标出各期的顺序号;竖线的位置表示支付的时刻,竖线下端数字表示支付的金额。

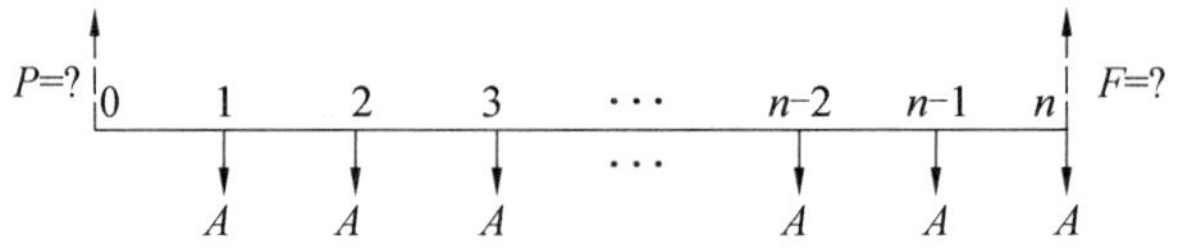

图8.1　普通年金收付示意图

(1) 普通年金终值的计算(已知年金 A,求年金终值 F)。

普通年金终值犹如零存整取的本利和,它是一定时期内每期期末收付款项的复利终值之和,普通年金终值计算示意图如图8.2所示。

如果年金的期数很多,用复利终值之和计算相当烦琐,由于每年支付额相等,因此,可以找出简便的计算方法。由图8.2可推出普通年金终值的计算公式为

$$F = A \cdot (1+i)^0 + A \cdot (1+i)^1 + A \cdot (1+i)^2 + \cdots + A \cdot (1+i)^{n-3} + A \cdot (1+i)^{n-2} + A \cdot (1+i)^{n-1} \tag{8.4}$$

经计算得

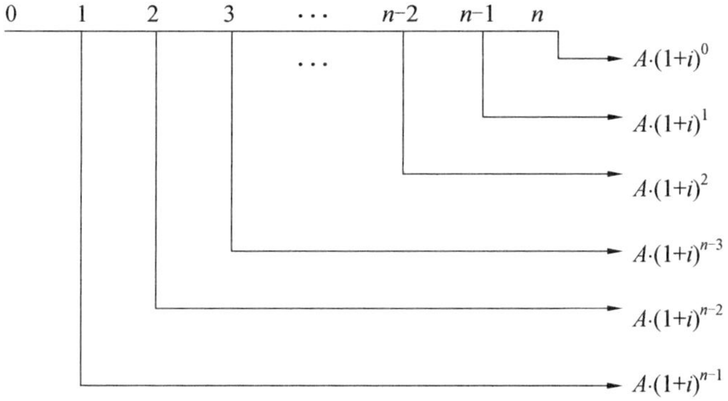

图 8.2　普通年金终值计算示意图

$$F = A \cdot \left[\frac{(1+i)^n - 1}{i}\right] \tag{8.5}$$

$$F = A \cdot (F/A, i, n) \tag{8.6}$$

式中方括号内的 $\frac{(1+i)^n - 1}{i}$ 是普通年金为 1 元、利率为 i，经过 n 期的年金终值，通常称作“年金终值系数”，记作 $(F/A, i, n)$，可直接查阅“年金终值系数表”（见附录三）。

【例 8.3】　某公司某项目在 3 年建设期内每年年末向银行借款 500 万元，借款年利率为 6%，问该项目竣工时应付本息的总额是多少？

$$F = 500 \times \left[\frac{(1+6\%)^3 - 1}{6\%}\right] = 500 \times (F/A, 6\%, 3)$$

$$= 500 \times 3.1836 = 1\ 591.8（万元）$$

（2）年偿债基金的计算（已知年金终值 F，求年金 A）。

年偿债基金是指为使年金终值达到既定债务金额每年应收付的年金数额。年偿债基金的计算是年金终值的逆运算。其计算公式为

$$A = F \cdot \left[\frac{i}{(1+i)^n - 1}\right] \tag{8.7}$$

$$A = F \cdot (A/F, i, n) \tag{8.8}$$

式中方括号内的 $\frac{i}{(1+i)^n - 1}$ 是年金终值系数的倒数，称作“偿债基金系数”，记作 $(A/F, i, n)$，它可以把年金终值折算为每年需要收付的金额。该系数可直接查阅“偿债基金系数表”，或通过年金终值系数的倒数推算出来。

【例 8.4】　某公司有一笔 3 年后到期的借款，数额为 5 000 万元，为此设置年偿债基金，年复利率为 6%，到期一次还清借款，问每年年末应存入的金额是多少？

$$A = 5\ 000 \times \left[\frac{6\%}{(1+6\%)^3 - 1}\right] = 5\ 000 \times 0.3141 = 1\ 570.5（万元）$$

（3）普通年金现值的计算（已知年金 A，求年金现值 P）。

普通年金现值，是指为在每期期末取得相等金额的款项，现在需要投入的金额。

普通年金现值计算示意图如图 8.3 所示。

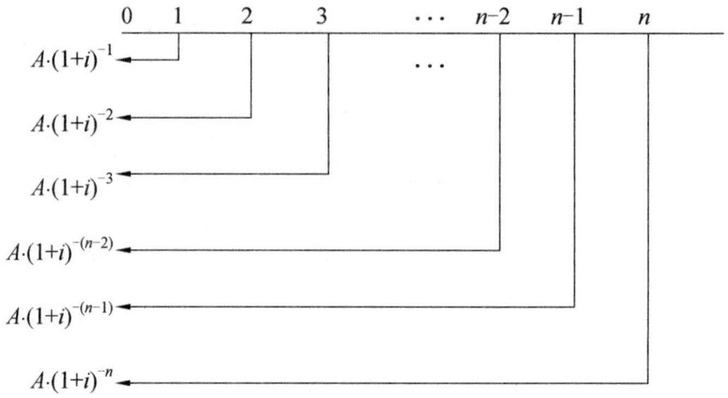

图 8.3　普通年金现值计算示意图

由图 8.3 可知,年金现值的计算公式为

$$P = A \cdot (1+i)^{-1} + A \cdot (1+i)^{-2} + A \cdot (1+i)^{-3} + \cdots + A \cdot (1+i)^{-(n-2)} + A \cdot (1+i)^{-(n-1)} + A \cdot (1+i)^{-n} \tag{8.9}$$

经计算得

$$P = A \cdot \left[\frac{1-(1+i)^{-n}}{i}\right] \tag{8.10}$$

$$P = A \cdot (P/A, i, n) \tag{8.11}$$

式中方括号内的 $\frac{1-(1+i)^{-n}}{i}$ 是普通年金为 1 元、利率为 i、经过 n 期的年金现值,称作"年金现值系数",记作$(P/A,i,n)$,可直接查阅"年金现值系数表"(见附录四)。

【例 8.5】　李某出国 3 年,请你代付国内房租,每年租金 100 000 元,假定银行存款利率为 10%,李某应当现在给银行存入多少钱?

$$P = 100\,000 \times (1+10\%)^{-1} + 100\,000 \times (1+10\%)^{-2} + 100\,000 \times (1+10\%)^{-3}$$
$$= 100\,000 \times 0.909\,1 + 100\,000 \times 0.826\,4 + 100\,000 \times 0.751\,3$$
$$= 248\,680(\text{元})$$

(4) 年资本回收额的计算(已知年金现值 P,求年金 A)。

年资本回收额是指在给定的年限内等额回收或清偿初始投入的资本或所欠的债务,是年金现值的逆运算。其计算公式为

$$A = P \cdot \left[\frac{i}{1-(1+i)^{-n}}\right] \tag{8.12}$$

$$A = P \cdot [(A/P, i, n)] \tag{8.13}$$

式中方括号内的 $\frac{i}{1-(1+i)^{-n}}$ 是普通年金现值系数的倒数,称作"资本回收系数",记作$(A/P,i,n)$,可直接查阅"资本回收系数表" 或利用年金现值系数的倒数求得。

【例 8.6】　假设某公司以 10% 的利率借得 2 000 万元,投资于某个寿命为 10 年的项目,每年至少要收回多少现金才是盈利的?

$$A = 2\,000 \times \left[\frac{10\%}{1-(1+10\%)^{-10}}\right] = 2\,000 \times 0.162\,7 = 325.4(\text{万元})$$

该公司每年至少要收回现金 325.4 万元,才能还清贷款本利。

2. 预付年金的终值与现值

预付年金是指一定时期内每期期初等额收付的系列款项，又称即付年金或先付年金。预付年金与普通年金的区别仅在于付款时间的不同。预付年金收付示意图如图8.4所示。

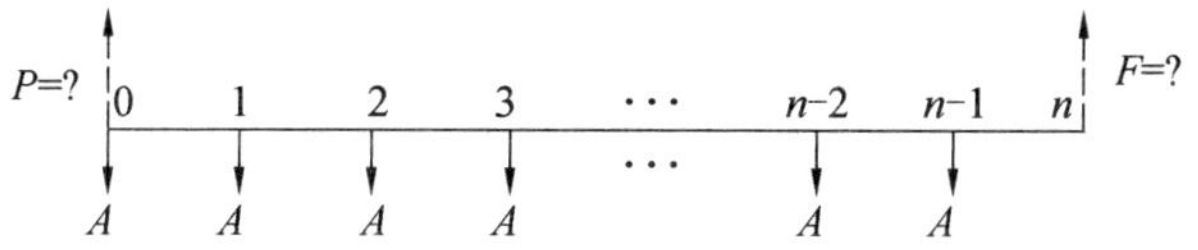

图8.4　预付年金收付示意图

（1）预付年金终值的计算。

预付年金的终值是其最后一期期末时的本利和，是各种收付款项的复利终值之和。n 期预付年金终值比 n 期普通年金的终值多计算一期利息，因此，在 n 期普通年金终值的基础上乘上 $(1+i)$ 就是 n 期预付年金的终值。

$$F = A \cdot \left[\frac{(1+i)^n - 1}{i}\right](1+i) = A \cdot \left[\frac{(1+i)^{n+1} - (1+i)}{i}\right] \tag{8.14}$$

$$F = A \cdot \left[\frac{(1+i)^{n+1} - 1}{i} - 1\right] \tag{8.15}$$

$$F = A \cdot [(F/A, i, n+1) - 1] \tag{8.16}$$

式中方括号内的 $\frac{(1+i)^{n+1}-1}{i} - 1$ 称作“预付年金终值系数”，它是在普通年金终值系数的基础上，期数加1，系数减1所得的结果，记作 $[(F/A, i, n+1) - 1]$。

【例8.7】　刘某准备5年后出国，他决定连续5年于每年年初存入银行10 000元作为出国费用，假定银行存款利率为10%，则刘某在第5年年末能一次取出本利和共计多少元？

$$F = 10\,000 \times [(F/A, 10\%, 6) - 1] = 10\,000 \times (7.715\,6 - 1) = 67\,156(\text{元})$$

（2）预付年金现值的计算。

n 期预付年金现值与 n 期普通年金现值的期限相同，n 期预付年金现值比 n 期普通年金现值多折现一期。因此，在 n 期普通年金现值的基础上乘以 $(1+i)$，便可求出 n 期预付年金的现值。

$$P = A \cdot \left[\frac{1 - (1+i)^{-n}}{i}\right] \cdot (1+i) = A \cdot \left[\frac{(1+i) - (1+i)^{-(n-1)}}{i}\right] \tag{8.17}$$

$$P = A \cdot \left[\frac{1 - (1+i)^{-(n-1)}}{i} + 1\right] \tag{8.18}$$

$$P = A \cdot [(P/A, i, n-1) + 1] \tag{8.19}$$

式中方括号内的 $\frac{1-(1+i)^{-(n-1)}}{i} + 1$ 称作“预付年金现值系数”，它是在普通年金现值系数的基础上，期数减1，系数加1所得的结果，记作 $[(P/A, i, n-1) + 1]$。

【例8.8】　某企业6年分期付款购进一大型设备，每年初付100 000元，假定银行利率为10%，该项分期付款相当于一次现金支付的购价是多少元？

$$P = A \cdot [(P/A, i, n-1) + 1] = 100\,000 \times [(P/A, 10\%, 5) + 1]$$
$$= 100\,000 \times (3.790\,8 + 1) = 479\,080(\text{元})$$

3. 递延年金的终值与现值

递延年金是指第一次收付款发生时间不在第1期末，而是隔若干期后才开始发生的系列等额收付款项。它是普通年金的特殊形式，凡不是从第1期开始的普通年金都是递延年金。递延年金的收付形式如图8.5所示。

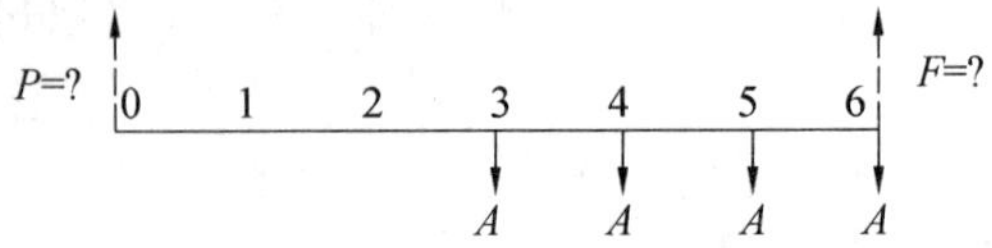

图8.5　递延年金收付示意图

(1) 递延年金终值的计算。

递延年金终值的大小，与递延期无关，故计算方法和普通年金终值相同。

【例8.9】　某公司某项目前两年没有收入，从第3年开始，每年末取得收入10 000元，可获益4年，利率为10%，问该项目到期时本利和的总额是多少？

$$F = A \cdot (F/A, i, n) = 10\,000 \times (F/A, 10\%, 4)$$
$$= 10\,000 \times 4.641\,0 = 46\,410(\text{元})$$

(2) 递延年金现值的计算。

递延年金的现值有2种方法。

第一种计算方法是把递延年金视为 n 期普通年金，求出递延期末的现值，然后再按复利现值折算到第一期期初。其计算公式为

$$P = A \cdot \left[\frac{1-(1+i)^{-n}}{i}\right] \cdot (1+i)^{-m} = A \cdot (P/A, i, n) \cdot (P/F, i, m) \tag{8.20}$$

例如，前例中，$A = 10\,000, i = 10\%, m = 3, n = 4$，则

$$P = 10\,000 \times (P/A, 10\%, 4) \times (P/F, 10\%, 3)$$
$$= 10\,000 \times 3.169\,9 \times 0.751\,3 = 23\,815(\text{元})$$

第二种计算方法是假设递延期中也进行支付，先求出 $(m+n)$ 期的年金现值，然后，扣除实际并未支付的递延期 (m) 年金现值，即可得出最终结果。其计算公式为

$$P = A \cdot \left[\frac{1-(1+i)^{-(m+n)}}{i} - \frac{1-(1+i)^{-m}}{i}\right]$$
$$= A \cdot [(P/A, i, m+n) - (P/A, i, m)] \tag{8.21}$$

例如，前例中

$$P_{(m+n)} = 10\,000 \times (P/A, i, m+n) = 10\,000 \times (P/A, 10\%, 3+4)$$
$$= 10\,000 \times 4.868\,4 = 48\,684(\text{元})$$
$$P_m = 10\,000 \times (P/A, i, m) = 10\,000 \times (P/A, 10\%, 3)$$
$$= 10\,000 \times 2.486\,9 = 24\,869(\text{元})$$
$$P_n = P_{(m+n)} - P_m = 48\,684 - 24\,869 = 23\,815(\text{元})$$

4. 永续年金现值的计算

永续年金是指无限期等额收(付)的特种年金，可视为普通年金的特殊形式，即期限趋于无穷的普通年金。存本取息可视为永续年金的例子。

由于永续年金持续期无限，因此没有终值，只有现值。永续年金现值的计算公式为

$$P = A \cdot \left[\frac{1-(1+i)^{-n}}{i}\right] \tag{8.22}$$

当 $n \to \infty$ 时，$(1+i)^{-n}$ 的极限为零，故永续年金现值的计算公式可写成

$$P = A \cdot \frac{1}{i} \tag{8.23}$$

【例 8.10】 某学校拟设立一项永久性的奖学金，每年计划颁发 50 000 元奖金，若利率为 5%，现在应存入多少钱？

$$P = 50\ 000 \times \frac{1}{5\%} = 1\ 000\ 000(\text{元})$$

二、贴现现金流量法的应用程序

企业应用贴现现金流量法时，一般应采取以下程序：① 估计贴现现金流量法的 3 个要素，即贴现期、现金流、贴现率；② 在贴现期内，采用合理的贴现率对现金流进行贴现；③ 进行合理性判断；④ 形成分析报告。

（一）贴现期

贴现期的确定应充分考虑标的特点、所处市场因素波动的影响，以及有关法律法规的规定，合理确定贴现期限，确保与现金流发生时点相匹配。贴现期可采用有限期，亦可采用分段式，如以 5 年作为一个期间段。在进行资产价值估算时，要特别注意标的资产的技术寿命期限对合同约定期限或者法定使用期限的影响。

投资项目计算期是指投资项目从投资建设开始到最终清理结束整个过程的全部时间，即该项目的有效持续期间，通常以年为单位。投资项目从整个经济寿命周期来看，大致可以分为 3 个阶段：建设期、营业期，现金流量各个项目也可归结至各个阶段之中，项目投资时间轴如图 8.6 所示。

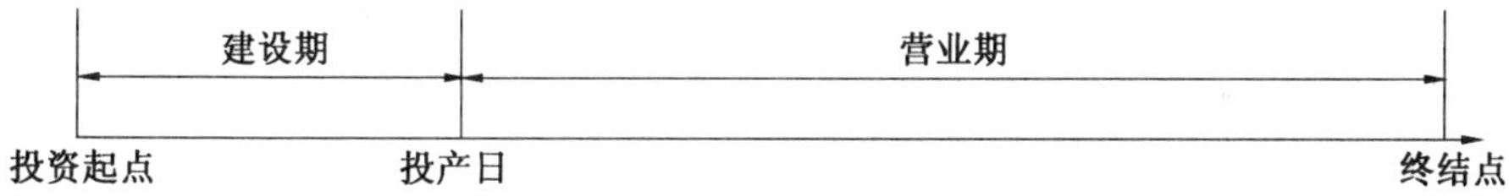

图 8.6　项目投资时间轴

建设期是指项目资金正式投入开始到项目建成投产为止所需要的时间，建设期的第 1 年年初（记作第0）称为投资起点，建设期的最后一年年末称为投产日。在实践中，通常应参照项目建设的合理工期或项目的建设进度计划合理确定建设期，若建设期不足半年，可假定建设期为零。从投产日到终结点之间的时间间隔称为营业期，也称经营期。营业期的最后一年年末称为终结点，假定项目最终报废或清理均发生在终结点（但更新改造除外）。

（二）现金流

应用贴现现金流量法时，应当说明和反映影响现金流入和现金流出的事项和因素，既应反映现金流的变化总趋势，也应反映某些重要项目的具体趋势。

（1）进行资产价值估算时，应按照以下程序进行：① 基于行业市场需求情况、经营风险、技术风险和管理难度等，分析与之有关的预期现金流，以及与收益有关的成本费用、配套资产等；② 合理区分标的资产与其他配套资产或者作为企业资产的组成部分，所获得的收益和所受的影响；③ 要准确评估标的资产使用权和收益权的完整性，并估算其对资产预测现金流所产生的影响。

（2）进行企业估值时，应按照以下程序进行：① 从相关当事方获取标的企业未来经营状况和收益状况的预测资料，充分考虑并分析标的企业的资本结构、经营状况、历史业绩、发展前景和影响标的企业生产经营的宏观经济因素、标的企业所在行业发展状况与前景，以及未来各种可能性发生的概率及其影响，合理确定预测假设和权重，进行未来收益预测。② 需要确定预测现金流中的主要参数的合理性，一般包括主营业务收入、毛利率、营运资金、资本性支出、成本及费用构成等，尤其要注意企业会计盈余质量对企业估值所产生的影响，需要调整并减少企业的非经常性支出、重组成本、非主营业务对会计报表的影响。③ 预测现金流的确定需要区分是以企业整体还是以所有者权益作为企业价值估值的基础。通常，企业整体价值估算采用企业自由现金流作为预测现金流的基础，企业所有者权益价值估算采用股权自由现金流作为预测现金流的基础。

(3) 进行项目投资决策时，需要充分考虑并分析项目的资本结构、经营状况、历史业绩、发展前景，影响项目运行的市场行业因素和宏观经济因素，并要明确区分项目的预测现金流，同时要合理区分标的项目与其他项目，或者作为企业的组成部分所获得的收益和所受到的影响，尤其要注意可能存在的关联交易，包括关联交易性质及定价原则等对预测现金流的影响。

(三) 贴现率

贴现率是反映当前市场货币时间价值和标的风险的回报率。贴现率的设定要充分体现标的特点，通常应当反映评估基准日、类似地区同类标的平均回报水平和评估对象的特定风险。

同时，应用贴现现金流量法时，贴现率应当与贴现期、现金流相匹配，当使用非年度的时间间隔（比如按月或按日）进行分析时，年度贴现率必须要调整为一个与时间间隔相符合的贴现率。

(1) 进行资产价值估算时，通常可以在与资产使用寿命相匹配的无风险报酬率基础上进行风险调整，确定货币时间价值。无风险报酬率通常可选择对应期限的国债利率，进行风险调整时可以从政治风险、市场风险、技术风险、经营风险和财务风险等角度进行综合考量。

(2) 进行企业估值时，贴现率通常以资产定价模型为基础来确定企业的股权资本成本，同时综合考虑控制权程度、股权流动性、企业经营情况、历史业绩、发展前景和影响标的企业生产经营的宏观经济因素、标的企业所在行业发展状况与前景等，给予折扣，以此确定贴现率。贴现率的确定需要区分是以企业整体或以所有者权益作为企业价值估算的基础。通常，企业整体价值估算采用股权资本成本和债务资本成本的加权平均资本成本作为贴现率的确定依据，企业所有者权益价值估算采用权益资本成本作为贴现率的确定依据。

(3) 进行项目投资决策时，贴现率应根据市场回报率和标的项目本身的预期风险来确定。一般地，可以按照标的项目本身的特点，适用资产价值估算和企业估值的贴现率确定方法，但要注意合理区分标的项目与其他项目，或者作为企业的组成部分所产生的风险影响，对贴现率进行调整。

(四) 进行合理性判断

企业在应用贴现现金流量法进行价值估算时，一般从以下方面进行合理性判断。

1. 客户要求

当客户提出的特殊要求不符合市场价值为基础的评估对有关贴现期、现金流或贴现率的相关规定时,其结果是基于客户特殊要求下的投资价值而不是市场价值。

2. 评判标准

贴现现金流量法作为一项预测技术,评判它的标准不在于贴现现金流预测最终是否完全实现,而要看进行预测时,数据对贴现现金流预测的支持程度。

(五) 分析报告

贴现现金流量法分析报告的形式可以根据业务的性质、服务对象的需求等来确定,也可在资产评估报告中整体呈现。当企业需要单独提供贴现现金流量法分析报告时,应确保内容的客观与翔实。贴现现金流量法分析报告一般包含以下内容。

1. 假设条件

贴现现金流量法分析报告应当对贴现现金流量法应用过程中的所有假设进行披露。

2. 数据来源

贴现现金流量法分析报告应当清楚地说明并提供分析中所使用的有关数据及来源。

3. 实施程序

贴现现金流量法分析报告中的主要实施程序一般包括估算方法的选择及其理由,估算方法的运用和逻辑推理过程,主要参数的来源、分析、比较和测算过程,是对初步评估结论进行分析并形成最终估算结论的过程。

4. 评估者身份

当以内部评估人员身份开展评估工作时,评估人员与控制资产的实体之间的关系应当在评估报告中披露。当以外部评估人员身份开展评估工作时,但同时以盈利为目的为委托方工作时,评估人员应当在评估报告中对这种关系予以披露。

三、贴现现金流量法的现金净流量

(一) 现金净流量的含义

在确定投资方案相关的现金流量时只有增量现金流量才是与项目相关的现金流量。所谓增量现金流量,是指接受或拒绝某个投资方案后,企业总现金流量因此发生的变动。只有那些由于采纳某个项目引起的现金支出增加额,才是该项目的现金流出;只有那些由于采纳某个项目引起的现金流入增加额,才是该项目的现金流入。

现金净流量又称现金净流量,是指在项目计算期内由每年现金流入量与同年现金流出量之间的差额所形成的序列指标,它是计算项目投资决策评价指标的重要依据。一般来说,项目现金净流量可分为建设期现金流量、营业期现金流量和终结期现金流量。根据现金净流量的定义,可将其理论计算公式归纳为

$$现金净流量 = 现金流入量 - 现金流出量$$

或

$$NCF_t = CI_t - CO_t \quad (t = 0,1,2,\cdots) \tag{8.24}$$

式中　NCF_t——第 t 年现金净流量;

CI_t——第 t 年现金流入量;

CO_t——第 t 年现金流出量。

(二) 现金净流量的影响因素

计算投资方案的现金净流量需要注意以下 4 个问题。

1. 区分相关成本和非相关成本

相关成本是指与特定决策有关的、在分析评价时必须加以考虑的成本。例如，变动成本、边际成本、机会成本、重置成本、付现成本、可避免成本、可延缓成本、专属成本、差量成本等都属于相关成本。与之相反，与特定决策无关的、在分析评价时不必加以考虑的成本是非相关成本。例如，沉没成本、不可避免成本、不可延缓成本、共同成本等往往是非相关成本。

例如，某公司在20×1年曾经打算新建个车间，并请一家会计公司做过可行性分析，支付咨询费5万元。后来由于公司有了更好的投资机会，该项目被搁置下来，该笔咨询费作为费用已经入账了。20×3年旧事重提，在进行投资分析时，这笔咨询费是否仍是相关成本呢？答案应当是否定的。该笔支出已经发生，不管公司是否采纳新建一个车间的方案，它都已无法收回，与公司未来的总现金流量无关。

如果将非相关成本纳入投资方案的总成本，则一个有利的方案可能因此变成不利方案，一个较好的方案可能变为较差的方案，从而造成决策错误。

2. 重视机会成本

在投资方案的选择中，如果选择了一个投资方案，则必须放弃其他途径的投资机会。其他途径的投资机会可能取得的收益是实行本方案的一种代价，称为这项投资方案的机会成本。

例如，上述公司新建车间的投资方案，需要使用公司拥有的一块土地。在进行投资分析时，因为公司不必动用资金去购置土地，可否不将此土地的成本考虑在内呢？答案是否定的。因为该公司若不利用这块土地来兴建车间，则它可将这块土地移作他用，并取得一定的收入。只是由于在这块土地上兴建车间才放弃了这笔收入，而这笔收入代表兴建车间使用土地的机会成本，假设这块土地出售可净得15万元，它就是兴建车间的一项机会成本。值得注意的是，不管该公司当初是以5万元还是20万元购进这块土地，都应以现行市价作为这块土地的机会成本。机会成本不是通常意义上的“成本”，它不是一种支出或费用，而是失去的收益。这种收益不是实际发生的，而是潜在的。机会成本总是针对具体方案的，离开被放弃的方案就无从计量确定。

3. 要考虑投资方案对公司其他项目的影响

当公司采纳一个新的项目后，该项目可能对公司的其他项目造成有利或不利的影响。例如，上例中若新建车间生产的产品上市后，原有其他产品的销路可能减少，而且整个公司的销售额也许不增加甚至减少。因此，公司在进行投资分析时，不应将新车间的销售收入作为增量收入来处理，而应扣除其他项目因此减少的销售收入。当然，也可能发生相反的情况，新产品上市后将促进其他项目的销售增长，这要看新项目和原有项目是竞争关系还是互补关系。

当然，诸如此类的交互影响，事实上很难准确计量。但决策者在进行投资分析时仍要将其考虑在内。

4. 要考虑投资方案对营运资本的影响

一方面，在一般情况下，当公司开办一个新业务并使销售额扩大后，对于存货和应收账款等经营性流动资产的需求也会增加，公司必须筹措新的资金以满足这种额外需求；另一方面，公司扩充导致应付账款与一些应付费用等经营性流动负债也会同时增加，从而降低公司营运资本的需要。所谓营运资本的需要，指增加的经营性流动资产与增加的经营性流动负债之间的差额。

当投资方案的寿命周期快要结束时，公司将与项目有关的存货出售，应收账款变为现金，应付账款和应付费用也随之偿付，营运资本恢复到原有水平。通常，在进行投资分析时，假定开始投资时筹措的营运资本在项目结束时收回。

估计投资方案所需的现金净流量，涉及企业相关部门的参与。诸如，销售部门负责预测售价和销量，产品开发和技术部门负责估计投资方案的研制费用、设备购置费用、厂房建设费用等，生产和成本部门负责估计制造成本，财务人员的主要任务是为销售、生产等部门的预测建立共同的基本假设条件（如物价水平、折现率、可供资源的限制条件等），各部门人员相互衔接与配合。

（三）建设期现金净流量

建设期现金净流量主要是现金流出量，主要涉及购买资产和使之正常运行所必需的直接现金流出，包括设备购置及安装支出、垫支营运资金等支出，建设期现金净流量还可能包括机会成本。

在一般情况下，初始阶段中固定资产的原始投资通常在年内一次性投入（如购买设备），如果原始投资不是一次性投入（如工程建造），则应把投资归属于不同投入年份之中。

1. 资产投资支出

资产投资支出包括在固定资产、无形资产、递延资产等长期资产上的购入、建造、运输、安装、试运行等方面所需的现金支出，如购置成本、运输费、安装费等。投资实施后导致固定资产性能改进而发生的改良支出，属于固定资产的后期投资。

2. 营运资金垫支

营运资金垫支是指投资项目形成了生产能力，需要在流动资产上追加的投资。由于企业扩大生产能力，流动资产规模随之扩大、应付账款等结算性流动负债随之增加，因此，为该投资垫支的营运资金是追加的流动资产扩大量与结算性流动负债扩大量的净差额。为简化计算，垫支的营运资金在营业期的流入流出过程可忽略不计，只考虑投资期投入与终结期收回对现金流量的影响。其计算公式为

$$\text{现金净流量} = -\text{原始投资额}$$

或

$$NCF_t = -I_t \quad (t = 0, 1, 2, \cdots, s, s \geq 0) \tag{8.25}$$

式中　I_t——第 t 年原始投资额；

　　　s——建设期年数。

由上式可见，当建设期 s 不为 0 时，建设期现金净流量的数量特征取决于其投资方式是分次投入还是一次投入。

（四）营业期现金净流量

营业期的现金净流量既有现金流入量，也有现金流出量。现金流入量主要是营运各年的营业收入，现金流出量主要是营运各年的付现营运成本。

项目经营期现金净流量主要包括新项目实施所带来的税后增量现金流入和流出。行政管理人员及辅助生产部门等的费用，如果不受新项目实施的影响，可不计入；若和新项目有

关,则必须计入项目经营期的现金净流出。以债务方式融资带来的利息支付和本金偿还以及以股权方式融资带来的现金股利支付等均不包括在内,因为折现率中已经包含了该项目的筹资成本。营业期内某一年发生的大修理支出,如果会计处理在本年内一次性作为损益性支出,则直接作为该年付现成本;如果跨年摊销处理,则本年作为投资性的现金流出量,摊销年份以非付现成本形式处理。营业期内某一年发生的改良支出是一种投资,应作为该年的现金流出量,以后年份通过折旧收回。

营业期现金净流量的简化公式为

$$营业期某年现金净流量 = 该年利润 + 该年折旧 + 该年摊销额 + 该年利息费用 + 该年回收额$$

或

$$NCF_t = P_t + D_t + M_t + C_t + R_t \quad (t = s+1, s+2, \cdots, n) \tag{8.26}$$

式中 P_t——第 t 年利润;

D_t——第 t 年折旧额;

M_t——第 t 年摊销额;

C_t——第 t 年在财务费用中列支的利息费用;

R_t——第 t 年回收额;

s——建设期年数。

1. 不考虑所得税的营业期现金净流量

在正常营业阶段,由于营运各年的营业收入和付现营运成本数额比较稳定,如不考虑所得税因素,营业阶段各年现金净流量一般为

$$营业期现金净流量(NCF) = 营业收入 - 付现成本 = 营业利润 + 非付现成本 \tag{8.27}$$

式中的非付现成本主要是固定资产年折旧费用、长期资产摊销费用、资产减值损失等。其中,长期资产摊销费用主要有跨年的大修理摊销费用、改良工程折旧摊销费用、筹建费摊销费用等。

2. 考虑所得税的营业期现金净流量

所得税是投资项目的现金支出,即现金流出量。考虑所得税对投资项目现金流量的影响,投资项目正常营运阶段所获得的营业期现金净流量,可按下列公式进行测算。

$$\begin{aligned}营业期现金净流量(NCF) &= 营业收入 - 付现成本 - 所得税 \\ &= 税后营业利润 + 非付现成本 \\ &= 收入 \times (1 - 所得税税率) - 付现成本 \times (1 - 所得税税率) + \\ &\quad 非付现成本 \times 所得税税率\end{aligned} \tag{8.28}$$

(五)终结期现金净流量

终结期现金净流量主要是现金流入量,包括固定资产变现税后净流量、垫支营运资金的收回等,可能还会涉及弃置义务等现金流出。

1. 固定资产变现净流量

投资项目在终结阶段,原有固定资产将退出生产经营,企业对固定资产进行清理处置。固定资产变现净流量,是指固定资产出售或报废时的出售价款或残值收入扣除清理费用后

的净额。

$$固定资产变现净流量 = (账面价值 - 变价净收入) \times 所得税税率 \quad (8.29)$$

如果大于0,则意味着发生了变现净损失,可以抵税,减少现金流出,增加现金净流量;如果小于0,则意味着实现了变现净收益,应该纳税,增加现金流出,减少现金净流量。

2. 垫支营运资金的收回

伴随着固定资产的出售或报废,投资项目的经济寿命结束,企业将与该项目相关的存货出售,应收账款收回,应付账款也随之偿付。营运资金恢复到原有水平,项目开始垫支的营运资金在项目结束时得到回收。

在实务中,对某一投资项目在不同时点上现金流量数额的测算,通常通过编制“投资项目现金流量表”进行投资项目可行性分析。

【例 8.11】 某投资项目需要 3 年建成,每年初投入建设资金 90 万元,共投入 270 万元。建成投产之时,需投入营运资金 140 万元,以满足日常经营活动需要。项目投产后,估计每年可获税后营业利润 60 万元。固定资产使用年限为 7 年,使用后第 5 年预计进行一次改良,估计改良支出为 80 万元,分 2 年平均摊销。资产使用期满后,估计有残值净收入 11 万元,采用使用年限法折旧。项目期满时,垫支营运资金全额收回。

根据以上资料,编制投资项目现金流量表(表 8.1)。

表 8.1　投资项目现金流量表　　单位:万元

项目	第0年	第1年	第2年	第3年	第4年	第5年	第6年	第7年	第8年	第9年	第10年	总计
固定资产价值	- 90	- 90	- 90	—	—	—	—	—	—	—	—	- 270
固定资产折旧	—	—	—	—	37	37	37	37	37	37	37	259
改良支出	—	—	—	—	—	—	—	—	- 80	—	—	- 80
改良支出摊销	—	—	—	—	—	—	—	—	—	40	40	80
税后营业利润	—	—	—	—	60	60	60	60	60	60	60	420
残值净收入	—	—	—	—	—	—	—	—	—	—	11	11
营运资金	—	—	—	- 140	—	—	—	—	—	—	140	0
总计	- 90	- 90	- 90	- 140	97	97	97	97	17	137	288	420

在投资项目管理的实践中,由于所得税的影响,营业阶段现金流量的测算比较复杂,需要在所得税基础上考虑税后收入、税后付现成本,以及非付现成本抵税对营业阶段现金流量的影响。

四、贴现现金流量法的折现率

折现率也称贴现率,在投资项目评价中,正确选择折现率非常重要,它直接关系到投资项目的评价结果。如果选择的折现率过低,则会使本来不应该采纳的投资项目得以通过,由此加大企业的经营风险;如果选择的折现率过高,则会导致一些经济效益较好的投资项目资源失去有利的投资机会。

在实务中,一般可采取以下几种方法确定投资项目的折现率。

1. 以市场利率为标准

资本市场的市场利率是整个社会投资收益率的最低水平，可以视为一般最低收益率要求。

2. 以投资者希望获得的预期最低投资收益率为标准

这就考虑了投资项目的风险补偿因素以及通货膨胀因素。

3. 以企业平均资本成本为标准

企业投资所需要的资金，都或多或少地具有资本成本，企业筹资承担的资本成本水平给投资项目提出了最低收益要求。

五、投资决策评价指标

（一）净现值

1. 净现值的含义

投资项目未来现金净流量现值与原始投资额现值之间的差额，称为净现值（net present value，NPV）。计算公式为

$$净现值(NPV) = 未来现金净流量现值 - 原始投资额现值$$

$$NPV = \sum_{t=1}^{n} \frac{NCF_t}{(1+k)^t} - C \tag{8.30}$$

式中 NPV—— 净现值；

NCF_t—— 第 t 期现金净流量；

k—— 贴现率（资本成本或企业要求达到的投资报酬率）；

n—— 项目预计使用年限；

C—— 原始投资额现值。

2. 净现值法评价投资方案的步骤

采用净现值法来评价投资方案，一般有以下几个步骤。

（1）测定投资方案各年的现金流量，包括现金流出量和现金流入量，并计算出各年的现金净流量。

（2）设定投资方案采用的贴现率。

（3）按设定的贴现率，将各年的现金净流量折算成现值。

（4）将未来现金净流量现值与原始投资额现值进行比较，若前者大于或等于后者，方案可行；若前者小于后者，方案不可行，说明方案的实际收益率达不到投资者所要求的收益率。

3. 净现值法的评价标准

净现值的经济含义是投资方案的贴现后净收益。净现值为正，表示未来报酬额大于投资额，即项目本身的报酬率高于资本成本，故项目可行。净现值为负，表示未来报酬额小于投资额，即项目本身的报酬率低于资本成本，故项目不可行。当净现值为 0 时，说明方案的投资收益刚好达到所要求的投资收益，方案也可行。所以，净现值的经济含义是投资方案收益超过基本收益后的剩余收益。其他条件相同时，净现值越大，方案越好。

【例 8.12】 设有 A、B 2 个投资项目，它们的预计现金流量见表 8.2，该企业的资本成本为 12%，试计算比较它们的净现值。

表 8.2　投资项目预计现金流量表　　单位:元

t	0	1	2	3	4	5
NCF_A	-120 000	10 000	10 000	20 000	20 000	120 000
NCF_B	-120 000	120 000	20 000	20 000	10 000	10 000

A、B 2 个投资项目净现值的计算见表 8.3 和表 8.4。

表 8.3　投资项目净现值的未来招酬现值计算表　　单位:元

t	NCF_A①	NCF_B②	复利现值系数 ③	现值$_A$ ④ = ① × ③	现值$_B$ ⑤ = ② × ③
0	-120 000	-120 000	—	—	—
1	10 000	120 000	0.892 9	8 929	107 148
2	10 000	20 000	0.797 2	7 972	15 944
3	20 000	20 000	0.711 8	14 236	14 236
4	20 000	10 000	0.635 5	12 710	6 355
5	120 000	10 000	0.567 4	68 088	5 674

表 8.4　净现值计算表　　单位:元

未来报酬现值	111 935	149 357
净现值	$NPV_A = -8\ 065$	$NPV_B = 29\ 357$

计算表明,项目 B 有很大的正净现值,是一个优良的投资项目;项目 A 投入使用后总现金流入量(180 000 元)虽然大大超过初始投资,但因主要现金流入量发生在最后一年,超过之数还不足弥补资本成本的需要,以致形成为数不小的负净现值,所以 A 项目不可取。

4. 净现值法的优缺点

净现值法的优点是考虑了投资风险。净现值法在所设定的贴现率中包含投资风险收益率要求,从而能有效地考虑投资风险。例如,某投资项目期限 15 年,资本成本为 18% 由于投资项目时间长,风险也较大,因此投资者认定,在投资项目的有效使用期限 15 年中第1个五年期内以18% 折现,第2个五年期内以20% 折现,第3个五年期内以25% 折现,以此来体现投资风险。因而净现值法在实际工作中具有广泛的适用性。

净现值法的缺点是:① 不能用于原始投资额不等的独立投资方案和寿命期限不等的互斥方案的比较,由于净现值是绝对额指标,如果各方案的原始投资额现值不相等,就无法做出正确决策。② 所采用的贴现率不易确定,如果2个方案采用不同的贴现率贴现,采用净现值法不能够得出正确结论。

(二) 年金净流量

项目期间内全部现金净流量的总现值或总终值折算为年金形式的现金净流量,称为年金净流量(annual net cash flow,ANCF)。年金净流量的计算公式为

$$年金净流量 = \frac{现金净流量总现值}{年金现值系数} \tag{8.31}$$

$$年金净流量=\frac{现金净流量总终值}{年金终值系数} \tag{8.32}$$

式中,现金净流量总现值即为 NPV。与净现值指标一样,年金净流量指标为正,说明每年平均的现金流入能抵补现金流出,即投资项目的净现值(或净终值)大于0,方案可行。在2个以上寿命期限不同的投资方案比较时,年金净流量越大,方案越好。年金净流量法是净现值法的辅助方法,它适用于对寿命期限不同的投资方案进行决策,不适用于对原始投资额不相等的独立投资方案进行决策。

【例8.13】 甲、乙2个投资方案,甲方案需一次性投资10 000元,可用8年,残值2 000元,每年取得税后营业利润3 500元;乙方案需一次性投资10 000元,可用5年,无残值,第1年获利3 000元,以后每年递增10%。如果资本成本为10%,应采用哪种方案?

2个项目使用年限不同,净现值是不可比的,应考虑它们的年金净流量。

甲方案营业期每年 NCF = 3 500 + (10 000 − 2 000)/8 = 4 500(元)

乙方案营业期各年 NCF

第1年 NCF = 3 000 + 10 000/5 = 5 000(元)

第2年 NCF = 3 000 × (1 + 10%) + 10 000/5 = 5 300(元)

第3年 NCF = 3 000 × $(1 + 10\%)^2$ + 10 000/5 = 5 630(元)

第4年 NCF = 3 000 × $(1 + 10\%)^3$ + 10 000/5 = 5 993(元)

第5年 NCF = 3 000 × $(1 + 10\%)^4$ + 10 000/5 = 6 392.3(元)

(1) 甲、乙方案净现值计算。

甲方案净现值 = 4 500 × 5.334 9 + 2 000 × 0.466 5 − 10 000 = 14 940.05(元)

乙方案净现值 = 5 000 × 0.909 1 + 5 300 × 0.826 4 + 5 630 × 0.751 3 +
5 993 × 0.683 0 + 6 392.30 × 0.620 9 − 10 000 = 11 217.44(元)

(2) 甲、乙方案年金净流量计算。

甲方案年金净流量 = 14 940.05 ÷ $(P/A,10\%,8)$
= 14 940.05 ÷ 5.334 9 = 2 800(元)

乙方案年金净流量 = 11 217.44 ÷ $(P/A,10\%,5)$
= 11 217.44 ÷ 3.790 8 = 2 959(元)

尽管甲方案净现值大于乙方案,但它是8年内取得的。而乙方案年金净流量高于甲方案,如果按8年计算可取得15 785.97元(2 959 × 5.334 9)的净现值,高于甲方案。因此,乙方案优于甲方案。本例中,用终值进行计算也可得出同样的结果。

从投资收益的角度来看,甲方案投资额为10 000元,扣除残值现值933元(2 000 × 0.466 5),按8年年金现值系数5.334 9计算,每年应回收1 700元(9 067/5.334 9)。这样,每年现金流量4 500元中,扣除投资回收1 700元,投资收益为2 800元。按同样方法计算,乙方案年投资收益为2 959元。所以,年金净流量的本质是各年现金流量中的超额投资收益额。

(三)现值指数

现值指数(present value index, PVI)是投资项目的未来现金净流量现值与原始投资额现值之比。计算公式为

$$现值指数(PVI)=\frac{未来现金净流量现值}{原始投资额现值}$$

或

$$PVI=\sum_{t=1}^{n}\frac{NCF_t}{(1+k)^t}\div C \tag{8.33}$$

现值指数法也是净现值法的辅助方法。现值指数的经济含义是1元原始投资可望获得的现值收益。现值指数大于1表示项目未来报酬大于投资,项目可行;反之,现值指数小于1,项目不可行。

现值指数是一个相对数指标。现值指数法的优点是不仅考虑了资金时间价值因素,而且能反映投资效率,所以,用现值指数指标来评价独立投资方案可以克服净现值指标不便于对原始投资额现值不同的独立投资方案进行比较和评价的缺点。现值指数法的缺点是仅用它来评价项目会掩盖项目效益的绝对量,现值指数消除了投资额的差异但没有消除项目期限的差异,因此一般不单独使用它。

【例8.14】 对于表8.2所列资料,计算A、B 2个投资项目的现值指数。

$$PVI_A=111\ 935\div 120\ 000=0.932\ 8$$

$$PVI_B=149\ 357\div 120\ 000=1.244\ 6$$

因为$PVI_A<1$,故不可行;$PVI_B>1$,故可行。

【例8.15】 有2个独立投资方案,有关资料见表8.5。

表8.5　净现值计算表　　单位:元

项目	方案A	方案B
原始投资额现值	30 000	3 000
未来现金净流量现值	31 500	4 200
净现值	1 500	1 200

从净现值的绝对数来看,方案A大于方案B,似乎应采用方案A;但从投资额来看,方案A的原始投资额现值大大超过了方案B。所以,如果仅用净现值来判断方案的优劣,就难以做出正确的比较和评价。

按现值指数法计算,有

$$方案A现值指数=31\ 500\div 30\ 000=1.05$$

$$方案B现值指数=4\ 200\div 3\ 000=1.40$$

计算结果表明,方案B的现值指数大于方案A,应当选择方案B。

(四)内含报酬率

1.内含报酬率的含义

内含报酬率(internal rate of return,IRR),是指对投资方案未来的每年现金净流量进行贴现,使所得的现值恰好与原始投资额现值相等,即投资项目的净现值为零的贴现率,也叫内部收益率。

2.内含报酬率评价标准

内含报酬率是根据项目的现金流量计算出来的,它是项目本身的投资报酬率,反映其内在的获利水平。将内含报酬率同企业的资本成本或要求的投资报酬率比较,可对投资方案进行取舍。当内含报酬率大于资本成本或要求的报酬率时,项目可行;否则项目不可行。在有多个备选方案的互斥选择决策中,应选用内含报酬率超过资本成本或要求的报酬率最多的投资项目。

3. 内含报酬率的计算方法

(1) 未来每年现金净流量相等。

未来每年现金净流量相等时,因为每年现金净流量相等是一种年金形式,所以通过查年金现值系数表得到年金现值系数,可计算出未来现金净流量现值,并令其净现值为0,有

$$\text{未来每年现金净流量} \times \text{年金现值系数} - \text{原始投资额现值} = 0 \quad (8.34)$$

$$\text{未来每年 NCF} \times (P/A, i, n) - \text{原始投资额现值} = 0 \quad (8.35)$$

年金现值系数

$$NPV_A = 0 \quad (8.36)$$

可按下面步骤确定IRR:① 计算年金现值系数,$\text{年金现值系数} = \frac{\text{初始投资额}}{\text{未来每年 NCF}}$;② 查年金现值系数表,在相同的期数内,找出与上述年金现值系数相邻近的较大和较小的2个贴现率,然后采用插值法计算出该投资项目的内含报酬率。

【例8.16】 某项目初始投资额为14 000元,寿命周期内未来每年NCF = 3 000元,使用寿命为8年,资本成本为10%,试计算该项目的内含报酬率。

$$\text{年金现值系数} = \frac{\text{初始投资额}}{\text{未来每年 NCF}} = \frac{14\ 000}{3\ 000} = 4.67$$

查年金现值系数表,第8期与4.67相邻近的年金现值系数在13% ~ 14%之间,再采用插值法可计算出该项目的内含报酬率IRR = 13.8%。本项目的内含报酬率高于企业的资本成本10%,故该项目可行。

(2) 未来每年现金净流量不相等。

如果投资方案的未来每年现金净流量不相等,各年现金净流量的分布就不是年金形式,不能采用直接查年金现值系数表的方法来计算内含报酬率,而需采用逐次测试法。

逐次测试法的具体做法是:根据已知的有关资料先估计一次贴现率,来试算未来现金净流量的现值,并将这个现值与原始投资额现值相比较。如净现值为正数,表示估计的贴现率低于方案实际可能达到的投资收益率,需要重估一个较高的贴现率进行试算。如果净现值为负数,表示估计的贴现率高于方案实际可能达到的投资收益率,需要重估一个较低的贴现率进行试算。如此反复试算,直到净现值等于0或基本接近于0,这时所估计的贴现率就是希望求得的内含报酬率。如果对测试结果的精确度不满意,可找出净现值由正到负并且比较接近于0的2个贴现率,再使用插值法计算出方案实际的内含报酬率。

【例8.17】 根据表8.2所列资料,试计算A、B 2个投资项目的内含报酬率。

A、B 2个投资项目内含报酬率计算的逐步测试过程详见表8.6和表8.7。

在表8.6中,先按12%的贴现率进行测算,净现值为负,再把贴现率降低到10%,进行第二次测算,净现值为正,说明内含报酬率在10% ~ 12%之间,为计算其精确数,现采用插值法计算。

$$k = 12\%, \quad NPV_A = -8\ 065$$

$$k = ?, \quad NPV_A = 0$$

$$k = 10\%, \quad NPV_A = 549$$

$$\frac{k-12\%}{10\%-12\%}=\frac{0-(-8\ 065)}{549-(-8\ 065)},\quad k=10.13\%$$

表 8.6　A 方案内含报酬率计算的逐步测试　　单位:元

t	NCF_A	贴现率 12%		贴现率 10%	
		贴现系数	现值	贴现系数	现值
0	- 120 000	1	- 120 000	1	- 120 000
1	10 000	0. 892 9	8 929	0. 909 1	9 091
2	10 000	0. 797 2	7 972	0. 826 4	8 264
3	20 000	0. 711 8	14 236	0. 751 3	15 026
4	20 000	0. 635 5	12 710	0. 683 0	13 660
5	120 000	0. 567 4	68 088	0. 620 9	74 508
净现值 NPV_A		- 8 065		549	

表 8.7　B 方案内含报酬率计算的逐步测试　　单位:元

t	NCF_B	贴现率 20%		贴现率 28%		贴现率 32%	
		贴现系数	现值	贴现系数	现值	贴现系数	现值
0	- 120 000	1	- 120 000	1	- 120 000	1	- 120 000
1	120 000	0. 833 3	99 996	0. 781 3	93 756	0. 7576	90 912
2	20 000	0. 694 4	13 888	0. 610 4	12 208	0. 5739	11 478
3	20 000	0. 578 7	11 574	0. 476 8	9 536	0. 4348	8 696
4	10 000	0. 482 3	4 823	0. 372 5	3 725	0. 3294	3 294
5	10 000	0. 401 9	4 019	0. 291 0	2 910	0. 2495	2 495
净现值 NPV_B		14 300		2 135		- 3 125	

A 方案的内含报酬率为 10. 13% ,低于该企业的资本成本为 12% ,故该项目不可行。

在表8. 7 中,先按20% 的贴现率进行测算,净现值为正,现将贴现率逐步提高,直到贴现率为 32% 时,净现值为负停止测算,再采用插值法计算出内含报酬率 IRR = 29. 62% 。

4. 内含报酬率的优缺点

内含报酬率的优点是:① 反映了投资项目的真实报酬率,易于被决策人员所理解;② 对于独立投资方案的比较决策,如果各方案原始投资额现值不同,可以通过计算各方案的内含报酬率,反映各独立投资方案的获利水平。

内含报酬率的缺点是:① 计算过程比较复杂,特别是每年 NCF 不等的投资项目,一般要经过多次测算才能求得;② 在互斥投资方案决策时,如果各方案的原始投资额现值不相等,有时无法做出正确的决策。某一方案原始投资额低,净现值小,但内含报酬率可能较高,而另一方案原始投资额高,净现值大,但内含报酬率可能较低。

(五) 动态投资回收期

动态投资回收期需要将投资引起的未来现金净流量进行贴现,以未来现金净流量的现值等于原始投资额现值时所经历的时间为动态回收期。

1. 未来每年现金净流量相等

在计算动态投资回收期时,如果每年 NCF 相等,可按照下面步骤确定动态投资回收期:①计算年金现值系数,年金现值系数 = $\frac{初始投资额}{未来每年\ NCF}$;②查年金现值系数表,在相同的贴现率内,找出与上述年金现值系数相邻近的较大和较小的 2 个期数,然后采用插值法计算出项目的动态投资回收期。

【例 8.18】 某项目的现金流量见表 8.8,假定该企业的投资报酬率为 12%,计算该项目的动态投资回收期。

表 8.8 某项目的现金流量表 单位:元

t	0	1	2	3	4	5
NCF	- 180 000	50 000	50 000	50 000	50 000	50 000

$$年金现值系数 = \frac{180\ 000}{50\ 000} = 3.6$$

查年金现值系数表,贴现率为 12% 的那一列中,与 3.6 相邻的年金现值系数为3.037 3 和3.604 8,它们所对应的期数分别为4 和5,再采用插值法可计算出该项目的动态投资回收期为4.99 年。

2. 未来每年现金净流量不相等

如果每年 NCF 不相等,那么计算动态回收期时需要先把每年的 NCF 折现,再根据每年年末尚未收回的投资额加以确定。

【例 8.19】 某企业的投资方案的现金流量见表 8.9。

表 8.9 投资方案的现金流量表 单位:元

t	0	1	2	3	4	5
NCF	- 180 000	40 000	50 000	60 000	70 000	80 000

假定企业要求的投资报酬率为 12%,列表 8.10 计算该投资方案的动态投资回收期。

表 8.10 动态投资回收期计算表 单位:元

t	每年 NCF	复利现值系数	折现的现金净流量	未收回额
0	- 180 000	1	- 180 000	—
1	40 000	0.892 9	35 716	144 284
2	50 000	0.797 2	39 860	104 424
3	60 000	0.711 8	42 708	61 716
4	70 000	0.635 5	44 485	17 231
5	80 000	0.567 4	45 392	—

$$该方案动态投资回收期 = 4 + \frac{17\ 231}{45\ 392} = 4.38(年)$$

动态投资回收期指标评价投资项目比用静态投资回收期更加安全、可靠。这种方法的优点是概念易懂，计算简便，同时又考虑了资金时间价值，能反映各期现金净流量的影响，有助于促使企业压缩建设周期，提前收回投资；缺点是无法揭示回收期后继续发生的现金流量变动情况，有一定的片面性。

（六）非折现现金流量指标

1. 静态投资回收期

静态投资回收期（payback period，PP）是指回收项目初始投资所需要的时间。回收年限越短，方案越有利。静态投资回收期的计算，因每年的营业现金净流量是否相等而有所不同。

如果每年 NCF 相等，则静态投资回收期可按下式计算

$$\text{静态投资回收期} = \frac{\text{原始投资额}}{\text{每年 NCF}} \tag{8.37}$$

【例 8.20】　根据表 8.8 所列资料，初始投资 180 000 元，每年的 NCF 均为 50 000 元，试计算该项目静态投资回收期。

$$\text{静态投资回收期} = \frac{180\ 000}{50\ 000} = 3.6(\text{年})$$

如果每年 NCF 不相等，那么计算静态投资回收期要根据每年年末尚未收回的投资额加以确定。

【例 8.21】　根据表 8.9 所列资料，计算该项目静态投资回收期。

先计算各年年末尚未收回的投资额，见表 8.11。

表 8.11　未收回投资额计算表　　单位：元

t	每年 NCF	未收回额
0	-180 000	—
1	40 000	140 000
2	50 000	90 000
3	60 000	30 000
4	70 000	—
5	80 000	—

$$\text{该方案投资回收期} = 3 + \frac{30\ 000}{70\ 000} = 3.43(\text{年})$$

静态投资回收期的优点是概念易懂，计算简便；缺点是忽视了资金时间价值因素，既不考虑回收期内现金流入量发生的时间先后，又不考虑回收期满后的收益情况。事实上，有战略意义的长期投资往往早期收益较低，而后期收益较高。静态投资回收期优先考虑急功近利的项目，可能导致企业放弃长期成功的方案。它是过去评价投资方案最常用的方法之一，目前作为辅助方法使用。

2. 平均报酬率

平均报酬率（average rate of return，ARR）是投资项目寿命周期内平均的年投资报酬率，也称平均投资报酬率。平均报酬率有多种计算方法，其最常见的计算公式为

$$平均报酬率=\frac{平均现金流量}{初始投资额}\times 100\% \tag{8.38}$$

【例 8.22】 根据前例资料(表 8.9),计算该投资方案的平均报酬率。

$$\begin{matrix}该投资方案的\\平均报酬率\end{matrix}=\frac{(40\ 000+50\ 000+60\ 000+70\ 000+80\ 000)\div 5}{180\ 000}=33.33\%$$

采用平均报酬率这一指标时,应事先确定一个企业要求达到的平均报酬率,或称必要平均报酬率。在进行决策时,只有高于必要平均报酬率的方案才能入选,而在多个方案的互斥选择中,应选用必要平均报酬率最高的方案。

平均报酬率的优点是容易理解,计算简便;缺点是在计算平均每年现金流入量时不考虑现金流入的时间先后,不能准确地反映项目的优劣。

【例 8.23】 假设甲、乙 2 个项目的预计现金流量如表 8.12 所示,计算甲、乙项目平均报酬率。

表 8.12 项目预计现金流量表 单位:元

t	0	1	2	3	4	5
$NCF_{甲}$	-150 000	100 000	80 000	60 000	40 000	20 000
$NCF_{乙}$	-150 000	20 000	40 000	60 000	80 000	100 000

$$ARR_{甲}=\frac{(100\ 000+80\ 000+60\ 000+40\ 000+20\ 000)\div 5}{150\ 000}=40\%$$

$$ARR_{乙}=\frac{(20\ 000+40\ 000+60\ 000+80\ 000+100\ 000)\div 5}{150\ 000}=40\%$$

用平均报酬率来评价,似乎甲、乙 2 个项目的可取程度不分上下,但只要有点时间价值的观念就不难发现,甲项目远胜于乙项目。因为甲项目的初始投资(150 000 元)不到 2 年就能全部收回,又可马上进行同样规模的投资,而在乙项目中,主要的现金流入量却发生在最后 2 年。可见平均报酬率完全忽视了现金流入量的时间分配。

综上所述,无论是静态投资回收期还是平均报酬率,由于不考虑资金时间价值这一重要因素,都不是良好的投资决策指标。

第三节 资本成本分析

一、资本成本的含义和作用

(一) 资本成本的含义

资本成本是指企业为筹集和使用资金而付出的代价。资本成本包括资金筹集成本和资金使用成本两部分。

资金筹集成本是指在资金筹集过程中支付的各项费用,如发行股票、债券支付的印刷费,发行手续费,律师费,资信评估费,公证费,担保费,广告费等。资金筹集成本是一次性发生的,属于固定性资本成本,因此,在计算资本成本时可作为筹资金额的一项扣除。

资金使用成本是指占用资金支付的费用,如股票的股息、银行借款和债券利息等。这种成本是经常性的,属于变动性资本成本,也是资本成本的主要内容。

(二) 资本成本的作用

资本成本是投融资决策中一个非常重要的概念,一方面资本成本与公司的筹资活动有关,它既是公司募集和使用资金的成本(即筹资的成本),也是制定筹资决策的基础,公司要达到股东财富最大化,必须使所有的投入成本最小化,其中包括资本成本的最小化,所以需要正确估计和合理降低资本成本;另一方面资本成本与公司的投资活动有关,它既是投资的必要报酬率,也是制定投资决策的基础,公司只有正确估计项目的资本成本,才能投资于投资报酬率高于资本成本率的项目。其具体作用如下。

1. 资本成本是企业筹资决策的主要依据

筹资决策的核心问题是决定资本结构,最优资本结构是使股东财富最大化的资本结构。因为不同的资金来源和筹资方式,资本成本各不相同,为了提高筹资效果,就必须分析各种筹资方式资本成本的高低,并进行合理配置,使综合资本成本降到最低。因此,加权平均资本成本可以指导资本结构决策。

2. 资本成本是评价项目投资的重要标准

资本成本率是企业用以确定项目要求达到的投资收益率的最低标准。项目投资决策通常采用净现值、内含报酬率等指标来进行评价,其中净现值的计算一般就是以资本成本作为折现率的。当净现值为正时方案可行,净现值为负时方案不予采纳。而用内含报酬率评价方案的可行性时,一般以资本成本作为基准收益率,当内含报酬率高于资本成本率时,说明方案可行,低于资本成本率时不可行。

3. 资本成本是价值评估和业绩评价的尺度

资本成本率是投资人要求的报酬率,与公司实际的投资报酬率进行比较可以评价公司的业绩。以价值为基础的业绩评价,其核心指标是经济增加值,计算经济增加值也需要使用公司资本成本。

企业并购、重组等,企业在制定公司战略时,需要知道每种战略选择对企业价值的影响,也会涉及企业价值评估。评估企业价值时,主要采用现金流量折现法,需要使用公司资本成本率作为公司现金流量的折现率。

总之,资本成本是连接投资和筹资的纽带,具有广泛的用途。首先,投资决策决定了公司所需资金的数额和时间,成为筹资决策的依据;其次,筹资决策决定了一个公司的加权平均资本成本,加权平均资本成本又成为投资决策的依据。资本成本把筹资决策和投资决策联系起来。为了实现股东财富最大化的目标,公司在筹资活动中寻求资本成本最小化,与此同时,投资于报酬高于资本成本的项目并力求净现值最大化。

二、资本成本的种类

资本成本根据应用对象的不同,可分为公司的资本成本和投资项目的资本成本。公司的资本成本是投资人针对整个公司要求的报酬率,或者说是投资人对于企业全部资产要求的报酬率。投资项目的资本成本是公司投资于资本支出项目所要求的报酬率。

公司的资本成本,是指组成公司资本结构的各种资金来源的成本的组合,也就是各种资本要素成本的加权平均数。公司的资本成本主要用于投资决策、筹资决策、营运资本管理、企业价值评估和业绩评价。

投资项目的资本成本,是指项目本身所需投资资本的机会成本。每个项目有自己的机会资本成本,因为不同投资项目的风险不同,所以它们要求的最低报酬率不同。风险高的投资项目要求的最低报酬率较高,风险低的投资项目要求的最低报酬率较低。作为投资项目的资本成本即项目的必要报酬率,其高低既取决于资本运用于什么项目,又受筹资来源影响。

三、个别资本成本的计算

个别资本成本是指各种单一筹资方式的成本,主要包括债券成本、银行借款成本、优先股成本、普通股成本和留存收益成本。根据所有权性质的不同,债券成本和银行借款成本称为负债资本成本,优先股成本、普通股成本和留存收益成本称为权益资本成本。

在实务中,通常运用资本成本的相对数,即用资本成本率来表示资本成本。在本书中,资本成本和资本成本率同义。企业资本来源及取得方式不同,资本成本也不同,因此对于不同来源或不同取得方式的资本,应分别计算其资本成本。

(一) 资本成本基本计算模式

1. 一般模式

资本成本通常采用不考虑资金时间价值的一般模式计算,初期的筹资额作为筹资费用的一项扣除。一般模式通常适用于银行借款、发行债券、固定股息率优先股的资本成本的计算。

$$\text{资本成本}=\frac{\text{年(税后)资金占用费}}{\text{筹资总额}-\text{筹资费用}}=\frac{\text{年(税后)资金占用费}}{\text{筹资总额}\times(1-\text{筹资费用率})} \quad (8.39)$$

2. 贴现模式

贴现模式是将债务未来还本付息或股权未来股利分红的贴现值与目前筹资净额相等时的贴现率作为资本成本。贴现模式适用于金额大、时间超过 1 年的长期资本的资本成本的计算。

令

$$\text{筹资净额现值}-\text{未来资本清偿额现金流量现值}=0 \quad (8.40)$$

求解折现率,即为资本成本。类似于“内含报酬率”的计算方法。

(二) 银行借款或发行债券的资本成本

银行借款资本成本包括借款利息费用和借款手续费用,手续费用是筹资费用,利息费用在税前支付,是资金占用费用。

发行债券资本成本包括债券利息和借款发行费用。债券可以溢价发行,也可以折价发行,发行费用是筹资费用,利息费用在税前支付,是资金占用费用。

银行借款和发行债券的利息费用可在税前支付,计算资本成本需考虑利息抵税作用。

$$\text{银行借款或发行债券的资金成本}=\frac{\text{年利息}\times(1-\text{所得税率})}{\text{筹资总额}\times(1-\text{筹资费用率})} \quad (8.41)$$

其中,筹资总额为借款本金或债券发行价格。

$$\text{银行借款或发行债券的资金成本}=\frac{\text{年利率}\times(1-\text{所得税率})}{1-\text{筹资费用率}} \quad (8.42)$$

（三）优先股的资本成本

优先股的资本成本主要是向优先股东支付的各期股利。

对于固定股息率优先股而言，既要支付筹资费用，又要定期支付股利。它与债券不同的是股利在税后支付，不能抵减所得税，且没有固定到期日。其计算公式为

$$优先股的资本成本 = \frac{年固定股息}{发行价格 \times (1 - 筹资费用率)} \tag{8.43}$$

如果是浮动股息率优先股，由于浮动优先股各期股利是波动的，因此其资本成本率只能按照贴现模式计算，

（四）普通股的资本成本

普通股的资本成本主要是向股东支付的各期股利，由于各期股利并不一定固定，因此普通股的资本成本只能按贴现模式计算，并假定各期股利的变化呈一定规律性。普通股的资本成本可以按照股利增长模型法计算，如果是上市公司普通股，其资本成本还可以根据该公司股票收益率与市场收益率的相关性，按资本资产定价模型法估计。

（五）留存收益的资本成本

留存收益是由企业税后净利润形成的，是一种所有者权益。企业利用留存收益筹资无须发生筹资费用，留存收益的资本成本表现为股东追加投资要求的收益率，其计算与普通股相同，分为股利增长模型法和资本资产定价模型法，不同点在于其不考虑筹资费用。

四、加权平均资本成本的计算

加权平均资本成本是债务资本成本和股权资本成本的加权平均，反映了投资者所要求的必要报酬率。在衡量和评价单一融资方案时，需要计算个别资本成本；在衡量和评价企业筹资总体的经济性时，需要计算企业的加权平均资本成本。加权平均资本成本的计算公式为

$$K_W = \sum_{j=1}^{n} K_j W_j \tag{8.44}$$

式中　K_W——加权平均资本成本；

K_j——第 j 种个别资本成本；

W_j——第 j 种个别资本在全部资本中的比重。

企业的加权平均资本成本，是以各项个别资本在企业总资本中的比重为权数，其计算存在着权数价值的选择问题，通常，可供选择的价值形式有账面价值、市场价值和目标价值等。

1. 账面价值权数

账面价值权数是以会计报表账面价值为基础来计算资本权数。其优点是资料容易取得，计算结果比较稳定；缺点是不能反映目前从资本市场上筹集资本的现时机会成本，不适合评价现时的资本结构。

2. 市场价值权数

市场价值权数是以现行市价为基础来计算资本权数。其优点是能够反映现时的资本成本水平，有利于进行资本结构决策；缺点是现行市价经常变动，不容易取得，且现行市价反映

的只是现时的资本结构,不适用未来的筹资决策

3. 目标价值权数

目标价值权数是以预计的未来价值为基础来确定资本权数,目标价值权数的确定一般以现时市场价值为依据,可行方案是选用市场价值的历史平均值。其优点是适用于未来的筹资决策,缺点是目标价值的确定难免具有主观性。

【例 8.24】 某公司 20×4 年末长期资本账面总额为 1 000 万元,其中:银行长期贷款 400 万元,占 40%;长期债券 150 万元,占 15%;股东权益 450 万元(共 200 万股,每股面值 1 元,市价 8 元),占 45%。个别资本成本分别为:5%、6%、9%。试计算该公司 20×4 年的加权平均资本成本。

按账面价值计算

$$K_W = 5\% \times 40\% + 6\% \times 15\% + 9\% \times 45\% = 6.95\%$$

按市场价值计算

$$K_W = \frac{5\% \times 400 + 6\% \times 150 + 9\% \times 1\ 600}{400 + 150 + 1\ 600} = \frac{173}{2\ 150} = 8.05\%$$

五、边际资本成本的计算

边际资本成本是企业追加筹资的成本,是企业进行追加筹资的决策依据。企业的个别资本成本和平均资本成本,是企业过去筹集的单项资本的成本或目前使用全部资本的成本。然而,企业在追加筹资时,不能仅仅考虑目前所使用资本的成本,还要考虑新筹集资金的成本,即边际资本成本。边际资本成本的权数采用目标价值权数。

【例 8.25】 某公司设定的目标资本结构为:银行借款 20%、公司债券 15%、股东权益 65%。现拟追加筹资 300 万元,按此资本结构来筹资。个别资本成本预计分别为银行借款 7%、公司债券 12%、股东权益 15%。追加筹资 300 万元的边际资本成本计算见表 8.13。

表 8.13　追加筹资 300 万元的边际资本成本计算表

资本种类	目标资本结构 /%	追加筹资额 / 万元	个别资本成本 /%	边际资本成本 /%
银行借款	20	60	7	1.4
公司债券	15	45	12	1.8
股东权益	65	195	15	9.75
合计	100	300	—	12.95

第四节　投融资管理案例实务

一、现金净流量计算

(一) 固定资产投资项目的现金净流量计算

【例 8.26】 某公司拟购建一项固定资产,需投资 100 万元,按直线法折旧,使用寿命 10

年，期末有10万元净残值。在建设起点一次投入借入资金100万元，建设期为1年，发生建设期资本化利息10万元。预计投产后每年可获营业利润10万元。在经营期的头3年中，每年归还借款利息11万元（假定营业利润不变，不考虑所得税因素）。试计算项目计算期内各年现金净流量。

根据所给资料计算有关指标如下：

$$固定资产原值=固定资产投资+建设期资本化利息=100+10=110（万元）$$

$$固定资产年折旧额=\frac{固定资产原值-净残值（或余值）}{固定资产使用年限}=\frac{110-10}{10}=10（万元）$$

$$项目计算期=建设期+经营期=1+10=11（年）$$

$$终结点年回收额=回收固定资产余值+回收流动资金=10+0=10（万元）$$

$$建设期某年现金净流量=-该年发生的原始投资额=-100（万元）$$

$$营业期某年现金净流量=该年利润+该年折旧+该年摊销额+该年利息费用+该年回收额$$

营业期各年现金净流量分别为：

$$NCF_0=-100（万元）$$

$$NCF_1=0（万元）$$

$$NCF_{2\sim4}=10+10+0+11+0=31（万元）$$

$$NCF_{5\sim10}=10+10+0+0+0=20（万元）$$

$$NCF_{11}=10+10+0+0+10=30（万元）$$

（二）完整工业投资项目的现金净流量计算

【例8.27】　某工业项目需要原始投资125万元，其中固定资产投资100万元、开办费投资5万元、流动资金投资20万元。建设期为1年，建设期资本化利息10万元。固定资产投资和开办费投资于建设起点投入，流动资金于完工时（即第1年年末）投入。该项目使用寿命为10年，固定资产按直线法计提折旧，期满有10万元净残值；开办费自投产年份起分5年摊销完毕。预计投产后第1年获5万元利润，以后每年递增5万元；从经营期第1年起连续4年每年归还借款利息11万元；流动资金于终结点一次回收。试计算项目计算期内各年现金净流量。

根据所给资料计算有关指标如下：

（1）项目计算期。

$$1+10=11（年）$$

（2）固定资产原值。

$$100+10=110（万元）$$

（3）固定资产年折旧额。

$$\frac{110-10}{10}=10（万元）（共10年）$$

(4) 开办费年摊销额。

$$\frac{5}{5}=1(\text{万元})(\text{共}5\text{年})$$

(5) 投产后每年利润分别为5万元,10万元,15万元,……,50万元(共10年)。

(6) 终结点回收额。

$$10+20=30(\text{万元})$$

(7) 建设期各年现金净流量。

$$NCF_0=-(100+5)=-105(\text{万元})$$
$$NCF_1=-20(\text{万元})$$

(8) 营业期各年现金净流量。

$$NCF_2=5+10+1+11+0=27(\text{万元})$$
$$NCF_3=10+10+1+11+0=32(\text{万元})$$
$$NCF_4=15+10+1+11+0=37(\text{万元})$$
$$NCF_5=20+10+1+11+0=42(\text{万元})$$
$$NCF_6=25+10+1+0+0=36(\text{万元})$$
$$NCF_7=30+10+0+0+0=40(\text{万元})$$
$$NCF_8=35+10+0+0+0=45(\text{万元})$$
$$NCF_9=40+10+0+0+0=50(\text{万元})$$
$$NCF_{10}=45+10+0+0+0=55(\text{万元})$$
$$NCF_{11}=50+10+0+0+30=90(\text{万元})$$

(三) 考虑所得税的固定资产投资项目的现金净流量计算

【例8.28】 某固定资产项目需要一次投入价款100万元,资金来源系银行借款,年利息率10%,建设期为1年。该固定资产可使用10年,按直线法折旧,期满有净残值10万元。投入使用后,可使经营期第1～7年每年产品销售收入(不含增值税)增加78万元,第8～10年每年产品销售收入(不含增值税)增加67万元,同时使第1～10年每年的经营成本增加37万元。该企业的所得税率为25%,不享受减免税优惠。投产后第7年末,用净利润归还借款的本金,在还本之前的经营期内每年末支付借款利息11万元,连续归还7年。试计算项目计算期内各年现金净流量。

根据所给资料计算相关指标如下:

(1) 项目计算期。

$$1+10=11(\text{年})$$

(2) 固定资产原值。

$$100+100\times10\%\times1=110(\text{万元})$$

(3) 固定资产年折旧额。

$$\frac{110-10}{10}=10(\text{万元})$$

(4) 营业期第1～7年每年增加总成本。

$$37+10+0+11=58(\text{万元})$$

营业期第8～10年每年增加总成本。

$$37 + 10 + 0 + 0 = 47(\text{万元})$$

（5）营业期第 1 ~ 7 年每年增加营业利润。

$$78 - 58 = 20(\text{万元})$$

营业期第 8 ~ 10 年每年增加营业利润。

$$67 - 47 = 20(\text{万元})$$

（6）每年增加应交所得税。

$$20 \times 25\% = 5(\text{万元})$$

（7）每年增加净利润。

$$20 - 5 = 15(\text{万元})$$

（8）按简化公式计算的建设期现金净流量为。

$$NCF_0 = -100\ (\text{万元})$$

$$NCF_1 = 0(\text{万元})$$

按简化公式计算的经营期现金净流量为

$$NCF_{2\sim8} = 15 + 10 + 11 = 36(\text{万元})$$

$$NCF_{9\sim10} = 15 + 10 + 0 = 25(\text{万元})$$

$$NCF_{11} = 15 + 10 + 0 + 10 = 35(\text{万元})$$

根据上述计算结果可编制该项目现金流量表(表 8.14)。

表 8.14　某固定资产投资项目现金流量表(全部投资)　　单位:万元

项目计算期(第 t 年)		建设期		经营期							合计
		0	1	2	3	……	8	9	10	11	
现金流入量	营业收入	0	0	78	78	……	78	67	67	67	747
	回收固定资产余值	0	0	0	0	……	0	0	0	10	10
	现金流入量合计	0	0	78	78	……	78	67	67	77	757
现金流出量	固定资产投资	100	0	0	0	……	0	0	0	0	100
	经营成本	0	0	37	37	……	37	37	37	37	370
	所得税	0	0	5	5	……	5	5	5	5	50
	现金流出量合计	100	0	42	42	……	42	42	42	42	520
现金净流量		-100	0	36	36	……	36	25	25	35	237

(四)固定资产更新改造项目的现金净流量计算

【例 8.29】　某企业打算变卖一套尚可使用 5 年的旧设备,另行购置一套新设备来替换它。取得新设备的投资额为 180 000 元,旧设备的变价净收入为 80 000 元,到第 5 年年末新设备与继续使用旧设备届时的预计净残值相等。使用新设备可使企业在 5 年内每年增加企业收入 60 000 元,并增加经营成本 30 000 元。设备采用直线法计提折旧。新旧设备的替换不会妨碍企业的正常经营(即更新设备的建设期为 0)。企业所得税率为 25%。

要求:计算该更新设备项目计算期内各年的差量现金净流量(ΔNCF_t)

根据所给资料计算相关指标如下:

(1) 更新设备比继续使用旧设备增加的投资额。

$$180\ 000 - 80\ 000 = 100\ 000(\text{元})$$

(2) 营业期每年折旧的变动额。

$$\frac{100\ 000}{5} = 20\ 000(\text{元})$$

(3) 营业期每年总成本的变动额。

$$30\ 000 + 20\ 000 = 50\ 000(\text{元})$$

(4) 营业期每年营业净利润的变动额。

$$60\ 000 - 50\ 000 = 10\ 000(\text{元})$$

(5) 营业期每年所得税的变动额。

$$10\ 000 \times 25\% = 2\ 500(\text{元})$$

(6) 营业期每年净利润的变动额。

$$10\ 000 - 2\ 500 = 7\ 500(\text{元})$$

(7) 按简化公式确定的建设期差量现金净流量。

$$\Delta NCF_0 = -100\ 000(\text{元})$$

(8) 按简化公式计算的经营期差量现金净流量。

$$\Delta NCF_{1\sim5} = 7\ 500 + 20\ 000 = 27\ 500(\text{元})$$

本例所介绍的方法称为差量分析法,它是确定更新改造项目差量现金净流量较为常用的方法之一。

二、固定资产更新决策

随着科学技术的不断进步,固定资产更新周期大大缩短。尽管旧设备还能继续使用,但其往往消耗大、效率低、精度差、维修费用多。当生产效率更高,原材料、燃料、动力消耗更低,能生产出质量更好的产品的新设备出现时,企业就会面临是否要用这种新设备替换旧设备的问题,对这类问题的决策称为固定资产更新决策。在固定资产更新决策评价中,无论现有固定资产还是可能取代它的新固定资产,都要着重考察其未来的有关数据。过去发生的"沉落成本"与更新改造决策无关,可以不予考虑。现有固定资产的价值应以其"现时价值"而不是按"原始成本"进行计量。

(一) 是否购置设备的决策

【例 8.30】 某公司计划开发一新产品,需购置设备一台,价款 120 000 元,使用寿命为 10 年,期满后残值 20 000 元,采用直线法计提折旧。需垫支营运资金 60 000 元,生产该产品每年获销售收入 70 000 元,每年付现成本 40 000 元,资本成本 10%,所得税率 25%,试对该项目的可行性做出评价。

(1) 计算项目的营业现金净流量。

$$\text{该设备每年应提折旧额} = \frac{120\ 000 - 20\ 000}{10} = 10\ 000(\text{元})$$

$$\text{净利润} = (70\ 000 - 40\ 000 - 10\ 000) \times (1 - 25\%) = 15\ 000(\text{元})$$

$$\begin{aligned}\text{营业期现金净流量(NCF)} &= \text{净利润} + \text{该设备每年应提折旧额}\\ &= 15\ 000 + 10\ 000 = 25\ 000(\text{元})\end{aligned}$$

该项目的现金流量计算见表8.15。

表8.15　项目现金流量计算表

单位:元

项目	设备投资	垫支营运资金	营业期现金净流量	设备残值	营运资金回收	现金流量合计
0	-120 000	-60 000	—	—	—	-180 000
1	—	—	25 000	—	—	25 000
2	—	—	25 000	—	—	25 000
3	—	—	25 000	—	—	25 000
4	—	—	25 000	—	—	25 000
5	—	—	25 000	—	—	25 000
6	—	—	25 000	—	—	25 000
7	—	—	25 000	—	—	25 000
8	—	—	25 000	—	—	25 000
9	—	—	25 000	—	—	25 000
10	—	—	25 000	20 000	60 000	105 000

(2) 计算项目的净现值。

$$\text{该项目的净现值(NPV)} = 25\,000 \times (P/A,10\%,9) + 105\,000 \times (P/F,10\%,10) - 180\,000$$
$$= 25\,000 \times 5.759\,0 + 105\,000 \times 0.385\,5 - 180\,000$$
$$= 4\,452.5(\text{元})$$

因为 NPV > 0 所以购置设备开发新产品这一投资方案可行。

(二) 继续使用旧设备与购置新设备的决策

【例8.31】 某企业希望有一台技术性能更好的设备,现有旧设备及预计购置的新设备有关资料见表8.16。

表8.16　新旧设备对比资料表

项目	设备	
	旧设备	新设备
原值/元	400 000	600 000
预计使用年限/年	10	5
已使用年限/年	5	0
最终残值/元	0	100 000
变现价值/元	100 000	600 000
使用设备每年可获收入/元	500 000	800 000
年付现成本/元	300 000	400 000

假定企业所得税税率为25%，资本成本为10%，新旧设备均采用直线法计提折旧，试做出是继续使用旧设备还是对其进行更新的决策。

表8.16中资料显示，继续使用旧设备与更新设备2个方案寿命周期相同，故可采用“差量分析法”，即首先计算差量方案的营业期现金净流量，再根据差量方案的有关指标进行判断。

(1) 继续使用旧设备方案。

$$该设备每年计提折旧额 = \frac{400\ 000 - 0}{10} = 40\ 000(元)$$

$$净利润 = (500\ 000 - 300\ 000 - 40\ 000) \times (1 - 25\%) = 120\ 000(元)$$

$$营业期现金净流量 = 120\ 000 + 40\ 000 = 160\ 000(元)$$

初始投资应是旧设备的“现时价值”，即100 000元。

(2) 更新设备方案。

$$该设备每年应提折旧额 = \frac{600\ 000 - 100\ 000}{5} = 100\ 000(元)$$

$$净利润 = (800\ 000 - 400\ 000 - 100\ 000) \times (1 - 25\%) = 225\ 000(元)$$

$$营业期现金净流量 = 225\ 000 + 100\ 000 = 325\ 000(元)$$

初始投资为600 000元，期末收回残值100 000元。

更新设备方案比继续使用旧设备方案增减的现金净流量见如表8.17，所有增减额均用“Δ”表示。

表8.17　差量方案现金净流量表　　单位:元

项目	0	1	2	3	4	5
Δ营业期现金净流量	—	165 000	165 000	165 000	165 000	165 000
Δ初始投资及收回残值	-500 000	—	—	—	—	100 000
Δ现金净流量	-500 000	165 000	165 000	165 000	165 000	265 000

(3) 差量方案的净现值。

$$\begin{aligned}NPV &= 165\ 000 \times (P/A,10\%,4) + 265\ 000 \times (P/F,10\%,5) - 500\ 000 \\ &= 165\ 000 \times 3.169\ 9 + 265\ 000 \times 0.620\ 9 - 500\ 000 \\ &= 187\ 572(元)\end{aligned}$$

可见，设备更新后，能比继续使用旧设备多获得187 572元的净现值，故应进行更新。

(三) 设备是大修理还是更新的决策

设备磨损到一定程度需要进行大修理。大修理的特点是支付费用多、间隔时间长，但大修理只是局部再生产，不可能把设备的精度、性能、效率和寿命完全恢复如新。购置新设备的投资一般高于旧设备的大修理费用，但新设备比旧设备寿命长，在精度、性能，效率和消耗等方面也往往优于旧设备。因此，企业决策者常常要做出大修理还是更新的决策，在大修理与更新之间需要比较的只是两者不同的收入和成本，即销售收入和相关成本，如果两者的销售收入相同，则只需比较两者的相关成本。一般地，新旧设备寿命不同，当大修理方案与更新方案的寿命周期不同时，应采用“年值比较法”，即计算大修理与更新方案的相关年均现金流量——年均成本，并且该指标越低越好。

【例 8.32】 某公司有一台旧设备，花 10 000 元大修一次尚可使用 4 年，期满无残值。如花 16 000 元买一台与旧设备性能相同的新设备，可用 8 年，中间不必大修，期满也无残值。使用新旧设备的产量、消耗和产品售价相同，企业资本成本为 12%，试决策哪一个方案更好。

本例中，大修理与更新方案寿命周期不同，故应用年值比较法择优。

$$大修理年均成本 = 10\ 000 \div (P/A, 12\%, 4) = 3\ 292(元)$$

$$更新年均成本 = 16\ 000 \div (P/A, 12\%, 8) = 3\ 221(元)$$

通过对比可知，更新方案比大修理方案每年可节约成本 71 元（3 292 − 3 221），所以应采用更新方案。

（四）固定资产经济寿命的决策

固定资产的经济寿命也叫固定资产的最优更新期，也就是按照这一时间间隔进行更新，可使固定资产的平均年成本达到最低水平。

固定资产的平均年成本是与该资产相关的现金流出的年平均值。如果不考虑货币时间价值，它是未来使用年限内的现金流出总额与使用年限的比值。如果考虑货币时间价值，它是未来使用年限内的现金流出总现值与年金现值系数的比值，即平均每年的现金流出。

【例 8.33】 企业欲购一台设备，价值 5 000 元，预计可使用 9 年，9 年末有残值 500 元，采用直线法计提折旧，每年运行成本为 1 400 元。使用该设备有关现金流量详见图 8.7，企业资本成本为 10%。试计算该设备的平均年成本。

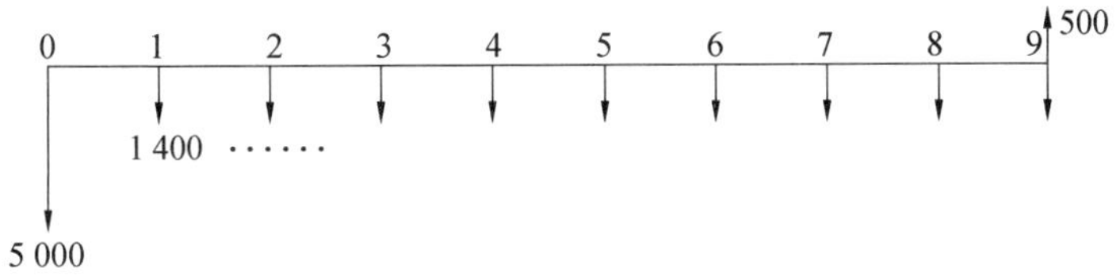

图 8.7　设备现金流量图

（1）若不考虑货币时间价值，该设备平均年成本为

$$\frac{5\ 000 + 1\ 400 \times 9 - 500}{9} = 1\ 900(元)$$

（2）如果考虑货币时间价值，有以下 3 种计算方法。

第一，计算出现金流出总现值，然后分摊给每一年。

$$平均年成本 = \frac{5\ 000 + 1\ 400 \times (P/A, 10\%, 9) - 500 \times (P/F, 10\%, 9)}{(P/A, 10\%, 9)}$$

$$= \frac{5\ 000 + 1\ 400 \times 5.759 - 500 \times 0.424\ 1}{5.759} = 2\ 231.4(元)$$

第二，由于各年已经有相等的运行成本，只要将原始投资和残值摊销到每年，然后求和，亦可得到平均每年的现金流出量。

$$平均年成本 = 投资摊销 + 运行成本 - 残值摊销$$
$$= \frac{5\ 000}{(P/A,10\%,9)} + 1\ 400 - \frac{500}{(F/A,10\%,9)}$$
$$= \frac{5\ 000}{5.759} + 1\ 400 - \frac{500}{13.579} = 2\ 231.4(元)$$

第三,将残值在原始投资中扣除后求年值,视同原投资额中应计入成本部分的年摊销额,然后与占用在机器残值上的资金的应计利息及年运行成本总计,求出平均年成本。

$$平均年成本 = 净投资摊销 + 残值利息 + 运行成本$$
$$= \frac{5\ 000 - 500}{(P/A,10\%,9)} + 500 \times 10\% + 1\ 400$$
$$= \frac{4\ 500}{5.759} + 50 + 1\ 400 = 2\ 231.4(元)$$

从固定资产的平均年成本概念中容易发现:固定资产使用初期运行费用比较低,以后随着设备逐渐陈旧、性能变差,维护、修理、能源消耗会逐步增加,运行费用便会逐年增加。与此同时,固定资产价值逐渐减少,其占用资金的应计利息会逐年减少。随着时间的递延,运行成本和持有成本呈反方向变化,两者之和呈马鞍形,因此必然存在一个最经济的使用年限,如图 8.8 所示。

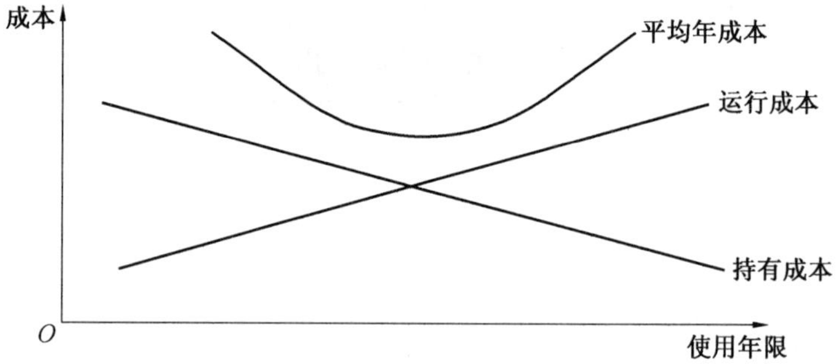

图 8.8　经济使用年限示意图

【例 8.34】　接前例,假定该企业采用年限总和法计提折旧。设备第 1 年运行成本为 1 400 元,以后每年递增 10%,考虑货币时间价值因素,试计算该设备的经济寿命(最优更新期)。

该设备采用加速折旧法,应计提折旧额为 5 000 - 500 = 4 500 元。每年的折旧率分别为 $\frac{9}{45}, \frac{8}{45}, \frac{7}{45}, \cdots\cdots, \frac{1}{45}$,故每年的折旧额分别为 900,800,700,……,100。

运行成本第 1 年为 1 400 元,第 2 年为 $1\ 400 \times (1 + 10\%)$,第 3 年为 $1\ 400 \times (1 + 10\%)^2$…… 第 9 年为 $1\ 400 \times (1 + 10\%)^8$。

按照第一种方法,先计算出现金流量出总现值,然后除以年金现值系数。具体计算平均年成本的过程详见表 8.18。从表 8.18 计算结果可见,其中平均年成本最低水平为 2 751.47 元,故该设备最优更新期为 5 年,即其经济寿命为 5 年。

表 8.18　固定资产的经济寿命　　单位：元

更新年限	年折旧额	累计折旧 ①	折余价值 ② = 5 000 - ①	复利现值系数* ③	余值现值 ④ = ② × ③	运行成本 ⑤	运行成本现值 ⑥ = ⑤ × ③	更新时运行成本现值 ⑦ = ∑⑥	现值总成本 ⑧ = 5 000 - ④ + ⑦	年金现值系数* ⑨	平均年成本 ⑩ = ⑧ ÷ ⑨
1	900	900	4 100	0.909	3 726.9	1 400	1 272.60	1 272.60	2 545.70	0.909	2 800.55
2	800	1 700	3 300	0.826	2 725.8	1 540	1 272.04	2 544.64	4 818.84	1.736	2 775.83
3	700	2 400	2 600	0.751	1 952.6	1 694	1 272.19	3 816.83	6 864.23	2.487	2 760.04
4	600	3 000	2 000	0.683	1 366	1 863	1 272.43	5 089.26	8 723.26	3.170	2 751.82
5	500	3 500	1 500	0.621	931.5	2 050	1 273.05	6 362.31	10 430.81	3.791	2 751.47
6	400	3 900	1 100	0.564	620.4	2 255	1 271.82	7 634.13	12 013.73	4.355	2 758.61
7	300	4 200	800	0.513	410.4	2 480	1 272.24	8 906.37	13 495.97	4.868	2 772.38
8	200	4 400	600	0.467	280.2	2 728	1 273.98	10 180.35	14 900.15	5.335	2 792.91
9	100	4 500	500	0.424	212	3 001	1 272.42	11 452.77	16 240.77	5.759	2 820.07

注：* 复利现值系数和年金现值系数取小数点后三位。

三、资本限量决策

任何企业的资金都有一定限度，不可能投资于所有的可接受项目。在资本限量决策中，待选投资项目很多，决策时一方面应尽可能充分利用可供投资的资本，另一方面又不能超过预定用于投资的资本限额，在这种要求下，可能会有很多的项目搭配方案可供选择。为了简化决策分析工作，应该首先找到很多方案中最好的几个方案，以便缩小选择范围，为此有必要先将各待选项目按优劣程度顺序排列，以便由好到次挑选项目，确定出几个待选的项目搭配方案。

在资本限量和各项目投资的资本限额大小不一的情况下评价项目优劣的标准，不应该看项目的净现值，而应该看获利指数，因为只有获利指数较高的项目才能保证让每一元的资本带来最大的净收益。这一点可通过下例来证明。

【例 8.35】　假设资本限额为 40 000 元，资本成本为 10%，现有甲、乙、丙、丁、戊、己 6 个投资项目可供选择，其有关资料详见表 8.19。试确定最优搭配方案。

表 8.19　投资项目资料表

投资项目	投资额／元	回收总现值／元	净现值／元	获利指数	内含报酬率／%
甲	10 000	13 000	3 000	1.30	35
乙	10 000	12 200	2 200	1.22	19
丙	10 000	11 400	1 400	1.14	17
丁	10 000	11 200	1 200	1.12	22
戊	20 000	30 000	10 000	1.50	40
己	20 000	24 000	4 000	1.20	21
总计	80 000	—	—	—	—

首先，分别按净现值、获利指数、内含报酬率的高低，将这 6 个项目排出 3 种不同的顺序；

其次,根据资本限额和排列在前面的投资项目的投资额进行挑选,形成不同的项目搭配方案;最后,在选中的最后一个项目下画一横线,算出各搭配方案的项目净现值之和,以备比较。详见表8.20。

由表8.20的最后一行数额可知,只有以项目的获利指数为标准排列挑选项目,才能保证项目搭配方案提供最多的净现值。在投资总额相同的条件下,净现值越大对企业越有利,因此评价项目搭配方案优劣的指标是净现值。在该例中,项目戊、甲、乙搭配方案为最佳方案。

表8.20　项目选优表　　单位:元

优劣顺序	按净现值排序	按获利指数排序	按内含报酬率排序
1	戊	戊	戊
2	己	甲	甲
3	甲	乙	丁
4	乙	己	己
5	丙	丙	乙
6	丁	丁	丙
中选项目的净现值	戊 10 000 己 4 000	戊 10 000 甲 3 000 乙 2 200	戊 10 000 甲 3 000 丁 1 200
合计	14 000	15 200	14 200

如果中选各项目投资额之和恰好等于资本限额,则说明已经得到了一个最优的项目搭配方案,不必再去寻找其他搭配方案(见上例)。

如果中选的各项目投资额之和小于资本限额,而所剩资本又不足下一个项目的投资额,那么这个项目搭配方案由于未充分利用资本而可能不是最优搭配方案。这时就需要舍弃一个或几个获利指数较高的项目,而增补一个或几个获利指数较低的项目,以充分利用可供投资的资本。这样就会有2个或更多个项目搭配方案可供选择,只要分别计算和比较各方案的净现值,便可发现其中的最优搭配方案。

【例8.36】　假设资本限额为600 000元,按获利指数高低排列的各待选投资项目见表8.21。试确定最优搭配方案。

表8.21　项目资料表

待选投资项目	获利指数	投资额/元
A	1.15	400 000
B	1.13	250 000
C	1.11	350 000
D	1.08	300 000
E	1.03	320 000

根据表8.21提供的信息，在资本限额600 000元的条件下，最优组合为B项目与C项目组合和单独A项目，其余方案比这2种方案净现值少，所以有2种方案可供选择。

第一方案中选项目：A

$$该方案的净现值 = 400\ 000 \times (1.15 - 1) = 60\ 000(元)$$

第二方案中选项目：B 和 C

$$\begin{aligned}该方案的净现值 &= 250\ 000 \times (1.13 - 1) + 350\ 000 \times (1.11 - 1)\\ &= 71\ 000(元)\end{aligned}$$

可见第二方案虽然放弃了获利指数最高的项目A，但由于充分利用了资本，其净现值反而高于第一方案。故应选择B和C项目搭配方案。

四、投资开发时机决策

有些自然资源储藏量不多，随着不断地开采，储藏量变得越来越少，其价格也将随着储藏量的减少而上升。显然，早开发收益少，晚开发收益多，但投资者也希望取得投资回报的时间越短越好，于是投资者有必要研究投资开发时机问题。

在进行投资开发时机决策时，决策的基本原理也是寻求净现值最大的方案，但由于不同方案的开发时间不同，不能把净现值简单对比，而应先将各个方案的净现值换算到同一时点再进行对比。

【例8.37】　某公司有一稀有矿藏。随着储藏量的不断减少，这种矿产品价格飞快上升。经预测，5年后价格将一次性上升40%，因此公司要研究现在开发还是5年后再开发的问题。不论何时开发，初始投资相同，建设期为1年，从第2年开始投产，投产后4年就把该矿藏全部开采完。有关资料详见表8.22。

表8.22　资料表

投资与回收		收入与成本	
固定资产投资／元	200 000	年产销量／t	1 000
流动资本垫支／元	30 000	现在投资开采的每吨售价／元	300
固定资产残值／元	0	5年后投资开采的每吨售价／元	420
资本成本／%	12	每吨变动成本／元	60
		不包括折旧的年固定成本／元	40 000
		所得税率／%	25

首先，计算2种方案的年营业现金净流量。

（1）如果现在就开发。

$$年销售收入 = 1\ 000 \times 300 = 300\ 000(元)$$

$$每年应提折旧 = 200\ 000 \div 4 = 50\ 000(元)$$

$$年付现成本 = 1\ 000 \times 60 + 40\ 000 = 100\ 000(元)$$

$$\begin{aligned}营业期现金净流量(NCF) &= (300\ 000 - 100\ 000 - 50\ 000) \times (1 - 25\%) + 50\ 000\\ &= 162\ 500(元)\end{aligned}$$

（2）如果5年后再开发。

$$年销售收入 = 1\,000 \times 420 = 420\,000(元)$$

$$年付现成本 = 1\,000 \times 60 + 40\,000 + 50\,000 = 150\,000(元)$$

$$营业期现金净流量(NCF) = (420\,000 - 150\,000) \times (1 - 25\%) + 50\,000 = 252\,500(元)$$

2种方案的现金流量计算见表8.23。

表8.23　现金流量计算表　　单位:元

时间	方案									
	现在就开发					5年后再开发				
	固定资产投资	流动资本垫支	营业期现金净流量	流动资金收回	现金流量	固定资产投资	流动资本垫支	营业期现金净流量	流动资金收回	现金流量
0	-200 000	—	—	—	-200 000	—	—	—	—	—
1	—	-30 000	—	—	-30 000	—	—	—	—	—
2	—	—	162 500	—	162 500	—	—	—	—	—
3	—	—	162 500	—	162 500	—	—	—	—	—
4	—	—	162 500	—	162 500	—	—	—	—	—
5	—	—	162 500	30 000	192 500	-200 000	—	—	—	-200 000
6	—	—	—	—	—	—	-30 000	—	—	-30 000
7	—	—	—	—	—	—	—	252 500	—	252 500
8	—	—	—	—	—	—	—	252 500	—	252 500
9	—	—	—	—	—	—	—	252 500	—	252 500
10	—	—	—	—	—	—	—	252 500	30 000	282 500

其次,分别计算2种方案在同一时点($t = 0$)时的净现值。

$$现在就开发的净现值 = -200\,000 - 30\,000 \times (P/F,12\%,1) + 162\,500 \times (P/A,12\%,3) \times (P/F,12\%,1) + 192\,500 \times (P/F,12\%,5)$$
$$= -200\,000 - 30\,000 \times 0.892\,9 + 162\,500 \times 2.401\,8 \times 0.892\,9 + 192\,500 \times 0.567\,4 = 230\,929.67(元)$$

$$5年后再开发的净现值 = -200\,000 \times (P/F,12\%,5) - 30\,000 \times (P/F,12\%,6) + 252\,500 \times (P/A,12\%,3) \times (P/F,12\%,6) + 282\,500 \times (P/F,12\%,10)$$
$$= -200\,000 \times 0.567\,4 - 30\,000 \times 0.506\,6 + 252\,500 \times 2.401\,8 \times 0.506\,6 + 282\,500 \times 0.322\,0 = 269\,516.85(元)$$

最后,对比2种方案的净现值可知,晚开发比早开发对企业更有利。

五、投资期决策

从开始投资到投资结束为止的时期称为投资期。很多项目的投资期有一定的弹性。如果采取集中施工力量、交叉作业、加班加点等措施，可以缩短投资期，使项目提前竣工，早投产，早得利；但是采取上述各项措施却往往需要以增加投资为代价。究竟是否应该缩短投资期，需要经过分析，以便判明缩短投资期的所得是否大于所失。

【例8.38】 某公司进行一项投资，正常投资期为3年，每年投资100万元，3年共需要投资300万元，项目建成后有效期为10年，每年现金流入量为100万元。如果把投资期缩短为2年，每年需投资180万元，2年共需360万元。竣工投产后项目寿命和每年的现金流入量不变，资本成本为15%，寿命终结时有残值10万元，项目投入使用后需垫支流动资本30万元。试分析应否缩短投资期。

首先，计算2个方案的现金流量，如图8.9所示。

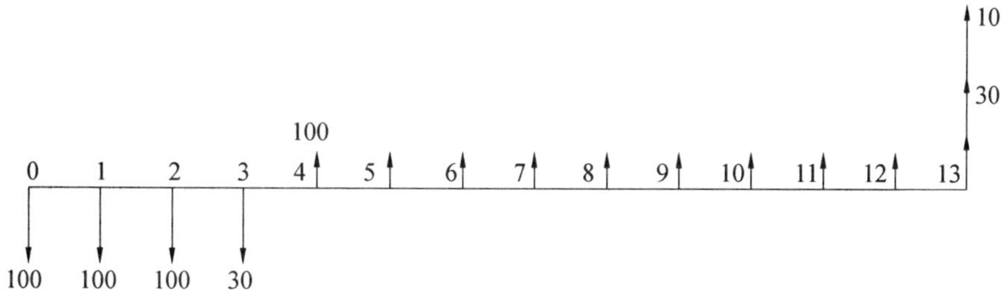

(a) 正常投资期

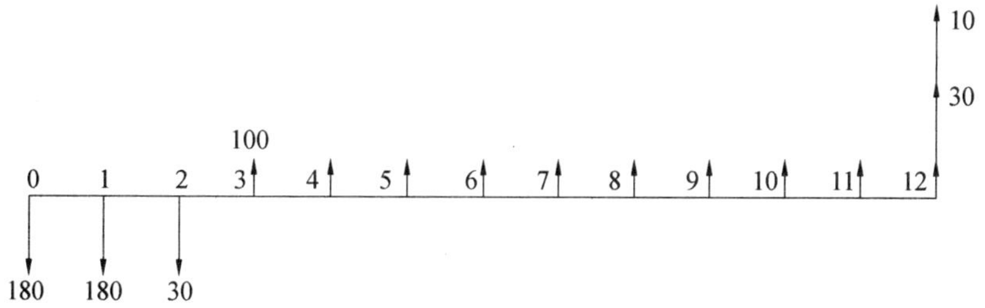

(b) 缩短投资期

图8.9　2个方案的现金流量图

其次，分别计算2个方案的净现值。

(1) 正常投资期。

$$
\begin{aligned}
NPV =& -100 - 100 \times (P/A,15\%,2) - 30 \times (P/F,15\%,3) + \\
& 100 \times (P/A,15\%,10) \times (P/F,15\%,3) + \\
& 40 \times (P/F,15\%,13) \\
=& -100 - 100 \times 1.6257 - 30 \times 0.6575 + 100 \times 5.0188 \times 0.6575 + \\
& 40 \times 0.1625 = 54.19(\text{万元})
\end{aligned}
$$

(2) 缩短投资期。

$$
\begin{aligned}
NPV =& -180 - 180 \times (P/A,15\%,1) - 30 \times (P/F,15\%,2) + \\
& 100 \times (P/A,15\%,10) \times (P/F,15\%,2) + 40 \times (P/F,15\%,12)
\end{aligned}
$$

$$= -180 - 180 \times 0.8696 - 30 \times 0.7561 + 100 \times 5.0188 \times 0.7561 + 40 \times 0.1869$$

$$= 27.74(\text{万元})$$

最后,比较2个方案的净现值可知,缩短投资期后净现值将减少26.45万元,说明缩短投资期得不偿失,故应维持正常投资期。

第九章

成 本 管 理

课程目标

通过本章学习,应掌握成本管理的含义、成本管理的方法,掌握目标成本法的含义、目标成本法的应用程序,掌握标准成本法的含义、标准成本的制定、标准成本差异分析;理解成本管理的原则、目标成本的含义、目标成本法的应用环境、标准成本法的应用环境、标准成本法的应用程序、标准成本差异的账务处理。

课程思政

通过成本管理的学习,掌握目标成本的规划方法,避免浪费,形成节约意识;通过标准成本管理的学习,培养理清主要矛盾的辩证思维能力、差异分析的能力及责任意识;通过作业成本管理的学习,培养全面看待问题的思维模式。

思维导图

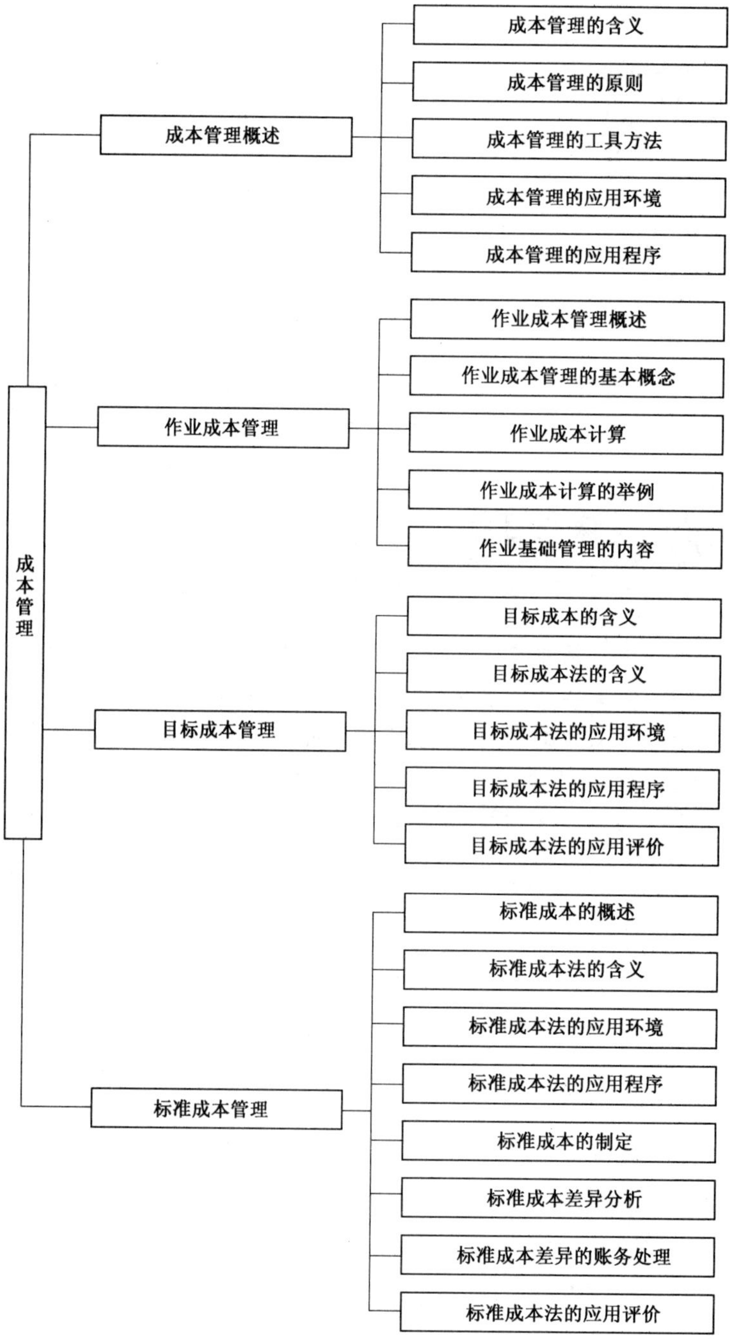

第一节　成本管理概述

一、成本管理的含义

成本管理是指企业营运过程中实施成本预测、成本决策、成本计划、成本核算、成本分析和成本考核等一系列管理活动的总称。

（一）成本预测

成本预测是以现有条件为前提，在历史成本资料的基础上，根据未来可能发生的变化，利用科学的方法，对未来的成本水平及发展趋势进行描述和判断的成本管理活动。

（二）成本决策

成本决策是在充分利用已有资料的基础上，对运营过程中与成本相关问题的各个方案，运用定性和定量的方法，综合经济效益、质量、效率和规模等指标，进而确定运营过程中与成本相关的最优方案的成本管理活动。

（三）成本计划

成本计划是以运营计划和有关成本资料为基础，根据成本决策所确定的目标，通过一定的程序，运用一定的方法，进行的针对计划期企业的生产耗费和成本水平具有约束力筹划的成本管理活动。

（四）成本核算

成本核算是根据成本计算对象，按照法规制度和企业管理的要求，利用会计核算体系，采用适当的成本计算方法，对运营过程中实际发生的各种耗费，按照规定的成本项目进行计算、归集与分配，取得不同成本计算对象的总成本和单位成本，并将其传递给有关使用者的成本管理活动。

（五）成本分析

成本分析是在成本核算提供的实际成本及其他有关资料的基础上，运用一定的方法，揭示成本变化情况，进一步查明影响成本变动的各种因素、产生的原因，明确相应的责任单位和责任人的责任，并提出建设性的建议，以采取有效措施控制成本的成本管理活动。

（六）成本考核

成本考核是对成本计划及其有关指标实际完成情况进行定期总结和评价，并根据考核结果和责任制的落实情况进行相应奖励和惩罚，以监督和促进企业加强成本管理责任制，提高成本管理水平的成本管理活动。

二、成本管理的原则

企业应用成本管理工具方法时，应遵循以下原则。

（一）业本融合原则

成本管理应以业务模式为基础，成本管理工具方法实施也应与企业业务优势互补和相辅相成,实现成本管理责任到人、控制到位、考核严格、目标落实。

(二)适应性原则

成本管理工具方法实施应与生产经营特点和成本管理的目标要求相适应,尤其是要与企业发展战略或竞争战略相适应。企业还应根据经营特点、组织类型和成本管理要求,选择恰当的成本计算对象,确定不同的成本计算方法。

(三)成本效益原则

成本管理工具方法实施应权衡成本管理的收益,避免投入的成本大于其获得的收益。

(四)重要性原则

成本管理工具方法实施应重点管理对成本有重大影响的项目,力求精确,从简处理那些不太重要的琐碎项目。

三、成本管理的工具方法

成本管理工具方法主要包括标准成本法、目标成本法、变动成本法、作业成本法等。

企业应结合自身的成本管理目标和实际情况,将不同成本管理工具方法综合运用,以便更好地实现成本管理的目标。企业在综合应用不同成本管理工具方法时,应以各成本管理工具方法具体目标的兼容性、资源共享性、适用对象的差异性、方法的协调性和互补性为前提,确保成本管理工具方法结合运用效益。

四、成本管理的应用环境

企业应根据企业内外部环境,选择适合的成本管理工具方法。

企业应建立健全成本相关原始记录,加强和完善成本数据的收集、记录、传递、汇总和整理工作,确保成本基础信息记录完整;企业应加强存货的计量验收管理,建立存货的计量、验收、领退及清查制度;企业应建立健全成本管理工具方法应用的相关规章制度,一般包括费用审报制度、定额管理制度、责任成本制度等。

五、成本管理的应用程序

二维码知识点9.1　价值链收缩视域下的成本结构

成本管理一般可以划分为以下3个阶段。

(一)事前成本管理阶段

事前成本管理阶段,企业主要是对未来的成本水平及其发展趋势进行预测与规划,包括成本预测、成本决策和成本计划3个步骤。

(二)事中成本管理阶段

事中成本管理阶段,企业主要是对运营过程中发生的成本进行干预与控制,即成本控制步骤。

（三）事后成本管理阶段

事后成本管理阶段，企业主要是在成本发生之后进行核算、分析和考核，包括成本核算、成本分析和成本考核 3 个步骤。

第二节　作业成本管理

一、作业成本管理概述

（一）作业成本法产生的原因

传统成本法是假定“数量是影响成本的唯一因素”，从而将成本的产生过程过分简化。20 世纪 70 年代以来，生产日益自动化，人工智能、计算机辅助技术等得到广泛应用，使得产品成本结构发生了重大变化。在产品成本中，制造费用比重大幅上升，直接人工在产品成本中所占比重大幅下降。这种情况下，将直接人工或者产量作为制造费用分配的基础，会扭曲成本信息，掩盖产品的盈利能力。

新的制造环境下，传统成本计算方法会产生以下不合理现象：① 采用在产品成本中比重越来越小的直接人工去分配在产品成本中比重越来越大的制造费用；② 使用工时作为分配标准，去分配与工时不相关的作业费用，如质量检验、物料搬运、试验、机器调整准备费用等；③ 忽略了不同批量产品实际耗费的差异。

作业成本法并不是传统成本法的代替品，而是建立在成本习性基础上，对成本动因进行更科学的分析，对传统成本法中扭曲成本信息的“间接费用”的核算进行改进，对直接材料和直接人工等直接成本的核算仍然与传统成本法的核算制度相同。

（二）作业成本管理的含义

作业成本管理是以作业为核心，以资源流动为线索，以成本动因为媒介，作业成本的计算与作业基础管理相结合的全面成本管理制度。

作业成本的计算是以“作业消耗资源，产出消耗作业”为原则，把资源费用通过资源动因分配到作业，计算作业成本，再将作业成本根据作业动因最终分配到成本核算对象，完成成本计算的方法。其首要目的是进行盈利能力分析。

作业基础管理是以作业为基础的管理，是应用作业成本的计算提供的数据进行作业流程考核评价和优化的一项成本管理活动。

二、作业成本管理的基本概念

（一）资源费用

资源费用是指企业在一定期间内开展经济活动所发生的各项资源耗费，包括人力资源耗费、物力资源耗费、财力资源耗费等。既有有形耗费，也有无形耗费。既包括生产过程中的直接材料、直接人工，还包括制造费用以及其他费用。

（二）作业、作业分类和作业中心

1. 作业

作业是基于一定目的，消耗了一定资源的特定范围内的工作，是连接资源和成本对象的桥梁。简言之，作业是企业提供产品或流程中的各工序和环节。实际工作中可能出现的作业类型一般有设备准备、购货订单、材料采购、物料处理、设备检修、质量控制、生产计划、动力消耗、存货搬运、装运发货、管理协调等。作业具有以下特征。

（1）作业以人为主体，由人掌握并操纵各种机器设备仍然是现代制造业各项具体工作的主体。

（2）作业消耗一定资源。作业要消耗一定的人力资源和物质资源。

（3）作业目的是区分不同作业的标准。企业现代化程度越高，生产程序的设计和人员分工越合理，生产经营过程的可区分性越强，这样就可以把企业的制造或服务过程按照工作的特定目的进行区分。

2. 作业分类

作业可以按照不同标准分类。罗宾 · 库珀把作业划分为单产性作业、批量性作业、品种性作业和产能性作业 4 类。本书根据作业动因将作业划分为以下两大类。

（1）专属作业。

专属作业指为某种特定产品提供专门服务的作业。专属作业成本直接计入该特定产品成本，无须在各种产品或劳务之间分配。

（2）共同消耗作业。

共同消耗作业指为生产多种产品提供服务的作业。共同消耗作业又可以按照其为产品服务的方式和原因分为批别动因作业、产品数量动因作业、工时动因作业和价值管理作业 4 类。

3. 作业中心

作业中心是负责完成某一项特定产品制造功能的一系列作业的集合。作业中心既是成本归集中心，又是绩效考核中心。一个作业中心就是生产程序中的一部分。例如，质检部门就是一个作业中心。

（三）成本动因和成本对象

1. 成本动因

成本动因是指诱导成本发生的原因，是成本对象与其直接关联的作业和最终关联的资源的中介。按其在资源流动中所处的位置和作用，成本动因可分为资源动因和作业动因。

（1）资源动因。

资源动因是分配资源费用的依据。作为分配基础，反映了作业中心对资源的耗费情况，是将资源成本分配到作业中心的标准。

（2）作业动因。

作业动因是将作业中心的成本分配到成本对象的标准，反映了产品生产与作业量之间的关系。通过对作业动因进行分析，可以揭示哪些作业是多余的，应该减少；整体成本应该如何改善；等等。

2. 成本对象

成本对象是指企业追溯或分配资源费用、计算成本的对象物。

三、作业成本计算

(一) 作业成本计算的基本步骤

二维码知识点9.2 长安汽车的作业成本法探索实践及成效

按照作业成本计算的程序,可以将作业成本计算划分为以下步骤。

(1) 资源识别与资源费用的确认和计量。

(2) 成本对象的选择。

(3) 作业认定。

(4) 作业中心确定。

(5) 资源动因确定。

(6) 归集作业成本。

(7) 作业成本分配。

(8) 作业成本信息报告。

(二) 两阶段法和多阶段法

1. 两阶段法作业成本计算程序

(1) 以资源动因为基础,将资源耗费分配到作业成本库。

(2) 以作业动因为基础,将作业成本库的成本分配至最终产品。与传统成本计算相同,为每一品种(或每批,每步骤) 产品设置成本计算单。每张成本计算单中,按照该产品生产所涉及的作业种类设立作业成本项目。本步骤就是将各作业成本库的价值分配结转到各产品成本计算单上,分配的标准就是作业动因。既然作业是依据作业动因确认的,则对于每一作业而言,其作业动因也就已经确定。成本计算采用比例分配法进行计算。例如,订单作业是一种批别动因作业,我们只需将该作业成本除以当期订单份数即可得到应计入该批产品成本计算单“订单” 这个成本项目中的价值。成本计算单中各成本项目之和,就是该种产品的成本合计。

2. 多阶段法作业成本计算程序

多阶段法作业成本计算,除了注重作业与最终成本计算对象之间的关系外,还应该注重作业与作业之间的联系。它是针对一些作业由另外多个作业消耗,而另外这些作业反过来又由最终产品或劳务所消耗的情况。

利用多阶段法作业成本计算和成本动因,可以对消耗资源的差异进行更详尽的分解,以更好地反映产品或劳务成本的增值以及经营的复杂性。例如,针对三阶段作业成本计算,成本动因可以依次分为初始资源动因、中间作业动因、最终作业动因。在每一阶段,都依据成本动因将成本按照比例再分配到多成本对象中。多阶段法作业成本计算是一系列按照活动路线(或称为成本分配线) 进行的成本再分配活动。

四、作业成本计算的举例

【例9.1】 某公司生产甲、乙2种产品。单位售价分别为400元和320元。20×3年12月，发生制造费用750 000元。采用传统的制造成本法计算产品成本，按照直接人工工时分配制造费用。根据制造成本法核算，甲、乙2种产品均实现了盈利。但是财务负责人提出，这种分配制造费用的方法不正确，掩盖了产品盈利能力的实际情况，不能反映成本管理的实质问题。甲、乙2种产品的相关成本数据资料见表9.1。

表9.1 产品的相关成本数据表

项目	甲产品	乙产品
产量/件	1 500	3 000
直接材料成本/元每件	60	80
材料用量/kg	3 000	2 000
工时定额/$h\cdot 件^{-1}$	2	1.5
小时工资率/$元\cdot h^{-1}$	30	30
机器调整次数/次	16	4
产品检验比例/%	50	25

要求：采用传统制造成本法和作业成本法分别计算产品成本，分析产品盈利能力。

(一) 按传统制造成本法计算产品成本(表9.2)

表9.2 传统制造成本法成本计算表

项目	甲产品	乙产品	合计
直接材料/元	90 000	240 000	330 000
直接人工/元	90 000	135 000	225 000
制造费用分配率/$元\cdot h^{-1}$	100	100	750 000 ÷ (2 × 1 500 + 1.5 × 3 000)
应分配制造费用/元	300 000	450 000	750 000
成本合计/元	480 000	825 000	1 305 000
产量/件	1 500	3 000	—
单位成本/元每件	320	275	—

(二) 作业成本法计算产品成本

1. 成本动因及制造费用发生额分析(表9.3)

表9.3 成本动因及制造费用发生额 单位：元

作业	成本动因	成本库	制造费用
机器调整	调整次数	机器调整	250 000
质量控制	检验次数	质量控制	375 000
物料处理	处理数量	物料处理	125 000
制造费用合计	750 000		

2. 分析成本动因确定制造费用分配率(表 9.4)

表 9.4　制造费用分配率计算表

成本库	制造费用	成本动因分配	分配率
机器调整	250 000 元	调整次数 16 + 4 = 20(次)	250 000 ÷ 20 = 12 500(元/次)
质量控制	375 000 元	检验次数 1 500 × 50% = 750(件) 3 000 × 25% = 750(件) 750 + 750 = 1 500(件)	375 000 ÷ 1 500 = 250(元/件)
物料处理	125 000 元	处理数量 3 000 + 2 000 = 5 000(kg)	125 000 ÷ 5 000 = 25(元/kg)

3. 根据成本动因分配制造费用(表 9.5)

表 9.5　制造费用分配表

成本库	制造费用	分配率	甲产品		乙产品	
机器调整	250 000 元	12 500 元/次	16 次	200 000 元	4 次	50 000 元
质量控制	375 000 元	250 元/件	750 件	187 500 元	750 件	187 500 元
物料处理	125 000 元	25 元/kg	3 000 kg	75 000 元	2 000 kg	50 000 元
合计	750 000 元	—	—	462 500 元	—	287 500 元

4. 按作业成本法计算产品成本(表 9.6)

表 9.6　作业成本法成本计算表　　单位:元

项目	甲产品(1 500 件)		乙产品(3 000 件)	
	单位成本	总成本	单位成本	总成本
直接材料	60	90 000	80	240 000
直接人工	30 × 2 = 60	90 000	30 × 1.5 = 45	135 000
制造费用	462 500 ÷ 1 500 = 308	462 500	287 500 ÷ 3 000 = 96	287 500
合计	—	642 500	—	662 500

(三) 两种产品成本计算方法比较(表 9.7)

表 9.7　产品成本计算方法比较

项目	传统制造成本法			作业成本法		
	甲产品	乙产品	合计	甲产品	乙产品	合计
直接材料/元	90 000	240 000	330 000	90 000	240 000	330 000
直接人工/元	90 000	135 000	225 000	90 000	135 000	225 000
制造费用/元	300 000	450 000	750 000	462 500	287 500	750 000
合计/元	480 000	825 000	1 305 000	642 500	662 500	1 305 000
产量/件	1 500	3 000	—	1 500	3 000	—
单位成本/元每件	320	275	—	428	221	—
销售单价/元	400	320	—	400	320	—
毛利/元	80	45	—	– 28	99	—

从表 9.7 两种产品成本计算方法结果的比较看，在传统制造成本法下甲、乙产品的单位产品分别实现了毛利 80 元和 45 元，都实现了盈利。但是，在作业成本法下，结果却有不同，乙产品单位产品实现毛利 99 元，而甲产品单位产品却是亏损 28 元。可以看出，运用传统制造成本法计算产品成本掩盖了乙产品为企业创造利润的能力，低估了乙产品为企业做出的贡献。

五、作业基础管理的内容

作业基础管理的基本管理思想是：以顾客为导向，以作业链 — 价值链为核心，对企业作业流程进行优化，强调协调企业内外部顾客的关系，从企业整体出发，协调各部门、各环节关系，要求企业产品研发设计、物流供应、生产销售等环节的各项作业形成连续作业流程，消除作业链或供应链中不增值的作业，使企业持续改善，促进企业整体价值链优化，进而实现作业管理的目标。

作业基础管理的内容包括作业流程优化（实质是成本控制）和绩效评价两部分。绩效评价将在第 11 章讲述。作业流程优化就是通过优化作业链或供应链，以达到优化价值链的过程，具体内容包括绘制流程和优化流程两部分。

（一）绘制流程

想要优化或改进流程，首要任务就是绘制流程。绘制流程的主要方法是绘制流程图。流程图可用来说明一个职能部门对企业内各项作业流程的影响，说明流程与企业单位、责任人之间的配合关系。

（二）优化流程

企业可以根据自身特点采用不同的优化流程方法。

1. 增值评估法

增值评估法优化流程包括 2 个基本步骤。

（1）确认流程上每一项作业是增值作业还是非增值作业。

（2）根据确认结果，剔除非增值作业或在规模上使非增值作业压缩到最低限度。

2. 缩短生产周期法

企业生产周期指企业从产品研发设计到最终交付客户的整个过程，包括产品研发设计时间、准备时间、生产加工时间、搬运时间、等候时间、检验时间、储存时间、运输时间等，但是所有过程的时间都会增加最终产品的价值。例如，研发设计时间和生产加工时间是增值作业，准备时间、搬运时间、等候时间、检验时间、储存时间和运输时间是非增值作业，非增值作业并不能增加最终产品价值。因此，作业成本管理下的“增值作业和非增值作业”可以表述为“增值作业的时间和非增值作业的时间”。

由表 9.8 可以看到，缩短生产加工时间可以从减少甚至消除非增值作业的时间着手。当生产周期时间分解成各个不同的时间段时，便转化为与各种产品、顾客订单等相联系的各种过程，这些过程由一系列作业组成。因此，一切作业耗费的资源就可以转化为用时间来表述。所以，时间是最基本的生产资源，它是度量作业链或供应链的尺度，有助于帮助管理者理解在生产周期时间内所耗费的资源是否对最终产品产生增值。

表 9.8 生产周期时间

处理客户订单时间			开工时间		交货时间
产品研发设计时间	准备时间	生产加工时间 搬运时间	等候时间 检验时间	储存时间	运输时间
增值作业时间			非增值作业时间		
产品研发设计时间、生产加工时间			准备时间、搬运时间、等候时间、检验时间、储存时间、运输时间		

3. 全面改进法

全面改进法是从产品设计到组织生产，指导最终产品的全过程改进的方法，包括产品设计、适时生产和全面质量管理。

产品设计是企业内部作业链的首要环节，不同产品设计方案所需的作业不同。要降低成本，就必须从产品设计开始，应用价值工程所提供的信息，根据顾客需要，改善产品设计，在保证产品必要功能的前提下，尽量选择成本较低的作业，消除或降低非增值作业，降低作业耗费，优化作业流程。

产品设计解决了生产什么样产品的问题。要使产品设计成为现实，还需要解决如何生产的问题。适时生产是将高新技术广泛应用于生产领域，采用高度信息化、自动化的生产管理系统，消除一切不必要的作业，它要求企业在供产销的各个环节尽量实现“零库存”，达到生产作业流程的优化。

全面质量管理要求消除不能增加产品价值的一切浪费、缺陷和作业，强调使顾客满意。企业在适时生产所要求的“零库存”下，配合全面质量管理的“零缺陷”，消除因质量问题引起的不必要作业。

总之，产品设计是企业最重要的成本动因，适时生产是没有任何浪费地执行各项作业，全面质量管理则是没有任何缺陷地执行各项作业。

第三节 目标成本管理

一、目标成本的含义

目标成本是保证企业目标利润实现所必须达到的成本水平。目标成本计算，包括产品研发与设计阶段，生产、营销与客户服务阶段，回收与处置阶段所发生的全面性成本降低管理。单位产品目标成本的计算公式为

$$单位产品目标成本 = 单位产品预计售价 - 单位产品应纳税费 - 单位产品目标利润 \tag{9.1}$$

在科技蓬勃发展的今天，企业间的竞争不外乎市场份额的竞争，而市场份额的竞争主要表现为产品功能和价格的竞争。产品功能竞争表现为新产品开发能力的竞争，价格竞争的实质是成本水平的竞争，产品不断降低成本是提升企业竞争力的根本保证。

二、目标成本法的含义

目标成本法是指企业从市场需求出发，在产品开发与设计时便设定出符合顾客需求的产品功能、质量、价格等，并根据目标售价及目标利润倒推目标成本，利用源流管理，达成各部门、各环节乃至与供应商的通力合作，共同实现倒推出产品目标成本的一种成本管理方法。

20世纪50年代后，企业为了适应客户多样化的需求，逐渐缩短产品生命周期，在这种状况下，因为客户没有义务保证公司获得销售收入和目标利润，传统成本管理制度弊端逐渐显露出来。管理学大师Peter Drucker提出："企业的目的是创造并留住客户。"目标成本法起源于日本，日文原名为"成本企划"，20世纪五六十年代，日本的丰田汽车公司根据日本本国的实际生产条件，创立了以降低成本、杜绝浪费为目标的目标成本方法。日本丰田汽车公司在新车开发和车型更新中使用了目标成本法。之后，以汽车业为中心，成本企划在日本许多行业中得以迅速推广，发展至今已成为一种在产品企划、开发中，根据客户需求设定相应目标（目标成本），同时达到目标利润的管理活动。目标成本法在日本汽车业的成功经验在20世纪80年代被欧美汽车业所学习，然后进一步推广到电子等产业，促进了生产力的极大提高。在日本，比较普遍采用目标成本法的是制造企业，包括交通运输车辆制造业、家电制造业、精密仪器制造业和金属制造业等。美国著名的福特汽车公司、克莱斯勒汽车公司和戴尔电脑公司等大公司及许多中小企业也开始实施目标成本法以增强企业竞争力。英国的唐塔拉斯汽车配件公司等，通过实施目标成本制度，大大改进了产品成本和公司的财务状况。

三、目标成本法的应用环境

（一）外部条件

应用目标成本法所需要的主要外部条件如下。

（1）企业一般应处于比较成熟的买方市场，且其设计、性能、质量、价值等呈现出较为明显的多样化特征。

（2）企业应能够及时、准确地提供产品售价、成本、利润以及性能、质量、工艺、流程、技术等方面的信息。

（二）内部条件

应用目标成本法所需要的主要内部条件如下。

（1）企业应以创造和提升顾客价值为前提，以成本降低或成本优化为主要手段，谋求竞争中的成本优势，保证目标利润的实现。

（2）企业应设立由研究与开发、工程、供应、生产、营销、财务、信息等有关部门负责人组成的跨部门团队，负责目标成本的制定、计划、分解、下达与考核，并建立相应的工作机制，有效协调有关部门之间的分工与合作。

（3）企业应能及时、准确取得目标成本计算所需要的各种财务和非财务信息。

目标成本法主要适用于成熟制造业企业产品改造以及产品开发设计中的成本管理。

四、目标成本法的应用程序

目标成本法的应用需要经过目标成本的设定、分解、达成到再设定、再分解、再达成的多重循环的方法流程，以实现产品方案的反复、连续改进。其应用程序一般包括确定应用对象、成立跨部门团队、收集相关信息、计算市场驱动产品成本、设定可实现目标成本、分解可实现目标成本、落实目标成本责任、考核成本管理业绩以及成本的持续改善等 9 个环节。

（一）确定应用对象

企业应根据目标成本法的应用目标及其应用环境，综合考虑产品的产销量和盈利能力等因素，确定应用对象。

企业一般应将拟开发的新产品作为目标成本法的应用对象，或选择那些功能与设计存在较大的弹性空间、产销量较大且处于亏损状态或盈利水平较低、对企业经营业绩具有重大影响的老产品作为目标成本法的应用对象。

（二）成立跨部门团队

目标成本法的应用需要企业设立由研究与开发、工程、供应、生产、营销、财务、信息等有关部门负责人组成的跨部门团队。在该团队之下，企业可以建立成本规划、成本设计、成本确认、成本实施等小组，由业务主管负责，由管理层授权，开展目标成本法相关工作。

成本规划小组由业务主管及财务人员组成，负责设定目标利润，制定新产品开发或老产品改进方针，考虑目标成本等。该小组同时也主要负责收集相关信息、计算市场驱动产品成本。

成本设计小组主要负责可实现目标成本的设定和分解。该小组由技术及财务人员组成，负责确定产品的技术性能、规格，负责对比各种成本因素，考虑价值工程，进行设计图上成本降低或成本优化的预演等。

成本确认小组主要负责可实现目标成本的设定与分解的评价和确认。该小组由有关部门负责人、技术及财务人员组成，负责分析设计方案或试制品评价的结果，确认目标成本，进行生产准备、设备投资等。

成本实施小组主要负责落实目标成本责任、考核成本管理业绩等工作。该小组由有关部门负责人及财务人员组成，负责确认实现成本策划的各种措施，分析成本控制中出现的差异并提出对策，对整个生产过程进行分析、评价等。

（三）收集相关信息

目标成本法的应用需要企业的研究与开发、工程、供应、生产、营销、财务和信息等部门收集与应用对象相关的信息。

这些信息一般包括：① 产品成本构成及料、工、费等方面的财务和非财务信息；② 产品功能及其设计、生产流程与工艺等技术信息；③ 材料的主要供应商、供求状况、市场价格及其变动趋势等信息；④ 产品的主要消费者群体、分销方式和渠道、市场价格及其变动趋势等信息；⑤ 本企业及同行业标杆企业产品盈利水平等信息；⑥ 其他相关信息。

（四）计算市场驱动产品成本

市场驱动产品成本的计算一般包括目标售价的确定、目标利润的设定以及容许成本的计算等程序。

目标售价的确定必须考虑顾客感知的产品价值、竞争产品的预期相对功能和售价，以及企业针对该产品的战略目标等因素。

目标利润的确定应综合考虑利润预期、历史数据、竞争地位分析等因素。

容许成本是指目标售价减去目标利润之后的余额。

(五)设定可实现目标成本

企业应将容许成本与新产品设计成本或老产品当前成本进行比较,确定二者的差异及成因,设定可实现的目标成本。

企业一般应在保证产品的功能和质量的前提下,采取价值工程、拆装分析、流程再造、全面质量管理、供应链全程成本管理等各种可能的措施和手段,寻求消除当前成本或设计成本脱离容许成本差异的措施,使容许成本转化为可实现目标成本。

(六)分解可实现目标成本

企业应按主要功能对可实现目标成本进行分解,确定产品所包含的每一零部件的目标成本。

在分解时,首先应确定主要功能的目标成本,然后寻求实现这种功能的方法,并把主要功能分解到零件,将主要功能级的目标成本分配给零件,形成零件级目标成本。同时,企业应将零件级目标成本转化为供应商目标售价,将企业所面临的竞争压力传递给供应商的设计者。

(七)落实目标成本责任

企业应按照可控性原则、责权利统一原则和可行性原则,将设定的可实现目标成本、零件级目标成本和供应商目标售价进一步量化为可控制的财务和非财务指标,落实到各责任主体,形成各责任主体的责任成本和成本控制标准,并辅之以相应的权限,将达成的可实现目标成本落到实处。

(八)考核成本管理业绩

企业应遵循目标一致性原则、全面性原则、层次性原则、差异性原则和动态性原则,以各责任主体的责任成本和成本控制标准为依据,依据业绩考核制度和办法,定期进行成本管理业绩的考核与评价,为激励各责任主体和人员奠定基础。

(九)成本的持续改善

企业应定期将产品实际成本与设定可实现目标成本进行对比,确定二者的差异及其性质,分析差异的成因,探求消除各种重要不利差异的可行途径和措施,进行可实现目标成本的重新设定、再达成,推动成本的持续改善。

五、目标成本法的应用评价

(一)目标成本法的优点

(1)目标成本法目标成本法以市场为导向,突出成本的源流管理,有助于提高成本管理的效率和效果。

(2)目标成本法强调产品寿命周期成本的全过程和全员管理,有助于提高顾客价值和产品市场竞争力。

(3) 目标成本法谋求成本规划与利润规划活动的有机统一，有助于提升产品的综合竞争力。

(二) 目标成本法的缺点

目标成本法的应用不仅要求企业具有各类所需要的人才，更需要各有关部门和人员的通力合作，技术要求较高。

【例 9.2】 某公司是一家生产多媒体音箱的企业。该公司 20×4 年销售额为 11 310 万元，20×4 年生产成本中的直接材料为 6 202 万元，直接人工为 918 万元，制造费用为 1 923 万元（其中制造工程部 390 万元，喇叭生产车间 460 万元，音箱车间 1 073 万元），管理费用为 1 105 万元，销售费用为 71 万元，财务费用为 135 万元，实现利润 964 万元。

经董事会决定，20×5 年在全公司实行目标成本法，努力降低成本，并提出以下措施。

(1) 由于市场竞争日益激烈，在音箱市场价格会下跌 25% 的情况下，销售量保持不变。

(2) 确保目标利润总额不低于 880 万元。

(3) 直接材料、直接人工和制造费用均下降 25%。

(4) 制造费用中制造工程部负担部分下降 20%，喇叭生产车间负担部分下降 25%，其余费用由音箱车间负担。

(5) 销售费用保持上年水平。

(6) 管理费用和财务费用兜底，按同等比例下降。

计算任务处理如下：

(1) 预算年度的销售额 = 11 310 × (1 − 25%) = 8 482.5(万元)

(2) 市场容许成本 = 8 482.5 − 880 = 7 602.5(万元)

(3) 直接材料成本 = 6 202 × (1 − 25%) = 4 651.5(万元)

(4) 直接人工 = 918 × (1 − 25%) = 688.5(万元)

(5) 制造费用 = 1 923 × (1 − 25%) = 1 442.25(万元)

其中：

制造工程部负担制造费用 = 390 × (1 − 20%) = 312(万元)

喇叭生产车间负担制造费用 = 460 × (1 − 25%) = 345(万元)

音箱车间负担制造费用 = 1 442.25 − 312 − 345 = 785.25(万元)

(6) 销售费用保持上年水平，即为 71 万元。

(7) 管理费用和财务费用总额 = 7 602.5 − 4 651.5 − 688.5 − 1 442.25 − 71 = 749.25(万元)。

其中：

管理费用 = 749.25 × 1 105 ÷ (1 105 + 135) = 667.68(万元)

财务费用 = 749.25 × 135 ÷ (1 105 + 135) = 81.57(万元)

第四节　标准成本管理

一、标准成本的概述

（一）标准成本的含义

标准成本，是指在正常的生产技术水平和有效的经营管理条件下，企业经过努力应达到的产品成本水平。标准成本被认为是一种“应该成本”，标准成本要体现企业的目标和要求，主要用于衡量产品制造过程的工作效率和控制成本，也可用于存货和销货成本计价。

“标准成本”一词在实务中有2种含义。

一种是指单位产品的标准成本，它是根据单位产品的标准消耗量和标准单价计算出来的，准确地说应称为“成本标准”。可表示为

$$成本标准 = 单位产品的标准成本 = 单位产品的标准消耗量 \times 标准单价 \quad (9.2)$$

另一种是指实际产量的标准成本（总额），是根据实际产品产量和单位产品标准成本计算出来的。可表示为

$$实际产量的标准成本（总额）= 实际产品产量 \times 单位产品标准成本 \quad (9.3)$$

（二）标准成本的种类

企业在确定标准成本时，可以根据自身的技术条件和经营水平，在以下类型中进行选择。

1. 理想标准成本

理想标准成本是一种理论标准，是指在现有条件下所能达到的最优成本水平。

理想标准成本的制定条件包括：① 最优业绩标准，即在生产过程中毫无技术浪费时的生产要素消耗量，最熟练的工人全力以赴工作、不存在废品损失和停工时间等条件下可能实现的最优业绩。② 最高生产经营能力利用水平，即理论上可能达到的设备利用程度，只扣除不可避免的机器修理、改换品种、调整设备等时间，而不考虑产品销路不佳、生产技术故障等造成的影响。③ 理想价格，即原材料、劳动力等生产要素在计划期间最低的价格水平。

理想标准成本很难成为现实，即使暂时出现也不可能持久。因其提出的要求太高，不宜作为考核的依据。它的主要用途是提供一个完美无缺的目标，揭示实际成本下降的潜力。

2. 正常标准成本

正常标准成本是指在正常情况下企业经过努力可以达到的成本标准，这一标准考虑了生产过程中不可避免的损失、故障、偏差等。在制定正常标准成本时，把生产经营活动中一般难以避免的损耗和低效率等情况也计算在内，使之切合下期的实际情况，成为切实可行的控制标准。

通常来说，理想标准成本小于正常标准成本。由于理想标准成本要求异常严格，一般很难达到，而正常标准成本具有客观性、现实性、激励性等特点，是要经过努力才能达到的一种标准，因此可以调动职工的积极性。所以，正常标准成本在实践中得到广泛应用。

二、标准成本法的含义

标准成本法，是指企业以预先制定的标准成本为基础，通过比较标准成本与实际成本，核算和分析成本差异、揭示成本差异动因、实施成本控制、评价经济业绩的一种成本管理方法。

企业应用标准成本法的主要目标是，通过标准成本与实际成本的比较，揭示与分析标准成本与实际成本之间的差异。当实际成本大于标准成本时，形成超支差异；当实际成本小于标准成本时，形成节约差异。按照例外管理的原则，企业应对不利差异予以纠正，以提高工作效率，不断改善产品成本。

三、标准成本法的应用环境

应用标准成本法所需要的主要外部条件是市场经营环境及市场对产品的需求均相对稳定。

应用标准成本法所需要的主要内部条件是：① 产品的生产工艺过程相对稳定；② 企业的标准化管理水平较高，能够取得标准成本制定所需要的各种财务和非财务数据资料，且比较准确、可靠。

所以，标准成本法一般适用于产品及其生产条件相对稳定，或生产流程与工艺标准化程度较高的企业。

四、标准成本法的应用程序

企业应用标准成本法，应设计制定合理的标准成本控制与分析流程（图 9.1）。标准成本法的应用流程一般应包括 5 个步骤：确定应用对象、制定标准成本、实施过程控制、成本差异计算与动因分析以及标准成本的修订与改进。

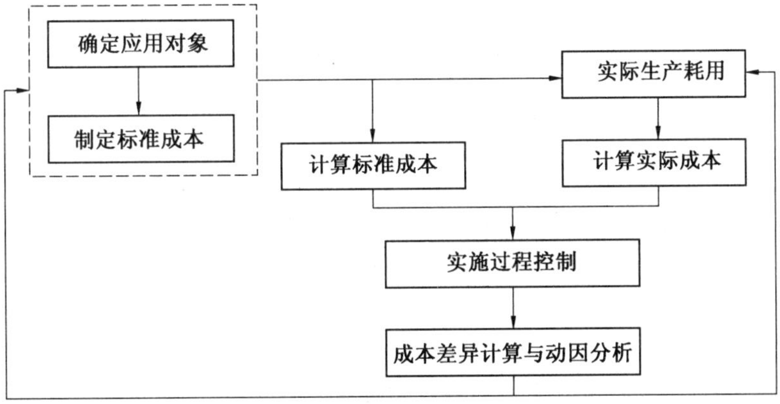

图 9.1　标准成本控制与分析流程

（一）确定应用对象

为了实现成本的精细化管理，企业应根据标准成本法的应用环境，结合内部管理要求，确定应用对象。标准成本法的成本对象可以是不同种类、不同批次或不同步骤的产品。

(二) 制定标准成本

制定标准成本时,企业需要设立由采购、生产、技术、营销、财务、人事、信息等有关部门组成的跨部门临时性组织,采用"自上而下,自下而上"的模式,经由企业管理层审批后,制定出产品的标准成本。

在制定标准成本时,企业一般应结合经验数据、行业标杆或实地测算的结果,运用统计分析、工程试验等方法,首先就不同的成本或费用项目,分别确定消耗量标准和价格标准;其次确定每一成本或费用项目的标准成本;最后汇总不同成本项目的标准成本,确定产品的标准成本。

(三) 实施过程控制

在制定标准成本的基础上,企业应基于可控性原则、责权利相统一和归口管理等原则,将产品成本及其各成本或费用项目的标准用量和标准价格层层分解,落实到部门及相关责任人,形成成本控制标准。各相关部门(或成本中心)应根据相关成本控制标准,控制费用开支与资源消耗,监督成本的形成过程,及时揭示脱离标准的差异,分析其成因,并迅速采取措施加以改进。

在标准成本法的实施过程中,各相关部门(或成本中心)应对其所管理的项目进行跟踪分析。生产部门一般应根据标准用量、标准工时等,实时跟踪和分析各项耗用差异,从操作人员、机器设备、原料质量、标准制定等方面寻找差异原因,采取应对措施,控制现场成本,并及时反馈给人事、技术、采购、财务等相关部门,共同实施事中控制。采购部门一般应根据标准价格,按照各项目采购批次揭示和反馈价格差异形成的原因,控制和降低总采购成本。

(四) 成本差异计算与动因分析

企业应定期将实际成本与标准成本进行比较和分析,以确定差异数额及性质,揭示差异形成的动因,落实责任主体,寻求可行的改进途径和措施。

在成本差异的分析过程中,企业应关注各项成本差异的规模、趋势及其可控性。对于反复发生的大额差异,企业应进行重点分析与处理。企业可将生成的成本差异信息汇总,定期形成标准成本差异分析报告,并针对性地提供成本改进措施。

(五) 标准成本的修订与改进

为保证标准成本的科学性、合理性与可行性,企业应定期或不定期地对标准成本进行修订与改进。

一般情况下,标准成本的修订工作由标准成本的制定机构负责。企业应至少每年对标准成本进行一次定期测试,通过编制成本差异分析报表确认是否存在因标准成本不准确而形成的成本差异。当该类差异较大时,企业应按照标准成本的制定程序,对标准成本实施修订。除定期测试外,当组织机构、外部市场、产品品种、生产工艺等内、外部环境发生较大变化时,企业也应该及时对标准成本进行修订与补充。

五、标准成本的制定

二维码知识点9.3　株机公司的精益成本标准化体系

(一) 标准成本的构成

产品标准成本通常由直接材料标准成本、直接人工标准成本和制造费用标准成本构成。制定标准成本,通常首先确定直接材料和直接人工的标准成本,其次确定制造费用的标准成本,最后汇总确定单位产品的标准成本。

$$\text{产品的标准成本} = \text{直接材料标准成本} + \text{直接人工标准成本} + \text{制造费用标准成本} \tag{9.4}$$

每一成本项目的标准成本应分为用量标准(包括单位产品消耗量、单位产品人工小时等)和价格标准(包括原材料单价、小时工资率、小时制造费用分配率等)。

$$\text{标准成本} = \text{用量标准} \times \text{价格标准} \tag{9.5}$$

用量标准主要由生产技术部门主持制定,同时吸收执行标准的部门及职工参加。价格标准由会计部门和有关其他部门共同研究确定,采购部门是原材料单价的责任部门,劳资部门对小时工资率负有责任,各生产车间对小时制造费用分配率分配承担责任。

无论是价格标准还是用量标准,都可以是理想状态下的或正常状态下的标准,据此得出理想标准成本或正常标准成本。本章所讲述的是正常标准成本的制定。

(二) 直接材料标准成本

直接材料标准成本,是指直接用于产品生产的材料成本标准,包括标准用量和标准单价两方面内容。单位产品的直接材料标准成本的计算公式为

$$\begin{matrix}\text{单位产品耗用某}\\\text{种材料标准成本}\end{matrix} = \text{单位产品的标准用量} \times \text{材料的标准单价} \tag{9.6}$$

$$\begin{matrix}\text{单位产品的直接}\\\text{材料标准成本}\end{matrix} = \sum \begin{matrix}\text{该种产品所耗用的}\\\text{各种材料标准成本}\end{matrix} \tag{9.7}$$

在确定直接材料的标准用量时,应根据企业产品的设计、生产和工艺的现状,结合企业的经营管理水平和成本降低任务的要求,考虑在使用过程中必要的损耗,用统计方法、工业工程法或其他技术分析法确定。一般由生产部门负责,会同技术、财务、信息等部门,按照以下步骤进行。

(1) 根据产品的图纸等技术文件进行产品研究,列出所需的各种材料以及可能的代用材料,并要说明这些材料的种类、质量以及库存情况。

(2) 通过对过去用料经验记录进行分析,采用平均值,或最高与最低值的平均数,或最节省数量,或实际测定数据,或技术分析数据等,科学地制定标准用量。

直接材料的标准单价一般由采购部门负责,会同财务、生产、信息等部门,在考虑市场环境及其变化趋势、订货价格以及最佳采购批量等因素的基础上综合确定。直接材料的标准单价包括发票价格、运费、检验和正常损耗等成本,是取得材料的完全成本。直接材料按计划成本核算的企业,直接材料的标准单价可以采用材料计划单价。

【例 9.3】 例如,某企业生产甲产品,需要 A、B 2 种直接材料,其标准成本的制定见表 9.9。

表 9.9　直接材料标准成本

产品:甲

标准		A	B
价格标准	发票单价 / 元	2.00	4.00
	运杂费 / 元	0.06	0.15
	检验费 / 元	0.04	0.05
	每千克价格 / 元	2.10	4.20
用量标准	图纸用量 /kg	5.0	3.0
	允许损耗量 /kg	0.5	0.3
	单产标准产量 /kg	5.5	3.3
成本标准	材料 A/ 元	5.5 × 2.10 = 11.55	—
	材料 B/ 元	—	3.3 × 4.20 = 13.86
直接材料标准成本 / 元		11.55 + 13.86 = 25.41	

(三) 直接人工标准成本

直接人工标准成本,是指直接用于产品生产的人工标准成本,由标准工时和标准工资率计算得出。

制定直接人工的标准工时时,一般由生产部门负责,会同技术、财务、信息等部门,在对产品生产所需作业、工序、流程工时进行技术测定的基础上,考虑正常的工作间隙,并适当考虑生产条件的变化,生产工序、操作技术的改善,以及相关工作人员主观能动性的充分发挥等因素,合理确定单位产品的标准工时。直接人工的标准工时包括对产品直接加工所用工时、必要的间歇和停工时间以及在不可避免的废品上所用工时,采用一定的方法,按照产品加工所经过的程序分别计算,然后按产品汇总。

直接人工的标准工资率一般由人事部门根据企业薪酬制度以及国家有关职工薪酬制度改革的相关规定等确定:采用计件工资制,就是单位产品应支付的计件单价;采用计时工资制,就是每一标准工时应分配的工资,按现行工资制度所定的工资水平计算确定。

计时工资制下直接人工标准成本的计算公式为

$$\text{直接人工标准成本} = \text{单位产品的标准工时} \times \text{小时标准工资率} \tag{9.8}$$

$$\text{小时标准工资率} = \frac{\text{预计支付生产工人工资总额}}{\text{标准工时总数}} \tag{9.9}$$

【例 9.4】　上例中甲产品需经过 2 道工序,由第 1、第 2 生产车间加工完成。根据企业人事部门和生产部门进行技术测定所提供的有关资料,确定直接人工标准成本(表 9.10)。

表 9.10　直接人工标准成本

标准		第 1 道工序	第 2 道工序
小时标准工资率	基本生产工人人数／人	30	40
	每人每月工时／h	22 × 8 = 176	176
	每月总工时／h	176 × 30 = 5 280	176 × 40 = 7 040
	每月工资总额／元	6 864	10 560
	每小时工资／元·h^{-1}	1.3	1.5
单位产品的标准工时	理想作业时间／h	1.2	1.8
	调整设备时间／h	0.2	0.1
	工间休息／h	0.1	0.1
	单位产品工时／h	1.5	2.0
成本标准	第 1 道工序／元	1.5 × 1.3 = 1.95	—
	第 2 道工序／元	—	2.0 × 1.5 = 3.00
直接人工标准成本／元		1.95 + 3.00 = 4.95	

（四）制造费用标准成本

制造费用的标准成本是按部门分别编制，然后将同一产品涉及的各部门单位制造费用标准成本加以汇总，得出整个产品制造费用标准成本。制造费用标准成本应区分变动制造费用项目和固定制造费用项目分别进行确定。

1. 变动制造费用

变动制造费用，是指通常随产量变化而成正比例变化的制造费用。变动制造费用标准成本包括标准用量和标准价格。变动制造费用项目标准成本的计算公式为

$$\begin{matrix}\text{变动制造费用}\\\text{标准成本}\end{matrix}=\begin{matrix}\text{变动制造费用}\\\text{的标准用量}\end{matrix}\times\begin{matrix}\text{变动制造费用}\\\text{的标准价格}\end{matrix} \tag{9.10}$$

变动制造费用的标准用量可以是单位产量的燃料、动力、辅助材料等标准用量，也可以是产品的直接人工标准工时，或者是单位产品的标准机器工时。标准用量的选择需考虑用量与成本的相关性，制定方法与直接材料的标准用量以及直接人工的标准工时类似。

变动制造费用的标准价格可以是燃料、动力、辅助材料等标准价格，也可以是小时标准分配率等。制定方法与直接材料的价格标准以及直接人工的标准工资率类似。

$$\text{变动制造费用标准成本}=\text{单位产品直接人工标准工时}\times\text{变动制造费用标准分配率} \tag{9.11}$$

$$\begin{matrix}\text{变动制造费用}\\\text{标准分配率}\end{matrix}=\frac{\text{变动制造费用预算总额}}{\text{直接人工标准总工时}} \tag{9.12}$$

各车间变动制造费用标准成本确定之后，可汇总出单位产品的变动制造费用标准成本。

2. 固定制造费用

固定制造费用，是指在一定产量范围内，其费用总额不会随产量变化而变化，始终保持固定不变的制造费用。

如果企业采用变动成本计算,固定制造费用不计入产品成本,一般按照费用的构成项目实行总量控制,固定制造费用的控制则通过预算管理来进行。如果采用完全成本计算,固定制造费用要计入产品成本,企业通过计算标准分配率,将固定制造费用分配至单位产品,形成固定制造费用标准成本。

固定费用标准的制定,一般由财务部门负责,会同采购、生产、技术、营销、人事、信息等有关部门,按照以下步骤进行。

(1) 依据固定制造费用的不同构成项目的特性,在充分考虑产品的现有生产能力、管理部门的决策以及费用预算等的情况下,测算确定各固定制造费用构成项目的标准成本。

(2) 通过汇总各固定制造费用构成项目的标准成本,得到固定制造费用的标准总成本。

(3) 确定固定制造费用标准分配率。

固定制造费用标准成本的计算顺序及公式为

$$\text{固定制造费用标准成本}=\text{固定制造费用项目预算} \tag{9.13}$$

$$\text{固定制造费用总成本}=\sum\text{固定制造费用标准成本} \tag{9.14}$$

$$\text{固定制造费用标准分配率}=\text{固定制造费用总成本}\div\text{标准总工时}$$

或

$$\text{固定制造费用标准分配率}=\frac{\text{固定制造费用预算总额}}{\text{直接人工标准总工时}} \tag{9.15}$$

$$\text{固定制造费用标准成本}=\text{单位产品的标准工时}\times\text{固定制造费用标准分配率} \tag{9.16}$$

【例9.5】 上例中企业采用完全成本计算,根据各部门编制的费用预算,制造费用标准成本的确定见表9.11、表9.12。

表9.11 变动制造费用标准成本

部门	第1车间	第2车间
变动制造费用预算		
运输/元	1 200	1 800
电力/元	1 500	2 100
消耗材料/元	7 000	6 000
间接人工/元	5 600	5 900
燃料/元	1 596	1 800
合计/元	16 896	17 600
直接人工标准总工时/h	5 280	7 040
变动制造费用标准分配率	3.2	2.5
直接人工用量标准/h	1.5	2.0
成本标准		
第1车间/元	1.5 × 3.2 = 4.80	—
第2车间/元	—	2.0 × 2.5 = 5.00
单位产品变动制造费用标准成本/元	4.8 + 5.0 = 9.80	

表 9.12　固定制造费用标准成本

部门	第 1 车间	第 2 车间
固定制造费用预算		
折旧费 / 元	350	460
管理人员工资 / 元	1 200	2 500
间接人工 / 元	800	1 700
保险费 / 元	568	500
其他 / 元	250	472
合计 / 元	3 168	5 632
直接人工标准总工时 /h	5 280	7 040
固定制造费用标准分配率	0.6	0.8
直接人工用量标准 /h	1.5	2.0
成本标准		
第 1 车间 / 元	1.5 × 0.6 = 0.90	—
第 2 车间 / 元	—	2.0 × 0.8 = 1.60
单位产品固定制造费用标准成本 / 元	0.9 + 1.6 = 2.50	

将以上确定的直接材料、直接人工和制造费用的标准成本按产品加以汇总，就可确定有关产品完整的标准成本。通常企业编成"标准成本卡"（表9.13），反映产成品标准成本的具体构成。在每种产品生产之前，它的标准成本卡要送达有关人员，包括各级生产部门、会计部门、仓库等的负责人，作为领料、派工和支用其他费用的依据。

表 9.13　标准成本卡

产品：甲

成本项目		用量标准	价格标准	标准成本
直接材料	A 材料	5.5 kg	2.10 元 /kg	11.55 元
	B 材料	3.3 kg	4.20 元 /kg	13.86 元
	合计	—	—	25.41 元
直接人工	第 1 车间	1.5 h	1.3 元 /h	1.95 元
	第 2 车间	2.0 h	1.5 元 /h	3.00 元
	合计	—	—	4.95 元
制造费用	变动费用（第 1 车间）	1.5 h	3.2 元 /h	4.80 元
	变动费用（第 2 车间）	2.0 h	2.5 元 /h	5.00 元
	合计	—	—	9.80 元
	固定费用（第 1 车间）	1.5 h	0.6 元 /h	0.90 元
	固定费用（第 2 车间）	2.0 h	0.8 元 /h	1.60 元
	合计	—	—	2.50 元
单位产品标准成本总计		25.41 + 4.95 + 9.80 + 2.50 = 42.66 元		

六、标准成本差异分析

(一) 成本差异的含义

产品的实际成本可能与标准成本之间的差额称为成本差异。当实际成本高于标准成本时,形成超支差异;当实际成本低于标准成本时,形成节约差异。企业应定期将实际成本与标准成本进行比较和分析,确定差异数额及性质,揭示差异形成的动因,落实责任中心,寻求可行的改进途径和措施。

成本差异的计算与分析一般按成本或费用项目进行。从标准成本的制定过程可以看出,任何一项费用的标准成本都是由数量标准和价格标准 2 个因素决定的。因此,成本差异的计算与分析就应该从这两方面进行。成本差异的计算公过程如图 9.2 所示。

成本差异 = 实际成本 - 计划成本

成本差异 = 数量差异 + 价格差异

标准成本:标准数量 × 标准价格
　　　　　标准数量 × 实际价格　} 数量差异 = (实际数量 - 标准数量) × 标准价格
实际成本:实际数量 × 实际价格　} 价格差异 = 实际数量 × (实际价格 - 标准价格)

图 9.2　成本差异计算图示

完整的成本差异分析包括 3 个步骤:① 计算成本差异的数额并分析其种类;② 在此基础上进行差异调查,找到产生差异的具体原因;③ 判明责任,采取措施,改进成本控制。

(二) 直接材料成本差异

直接材料成本差异,是指直接材料实际成本与标准成本之间的差额,该项差异可分解为直接材料价格差异和直接材料数量差异。

直接材料价格差异,是指在采购过程中,直接材料实际价格脱离标准价格所形成的差异;直接材料数量差异,是指在产品生产过程中,直接材料实际耗用量脱离标准耗用量所形成的差异。计算公式为

直接材料成本差异 = 实际成本 - 标准成本

= 实际耗用量 × 实际单价 - 标准耗用量 × 标准单价　(9.17)

直接材料成本差异 = 直接材料价格差异 + 直接材料数量差异　(9.18)

直接材料价格差异 = 实际耗用量 × (实际单价 - 标准单价)　(9.19)

直接材料数量差异 = (实际耗用量 - 标准耗用量) × 标准单价　(9.20)

式中标准耗用量根据实际产量和单位标准耗用量相乘求得,实际耗用量是根据领、退料凭证以及原材料盘存资料计算得出。

【例 9.6】　某企业本月生产甲产品 100 件,实际耗用直接 A 材料 530 kg,该材料实际单价为 2.5 元 /kg,根据甲产品标准成本卡得知,A 材料标准价格为 2.1 元 /kg,标准用量为 5.5 kg,则直接材料成本差异便可分析如下:

直接材料成本差异 = 实际成本 - 标准成本 = 530 × 2.5 - 100 × 5.5 × 2.1

= 1 325 - 1 155 = 170(元)　(不利差异)

直接材料数量差异 = (530 - 100 × 5.5) × 2.1 = - 42(元)　(有利差异)

直接材料价格差异 = 530 × (2.5 - 2.1) = 212(元)　(不利差异)

一般情况下,直接材料不止一种,应就每种材料进行成本差异计算,然后加总。差异算

出后，可据以进一步追查原因，落实责任。

直接材料价格差异一般应由采购部门负责。但材料的实际价格又受许多因素的影响，除供应商实行新的定价表外，还包括采购的数量、运输方法，可利用的数量折扣、紧急订货和购进材料的质量等各个方面，其中任何一个方面脱离制定标准成本时的预定要求，都会形成价格差异。例如，市场供求变化引起的价格变动，就超出了购料部门的控制范围。又如，应生产上的要求，对某项材料进行小批量的紧急订货，并由陆运改为空运，由此而形成的不利差异，就不能归咎于采购部门，而应由生产部门负责。因而对差异形成的原因和责任，还需根据具体情况做进一步的分析。

直接材料数量差异一般应由生产部门负责。但决定材料数量的因素很多，有工人的技术熟练程度和责任感、新工上岗造成用料增多、加工设备的完好程度、材料的质量和规格、操作技术改进而节省材料等。有时多用料并非生产部门的责任，如购入材料质量低劣、规格不符也会使用料超过标准，工艺变更、检验过严也会使数量差异加大。因此，要进行具体的调查研究才能明确责任归属。

（三）直接人工成本差异

直接人工成本差异，是指直接人工实际成本与标准成本之间的差额，该差异可分解为直接人工工资率差异和直接人工效率差异。

工资率差异即“价格差异”，是指实际工资率脱离标准工资率形成的差异，计算时按实际工时计算确定；效率差异即“数量差异”，是指实际工时脱离标准工时形成的差异，计算时按标准工资率计算确定。有关计算公式为

$$\text{直接人工成本差异} = \text{实际成本} - \text{标准成本}$$

$$= \text{实际工时} \times \text{实际工资率} - \text{标准工时} \times \text{标准工资率} \qquad (9.21)$$

$$\text{直接人工成本差异} = \text{直接人工工资率差异} + \text{直接人工效率差异} \qquad (9.22)$$

$$\text{直接人工工资率差异} = \text{实际工时} \times (\text{实际工资率} - \text{标准工资率}) \qquad (9.23)$$

$$\text{直接人工效率差异} = (\text{实际工时} - \text{标准工时}) \times \text{标准工资率} \qquad (9.24)$$

【例 9.7】　企业本月生产甲产品 100 件，第一车间实际使用工时 160 h，支付工资 240 元；直接人工的标准成本是 1.95 元，即每件产品标准工时为 1.5 h，标准工资率为 1.3 元/h，则直接人工成本差异便可分析如下：

$$\text{实际工资率} = \frac{\text{实际支付工资}}{\text{实际耗用工时}} = \frac{240}{160} = 1.5(\text{元}/\text{h})$$

$$\text{标准工时} = \text{单位产品标准工时} \times \text{实际产量} = 1.5 \times 100 = 150(\text{h})$$

$$\text{直接人工成本差异} = \text{实际成本} - \text{标准成本} = 240 - 150 \times 1.3$$

$$= 240 - 195 = 45(\text{元}) \qquad (\text{不利差异})$$

$$\text{直接人工工资率差异} = (1.5 - 1.3) \times 160 = 32(\text{元}) \qquad (\text{不利差异})$$

$$\text{直接人工效率差异} = (160 - 150) \times 1.3 = 13(\text{元}) \qquad (\text{不利差异})$$

直接人工成本的差异分析应从直接人工工资率差异和直接人工效率差异 2 个维度进行。不同工种不同级别的工资率不一定相同，如果生产一种产品需经过几道工序、几个不同工种的加工，那么就应对每道工序、每个工种进行这样的成本差异分析，然后加总。

工资率差异主要受工资制度的变动、直接生产工人升级或降级使用、加班或使用临时工、出勤率变化等因素影响，一般说来由劳动人事部门管控。

效率差异形成的原因包括工作环境的好坏、工人技术熟练程度、机器或工具选用是否恰当、生产计划安排是否恰当、材料的质量规格、动力供应情况等。效率差异基本上应由生产部门负责,也可能有一部分由其他有关部门负责。

(四) 变动制造费用成本差异

变动制造费用成本差异,是指变动制造费用实际发生额与变动制造费用标准成本之间的差额,该差异可分解为变动制造费用价格差异(耗费差异)和数量差异(效率差异)。变动制造费用差异的计算和分析原理与直接材料和直接人工成本差异的计算和分析相同。

$$\text{变动制造费用成本差异} = \text{实际发生额} - \text{标准发生额}$$

或

$$\begin{matrix}\text{变动制造费}\\\text{用成本差异}\end{matrix} = \begin{matrix}\text{变动制造费}\\\text{用耗费差异}\end{matrix} + \begin{matrix}\text{变动制造费}\\\text{用效率差异}\end{matrix} \tag{9.25}$$

变动制造费用价格差异,是指燃料、动力、辅助材料等变动制造费用项目的实际价格脱离标准价格的差异。变动制造费用价格差异也称变动制造费用分配率差异、变动制造费用耗费差异、变动制造费用开支差异或预算差异。其计算公式为

$$\text{变动制造费用耗费差异} = \text{实际工时} \times \left(\begin{matrix}\text{变动费用}\\\text{实际分配率}\end{matrix} - \begin{matrix}\text{变动费用}\\\text{标准分配率}\end{matrix}\right) \tag{9.26}$$

变动制造费用数量差异,是指燃料、动力、辅助材料等变动制造费用项目的实际消耗量脱离标准用量的差异。变动制造费用数量差异也称为变动制造费用效率差异,它反映工作效率变化引起的费用节约或超支,其计算公式为

$$\text{变动制造费用效率差异} = \left(\begin{matrix}\text{实际}\\\text{工时}\end{matrix} - \begin{matrix}\text{标准}\\\text{工时}\end{matrix}\right) \times \begin{matrix}\text{变动费用}\\\text{标准分配率}\end{matrix} \tag{9.27}$$

【例 9.8】 本月生产甲产品 100 件,第一车间实际使用工时 160 h,实际发生变动制造费用448 元。变动制造费用标准成本为4.8 元/件,即每件产品标准工时为1.5 h,变动制造费用标准分配率为 3.2 元/h。变动制造费用成本差异分析如下:

$$\begin{matrix}\text{变动费用}\\\text{实际分配率}\end{matrix} = \frac{\text{实际发生额}}{\text{实际耗用工时}} = \frac{448}{160} = 2.8(\text{元}/\text{h})$$

$$\text{标准工时} = \begin{matrix}\text{单位产品}\\\text{标准工时}\end{matrix} \times \text{实际产量} = 1.5 \times 100 = 150(\text{h})$$

$$\begin{aligned}\text{变动制造费用成本差异} &= \text{实际发生额} - \text{标准发生额}\\ &= 448 - 150 \times 3.2 = -32(\text{元}) \qquad (\text{有利差异})\end{aligned}$$

$$\text{变动制造费用耗费差异} = 160 \times (2.8 - 3.2) = -64(\text{元}) \qquad (\text{有利差异})$$

$$\text{变动制造费用效率差异} = (160 - 150) \times 3.2 = 32(\text{元}) \qquad (\text{不利差异})$$

如果生产一种产品需经过几个车间、部门,那么应就每个车间、部门进行这样的成本差异计算,然后加总。

变动制造费用的耗费差异一般情况下是部门经理的责任,他们有责任将变动费用控制在弹性预算限额之内。变动制造费用效率差异是由于实际工时脱离了标准工时,其形成原因与直接人工效率差异相同。

(五) 固定制造费用成本差异

固定制造费用成本差异是指在实际产量下固定制造费用实际金额与其标准成本之间的差额。

固定制造费用成本差异 = 固定制造费用实际金额 − 固定制造费用标准成本(预算)

= 实际工时 × 实际分配率 − 标准工时 × 标准分配率　(9.28)

$$标准分配率 = \frac{固定制造费用标准成本总额(预算总额)}{预算产量下标准总工时} \quad (9.29)$$

固定制造费用不同于变动制造费用,在相关范围内固定制造费用总额具有固定不变的特性,数量差异会对单位产品成本负担的固定制造费用产生影响,所以,通常编制固定预算进行成本控制。固定制造费用的差异分析方法有“二因素分析法”和“三因素分析法”2 种。

1. 二因素分析法

二因素分析法,是将固定制造费用的成本差异分为耗费差异和能量差异的分析方法。

耗费差异也指预算差异或开支差异,是指固定制造费用的实际金额与固定制造费用预算金额之间的差额,其计算公式为

$$\begin{matrix}固定制造费\\用耗费差异\end{matrix} = \begin{matrix}固定制造\\费用实际数\end{matrix} - \begin{matrix}固定制造\\费用预算数\end{matrix} \quad (9.30)$$

能量差异是指固定制造费用预算与固定制造费用标准成本的差异。其计算公式为

$$\begin{matrix}固定制造费\\用能量差异\end{matrix} = \begin{matrix}固定制造费用\\标准分配率\end{matrix} \times \left(\begin{matrix}预算\\工时\end{matrix} - \begin{matrix}标准\\工时\end{matrix}\right) \quad (9.31)$$

$$\begin{aligned}\begin{matrix}固定制造费用\\耗费差异\end{matrix} &= 实际固定制造费用 - 预算产量下标准固定制造费用\\ &= 实际固定制造费用 - 标准工时 \times 预算产量 \times 标准分配率\\ &= 实际固定制造费用 - 预算产量下标准工时 \times 标准分配率\end{aligned} \quad (9.32)$$

$$\begin{aligned}\begin{matrix}固定制造费用\\能量差异\end{matrix} &= 预算产量下标准固定制造费用 - 实际产量下标准固定制造费用\\ &= 预算产量下标准工时 \times 标准分配率 - 实际产量下标准工时 \times 标准分配率\\ &= (预算产量下标准工时 - 实际产量下标准工时) \times 标准分配率\end{aligned} \quad (9.33)$$

【例 9.9】　某企业本期产量为 3 000 件,共发生固定制造费用 3 000 元,实际工时 4 800 h,本期固定制造费用预算额为 3 168 元,预算总工时为 5 280 h,每件产品固定制造费用标准成本为 0.9 元/件,即每件产品标准工时 1.5 h,标准分配率为 0.6 元/h。有关固定制造费用成本差异分析如下:

$$标准工时 = \begin{matrix}单位产品\\标准工时\end{matrix} \times 实际产量 = 1.5 \times 3\,000 = 4\,500(h)$$

$$\begin{matrix}标准\\总成本\end{matrix} = \begin{matrix}实际\\产量\end{matrix} \times \begin{matrix}单位产品固定制\\造费用标准成本\end{matrix} = 3\,000 \times 0.9 = 2\,700(元)$$

$$\begin{matrix}固定制造费\\用成本差异\end{matrix} = 3\,000 - 2\,700 = 300(元)$$

$$\begin{matrix}固定制造费\\用耗费差异\end{matrix} = 3\,000 - 3\,168 = -168(元)(有利差异)$$

$$\begin{matrix}固定制造费\\用能量差异\end{matrix} = 0.6 \times (5\,280 - 4\,500) = 468(元)(不利差异)$$

2. 三因素分析法

三因素分析法，是将固定制造费用成本差异分为耗费差异、效率差异和闲置能量差异三部分的分析方法。其中耗费差异的计算与二因素分析法相同，效率差异和闲置能量差异是将二因素分析法中的“能量差异”分为两部分：一部分是实际工时未达到预算工时而形成的闲置能量差异，也称能力差异；另一部分是实际工时脱离标准工时而形成的效率差异。其计算公式为

固定制造费用耗费差异 = 实际固定制造费用 − 预算产量下标准固定制造费用
= 实际固定制造费用 − 预算产量 × 标准工时 × 标准分配率
= 实际固定制造费用 − 预算产量下标准工时 × 标准分配率　　(9.34)

固定制造费用闲置能量差异 = (预算产量下标准工时 − 实际产量下实际工时) × 标准分配率　　(9.35)

固定制造费用效率差异 = (实际产量下实际工时 − 实际产量下标准工时) × 标准分配率　　(9.36)

固定制造费用能量差异 = 固定制造费用闲置能量差异 + 固定制造费用效率差异　　(9.37)

例如，将上例中的能量差异进一步分解为

固定制造费用闲置能量(能力)差异 = 0.6 × (5 280 − 4 800) = 288(元)

固定制造费用效率差异 = 0.6 × (4 800 − 4 500) = 180(元)

固定制造费用预算是就每个生产部门分别编制的，实际固定制造费用也应就每个生产部门分别记录，因此，固定制造费用成本差异分析也应就每个生产部门分别进行，然后将各部门的耗费差异、闲置能量差异、效率差异和各部门的固定制造费用差异分别加总。这 3 种差异可用图 9.3 说明。

$$标准分配率 = \frac{固定制造费用预算总额}{预算产量下标准总工时}$$

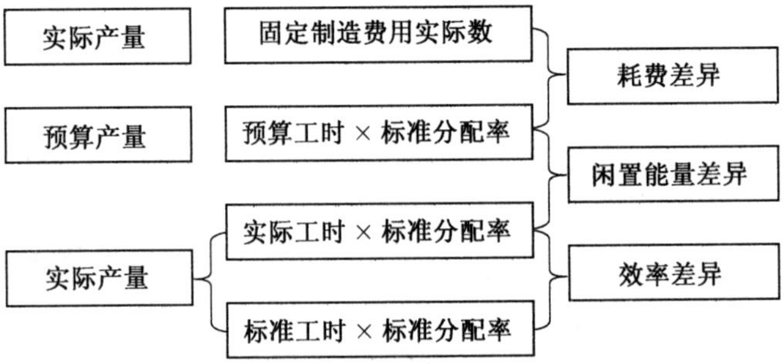

图 9.3　固定制造费用成本差异图

固定制造费用耗费差异主要是由于临时添置固定资产、超计划雇用管理人员和辅助生产人员、预提和待摊费用计入本期成本过多等原因而引起。固定制造费用能力差异主要是由于产品定价过高、经济不景气、材料供应不足和停电等原因影响了产销量而造成的。形成

固定制造费用效率差异的原因与形成直接人工效率差异的原因相同。不论以上哪一种差异,均须具体分析,才能恰当地落实责任而不失公正。

七、标准成本差异的账务处理

(一) 成本差异核算使用的账户

日常计算出来的各类成本差异除了可据以编报有关差异分析报告单之外,还应分别归集登记有关成本差异明细分类账或登记表,使差异能在账户系统中得以记录,以便期末汇总每类差异的合计数并统一进行处理。

成本差异核算所使用的账户既可以按大的成本项目设置,又可按具体成本差异的内容设置。在完全成本法下,按大的成本项目设置的核算成本差异的会计账户包括“直接材料成本差异”“直接人工成本差异”“变动制造费用成本差异”“固定制造费用成本差异”,每个账户下再按差异形成的原因分设明细账户。在变动成本法下,可以不设置“固定制造费用”账户。

按具体成本差异设置的账户应包括“直接材料数量差异”“直接材料价格差异”“直接人工效率差异”“直接人工工资率差异”“变动制造费用耗费差异”“变动制造费用效率差异”“固定性制造费用耗费差异”“固定性制造费用能量差异”或“固定性制造费用耗费差异”“固定制造费用闲置能量差异”“固定制造费用效率差异”等。

(二) 归集成本差异的会计分录

对本期发生的成本差异应及时在有关会计账户上登记。对超支差异应借记有关差异账户,节约差异应贷记有关差异账户,相应的生产费用账户则按标准成本予以登记。记录差异的会计分录通常在实际成本发生且计算出差异的同时予以编制。

(三) 期末成本差异的账务处理

会计期末对本期发生的各类成本差异可按以下方法进行会计处理。

1. 直接处理法

直接处理法是将本期发生的各种差异全部计入损益表,由本期收入补偿,视同于销售成本的一种差异处理方法。此法的根据在于本期差异应体现本期成本控制的业绩,要在本期利润上予以反映。这种方法比较简便,使当期经营成果与成本控制的业绩直接挂钩。但当成本标准过于陈旧,或实际成本水平波动幅度过大时,就会因差异额过高而导致当期净收益失实,同时会使存货成本水平失实。

2. 递延法

递延法是指把本期的各类差异按标准成本的比例在期末存货和本期销货之间进行分配,从而将存货成本和销货成本调整为实际成本的一种成本差异处理方法。该法强调成本差异的产生与存货、销货都有联系,不能只由本期销货负担,应该有一部分差异随期末存货递延到下期去。这种方法可以确定产品的实际成本,但分配差异工作过于烦琐。

3. 折中法

在实务中还有一些变通方法,如折中法,即将各类差异按主客观原因分别处理:对客观差异(一般指价格差异)按递延法处理,对主观差异(一般指用量差异)按直接处理法处理。这种方法既能在一定程度上通过利润来反映成本控制的业绩,又可以将非主观努力可以控制的差异合理地分配给有关对象。但缺点是不符合一致性原则。另外还有一种处理差异的方法,即差异的年末一次处理法,即各月末只汇总各类差异,到年末才一次性处理。这样不仅可简化各月处理差异的手续,而且在正常情况下,各月差异正负相抵后,年末一次处理额并不大,可避免各月利润因直接负担差异而波动。但如果年内某种差异只有一种变动趋势,那么年末一次处理时,累计差异过大会歪曲财务状况与经营成果,所以在后一种情况下就不宜采用此法。

【例 9.10】 某公司生产甲、乙 2 种产品,有关资料如下。

1. 产品标准成本和各项费用预算

该公司为甲、乙 2 种产品制定的标准成本单见表 9.14、表 9.15。

表 9.14 甲产品标准成本单

成本项目	用量标准	价格标准	标准成本
直接材料	100 kg/件	0.30 元/kg	30.00 元/件
直接人工	8 h/件	4.00 元/h	32.00 元/件
变动制造费用	8 h/件	1.50 元/h	12.00 元/件
固定制造费用	8 h/件	1.00 元/h	8.00 元/件
甲产品标准成本	—	—	82.00 元/件

表 9.15 乙产品标准成本单

成本项目	用量标准	价格标准	标准成本
直接材料	50 kg/件	0.30 元/kg	15.00 元/件
直接人工	5 h/件	4.00 元/h	20.00 元/件
变动制造费用	5 h/件	1.50 元/h	7.50 元/件
固定制造费用	5 h/件	1.00 元/h	5.00 元/件
乙产品标准成本	—	—	47.50 元/件

预算月份预计生产甲产品 575 件,乙产品 1 000 件。全月需用直接人工小时为

甲产品	575 × 8 = 4 600(h)
乙产品	1 000 × 5 = 5 000(h)
合　计	9 600(h)

全月各项费用预算,经确定如下:

制造费用预算:

变动制造费用　14 400 元

固定制造费用　9 600 元

制造费用标准分配率:

$$变动制造费用标准分配率 = \frac{14\,400}{9\,600} = 1.5(元/h)$$

$$固定制造费用标准分配率 = \frac{9\ 600}{9\ 600} = 1(元/h)$$

销售费用预算：

变动销售费用按销售产品计算，每件2元

固定销售费用　2 400元

管理费预算　3 000元

2. 实际执行情况

(1) 产品生产和销售情况。

甲产品本月投产550件，其中500件已完成交库，50件已投料，尚未开始加工；乙产品本月投产1 200件已全部完成交库。这2种产品都没有期初在产品、产成品盘存。甲产品已销售450件，每件售价125元；乙产品已销售1 100件，每件售价60元。

(2) 材料购进与领用情况。

购进材料两批，第一批70 000 kg，每千克购价0.27元；第二批50 000 kg，每千克购价0.32元。全月共领用直接材料118 000 kg(增值税忽略)。

(3) 直接人工的实际工时和工资。

直接人工产品生产上实际用工10 400 h，每小时平均工资率为4.10元。

(4) 各项费用的实际发生额。

制造费用实际发生24 400元，其中变动制造费用15 400元，固定制造费用9 000元。销售费用实际发生4 800元，其中变动销售费用2 800元，固定销售费用2 000元。管理费实际发生3 500元。

3. 差异计算及账务处理

(1) 材料购进与领用的账务处理。

① 材料购进的价格差异及会计处理。

第一批购入材料70 000 kg，其成本资料如下：

$$实际成本 = 70\ 000 \times 0.27 = 18\ 900(元)$$

$$标准成本 = 70\ 000 \times 0.30 = 21\ 000(元)$$

$$价格差异 = 70\ 000 \times (0.27 - 0.30) = -2\ 100(元)$$

账务处理：

借：原材料	21 000	
贷：材料价格差异		2 100
应付账款		18 900

第二批购入材料50 000 kg，其成本资料如下：

$$实际成本 = 50\ 000 \times 0.32 = 16\ 000(元)$$

$$标准成本 = 50\ 000 \times 0.30 = 15\ 000(元)$$

$$价格差异 = 50\ 000 \times (0.32 - 0.30) = 1\ 000(元)$$

账务处理：

借：原材料	15 000	
材料价格差异	1 000	
贷：应付账款		16 000

② 领用材料的数量差异及账务处理。

本期生产甲产品 550 件、乙产品 1 200 件，实际消耗材料 118 000 kg，其成本资料如下：

标准用量：

甲产品	550 × 100 = 55 000(kg)
乙产品	1 200 × 50 = 60 000(kg)
合　计	115 000 kg

应计入产品生产成本的直接材料标准成本为

甲产品	55 000 × 0.3 = 16 500(元)
乙产品	60 000 × 0.3 = 18 000(元)
合　计	34 500 元

实际领用材料按标准价格计算的成本为

$$118\ 000 \times 0.3 = 35\ 400(\text{元})$$

$$\text{材料数量差异} = (118\ 000 - 115\ 000) \times 0.3 = 900(\text{元})$$

账务处理：

借：生产成本— 甲产品　16 500

　　　　　— 乙产品　18 000

　材料数量差异　900

　贷：原材料　35 400

(2) 直接人工成本差异的计算与账务处理。

$$\text{直接人工实际成本} = \text{实际工时} \times \text{实际工资率} = 10\ 400 \times 4.10 = 42\ 640(\text{元})$$

$$\text{直接人工标准成本} = \text{标准工时} \times \text{标准工资率}$$

甲产品	500 × 8 × 4 = 4 000 × 4 = 16 000(元)
乙产品	1 200 × 5 × 4 = 6 000 × 4 = 24 000(元)
合　计	40 000(元)

$$\text{直接人工工资率差异} = (4.10 - 4) \times 10\ 400 = 1\ 040(\text{元})$$

$$\text{直接人工效率差异} = 4 \times (10\ 400 - 10\ 000) = 1\ 600(\text{元})$$

$$\text{直接人工成本差异} = 42\ 640 - 40\ 000 = 2\ 640(\text{元})$$

账务处理：

借：生产成本— 甲产品　16 000

　　　　　— 乙产品　24 000

　直接人工工资率差异　1 040

　直接人工效率差异　1 600

　贷：应付职工薪酬　42 640

(3) 制造费用成本差异的计算及账务处理。

制造费用实际发生额24 400元,其中变动制造费用15 400元,固定制造费用9 000元。账务处理如下:

借:变动制造费用　　15 400
　固定制造费用　　9 000
　贷:各有关账户　　24 400

变动制造费用差异的计算及账务处理:

变动制造费用实际成本 = 15 400 元

变动制造费用标准成本 = 标准工时 × 标准分配率

甲产品	500 × 8 × 1.5 = 4 000 × 1.5 = 6 000(元)
乙产品	1 200 × 5 × 1.5 = 6 000 × 1.5 = 9 000(元)
合　计	15 000(元)

变动制造费用成本差异 = 15 400 - 15 000 = 400(元)

其中:

变动制造费用效率差异	[10 400 - (4 000 + 6 000)] × 1.50 = 600(元)
变动制造费用耗费差异	15 400 - 10 400 × 1.50 =- 200(元)
合　计	400(元)

账务处理:

借:生产成本— 甲产品　　6 000
　　　　— 乙产品　　9 000
　变动制造费用效率差异　　600
　贷:变动制造费用耗费差异　　200
　　变动制造费用　　15 400

固定制造费用差异的计算及账务处理:

固定制造费用实际成本 = 9 000 元

固定制造费用标准成本 = 标准工时 × 标准分配率

甲产品	500 × 8 × 1.0 = 4 000 × 1.0 = 4 000(元)
乙产品	1 200 × 5 × 1.0 = 6 000 × 1.0 = 6 000(元)
合　计	10 000(元)

固定制造费用成本差异 = 9 000 - 10 000 =- 1 000(元)

其中:

固定制造费用耗费差异= 实际数 - 预算数
= 9 000 - 9 600 =- 600(元)

固定制造费用闲置能量差异= (预算工时 - 实际工时) × 标准分配率
= (9 600 - 10 400) × 1.0 =- 800(元)

固定制造费用效率差异= (实际工时 - 标准工时) × 标准分配率
= [10 400 - (4 000 + 6 000)] × 1.0 = 400(元)

3 种差异合计 =- 600 - 800 + 400 =- 1 000(元)

账务处理：

借：生产成本—甲产品	4 000	
—乙产品	6 000	
固定制造费用效率差异	400	
贷：固定制造费用耗费差异		600
固定制造费用闲置能量差异		800
固定制造费用		9 000

（4）产品完工交库的账务处理。

本期完工产品的标准成本 = 完工数量 × 单位产品标准成本

甲产品 = 500 × 82.00 = 41 000（元）

乙产品 = 1 200 × 47.50 = 57 000（元）

账务处理：

借：库存商品—甲产品	41 000	
—乙产品	57 000	
贷：生产成本—甲产品		41 000
—乙产品		57 000

将以上会计分录登记生产成本 T 型账如图 9.4 所示。

生产成本—甲产品

期初余额	0	
直接材料	16 500	
直接人工	16 000	
变动制造费用	6 000	
固定制造费用	4 000	结转 41 000
期末余额	1 500	

生产成本—乙产品

期初余额	0	
直接材料	18 000	
直接人工	24 000	
变动制造费用	9 000	
固定制造费用	6 000	结转 57 000
期末余额	0	

图 9.4　生产成本 T 型账

（5）产品销售收入及销售成本的账务处理。

本期销售产品的销售收入 = 销售量 × 销售单价

甲产品	450 × 125 = 56 250（元）
乙产品	1 100 × 60 = 66 000（元）
合　计	122 250（元）

账务处理：

借：应收账款	122 250	
贷：主营业务收入		122 250

结转已销产品销售成本 = 销售量 × 单位产品标准成本

甲产品	450 × 82.00 = 36 900（元）
乙产品	1 100 × 47.50 = 52 250（元）
合　计	89 150 元

账务处理：

借：主营业务成本　　　　89 150

　贷：库存商品—甲产品　　　　36 900

　　　　　　—乙产品　　　　52 250

根据以上会计分录，登记产成品 T 型账如图 9.5 所示。

库存商品—甲产品

借方		贷方	
期初余额	0		
完成入库成品成本	41 000		
		锥售产品成本	36 900
期末余额	4 100		

库存商品—乙产品

借方		贷方	
期初余额	0		
完工入库产品成本	57 000		
		锥售产品成本	52 250
期末余额	4 750		

图 9.5　库存商品 T 型账

可见，库存商品账户期末余额，反映的就是产品甲、乙期末盘存的标准成本（甲：50 × 82.00 = 4 100 元，乙：100 × 47.50 = 4 750 元）。

（6）销售与管理费用的账务处理。

销售与管理费用预算执行情况见表 9.16。

表 9.16　销售与管理费用预算执行情况表

项目	预算数/元	实际数/元	耗费差异/元
变动销售费用	3 100 *	2 800	−300
固定销售费用	2 400	2 000	−400
管理费用	3 000	3 500	+500
合计	8 500	8 300	−200

注：* 变动销售费用 = 每件产品销售费用 × 销售量 = 2 × (450 + 1 100) = 3 100（元）。

账务处理：

借：销售费用——变动销售费用　　　　2 800

　　　　　——固定销售费用　　　　2 000

　管理费用　　　　3 500

　贷：银行存款　　　　8 300

（7）成本差异的处理。

本例为简化核算，对成本差异采用直接处理法，即将发生的成本差异全部转入本期的产品销售成本，其结转分录如下：

借：主营业务成本　　　　1 840

　贷：材料价格差异　　　　−1 100

　　材料数量差异　　　　900

　　直接人工工资率差异　　　　1 040

　　直接人工效率差异　　　　1 600

　　变动制造费用耗费差异　　　　−200

变动制造费用效率差异	600
固定制造费用耗费差异	-600
固定制造费用闲置能量差异	-800
固定制造费用效率差异	400

根据本例所述各项会计分录,可用T型账绘成各有关账户的对照关系图,如图9.6所示。

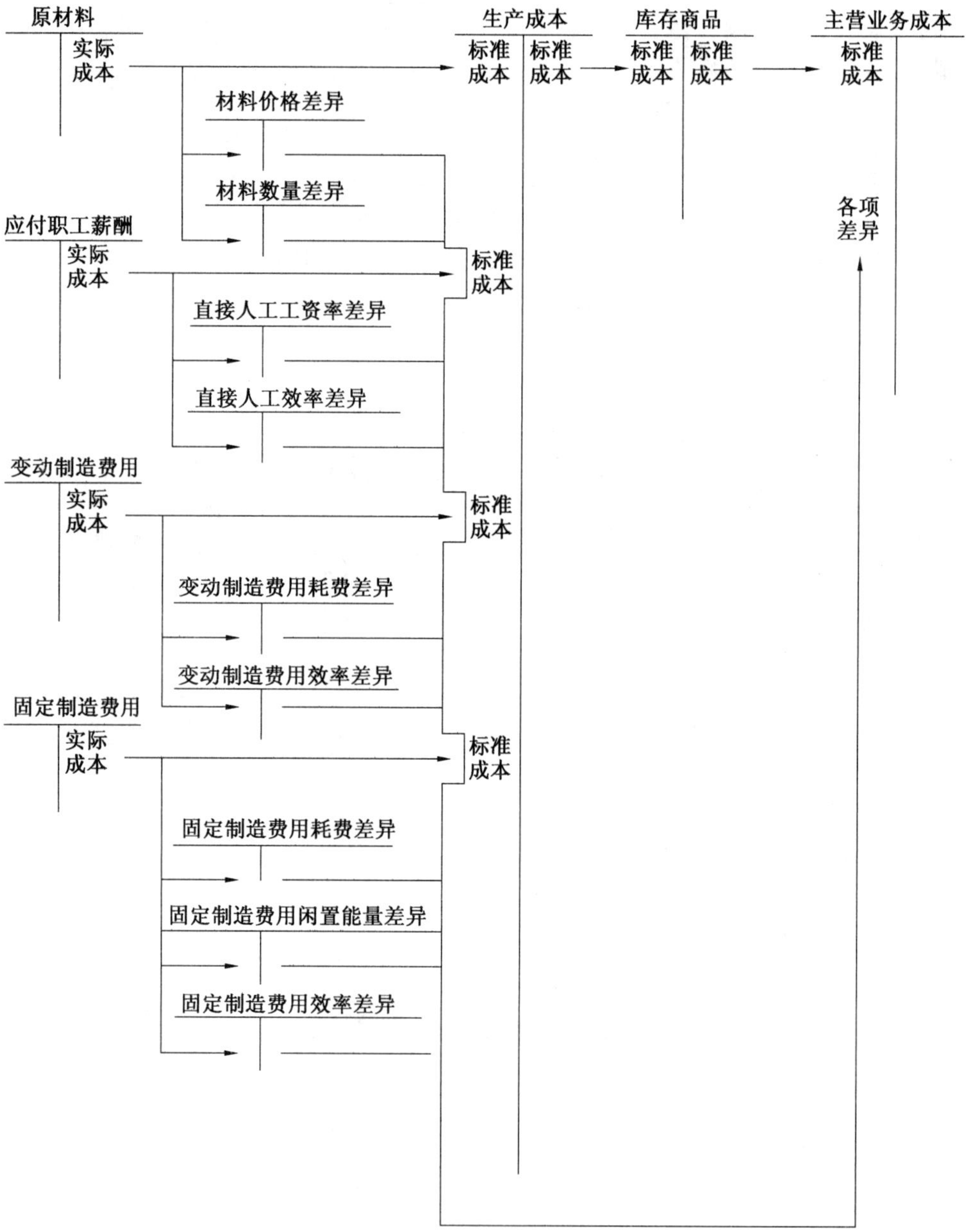

图9.6　各有关账户的对照关系图

(8) 成本差异在利润表中的反映。

在利润表中，首先应将各项成本差异在只包括标准成本的销货成本项目之下逐项列出，以便明确反映用成本差异调整前后的毛利。利润表的其余部分与一般的利润表相同。

根据本例资料，月终编制简化利润表，见表 9.17。

表 9.17　简化利润表

××××年×月　　单位:元

主营业务收入	—	122 250
减:销售产品的标准成本	—	89 150
未调整毛利	—	33 100
加减:材料价格差异	1 100	—
材料数量差异	-900	—
直接人工工资率差异	-1 040	—
直接人工效率差异	-1 600	—
变动制造费用耗费差异	200	—
变动制造费用效率差异	-600	—
固定制造费用耗费差异	600	—
固定制造费用闲置能量差异	800	—
固定制造费用效率差异	-400	-1 840
调整后毛利	—	31 260
减:变动销售费用	2 800	—
固定销售费用	2 000	—
管理费用	3 500	8 300
营业净利	—	22 960

八、标准成本法的应用评价

标准成本法能及时提示实际成本偏离预定标准的差异，反馈各成本项目不同性质的差异，同时还可作为计量业绩的尺度，有利于考核各项成本的形成与管理部门的业绩。

标准成本的制定及其差异和动因的信息可以使企业预算的编制更为科学和可行，有助于企业的经营决策。

标准成本法在实际应用中需要企业标准管理水平较高，产品的成本标准比较准确、稳定，在使用条件上存在一定的局限性，系统维护成本较高。

第十章

风 险 管 理

课程目标

通过本章学习，了解风险管理的含义、风险管理的原则、风险管理的工具方法；理解风险矩阵的含义及编制方法。

课程思政

通过学习风险管理的含义，认识风险管理的重要作用；通过学习风险管理的原则、应用程序，熟悉企业风险管理的构建；通过学习风险矩阵和风险清单的工具方法，掌握运用风险管理工具帮助企业正确识别和应对风险管理的方法。

思维导图

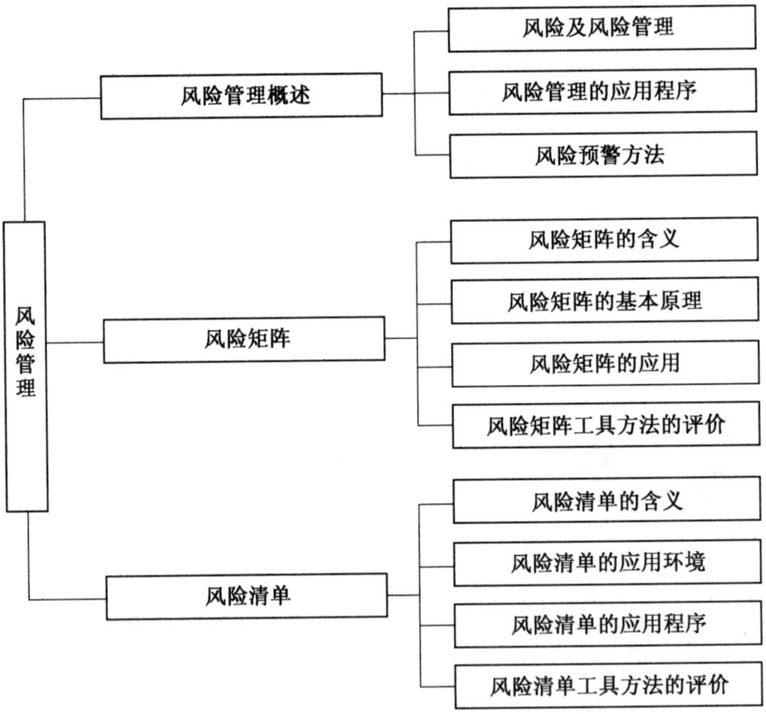

第一节　风险管理概述

一、风险及风险管理

(一) 风险的含义及种类

1. 风险的含义

广义的风险是指收益的不确定性。企业风险是指影响企业实现战略和经营目标的不确定性。

2. 风险的种类

根据企业面临的风险，按照内容，风险可以分为如下种类。

（1）战略风险。

战略风险是指企业在战略管理过程中，由于国家政策、经济环境、科学技术、行业状况等企业内外部环境的复杂性和对环境的认知能力及适应能力的有限性，导致企业战略目标无法实现的整体性损失和可能的损失风险。

（2）运营风险。

运营风险是指在企业运营过程中，由于内外部环境的复杂性及管理者认知能力及适应能力的有限性，导致运营失败或是无法实现运营目标的可能的损失风险。该风险主要影响因素有产品结构与产品开发、市场开发、市场营销、企业管理能力、企业组织能力等。

（3）财务风险。

财务风险是指企业财务结构不合理、融资不当等可能造成企业偿债能力下降、股东预期收益下降、经营失败甚至破产的风险。该风险主要影响因素有企业的负债、偿还能力、现金流情况等。

（4）法律风险。

法律风险是指企业经营过程中因自身经营行为的不规范，或者外部法律环境发生重大变化等引起企业承担法律后果的风险。该风险主要影响因素有政治法律环境、职工职业道德的遵守，合同及法律纠纷等情况。

（5）市场风险。

市场风险是指未来市场价格（利率、股票价格、商品价格等）的不确定性对企业战略目标的不利影响的可能性。该风险的主要影响因素有产品或服务的价格及供需变化、原材料的充足性、客户和供应商信用情况等。

（二）风险管理的含义、目标及原则

1. 风险管理的含义

风险管理是指企业为实现风险管理目标，对企业风险进行有效识别、评估、预警和应对等管理活动的过程。需要注意的是，企业风险管理并不能替代内部控制。企业风险管理是对企业战略目标实现过程中的风险进行识别、评估、评价、应对，对企业风险管理目标的实现提供合理保证的过程。企业应该建立内部控制制度，作为风险管理的工作基础。

2. 风险管理的目标

（1）使风险目标与企业战略目标相适应，并在可控范围内。

（2）确保企业内外部关键是企业与股东之间实现真实可靠的信息沟通。

（3）确保企业对相关法律法规的遵守。

（4）确保企业相关内部控制制度的有效执行，提高经营效率和效果，降低实现经营目标的不确定性。

3. 风险管理的原则

（1）合规性原则。

企业风险管理应符合相关政策要求和监管制度的规定。

（2）全面性原则。

企业风险管理应覆盖企业所有的风险，覆盖企业业务流程、作业环节和各个层次的管理层级。

(3) 重要性原则。

企业应该进行风险评价,评价风险的重要性,确定需要重点管理的风险,并有针对性地实施重点风险监控。

(4) 平衡性原则。

企业应权衡风险与业绩,风险管理成本与风险管理收益之间的关系。

(5) 融合性原则。

企业的风险管理应该与企业的战略目标、经营管理和业务流程相结合。

二维码知识点 10.1　风险管理的应用环境

二、风险管理的应用程序

企业应该根据法律法规的要求和风险管理的需要,在企业内部建立组织架构健全、职责任务清晰的风险管理结构,明确企业的董事会、监事会、经营管理层、各业务部门、风险管理部门和内部审计部门在风险管理中的职责分工,建立风险管理的决策、执行、监督和评价等职能相互分离与相互制约又相互协调的运行机制。

企业的风险管理,一般按照确定风险管理目标、风险识别、风险分析、风险监控和预警、风险应对、风险管理沟通、风险管理考核评价等程序进行。

(一) 确定风险管理目标

根据企业内外部环境和企业战略目标,结合企业管理者的风险偏好,将企业的各种主要风险控制在可容忍风险度范围内。

(二) 风险识别

企业应根据风险形成机制,从企业内外部识别可能影响企业风险管理目标的风险因素和事项。

(三) 风险分析

在风险识别的基础上,分析风险成因和风险之间的相互关系,风险发生的可能性、重要性,风险的持续时间。

企业可以采用德尔菲法、头脑风暴法、流程图法、敏感性分析法、决策树法等方法进行风险分析。

(四) 风险监控和预警

在风险分析的基础上,针对重点关注的风险,构建风险预警体系进行风险监控,通过风险预警体系中设置的各项指标及预警值,将各项指标的实际值与预警值进行比较,进行预警分级。

(五) 风险应对

针对已发生的风险或超过预警值的风险,采取恰当的风险应对策略,将风险控制在可容忍风险度范围之内。

（六）风险管理沟通

企业应建立风险报告制度，设计风险报告的内容、报告时间等，使内部管理各层级、责任单位、业务环节之间，以及企业与投资者、债权人、客户、供应商、政府及监管部门之间，通过风险报告传递和反馈风险管理的相关信息。

（七）风险管理的考核评价

企业应建立风险管理的组织机构，如风险管理委员会，设计风险管理考核指标，并纳入绩效管理。风险管理委员会定期对各责任中心的风险管理实施情况和有效性进行考核，出具关于风险管理的绩效报告。

企业应定期评价风险管理制度及方法的健全性和有效性，评价风险管理目标的完成情况，评价是否存在风险管理缺陷，形成评价结论并出具评价报告。

三、风险预警方法

风险管理的关键是能够进行事前的风险监控和预警。企业一般通过定性分析和定量分析进行风险预警。这里主要介绍定量分析法。

（一）单一变量预警分析法

单一变量预警分析法是通过分析相关财务指标实现预警的分析方法，即选取某一单一变量，运用个别财务比率预警风险，财务比率不仅能够反映企业的财务状况和经营成果，更重要的是能够预测企业未来发展。风险管理的早期研究就发现对股东权益报酬率（净利润/平均净资产）和股东权益比率（股东权益/负债）2个指标的分析能够预测风险和企业未来发展前景。著名会计学家威廉·比弗运用统计学方法建立了单一变量风险预警模型，并提出风险预警的4个财务指标，分别是：债务现金保障率＝现金流量/债务总额；资产收益率＝净收益/资产总额；资产负债率＝负债总额/资产总额；资产安全率＝资产变现率－资产负债率。

其中，资产变现率＝资产变现金额/资产账面金额。

单一变量预警分析法简单，但是精确度不高。主要是由于仅注重单一财务指标的分析能力，忽略了多指标之间的联系，导致无法做出正确的判断。

（二）多变量预警分析法

多变量预警分析法由美国纽约大学斯特恩商学院阿特曼提出，又称阿特曼 Z－Score 模型，该模型运用了5种基本财务比率，通过对这5种财务比率加权计算，得出判别财务失败的评价系数，称为 Z 值，Z 值的计算公式为

$$Z = 1.2X_1 + 1.4X_2 + 3.3X_3 + 0.6X_4 + 0.999X_5 \tag{10.1}$$

式中　X_1 = 营运资本/总资本；

X_2 = 留存收益/总资本；

X_3 = 息税前利润/总资产；

X_4 = 股票市价/负债总额；

X_5 = 销售收入/负债总额。

通过 Z 值评价企业的风险，Z 值越低，企业的风险越高。当 $Z \leq 1.81$ 时，企业风险最高，财务状况最差，濒临破产；当 $1.81 < Z \leq 2.675$ 时，企业财务状况处于极不稳定状态，处于灰色地带，破产的可能性较大；当 $2.675 < Z < 2.99$，企业有可能出现风险；$Z \geq 2.99$ 时，企业

暂无风险。

此后在 Z - Score 模型基础上，各国学者又对财务比率和权重又做了多方调整，形成不同的多变量预警模型。

与单一变量模型相比，多变量预警模型对财务指标的选取比较客观，相关指标之间的系统性、综合性也较强。

此外，风险预警分析方法的发展趋势是如何突破财务指标分析的单一性和仅依赖财务指标分析的传统观念，将引起企业经营风险的非财务因素纳入预警分析体系。企业出现经营风险的原因更可能是消费者偏好改变、消费者购买能力下降、经济政策、公司治理、管理层风险偏好导致的，将这些非财务指标纳入风险预警体系，将有助于提高企业风险预警的能力。

第二节　风 险 矩 阵

一、风险矩阵的含义

风险矩阵，是指按照风险发生的可能性和风险发生后果的严重程度，将风险绘制在矩阵图中，展示风险及其重要性等级的风险管理工具方法。

风险矩阵方法由美国空军电子系统中心提出，也称风险坐标图。在企业项目管理过程中，风险矩阵是识别项目风险重要性的一种方法，它能够对项目风险的潜在影响进行评估，操作简便，能够将定性分析与定量分析相结合。

二、风险矩阵的基本原理

（一）绘制风险矩阵坐标图

风险矩阵的基本原理是根据企业风险偏好，判断并度量风险发生的可能性和重要程度，计算风险值，以此作为重要依据，在风险矩阵中绘制风险重要性等级。在风险矩阵中，企业一般以风险后果的严重程度作为横坐标，以风险发生的可能性作为纵坐标，来绘制风险矩阵图（图 10.1）。

风险发生可能性

很可能	4				
可能	3				
偶尔可能	2				
不太可能	1				
可能性		1	2	3	4
	后果	微小	较小	较大	重大

风险后果严重程度

图 10.1　风险矩阵图

绘制风险矩阵图时，企业根据风险管理精确度的需要，确定定性、定量指标来描述风险后果严重程度和风险发生的可能性。

横坐标中风险后果的严重程度可以采用定性描述，分为微小、较小、较大和重大（也可以采用1、2、3、4等 M 个半定量分值），纵坐标中风险发生的可能性也可以采用定性描述，分为不太可能、偶尔可能、可能、很可能（也可以采用1、2、3、4等 N 个半定量分值），从而形成（$M \times N$）个区域的风险矩阵。企业也可以根据需要设计若干个定量指标定量描述风险后果的严重性和风险发生的可能性。

（二）执行风险重要性等级标准

在制定风险重要性等级时，企业应综合考虑风险后果的严重程度和风险发生的可能性以及管理层对风险的偏好程度，将风险重要性等级分为可忽视的风险、可接受的风险、要关注的风险和重大的风险等级别。对于需要使用定量指标描述的矩阵，企业可以将风险后果的严重程度和发生的可能性等级的乘积（即风险值）划分与风险重要性等级相匹配的区间。风险重要性等级判断的参考标准见表10.1。

表10.1　风险重要性等级判断的参考标准

风险值	风险等级	风险级别描述	各等级含义
1 ~ 4	i	可忽视的风险	无须进行风险控制
5 ~ 8	ii	可接受的风险	建立制度定期检查
9 ~ 12	iii	要关注的风险	预警监控和应对
13 ~ 16	iv	重大的风险	配置资源积极应对

确定风险等级后，企业可在风险矩阵图中以不同颜色表示不同等级风险。

从左下角到右上角，图10.2直观地表现出越接近右上角区域，风险越大，组织决策者越应该关注。

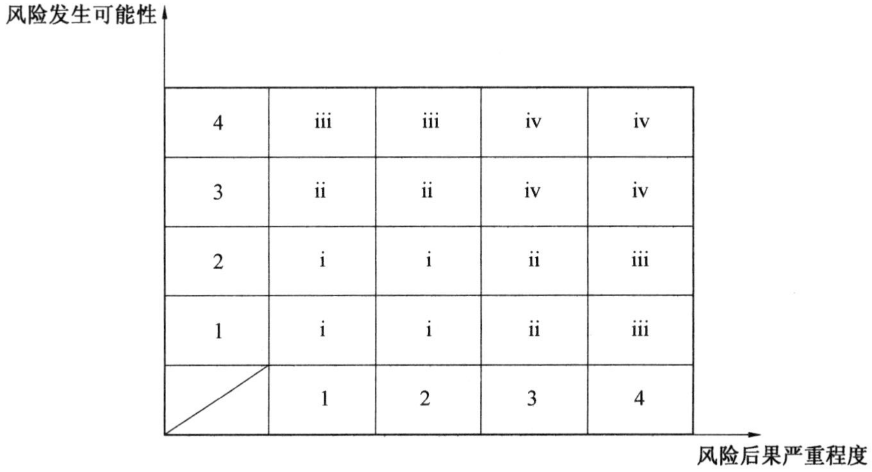

图10.2　风险等级矩阵图

（三）风险分析与风险评价

企业在逐项分析风险矩阵中的各项风险时，应该注意考虑各项风险的性质和企业对风险的应对能力。量化单项风险发生后果的严重程度时,注意参考历史财务数据。企业可以通过调查问卷或表单辅助,综合专家意见,得到每一项风险发生的可能性和风险后果的严重程度的评分结果。

(四)风险矩阵中描绘风险点

企业应将每一项风险发生的可能性和后果的严重程度的评分结果组成的坐标点标注在风险矩阵中,标明各个风险点的含义并给风险矩阵命名,完成风险矩阵的绘制。

(五)风险信息沟通报告和持续修订

企业应将绘制完成的风险矩阵及时传递给企业管理层、各责任中心和各业务部门。企业应根据风险管理的需要或管理层要求,定期或不定期地更新风险矩阵中的各类风险及其重要性等级。

三、风险矩阵的应用

(一)案例背景

某公司是一家建材公司,销售和生产新型材料。随着市场竞争加剧,企业外部风险和内部经营风险,如政策风险、战略风险、市场风险、财务风险均增加。企业成立专家小组,评价企业偿债风险。专家们根据风险后果的严重程度和风险发生的可能性绘制风险矩阵图进行风险评价。

(二)应用风险矩阵进行风险评估

1. 确定风险矩阵所需的因素

(1)确定公司偿债风险的后果,见表10.2。

表10.2　某公司偿债风险后果的描述

风险后果的严重程度	对各个风险后果等级的定性说明
重大	流动资产低于流动负债,速动资产低于流动负债,资产负债率超过60%
中度	流动资产等于流动负债、速动资产等于流动负债,资产负债率等于50%
较低	流动资产高于流动负债,速动资产高于流动负债,资产负债率低于50%
微小	流动资产远高于流动负债,速动资产远高于流动负债,资产负债率低于40%

(2)确定公司偿债风险发生的可能性等级,见表10.3。

表10.3　某公司偿债风险发生的可能性等级的描述

风险发生的可能性等级	对各个风险发生的可能性等级的描述
很可能	发生的可能性大于50%
可能	发生的可能性在30% ~ 50% 之间
偶尔可能	发生的可能性在10% ~ 30% 之间
不太可能	发生的可能性小于10%

（3）公司偿债风险控制等级描述，见表 10.4。

表 10.4　某公司偿债风险控制等级的描述

风险控制等级	描述
良好	企业管理层多数人知道如何做
适当	企业管理层少数人知道如何做
不适当	企业管理层不知道如何做

（4）公司偿债风险的重要性描述，见表 10.5。

表 10.5　某公司偿债风险重要性的描述

风险重要性等级	描述
重大	ⅳ
中度	ⅲ
较低	ⅱ
微小	ⅰ

2. 绘制风险矩阵图

某公司风险矩阵图，如图 10.3 所示。

风险发生可能性

很可能	iii	iii	iv	iv
可能	ii	ii	iv	iv
偶尔可能	i	i	ii	iii
不太可能	i	i	ii	iii
	微小	**较低**	**中度**	**重大**

风险后果严重程度

图 10.3　某公司风险矩阵图一

3. 对公司偿债风险进行定性评估

利用风险矩阵对该公司的偿债风险进行风险评估。假设流动比率为 R_1，速动比率为 R_2，资产负债率为 R_3。

根据风险矩阵图，结合专家评议，得到如下结果。

R_1：流动资产低于流动负债的可能性“偶尔可能”，影响程度为“较低”。

R_2：速动资产低于流动负债的可能性“可能”，影响程度为“重大”。

R_3：资产负债率超过 60% 的可能性“可能”，影响程度为“中度”。

将上述评价结果填入风险矩阵图，可以最终得到某公司的风险矩阵图（图 10.4）。

风险发生可能性

很可能				
可能			R_3	R_2
偶尔可能		R_1		
不太可能				
	微小	较低	中度	重大

风险后果严重程度

图 10.4　某公司风险矩阵图二

从图10.4得出风险评估结论：R_1 位于低风险区域，R_2 和 R_3 位于重大风险区域。说明某公司需要关注速动比率、资产负债率，提前做好筹资管理。

四、风险矩阵工具方法的评价

风险矩阵的主要优点：为企业确定各项风险重要性等级提供了可视化的工具。

风险矩阵的主要缺点：一是需要对风险重要性等级标准、风险发生可能性、后果严重程度等做出主观判断，可能影响使用的准确性；二是应用风险矩阵所确定的风险重要性等级是通过相互比较确定的，因而无法将列示的个别风险重要性等级通过数学运算得到总体风险的重要性等级。

二维码知识点 10.2　风险矩阵在电力企业的应用

第三节　风险清单

一、风险清单的含义

风险清单，是指企业根据自身战略、业务特点和风险管理要求，以表单形式进行风险识别、风险分析、风险应对措施、风险报告和沟通等管理活动的工具方法。

风险清单适用于各类企业及企业内部各个层级和各类型风险的管理。企业应用风险清单工具方法的主要目标，是使企业从整体上了解自身风险概况和存在的重大风险，明晰各相关部门的风险管理责任，规范风险管理流程，并为企业构建风险预警和风险考评机制奠定基础。

二、风险清单的应用环境

企业应用风险清单工具方法，应遵循《管理会计应用指引第700号——风险管理》中对应用环境的一般要求。

风险清单应由企业风险管理部门牵头组织实施，明确风险清单编制的对象和流程，建立培训、指导、协调、考核和监督机制。各部门对与本部门相关的风险清单的有效性负直接责任，有效性包括风险清单使用的效率和效果等。

三、风险清单的应用程序

企业应用风险清单工具方法，一般按照编制风险清单、沟通与报告、评价与优化等程序进行。企业一般按企业整体和部门2个层级编制风险清单。企业整体风险清单（表10.6）的编制一般按照构建风险清单基本框架、识别风险、分析风险、制定重大风险应对措施等程序进行；部门风险清单（表10.7）的编制可根据企业整体风险清单，梳理出与本部门相关的重大风险，依照上述流程进行。中小企业编制风险清单，也可不区分企业整体和部门。

表10.6　企业整体风险清单

风险识别								风险分析						风险应对
风险分类						风险描述	关键风险指标	可能产生后果	关键影响因素	风险责任主体	风险发生可能性	风险后果严重程度	风险重要性等级	风险应对措施
一级风险		二级风险		……										
编号	名称	编号	名称	编号	名称									
1	战略风险	1.1												
		1.2												
		……												
2	营运风险	2.1												
		2.2												
		……												
3	财务风险	3.1												
		3.2												
		……												
……	……	……												
		……												
		……												

表 10.7 部门风险清单

风险识别								风险分析						风险应对
风险分类						风险描述	关键风险指标	可能产生后果	关键影响因素	风险责任主体	风险发生可能性	风险后果严重程度	风险重要性等级	风险应对措施
一级风险		二级风险		……										
编号	名称	编号	名称	编号	名称									
1	业务1	1.1	流程1											
		1.2	流程2											
		……												
2	业务2	2.1												
		2.2												
		……												
3	业务3	3.1												
		3.2												
		……												
……	……	……												
		……												
		……												

企业风险清单基本框架(表10.6、表10.7)一般包括风险识别、风险分析、风险应对三部分。风险识别部分主要包括风险分类、风险描述、关键风险指标等要素;风险分析部分主要包括可能产生后果、关键影响因素、风险责任主体、风险发生可能性、风险后果严重程度、风险重要性等级等要素;风险应对部分主要包括风险应对措施等要素。

企业构建风险清单基本框架时,可根据管理需要,对风险识别、风险分析、风险应对中的要素进行调整。

(一) 风险识别

风险管理部门应从全局角度识别可能影响风险管理目标实现的因素和事项,建立风险信息库,在各相关部门的配合下共同识别风险。风险识别过程应遵循全面系统梳理、全员参与、动态调整的原则,对识别出的风险进行详细描述,明确关键风险指标等。

(二) 风险分析

风险管理部门应对识别出的风险进行归类、编号,根据风险性质、风险指标是否可以量化等进行归类,并以此为基础填制完成风险清单基本框架中风险类别、风险描述、关键风险指标等要素。

风险管理部门应根据已填列的风险识别部分的内容,在与相关部门沟通后,分析各类风险可能产生的后果，确定引起该后果的关键影响因素及风险责任主体，并填制完成风险清单基本框架中可能产生后果、关键影响因素、风险责任主体等要素。

各责任主体可基于风险偏好和风险应对能力，逐项分析风险清单中各类风险发生的可能性和后果严重程度，确定风险重要性等级，并填制风险发生可能性、风险后果严重程度、风险重要性等级等要素。风险重要性等级的确定方法和标准可参见《管理会计应用指引第701号——风险矩阵》。

（三）风险应对

风险管理部门应以风险重要性等级结果为依据确定企业整体的重大风险，报企业风险管理决策机构批准后反馈给相关责任主体。

风险管理部门应会同各责任主体结合企业的风险偏好、风险管理能力等制定相应的风险管理应对措施，填制风险清单基本框架中风险应对措施要素，由此填制完成企业整体风险清单。

风险管理部门及各责任主体可对企业整体重大风险进行进一步的分析，也可直接对各部门相关的业务流程进行细化分解，形成相关部门的风险清单。各部门应用本风险清单进行风险管理的程序与企业整体风险清单类似，但应加强流程细节分析，突出具体应对措施，力求将风险管理切实落到业务流程和岗位责任人。

风险管理部门应将风险清单所呈现的风险信息及时传递给相关责任主体，确保各责任主体准确理解相关的风险信息，有效开展风险管理活动。为提高风险清单应用的有效性，风险管理部门可将其纳入企业风险管理报告。

风险管理部门会同各责任主体定期或不定期地根据企业内外部环境变化，对风险清单是否全面识别风险并准确分类、是否准确分析风险成因及后果、是否采取了恰当的风险应对措施等进行评估，及时对风险清单进行更新调整。

四、风险清单工具方法的评价

风险清单的主要优点：能够直观反映企业风险情况，易于操作；能够适应不同类型企业、不同层次风险、不同风险管理水平的风险管理工作。

风险清单的主要缺点：风险清单所列举的风险往往难以穷尽，且风险重要性等级的确定可能因评价的主观性而产生偏差。

第十一章

绩效管理

课程目标

通过本章学习，了解绩效管理的含义、原则及应用环境；掌握关键绩效指标法的应用程序、经济增加值的基本原理、平衡计分卡的基本原理。

课程思政

通过学习绩效管理的含义、原则等相关知识,认识绩效管理对企业的重要意义,能够运用责任会计进行责任预算和业绩考核;通过学习关键绩效指标,能够运用财务和非财务指标考核企业绩效;通过学习经济增加值基本原理,能够运用经济增加值法考核企业绩效;通过学习平衡计分卡基本原理,能够运用平衡计分卡法进行绩效考核管理。

思维导图

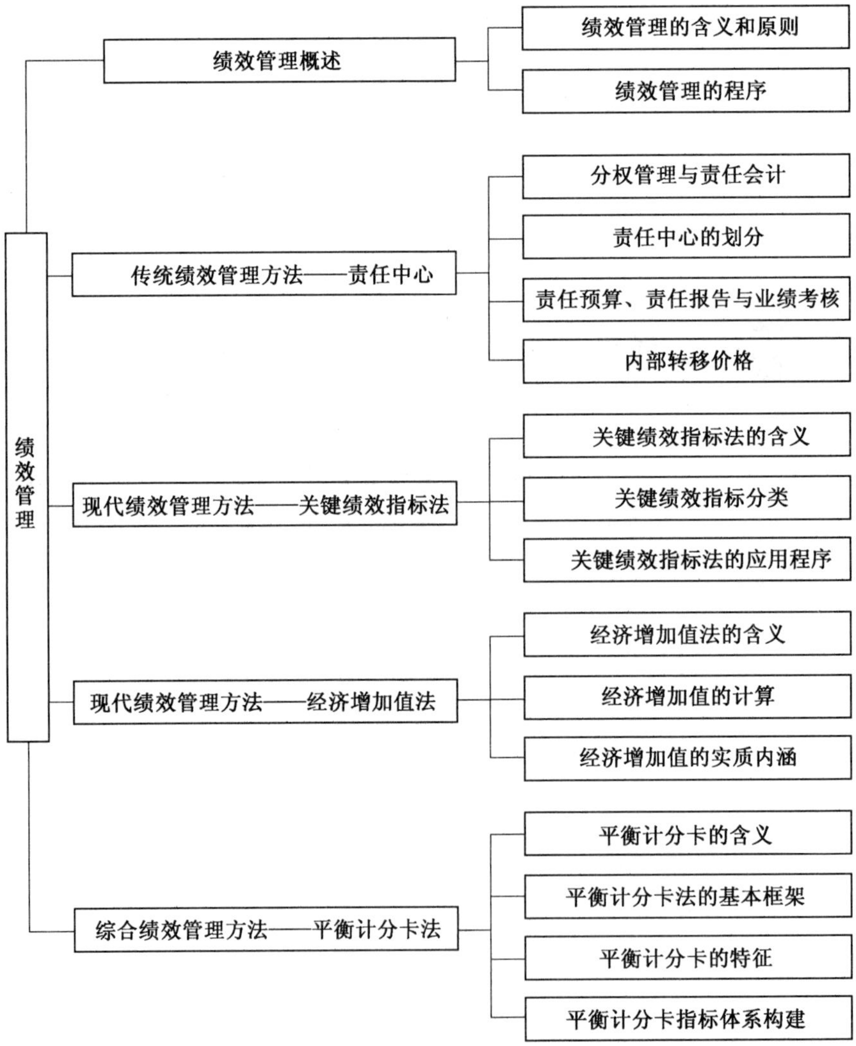

第一节　绩效管理概述

二维码知识点 11.1　神州泰岳股权修订激励计划，应对多元化战略转型

一、绩效管理的含义和原则

（一）绩效管理的含义

绩效管理是指企业及所属单位（部门）、员工之间就绩效目标及如何实现绩效目标达成共识，并帮助和激励员工取得优异绩效，从而实现企业目标的管理过程。绩效管理的核心是绩效评价和激励管理。

绩效评价又称绩效考核，是指企业运用系统的工具方法，对一定时期内企业营运效率与效果进行综合评判的管理活动。绩效评价是企业实现激励管理的重要依据。

激励管理是指企业运用系统的工具方法，调动企业员工的积极性、主动性和创造性，激发企业员工工作动力的管理活动。激励管理是促进企业绩效提升的重要手段。

（二）绩效管理的原则

1. 责任主体原则

企业所属单位（部门）是企业的责任中心，对一定时期各责任中心的营运效率和效果相关资料的收集、记录、整理、计算、对比和分析等各项管理活动，绩效管理都应该以责任中心为对象。

2. 战略导向原则

绩效管理应该为企业的战略目标服务，帮助企业分解并落实战略目标，为企业创造和提升价值服务。

3. 客观公正原则

客观公正是进行绩效管理的前提，只有公平公正才能实现绩效管理的目标。绩效管理应实事求是，评价过程应客观公正，激励实施应公平合理。这样做，一是可以使各责任中心和所有员工了解自己的长处和不足，采样奖优罚懒的措施，绩效高的会再接再厉，绩效低的会奋起上进；二是有助于防止绩效管理中出现的偏差，以保证考核的公平合理。

4. 规范统一原则

绩效管理的政策和制度应统一明确，并严格执行预先规定的程序和流程。各责任中心内部职责的确定，都应该始终与企业整体战略目标一致，避免追求局部利益而影响企业整体利益，促进企业内部各责任中心协调一致地为实现企业整体战略目标而努力。

5. 科学有效原则

绩效管理应做到目标符合实际，方法科学有效，激励与约束并重。在企业内部设立专门监督各部门和员工绩效目标的监督部门，并建立科学有效的监督机制，监督和控制各部门和企业员工执行规定的程序和流程，有助于实现绩效管理的最终目标。

（三）绩效管理的应用环境

1. 设立绩效管理机构

进行绩效管理，企业应设立薪酬与考核委员会或类似机构，负责审核绩效管理的政策制度、绩效计划与激励计划、绩效评价结果与激励实施方案、绩效评价与激励管理报告等，协调解决绩效管理工作中的重大问题。

薪酬与考核委员会下设绩效管理工作机构，负责制定绩效管理的政策制度、绩效管理计划，组织绩效管理计划的执行，编制绩效评价与激励管理报告等。

2. 建立绩效管理制度体系

企业应建立健全绩效管理的制度体系，制度体系中明确绩效管理的工作目标、职责分工、工作程序、工具方法和信息报告等内容。

3. 建立绩效管理信息系统

企业应建立有助于绩效管理执行和实施的信息系统，记录各项管理活动的信息，为绩效管理提供信息支持。

二、绩效管理的程序

绩效管理的程序又称为绩效管理的环节，包括绩效管理计划的制订、绩效管理的控制、绩效管理的考评和绩效管理报告。

（一）绩效管理计划的制订

1. 编制依据和程序

企业应根据战略目标，综合考虑绩效管理期间经济政策、市场环境、内部管理需要等因素，结合业务计划与预算，按照上下结合、分级编制、逐级分解的程序，通过沟通反馈编制各层级绩效管理计划。

2. 落实绩效管理计划

绩效计划是企业开展绩效评价工作的行动方案，包括选择绩效指标、确定指标权重、确定绩效目标值、选择绩效评价计分方法、确定绩效评价的周期、签订绩效责任书等一系列管理活动。制订绩效计划通常从企业级开始，层层分解到所属部门（责任中心），最终落实到员工个人。

（1）选择绩效指标。

企业可以单独或综合运用关键绩效指标法、经济增加值法、平衡计分卡等绩效管理工具方法构建绩效管理体系。指标体系应反映企业战略目标实现的关键因素，具体指标应含义明确、可度量。

（2）确定指标权重。

可选择主观赋权法和客观赋权法。主观赋权是利用专家或个人的知识或经验主观确定指标权重，如德尔菲法、层次分析法等。客观赋权是从指标的统计性质出发，由调查数据确定指标权重。

（3）确定绩效目标值。

绩效目标值的确定可参考内部标准与外部标准。企业内部标准有预算标准、历史标准等；外部标准有行业标准、竞争对手标准、标杆标准等。

(4) 选择绩效评价计分方法。

绩效评价计分方法可分为定量法和定性法。定量法主要有功效系数法和综合指数法。定性法主要是素质法和行为法。

(5) 确定绩效评价的周期。

一般可以分为月度、季度、半年度、年度及任期。月度和季度绩效评价一般适用于企业基层员工和管理人员,半年度绩效评价适用于企业中高层管理人员,年度绩效评价适用于所有评价对象,任期绩效评价适用于对企业负责人的绩效进行评价。

(6) 签订绩效责任书。

绩效计划制订后,评价主体和被评价对象一般应签订绩效责任书,明确各自权利义务,并作为绩效评价和激励管理的依据。一般按照年度或任期签订。

3. 制订激励计划

激励计划是企业激励被评价对象而采取的行动方案,包括激励对象、激励方式、激励周期等内容。按照激励形式可以分为薪酬激励计划、能力开发激励计划、职业开发激励计划和其他激励计划。

(1) 薪酬激励计划按期限可分为短期薪酬激励计划和中长期薪酬激励计划。短期薪酬激励计划主要包括绩效工资、绩效奖金等;中长期薪酬激励计划主要包括股票期权、持股计划等。

(2) 能力开发激励计划主要包括对员工知识、技能等方面的提升计划。

(3) 职业开发激励计划主要是对员工职业发展做出的规划。

(4) 其他激励计划包括良好的工作环境、晋升或降职、表扬或批评等。

激励计划应以绩效管理计划为基础,采用多元化激励形式,兼顾内在激励与外在激励、短期激励与长期激励、现金激励与非现金激励、正向激励与负向激励、个人激励与团队激励,充分发挥各种激励形式的综合作用。

4. 绩效管理计划的审核

绩效管理计划制定完成后,经薪酬与考核委员会或类似机构审核,报董事会审批。经审批后的绩效管理计划应保持稳定,一般不予调整,如果受到国家政策、市场环境等其他客观因素影响而确需调整的,应严格遵守审批程序。

(二) 绩效管理的控制

审批后的绩效管理计划,以正式文件形式下达到企业各层次执行,确保与计划相关的被评价对象能够了解绩效管理的具体内容和要求。

绩效管理计划下达后,由各部门(责任中心)组织实施,落实到各岗位的员工,形成全方位绩效管理计划的执行责任体系。

在绩效管理计划执行过程中,企业还应建立监控机制,及时记录执行情况,并进行差异分析和纠偏,编制分析报告。持续优化业务流程,确保绩效管理计划的有效执行。

1. 监控与记录

通过绩效管理信息系统,监控与记录绩效指标的完成情况、重大事项、员工的表现、激励措施执行情况等内容。

2. 分析与纠偏

根据监控与记录的结果,分析绩效指标完成值与目标值的偏差,提出相应的整改建议并采取必要的改进措施。

3. 编制分析报告

分析报告主要反映绩效管理计划的执行情况及分析结果,编制周期可以分为月度、季度、年度,或根据需要编制。

(三) 绩效管理的考评

绩效管理工作机构应根据绩效计划的执行情况定期实施绩效评价与激励,按照绩效管理计划中的约定,对被评价对象的绩效表现进行系统、全面、客观公正的评价,并根据评价的结果实施事先约定的激励。

实务中,企业以经营管理中制订并审核通过的计划、预算或目标为标准,将各部门(责任中心) 实际执行情况与标准比较,用以考核企业、各部门(责任中心) 的工作成果,并根据业绩考核结果进行绩效评价,将业绩与薪酬、奖惩挂钩,最大限度地调动企业、各部门(责任中心) 的积极性。

1. 绩效考评主体

绩效考评主体一般包括政府管理部门、企业所有者、经营管理者。作为运营企业的责任人,本教材中绩效考评主体主要是企业的经营管理者。

2. 绩效考评客体

绩效考评客体即被考评对象,主要是企业、各部门(责任中心)。

3. 绩效考评指标

绩效考评指标分为财务指标和非财务指标。财务指标主要指能用货币单位表示的绝对数或相对数指标,如以绝对数表现的营业收入、利润、经济增加值等;以相对数表现的销售利润率、投资报酬率、净资产收益率等。非财务指标是指不能用货币单位表示的绝对数指标或相对数指标,如存货周转天数、市场占有率、客户保持率、产品合格率等。

传统绩效考评通常采用财务指标,不关注生产经营过程和企业持续发展情况,只以生产经营的结果评价考核客体的业绩;而非财务指标更关注过程。因此将财务指标和非财务指标相结合进行绩效考评,既关注结果又关注过程和企业的发展,才能更长远地帮助企业提升价值。

(四) 绩效评价与激励管理报告

绩效管理工作机构应定期或根据需要编制绩效评价与激励管理报告,反映绩效评价和激励管理的结果。绩效评价与激励管理报告是企业会计报告的重要组成部分,应确保内容真实、数据可靠、分析客观、结论清楚,为报告使用者提供满足决策需要的信息。

绩效评价与激励管理报告可分为定期报告和不定期报告。定期报告反映一定时期内(月度、季度、半年度、年度) 被评价对象的绩效评价与激励管理的情况。不定期报告根据需要编制。

第二节　传统绩效管理方法 —— 责任中心

一、分权管理与责任会计

随着经营的日益复杂化和多样化,企业规模不断扩大。在一个规模很大的企业里,企业高层管理者既不可能了解企业组织的所有生产经营情况，也不可能为基层经理人员做出所有决策。因此，许多企业实行了某种形式的分权管理制度，也即将决策权随同相应的责任下放给基层经理人员，许多关键性的决策应由接近这些问题的经理人员做出。

然而，分权的结果是，一方面使各分权单位之间具有某种程度的互相依存性，主要表现为各分权单位间的产品或劳务的相互提供；另一方面又不允许各分权单位在所有方面像一个独立的组织那样进行经营。在实行分权管理条件下，应协调各分权单位之间的关系，使各分权单位之间以及企业与分权单位之间在工作和目标上达成一致，防止各个部门为了片面地追求局部利益，致使企业整体利益受到损害等行为的发生。在分权企业中，管理会计的主要功能在于利用会计信息对各分权单位进行业绩的计量、评价与考核。具体讲：根据授予基层单位的权力和责任以及对其业绩的计量、评价方式，将企业划分成各种不同形式的责任中心，并建立起以各个责任中心为主体，以责、权、利相统一的机制为基础，通过信息的积累、加工和反馈而形成的企业内部严密的控制系统，即责任会计制度。

二、责任中心的划分

分权管理下，各责任中心由其负责人负责本中心各项活动。但责任中心在某种程度上相互依存。各责任中心之间相互提供产品或劳务，某一责任中心做出的决策会影响其他责任中心。例如，假定一家玩具公司的销售部门为了促销，经常在年末通过打折销售提升年末业绩，那么随着销售量剧增，生产部门就不得不加班满足客户需求，企业就需要支付生产工人额外的加班费。因此，实行分权管理时，需要建立一整套管理上的规划、计量、控制、评价和协调各责任中心责、权、利的会计制度，通过信息归集、加工、反馈形成严密的控制系统，使各责任中心之间和责任中心与企业整体的战略目标达成一致，这就是责任会计制度。

建立责任会计制度，第一，要建立与企业组织机构相适应的责任中心。实施责任会计制度，企业应根据具体情况和内部管理需要，合理划分责任中心，明确各责任中心的权责范围。第二，要将全面预算按照责任中心层层分解、落实，并为每个责任中心编制预算，作为今后控制和评价各责任中心经济活动的依据。第三，制定业绩考核指标，业绩考核指标应当是各责任中心可控制的因素。第四，制定内部转移价格，对各责任中心之间相互提供的产品和劳务根据适当的内部转移价格进行结算。第五，建立健全信息系统，归集和计算有关责任预算的执行情况，制定合理有效的奖惩制度，激励全体员工为实现企业目标利润而努力。

根据企业内部责任中心的权责范围及业务活动的特点不同，责任中心可以分为成本中心、利润中心、投资中心三大类。

（一）成本中心

1. 成本中心的含义

成本中心是指对成本或费用承担责任的责任中心。它不会形成可以用货币计量的收入，因而不对收入、利润或投资负责。成本中心一般包括负责产品生产的生产部门、劳务提供部门以及给予一定费用指标的管理部门。

成本中心的应用范围最广，从一般意义出发，企业内部凡有成本发生，需要对成本负责，并能实施成本控制的单位，都可以成为成本中心。工业企业上至工厂一级，下至车间、工段、班组,甚至个人都有可能成为成本中心。成本中心的规模不一,其控制和考核的内容也不尽相同。

2. 成本中心的类型

(1) 标准成本中心。

标准成本中心又称技术性成本中心,是指发生的数额通过技术分析可以相对可靠地估算出来的成本,如产品生产过程中发生的直接材料、直接人工、间接制造费用等。其特点是这种成本的发生可以为企业提供一定的物质成果,在技术上投入量与产出量之间有着密切的联系。技术性成本可以通过标准成本或弹性成本或弹性预算予以控制。标准成本中心是对那些实际产出量的标准成本负责的成本中心。

(2) 费用中心。

费用中心也称酌量性成本中心。酌量性成本是否发生以及发生数额的多少是由管理人员的决策所决定的,主要包括各种管理费用和某些间接成本项目,如研究开发费用、广告宣传费用、职工培训费用等。这种费用的发生主要是为企业提供一定的专业服务,一般不能产生可以用货币计量的成果。在技术上,投入量与产出量之间没有直接关系。酌量性成本的控制应着重于预算总额的审批费用中心是对经营管理费用直接进行控制的成本中心。

3. 成本中心的特点

(1) 成本中心只考评成本费用而不考评收益。

成本中心一般不具备经营权和销售权,其经济活动的结果不会形成可以用货币计量的收入;有的成本中心可能有少量的收入,但整体上讲,其产出与投入之间不存在密切的对应关系,因而,这些收入不作为主要的考核内容,也不必计算这些货币收入。概括地说,成本中心只以货币形式衡量投入,不以货币形式计量产出。这是成本中心的基本特点。

(2) 成本中心只对可控成本承担责任。

成本费用依其责任主体是否能控制分为可控成本与不可控成本。凡是责任中心能控制的成本称为可控成本;凡是责任中心不能控制的成本称为不可控成本。可控成本具备如下3个条件:① 可以预计,即成本中心能够通过一定的方式知道将要发生什么性质的成本;② 可以计量,即成本中心能够对发生的成本进行计量;③ 可以控制,即成本中心能够通过自身的行为控制和调节成本。凡不能同时具备上述3个条件的成本通常为不可控成本,一般不在成本中心的责任范围之内。

(3) 成本中心只对责任成本进行考核和控制。

责任成本是各成本中心当期确定或发生的各项可控成本之和。它分为由预算分解确定的各责任中心应承担的预算责任成本,和各责任中心为业务活动所发生的实际责任成本。对成本中心的业务活动所耗费的成本费用进行控制,应以各成本中心的预算责任成本为依据,确保实际发生成本不会超过预算责任成本;对成本中心的业务活动所耗费的成本费用进行考核,应通过各成本中心的实际责任成本与预算责任成本进行比较,确定其成本控制的绩效,并采取相应的奖惩措施。为了便于对各成本中心的责任成本进行控制和考核,还应建立健全责任会计核算体系,按成本中心分别组织责任成本核算。

(4) 责任中心考核的责任成本不同于传统的产品成本。

责任成本以责任中心为对象进行成本的归集、核算,其原则是"谁负责、谁承担"。而产品成本则按费用承担的客体(产品)进行归集、核算,其原则是"谁受益、谁承担"。两者既有区别又有联系。

两者的区别是:① 成本的归集对象不同。责任成本按责任中心归集,产品成本则按产品归集。② 目的不同。计算责任成本的目的在于对责任中心的业绩进行评价考核,因而要将成本划分为可控成本与不可控成本两部分;而计算产品成本不必这样划分。

两者的联系则表现为;在一定期间内,责任成本与产品成本的成本发生额相同。现举例说明责任成本与产品成本的区别与联系。

【例11.1】　某公司有甲、乙2个生产部,均为成本中心;另有丙、丁2个服务部。该公司生产A、B 2种产品,本期共发生成本23 500元。产品成本和责任成本的区别与联系见表11.1和表11.2。

表11.1　产品成本表　单位:元

成本项目	A产品(产量1 000件)		B产品(产量500件)		合计
	总成本	单位成本	总成本	单位成本	
直接材料	8 000	8.00	3 500	7.00	11 500
直接人工	5 000	5.00	3 000	6.00	8 000
制造费用	2 500	2.50	1 500	3.00	4 000
总成本	15 500	15.50	8 000	16.00	23 500

表11.2　责任成本表　单位:元

成本项目	成本中心(1) 甲生产部	成本中心(2) 乙生产部	成本中心(3) 丙部门	成本中心(4) 丁部门	合计
直接材料	9 000	2 500	—	—	11 500
直接人工	3 500	4 500	—	—	8 000
间接材料	200	300	140	160	800
间接人工	100	200	700	800	1 800
其他成本	350	350	200	500	1 400
总成本	13 150	7 850	1 040	1 460	23 500

4. 成本中心的考核指标

成本中心考核的主要内容是责任成本,即通过各成本中心的实际责任成本与预算责任成本的比较,评价成本中心业务活动的优劣。与此相适应,成本中心的考核指标也主要采用相对指标和比较指标,包括成本(费用)降低额和降低率两项指标,其计算公式为

$$\text{成本(费用)降低额} = \begin{matrix}\text{预算责任成本}\\\text{(费用)}\end{matrix} - \begin{matrix}\text{实际责任成本}\\\text{(费用)}\end{matrix} \tag{11.1}$$

$$\text{成本(费用)降低率} = \frac{\text{成本(费用)降低额}}{\text{预算责任成本(费用)}} \times 100\% \tag{11.2}$$

在进行成本中心考核时,如果预算产量与实际产量不一致,应注意按弹性预算的方法先

行调整预算指标,然后再按上述指标计算。

【例 11.2】 某企业内部一车间为成本中心,生产 A 产品,预算产量 2 000 件,单位成本 100 元;实际产量 2 500 件,单位成本 90 元。计算该成本中心的成本降低额和降低率。

$$成本降低额 = 2\ 000 \times 100 - 2\ 500 \times 90 = 25\ 000(元)$$

$$成本降低率 = 25\ 000/(2\ 000 \times 100) = 12.5\%$$

该成本中心的成本降低额为 25 000 元,降低率为 12.5%。究其原因可分析如下。

由于产量增加,对于成本的影响数为:

$$(2\ 500 - 2\ 000) \times 100 = 50\ 000(元)$$

由于单位成本降低,对成本的影响数为:

$$(90 - 100) \times 250 = -25\ 000(元)$$

(二) 利润中心

1. 利润中心的含义

利润中心是对利润负责的责任中心。由于利润等于收入减去成本和费用,因此利润中心实际上是指既对成本负责又对收入和利润负责的责任中心。这类责任中心一般是指有产品或劳务生产经营决策权的企业内部部门。

在一个企业中,利润中心往往处于企业内部的较高层次,如分厂、分店、分公司,一般具有独立的收入来源或能视同为一个有独立收入的部门,一般还具有独立的经营权。利润中心与成本中心相比,其权力和责任都相对较大,利润中心不仅对成本控制负责,也必须对收入和利润承担责任。

2. 利润中心的类型

(1) 自然利润中心。

自然利润中心是指可以直接对外销售产品并取得实际收入的利润中心。这种利润中心本身直接面向市场,具有产品销售权、价格制定权、材料采购权和生产决策权。最典型的形式就是公司采用事业部制,每个事业部均有销售、生产、采购的机能,有很大的独立性,能独立地控制成本、取得收入,这些事业部就是自然利润中心。

(2) 人为利润中心。

人为利润中心是指对内流转产品,视同产品销售而取得“内部销售收入” 的利润中心。这种利润中心一般不直接对外销售产品,只对本企业内部各责任中心提供产品或劳务。人为利润中心一般也应具备独立的经营权,即能自主决定本利润中心的产品品种、产品质量、作业方法、人员调配、资金使用等。实际上工业企业的大多数成本中心都可以转成人为利润中心,条件是它们提供的产品或劳务能制定出合适的内部转移价格。

3. 利润中心的成本计算方式

利润中心对利润负责,必然要考核和计算成本,以便正确计算利润,作为对利润中心业绩评价与考核的可靠依据。对利润中心的成本计算,通常有 2 种方式可供选择。

(1) 利润中心只计算可控成本,不分担不可控成本,亦即不分摊共同成本。

这种方式主要用于共同成本难以合理分摊或无须进行共同成本分摊的场合,按这种方式计算出的盈利不是通常意义上的利润,而是相当于“贡献毛益总额”。企业各利润中心的

“贡献毛益总额”之和,减去未分配的共同成本,经过调整后才是企业的利润总额。采用这种成本计算方式的“利润中心”实质上已不是完整和原来意义上的利润中心,而是贡献毛益中心。人为利润中心适合采取这种计算方式。

(2) 利润中心不仅计算可控成本,也计算不可控成本。

这种方式适合于共同成本易于合理分摊或不存在共同成本分摊的场合。这种利润中心在计算时,如果采用变动成本法,应先计算出贡献毛益,再减去固定成本,才是税前净利;如果采用完全成本法,利润中心可以直接计算出税前净利。各利润中心的利润总额之和,就是全企业的利润总额。自然利润中心适合采取这种计算方式。

4. 利润中心的考核指标

利润中心的考核指标为利润,即通过一定期间实际实现的利润同责任预算所确定利润进行对比,评价其责任中心的业绩。但由于成本计算方式不同,各利润中心的利润指标的表现形式也不相同。采取完全成本法时,利润是按财务会计核算中的计算公式求得的,这里不再多述。

(1) 当利润中心不计算共同成本或不可控成本时,采用的考核指标是利润中心贡献毛益总额。

$$\text{利润中心贡献毛益总额} = \text{该利润中心销售收入总额} - \text{该利润中心可控成本总额(或变动成本总额)} \tag{11.3}$$

值得说明的是,如果可控成本中包含可控固定成本,就不是完全等于变动成本总额。但是一般而言,利润中心的可控成本是变动成本。

(2) 当利润中心计算共同成本或不可控成本,并采取变动成本法计算成本时,采用的考核指标主要有以下几种。

$$\text{利润中心贡献毛益总额} = \text{该利润中心销售收入总额} - \text{该利润中心变动成本总额}$$

$$\text{利润中心负责人可控利润总额} = \text{该利润中心贡献毛益总额} - \text{该利润中心负责人可控固定成本} \tag{11.4}$$

$$\text{利润中心可控利润总额} = \text{该利润中心负责人可控利润总额} - \text{该利润中心负责人不可控固定成本} \tag{11.5}$$

$$\text{公司利润总额} = \text{各利润中心可控利润总额之和} - \text{公司不可分摊的各种管理费用、财务费用之和} \tag{11.6}$$

式(11.4)主要用于考核利润中心负责人经营业绩,因而针对经理人员的可控成本费用进行评价和考核。为此,应将各利润中心的固定成本进一步区分为可控成本和不可控成本。这主要考虑有些成本费用可以划归、分摊到有关利润中心,却不能为利润中心负责人所控制,如广告费、保险费等。在考核利润中心负责人业绩时,应将其不可控的固定成本从中剔除。

式(11.5)主要用于对利润中心的业绩进行评价和考核,它表明利润中心补偿共同性固定成本后为企业利润总额所做的贡献。

【例 11.3】 某企业的某部门为利润中心,有关数据如下:

利润中心销售收入	4 000 000(元)
利润中心销售产品变动成本和变动销售费用	2 750 000(元)
利润中心负责人可控固定成本	250 000(元)

利润中心负责人不可控而应由该中心负担的固定成本　　350 000(元)

则该利润中心利润考核指标的计算如下:

$$利润中心贡献毛益总额 = 4\ 000\ 000 - 2\ 750\ 000 = 1\ 250\ 000(元)$$

$$利润中心负责人可控利润总额 = 1\ 250\ 000 - 250\ 000 = 1\ 000\ 000(元)$$

$$利润中心可控利润总额 = 1\ 000\ 000 - 350\ 000 = 650\ 000(元)$$

(三) 投资中心

1. 投资中心的含义

投资中心是指既对成本、收入和利润负责,又对投资效果负责的责任中心。由于投资的目的是为了获得利润,因此投资中心同时也是利润中心。它与利润中心的区别主要有二:一是权利不同,利润中心没有投资决策权,它只是在企业投资形成后进行具体的经营;而投资中心则不仅在产品生产和销售上享有较大的自主权,而且能相对独立地运用所掌握的资金,有权购建或处理固定资产,扩大或缩减现有的生产能力。二是考核办法不同,考核利润中心业绩时,不联系投资多少或占用资产的多少,即不进行投入、产出的比较;相反,考核投资中心业绩时,必须将所获得的利润与其占用的资产进行比较。

投资中心是最高层次的责任中心,它具有最大的决策权,也承担最大的责任。投资中心的管理特征是较高程度的分权管理。一般而言,大型集团所属的子公司、分公司、事业部往往都是投资中心。在组织形式上,成本中心一般不是独立法人,利润中心可以是也可以不是独立法人,而投资中心一般是独立法人。

2. 投资中心的考核指标

为了准确地计算各投资中心的经济效益,应对各投资中心共同使用的资产划定界限,对共同发生的成本按适当的标准进行分配,各投资中心之间相互调剂使用的现金、存货、固定资产等,均应计息清偿,实行有偿使用。在此基础上,根据投资中心应按投入、产出之比进行业绩评价与考核的要求,除考核利润指标外,更需要计算、分析利润与投资额的关系指标,即投资利润率和剩余收益。

(1) 投资利润率。

投资利润率又称投资报酬率,是指投资中心所获得的利润与投资额之间的比率。计算公式为

$$投资利润率 = \frac{利润}{投资额} \times 100\% \tag{11.7}$$

投资利润率这一指标,还可以按下式展开

$$\begin{aligned}投资利润率 &= \frac{销售收入}{投资额} \times \frac{成本费用}{销售收入} \times \frac{利润}{成本费用} \\ &= 资本周转率 \times 销售成本率 \times 成本费用利润率\end{aligned} \tag{11.8}$$

以上公式中投资额是指投资中心的总资产扣除对外负债后的余额,即投资中心的净资产。所以,该指标也可以称为净资产利润率。

为了考核投资中心的总资产运用状况,也可以计算投资中心的总资产息税前利润率。它是投资中心的息税前利润除以总资产占用额。总资产是指生产经营中占用的全部资产。

投资利润率是目前许多公司十分偏爱的评价投资中心业绩的指标。其优点是:① 投资利润率能反映投资中心的综合盈利能力。投资利润率有三项指标构成,即收入、成本和投

资,提高投资利润率既可以通过增收节支,也可以通过减少投入资本来实现。② 投资利润率具有横向可比性。作为效益指标,投资利润率体现了资本的获利能力,剔除了因投资额不同而导致的利润差异的不可比因素,有利于判断各投资中心经营业绩的优劣。③ 投资利润率可以作为选择投资机会的依据,有利于调整资本流量和存量,优化资源配置。④ 以投资利润率作为评价投资中心经营业绩的尺度,有利于正确引导投资中心的管理行为,避免短期行为。这是因为,这一指标反映投资中心运用资产,并使资产增值的能力,资产运用的任何不当行为,都将降低投资利润率。因此,以此作为评价尺度,将促使各投资中心用活闲置资金,合理确定存货,加强对应收账款及固定资产的管理,及时处理变质、陈旧过时的库存商品等。

投资利润率作为评价指标的不足之处是缺乏全局观念,各投资公司为达到较高的投资利润率,可能会采取减少投资的方式。例如,某总公司的平均投资利润率为10%,其所属的甲投资中心实际利润率为16%,现甲投资中心有一投资机会,投资利润率为14%,若以投资利润率来衡量甲投资中心显然不会选择这一机会,导致甲投资中心目标与总公司目标不一致。为了克服投资利润率的这一不利因素,应采用剩余收益作为评价指标。

(2) 剩余收益。

剩余收益是一个绝对数指标,是指投资中心获得的利润扣减其最低投资收益后的余额。最低投资收益是投资中心的投资额(或资产占用额),按规定或预期的最低投资报酬率计算的收益。其计算公式为

$$\text{剩余收益} = \text{利润} - \text{投资额} \times \text{规定或预期的最低投资报酬率} \tag{11.9}$$

如果考核指标是总资产息税前利润时,则剩余收益计算公式应做相应的调整,其计算公式为

$$\text{剩余收益} = \text{息税前利润} - \text{总资产占用额} \times \text{规定或预期的最低总资产息税前利润率} \tag{11.10}$$

这里所说的规定或预期的最低投资报酬率通常是指企业为保证其生产经营正常、持续进行所必须达到的最低报酬水平。

以剩余收益作为投资中心经营业绩评价指标,各投资中心只要投资利润率大于规定或预期的最低投资报酬率(或总资产息税前利润率大于规定或预期的最低总资产息税前利润率),该项投资(或资产占用)便是可行的。剩余收益指标具有2个特点:① 体现投入产出关系。由于减少投资(或降低资产占用)同样可以达到提高剩余收益的目标,因此与投资利润率一样,该指标也可以用于全面评价与考核投资中心的业绩。② 避免本位主义。剩余收益指标避免了投资中心的狭隘本位倾向,即单纯追求投资利润而放弃一些有利可图的投资项目。这是因为以剩余收益作为衡量投资中心工作成果的尺度,投资中心将尽量提高剩余收益,也即只要有利于增强剩余收益绝对额,投资行为就是可取的,而不只是尽量提高投资利润率。

2个指标的差别,可以举例说明如下。

【例11.4】 某公司下设投资中心A和投资中心B,该公司加权平均最低投资利润率为10%,现2个中心追加投资,有关资料见表11.3。

表 11.3　投资中心指标计算表

项目		投资额 / 万元	利润 / 万元	投资利润率 /%	剩余收益 / 万元
追加投资前	A	20	1	5	1 - 20 × 10% = - 1
	B	30	4.5	15	4.5 - 30 × 10% = 1.5
	小计	50	5.5	11	5.5 - 50 × 10% = 0.5
投资中心 A 追加投资 10 万元	A	30	1.8	6	1.8 - 30 × 10% = - 1.2
	B	30	4.5	15	4.5 - 30 × 10% = 1.5
	小计	60	6.3	10.5	6.3 - 60 × 10% = 0.3
投资中心 B 追加投资 20 万元	A	20	1	5	1 - 20 × 10% = - 1
	B	50	7.4	14.8	7.4 - 50 × 10% = 2.4
	小计	70	8.4	12	8.4 - 70 × 10% = 1.4

根据表 11.3 中资料评价 A、B 2 个投资中心的经营业绩可知,如果以投资利润率作为考核指标,追加投资后 A 的投资利润率由 5% 提高到了 6%,B 的投资利润率由 15% 下降到了 14.8%,则向 A 投资比向 B 投资好;但以剩余收益作为考核指标,A 的剩余收益由原来的 - 1 万元变成了 - 1.2 万元,B 的剩余收益由原来的 1.5 万元增加到了 2.4 万元。应当向 B 投资。如果对整个公司进行评价,就会发现 A 追加投资时全公司总体投资利润率由 11% 下降到了10.5%,剩余收益由 0.5 万元下降到了 0.3 万元;B 追加投资时全公司总体投资利润率由 11% 上升到12%,剩余收益由0.5万元上升到1.4万元,这和以剩余收益作为评价指标评价各投资中心的业绩的结果一致。所以,以剩余收益作为评价指标可以保持各投资中心获利目标达成一致。

在剩余收益作为考核指标时,所采用的规定或预期的最低投资报酬率的高低对剩余收益的影响很大,通常可用公司的平均利润率(或加权平均利润率)作为基准收益率。

随着市场竞争日趋激烈,市场销售工作也日趋重要。为了强化销售功能,加强收入管理,及时收回账款、控制坏账,不少企业设置了以推销产品为主要职能的责任中心——收入中心。这种中心只对产品或劳务的销售收入负责,如公司所属的销售分公司或销售部,尽管这些从事销售的机构也发生销售费用,但由于其主要职能是进行销售,因此,以收入来确定其经济责任更为恰当。对销售费用,可以采用简化的核算,只需根据弹性预算方法确定即可。

综上所述,责任中心根据其控制区域和权责范围的大小,分为成本中心、利润中心和投资中心 3 种类型。它们各自不是孤立存在的,每个责任中心承担经营责任。最基层的成本中心就其经营的可控成本向其上层成本中心负责;上层的成本中心应就其本身的可控成本和下层转来的责任成本一并向利润中心负责;利润中心应就其本身经营的收入、成本(含下层转来成本)和利润(或贡献毛益)向投资中心负责;投资中心最终就其经营的投资利润率和剩余收益向总经理和董事会负责。所以,企业各种类型和层次的责任中心形成一个"连锁责任"网络,这就促使每个责任中心为保证经营目标一致而协调运转。

三、责任预算、责任报告与业绩考核

（一）责任预算

1. 责任预算的含义

责任预算是以责任中心为主体，以其可控成本、收入、利润和投资等为对象编制的预算。编制责任预算可以明确各责任中心的责任，并通过与企业总预算保持一致，以确保其实现。编制责任预算也为控制和考核责任中心经营管理活动提供了依据，责任预算是企业总预算的补充和具体化。

责任预算由各种责任指标组成。这些指标分为主要责任指标和其他责任指标。前文中心中所提及的各责任中心的考核指标都是主要责任指标，也是必须保证实现的指标。这些指标反映了各种不同类型的责任中心之间的责任和权利的区别。其他责任指标是根据企业其他总奋斗目标分解而得到的或为保证主要责任指标完成而确定的责任指标，这些指标有劳动生产率、设备完好率、出勤率、材料消耗率和职工培训等。

2. 责任预算的编制程序

责任预算的编制程序有二：一是以责任中心为主体，将企业总预算在各责任中心之间层层分解而形成各责任中心的预算。它实质是由上而下实现企业总预算目标。这种自上而下、层层分解指标的方式是一种常用的预算编制程序。其优点是使整个企业浑然一体，便于统一指挥和调度。不足之处是可能会遏制责任中心的积极性和创造性。二是各责任中心自行列示各自的预算指标、层层汇总，最后由企业专门机构或人员进行汇总调整，确定企业总预算。这是一种由下而上，层层汇总、协调的预算编制程序，其优点是有利于发挥各责任中心的积极性，但往往各责任中心只注意本中心的具体情况或多从自身利益角度考虑，容易造成彼此协调困难，互相支持少，以致冲击企业的总体目标。而且，层层汇总、协调，工作量大，协调难度大，影响预算质量和编制时效。

责任预算的编制程序与企业组织机构设置和经营管理方式有着密切关系。因此，在集权组织结构形式下，公司的总经理对企业的所有成本、收入、利润和投资负责。他既是利润中心，也是投资中心。而公司下属各地区、各部门、各工厂、各车间、各工段都是成本中心，它们只对其权责范围内控制的成本负责。因此，在集权组织结构形式下，首先要按照责任中心的层次，从上至下把公司总预算（或全面预算）逐层向下分解，形成各责任中心的责任预算；其次要建立责任预算执行情况的跟踪系统，记录预算执行的实际情况，并定期由下至上把责任预算的实际执行数据逐层汇总，直到最高层的利润中心或投资中心。

在分权组织结构形式下，经营管理权分散在各责任中心，公司下属各部门、各工厂、各地区等与公司自身一样，可以都是利润中心、投资中心，它们既要控制成本、收入、利润，也要对所占用的全部资产负责。而在它们之下还有许多成本中心，只对它们所控制的成本负责。在分权组织结构形式下，首先也应按责任中心的层次，将公司总预算（或全面预算）从高层向低层逐级分解，形成各责任中心的责任预算；其次要建立责任预算执行情况的跟踪系统，记录预算实际执行情况，并定期从最基层责任中心把责任成本的实际数以及销售收入的实际数，通过编制业绩报告的方式逐层向上汇总，直到最高层的利润中心或投资中心。

现举例说明责任预算的编制过程。

【例 11.5】 某公司的组织结构形式如图 11.1 所示。

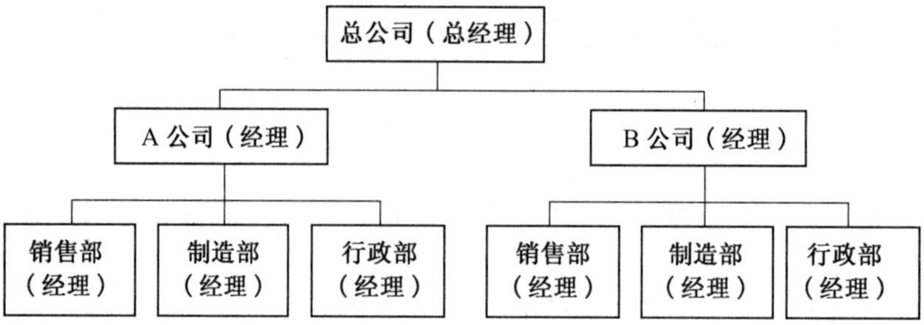

图 11.1　某公司组织结构图

假设该公司采取分权组织结构形式,各成本中心发生的成本费用均为可控成本,则该公司责任预算的简化形式见表 11.4 ～ 表 11.8。

表 11.4　某公司责任预算(20×5 年)　　单位:万元

责任中心	项目	责任预算	责任人
利润中心	A 公司营业利润	6 000	A 公司经理
利润中心	B 公司营业利润	4 500	B 公司经理
利润中心	合计	10 500	公司总经理

表 11.5　A 公司责任预算(20×5 年)　　单位:万元

责任中心	项目	责任预算	责任人
收入中心	销售部收入	13 800	销售部经理
成本中心	制造部可控成本	5 700	制造部经理
	行政部可控成本	900	行政部经理
	销售部可控成本	1 200	销售部经理
	合计	7 800	A 公司经理
利润中心	营业利润	6 000	A 公司经理

表 11.6　A 公司销售部责任预算(20×5 年)　　单位:万元

责任中心	项目	责任预算	责任人
收入中心	东北地区	2 400	责任人 A
收入中心	中南地区	3 000	责任人 B
收入中心	西北地区	1 500	责任人 C
收入中心	东南地区	3 300	责任人 D
收入中心	西南地区	2 100	责任人 E
收入中心	出口销售	1 500	责任人 F
收入中心	合计	13 800	销售部经理

表 11.7　A 公司制造部可控成本责任预算(20×5 年)　单位:万元

责任中心	项目		责任预算	责任人
第 1 车间	变动成本	直接材料	1 500	第 1 车间负责人
		直接人工	900	
		变动制造费用	300	
		小计	2 700	
	固定成本	固定制造费用	300	
	合计		3 000	
第 2 车间	变动成本	直接材料	1 200	第 2 车间负责人
		直接人工	750	
		变动制造费用	300	
		小计	2 250	
	固定成本	固定制造费用	300	
	合计		2 550	
制造部	制造部其他费用		150	制造部经理
	总计		5 700	制造部经理

表 11.8　A 公司行政部及销售部可控成本责任预算(费用)(20×5 年)　单位:万元

责任中心	项目	责任预算	责任人
行政部	工资费用	450	行政部经理
	折旧	300	
	办公费	60	
	保险费	90	
	合计	900	
销售部	工资费用	600	销售部经理
	办公费	150	
	广告费	360	
	其他	90	
	合计	1 200	

不难看出,上述各表的预算数据之间存在着内在的相互钩稽关系。随着预算数据的逐级分解,预算的责任中心的层次越来越低,预算项目越来越具体。这意味着公司总预算被真正落实到具体的责任单位或个人,使预算的实现有了可靠的组织保证,也意味着公司总预算被分解到了具体的项目上,使预算的实现有了客观的依据。

(二) 责任报告

责任会计以责任预算为基础,对责任预算的执行情况进行系统的反映,以实际完成情况同预算目标对比,可以评价和考核各个责任中心的工作成果。责任中心的业绩评价和考核应通过编制责任报告来完成,责任报告亦称业绩报告、绩效报告,它是根据责任会计记录编制的反映责任预算实际执行情况,揭示责任预算与实际执行差异的内部会计报告。

责任报告形式主要有报表、数据分析和文字说明等。将责任预算、实际执行结果及其差异用报表予以列示是责任报告的基本形式。在揭示差异时,还必须对重大差异予以定量分析和定性分析。定量分析旨在确定差异的发生程度,定性分析旨在分析差异产生的原因,并根据这些原因提出改进建议。

在企业的不同管理层次上,责任报告的侧重点应有所不同。最低层次的责任中心的责任报告应当最为详细,随着层次的升高,责任报告的内容应以更为概括的形式来表现。责任报告应能突出产生差异的重要影响因素。为此,应遵循“例外管理”原则,突出重点,使报告的使用者能把注意力集中到少数严重脱离预算的因素或项目上来。

责任报告是对各个责任中心执行责任预算情况的系统概括和总结。根据责任报告,可进一步对责任预算执行差异的原因和责任进行具体分析,以充分发挥反馈作用,使上层责任中心和本责任中心对有关生产经营活动实行有效的控制和调节,促使各个责任中心根据自身特点,卓有成效地开展有关活动,以实现责任预算。我们可以把责任报告与责任预算进行比较、进行反馈控制的过程用图 11.2 说明。

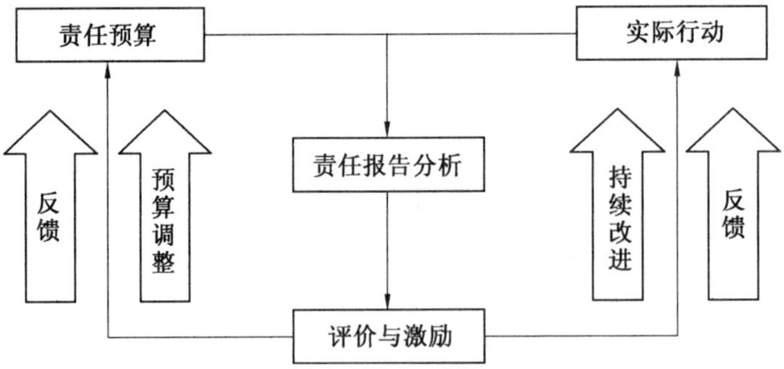

图 11.2　责任报告与责任预算反馈控制图

责任中心是逐级设置的,责任报告也应自下而上逐级编报,现以上例中某公司为例,将其责任报告以简略形式列表,见表 11.9 ~ 表 11.11。

表 11.9　成本中心责任报告　　单位:万元

项目			预算	实际	超支(节约)
A 公司第 1 车间可控成本	变动成本	直接材料	1 500	1 650	150
		直接人工	900	810	(90)
		变动制造费用	300	330	30
		变动成本小计	2 700	2 790	90
	固定成本	固定制造费用	300	285	(15)
	合计		3 000	3 075	75
A 公司制造部可控成本	第 1 车间	变动成本	2 700	2 790	90
		固定成本	300	285	(15)
		小计	3 000	3 075	75
	第 2 车间	变动成本	2 250	2 280	30
		固定成本	300	285	(15)
		小计	2 550	2 565	15
	制造部其他费用		150	180	30
	合计		5 700	5 820	120
A 公司可控成本	制造部		5 700	5 820	120
	行政部		900	840	(60)
	销售部		1 200	1 170	(30)
	总计		7 800	7 830	30

表 11.10　利润中心责任报告　　单位:万元

项目		预算	实际	超支(不足)
A 公司销售收入	东北地区	2 400	2 700	300
	中南地区	3 000	3 600	600
	西北地区	1 500	1 470	(30)
	东南地区	3 300	3 000	(300)
	西南地区	2 100	2 130	30
	出口销售	1 500	1 800	300
	小计	13 800	14 700	900

续表 单位:万元

项目			预算	实际	超支(不足)
A 公司变动成本	第 1 车间		2 700	2 790	90
	第 2 车间		2 250	2 280	30
	小计		4 950	5 070	120
A 公司贡献毛益总额			8 850	9 630	780
A 公司固定成本	制造部	第 1 车间	300	285	(15)
		第 2 车间	300	285	(15)
		制造部其他费用	150	180	30
		小计	750	750	0
	行政部		900	840	(60)
	销售部		1 200	1 350	150
	行政部与销售部小计		2 100	2 190	90
总公司利润	A 公司利润		6 000	6 690	690
	B 公司利润		4 500	4 800	300
合计			10 500	11 490	990

表 11.11 投资中心责任报告

项目	预算	实际	超支(不足)
A 公司利润 / 万元	6 000	6 690	690
B 公司利润 / 万元	4 500	4 800	300
小计 / 万元	10 500	11 490	990
总公司所得税(30%)/ 万元	3 150	3 447	297
合计 / 万元	7 350	8 043	693
净资产平均占用额 / 万元	36 750	32 172	(4 578)
投资利润率 /%	20	25	5
行业平均最低报酬率 /%	15	18	3
剩余收益 / 万元	1 837.5	2 252.04	414.54

为了编制各责任中心的责任报告,必须进行责任会计核算,也即要以责任中心为对象组织会计核算工作,具体做法有 2 种:一是由各责任中心指定专人把各责任中心日常发生的成本、收入以及各责任中心相互间的结算和转账业务记入单独设置的责任会计的编号账户内。然后根据管理需要,定期计算盈亏。因其与财务会计分开核算,称为“双轨制”。二是简化日常核算,不另设专门的责任会计账户,而是在传统财务会计的各明细账户内为各责任中心分别设置账户进行登记、核算,这称为“单轨制”。

（三）业绩考核

业绩考核是以责任报告为依据，分析、评价各责任中心责任预算的实际执行情况，找出差距，查明原因，借以考核各责任中心工作成果，实施奖罚，促使各责任中心积极纠正行为偏差，完成责任预算的过程。

责任中心的业绩考核有狭义和广义之分。狭义的业绩考核仅指对各责任中心的价值指标，如成本、收入、利润以及资产占用等责任指标的完成情况进行考核。广义的业绩考核除这些价值指标外，还包括对各责任中心的非价值责任指标的完成情况进行考核。

1. 成本中心业绩考核

成本中心没有收入来源，只对成本负责，因而也只考核其责任成本，由于不同层次成本费用控制的范围不同，计算和考评的成本费用指标也不尽相同，越往上一层次，计算和考评的指标越多，考核内容也越多。

成本中心业绩考核以责任报告为依据，将实际成本与预算成本或责任成本进行比较，确定两者差异的性质、数额以及形成的原因，并根据差异分析的结果，对各成本中心进行奖罚，以督促成本中心努力降低成本。

2. 利润中心业绩考核

利润中心既对成本负责，又对收入及利润负责，在进行考核时应以销售收入、贡献毛益和息税前利润为重点进行分析、评价。特别是应通过一定期间实际利润与预算利润进行对比，分析差异及其形成原因，明确责任，借以对责任中心的经营得失和有关人员的功过做出正确评价，论功行赏，奖罚分明。

在考核利润中心业绩时，也只是计算和考评本利润中心权责范围内的收入和成本。凡不属于本利润中心权责范围内的收入和成本，尽管已由本利润中心实际收进或支付，仍应予以剔除，不能作为本利润中心的考核依据。

3. 投资中心业绩考核

投资中心不仅要对成本、收入和利润负责，还要对投资效果负责。因此，投资中心业绩考核，除收入、成本和利润指标外，考核重点应放在投资利润率和剩余收益两项指标上。

从管理层次看，投资中心是最高一级的责任中心，业绩考核的内容或指标涉及各个方面，是一种较为全面的考核。考核应通过实际数与预算数的比较，找出差异，进行差异分析，查明差异的成因和性质，并据以进行奖罚。

二维码知识点 11.2　责任成本的内部结算方式和内部结转

四、内部转移价格

企业内部各责任单位在生产经营活动中既相互联系又相互独立地开展各自的活动，各责任中心之间经常相互提供产品或劳务，如生产部门之间转移中间产品、辅助生产部门为基本生产部门提供劳务、行政部门为生产部门提供服务等。为正确评价企业内部各个责任中心经营业绩，明确区分各自的经济责任，使各个责任中心的业绩考核建立在客观而可比的基础上,从而有利于调动各责任中心业务活动的具体特点,正确制定企业内部转移价格。

(一) 内部转移价格的含义

内部转移价格是指企业内部各责任中心之间转移中间产品或相互提供劳务而发生内部结算和进行内部责任结转所使用的计价标准。

采用内部转移价格进行内部结算,可以使企业内部的2个责任中心处于类似于市场交易的买卖双方,起到与外部市场价格相似的作用。作为卖方的责任中心(即提供产品或劳务的一方)必须不断改善经营管理,降低成本费用,以其收入抵偿支出,取得更多的利润;而作为买方的责任中心(即产品或劳务的接受一方)也必须在竞价后所形成的一定买入成本的前提下,千方百计降低自身的成本费用,提高产品或劳务的质量,争取获得更多的利润。

内部转移价格与外部市场价格有许多不同点。形成内部转移价格的供求关系或供求双方都在一个企业内部,因而,两者的关系不是一种完全市场竞争关系,而是一种模拟市场竞争关系,内部转移价格也不是完全按市场供求状况决定,因此它是一种模拟市场价格。由于内部转移价格全按市场供求状况决定,因此它是一种模拟市场价格。由于内部转移价格是企业内部价格,在其他条件不变的情况下,内部转移价格的变化会使买卖双方或供求双方的收入或内部利润呈相反方向变化。但是从企业总体看,内部转移价格无论怎样变动,企业利润总额不变,变动的只是企业内部各责任中心的收入或利润的分配份额。

(二) 内部转移价格的制定原则

制定内部转移价格有助于明确划分各责任中心的经济责任,有助于使责任中心的业绩考核建立在客观、可比的基础上,有助于协调各责任中心的业务活动,也有助于企业经营者做出正确的经营决策。正因为内部转移价格如此重要,所以,制定企业内部转移价格应按以下原则进行。

1. 全局性原则

制定内部转移价格必须强调企业整体利润高于各责任中心的利润。在利益彼此冲突的情况下,企业和各责任中心应本着企业利润最大化要求,制定内部转移价格。

2. 公平性原则

内部转移价格的制定应公平合理,应充分体现各责任中心的经营努力或经营业绩,防止某些责任中心因价格优势而获得额外的利益,某些责任中心因价格劣势而遭受额外损失。所谓公平性,就是指各责任中心所采用的内部转移价格能使其经营努力与所得到的收益相适应。

3. 自主性原则

在确保企业整体利益的前提下,只要可能,就应通过各责任中心的自主竞争或讨价还价来确定内部价格,真正在企业内部实现市场模拟,使内部转移价格能为各责任中心所接受。

(三) 内部转移价格的类型

1. 市场价格

市场价格是根据产品或劳务的市场价格作为基价的价格。采用市场价格,一般假定各责任中心处于独立自主的状态,可自由决定从外部或内部进行购销,同时产品或劳务有客观的市价可采用。国外通常认为市场价格是制定内部转移价格的最好依据,市场价格意味着客观公平，意味着在企业内部引进了市场机制，形成了竞争气氛，使各责任中心各自经营、相互竞争，最终通过利润指标考核和评价其业绩。

以市场价格作为内部转移价格时，应注意以下 2 个问题。

(1) 在中间产品有外部市场，可向外部出售或从外部购进时，可以市场价格作为内部转移价格，但并不等于直接将市场价格用于内部结算。而应在此基础上，对外部价格做一些必要调整。外部售价一般包括销售费、广告费以及运输费等，这些费用在产品内部转移时一般可避免发生。若当企业各责任中心不是独立核算的分厂，而是车间或部门时，产品的内部转移价格不必支付销售税金，这些税金一般也是外部销售价格的组成部分。在制定内部转移价格时，如不在市场价格中做出扣除，这两方面的好处都会为供应方获得，不利于利润分配的公平性。

(2) 以市场价格为依据制定内部转移价格，一般假设中间产品有完全竞争的市场，或中间产品提供部门无闲置生产能力。

在采用市场价格作为内部转移价格时，应尽可能使各责任中心进行内部转让，除非责任中心有充分理由说明对外交易比内部转让更为有利。为此，要遵循以下 3 条原则。

(1) 当供应方愿意对内销售，且售价不高于市场价格时，使用方有购买的义务，不得拒绝“购进”。

(2) 当供应方售价高于市场价格，使用方有转向市场购入的自由。

(3) 当供应方选择对外界市场销售，则应有尽量不对内销售的权利。

但是，(2)、(3) 条原则必须以不影响企业整体利益为前提。

以市场价格作为内部转移价格也有局限性，即企业内部转移的中间产品往往没有相应的市场价格作为依据。

2. 协商价格

协商价格也可称为议价，是企业内部各责任中心以正常的市场价格为基础，通过定期共同协商所确定的为双方所接受的价格。采用协商价格的前提是责任中心转移的产品应有在非竞争性市场买卖的可能性，在这种市场内，买卖双方有权自行决定是否买卖这种中间产品。如果买卖双方不能自行决定，或当价格协商的双方发生矛盾而又不能自行解决，或双方协商定价不能导致企业最优决策时，企业高一级的管理层要进行必要干预，这种干预应以有限、得体为原则，不能使整个谈判变成上级领导完全决定一切。

协商价格的上限是市场价格，下限是单位变动成本，具体价格应由各相关责任中心在这一范围内协商议定。当产品或劳务没有适应的市场价格时，也只能采用议价方式来确定。通过各相关责任中心的讨价还价，形成企业内部的模拟“公允市价”，作为计价的基础。

协商价格也存在一定的缺陷：一是协商定价的过程要花费人力、物力和时间；二是协商定价各方往往会相持不下，需高层领导裁定，这样，弱化了分权管理的作用。

3. 双重价格

双重价格就是针对责任中心各方面分别采用不同的内部转移价格所制定的价格。之所以采用双重价格是因为内部转移价格主要是为了对企业内部各责任中心的业绩进行评价、考核，故各相关责任中心所采用的价格并不需要完全一致，可分别选用对责任中心最有利的价格为计价依据。双重价格有以下 2 种形式。

(1) 双重市场价格,就是当某种产品或劳务在市场上出现几种不同价格时,供应方采用最高市场价格,使用方采用最低市场价格。

(2) 双重转移价格,就是供应方按市场价格或议价作为基础,而使用方按供应方的单位变动成本作为计价的基础。

双重价格的好处是既可较好满足供应方和使用方的不同需要,也能激励双方在经营上充分发挥其主动性和积极性。

采用双重价格的前提条件是:内部转移的产品或劳务有外部市场,供应方有剩余生产能力,而且其单位变动成本要低于市价。特别是当采用单一的内部转移价格不能达到激励各责任中心的有效经营和保证责任中心与整个企业的经营目标达成一致时,应采用双重价格。

4. 成本转移价格

成本转移价格就是以产品或劳务的成本为基础而制定的内部转移价格。由于成本的概念不同,成本转移价格也有多种不同形式,其中用途较为广泛的成本转移价格有 3 种。

(1) 标准成本,即以产品(半成品) 或劳务标准成本作为内部转移价格。它适应于成本中心产品(半成品) 的转移。其优点是将管理和核算工作结合起来,可以避免供应方成本高低对使用方的影响,有利于调动供需双方降低成本的积极性。

(2) 标准成本加成,即按产品(半成品) 或劳务的标准成本加计一定的合理利润作为计价的基础。它的优点是能分清相关责任中心的责任,但难以避免确定加成利润率时带有的主观随意性。

(3) 标准变动成本,以产品(半成品) 或劳务的标准变动成本作为内部转移价格。它符合成本习性,能够明确揭示成本与产量的关系,便于考核各责任中心的业绩,也利于经营决策。不足之处是产品(半成品) 或劳务中不包含固定成本,不能反映劳动生产率变化对固定成本的影响,不利于调动各责任中心提高产量的积极性。

二维码知识点 11.3　内部转移定价

第三节　现代绩效管理方法 —— 关键绩效指标法

传统绩效管理方法主要依靠对财务指标的分析,但是在现代市场竞争环境下,各种不确定因素对企业发展有着至关重要的作用,仅通过分析一些单项的财务指标已不能满足企业业绩考评的需要,只有综合使用财务指标和非财务指标的多元化指标体系进行业绩考评,才能对企业、各部门(责任中心) 的业绩做出全面正确的评价。由此,一些现代绩效考核办法应运而生,如关键绩效指标法、经济增加值法、平衡计分卡。

一、关键绩效指标法的含义

关键绩效指标法，是指基于企业的战略目标，通过建立关键绩效指标体系，将价值创造活动与战略规划目标有效联系起来，据此进行绩效管理的方法。

所谓关键绩效指标是指对企业绩效产生关键影响力的指标，是通过对企业战略目标、关键成果领域的绩效特征进行分析，识别和提炼出的最能有效驱动企业价值创造的指标。关键绩效指标法可以单独使用，也可以与经济增加值、平衡计分卡结合使用。评价的客体可以是企业整体，也可以是企业所属各单位（责任中心）和员工个人。

二、关键绩效指标分类

企业的关键绩效指标一般可以分为结果类指标和动因类指标两大类，结果类指标是反映企业绩效的价值指标，动因类指标是反映企业价值关键驱动因素的指标。

（一）结果类指标

1. 投资资本回报率

投资资本回报率是指企业在一定会计期间内取得的息前税后利润占全部投资资本平均余额的比例，反映企业在该会计期间内有效利用投资资本创造回报的能力。计算公式如下：

$$投资资本回报率 = \frac{税前利润总额 \times (1 - 所得税税率) + 利息支出}{投资资本平均余额} \times 100\% \tag{11.11}$$

投资资本包括有息债务和所有者权益，投资资本平均余额是期初与期末投资资本的平均值。

2. 净资产收益率

净资产收益率反映企业一定会计期间内获得的净利润占平均净资产的比例，反映企业全部净资产的获利能力。计算公式如下：

$$净资产收益率 = \frac{净利润}{平均净资产} \times 100\% \tag{11.12}$$

3. 经济增加值

经济增加值是指税后净营业利润扣除全部投入资本成本后的剩余收益。计算公式如下：

$$经济增加值 = 税后净营业利润 - 平均资本占用 \times 加权平均资本成本 \tag{11.13}$$

4. 息税前利润

息税前利润是指企业当年实现的税前利润总额与利息支出的合计数。计算公式如下：

$$息税前利润 = 税前利润总额 + 利息支出 \tag{11.14}$$

5. 自由现金流

自由现金流是指一定会计期间内经营活动产生的净现金流超过付现资本性支出的金额，反映企业可动用的现金。计算公式如下：

$$自由现金流 = 经营活动净现金流 - 付现资本性支出 \tag{11.15}$$

6. 资产负债率

资产负债率是指负债总额占资产总额的比例,反映企业整体财务风险程度。计算公式如下:

$$资产负债率 = \frac{负债总额}{资产总额} \times 100\% \tag{11.16}$$

(二) 动因类指标

1. 资本性支出

资本性支出是指企业发生的,其效益涉及2个或2个以上会计期间的各项支出。

2. 单位生产成本

单位生产成本是指单位产品平均耗费的成本。

3. 产量

产量是指企业在一定会计期间产出产品的数量。

4. 销量

销量是指企业在一定会计期间销售商品的数量。

5. 客户满意度

客户满意度是指客户期望值与客户体验的匹配程度,即客户通过对某项产品或服务的实际满意程度与期望值相比较后得出的指数。客户满意度可以通过客户调查问卷、各种媒体报告、行业分析报告获得。

6. 员工满意度

员工满意度是指员工对企业的实际满意程度与期望值相比较后得出的指数,主要通过员工调查问卷、访谈等,从工作环境、工作内容、薪酬福利、职业发展等方面进行衡量。

三、关键绩效指标法的应用程序

应用关键绩效指标法进行绩效管理的程序,一般包括制订以关键绩效指标为核心的绩效计划、制订激励计划、执行绩效管理计划、监控绩效管理计划、编制报告。其中制订以关键绩效指标为核心的绩效管理计划是关键绩效指标法与其他方法相区别的主要特点,制订计划包括如下程序。

(一) 构建关键绩效指标体系

分3个层次制定关键绩效指标体系。

1. 企业级关键绩效指标

根据企业的战略目标,结合价值创造模式,综合考虑企业内外部因素设定。

2. 所属部门级关键绩效指标

根据企业级关键绩效指标,结合所属部门关键业务流程,按照上下结合、分级编制、逐级分解的程序,在沟通反馈基础上设定。

3. 岗位(员工)级关键绩效指标

根据所属部门级关键绩效指标,结合员工岗位职责和关键工作价值贡献设定。

关键绩效指标体系中的指标应含义明确且可度量,与企业战略目标相协调。每一层级的关键绩效指标一般不宜过多。

（二）分配指标权重

前已述及，指标权重的设定可以采用定性法和定量法确定，包括德尔菲法、层次分析法、统计方法中的均方差、主成分分析等。

关键绩效指标的权重分配应以企业战略目标为导向，反映被评价对象对企业的价值贡献程度，以及指标之间的重要性水平。单项指标权重一般设定在5% ~30%之间，特别重要的指标适当提高权重。针对影响企业整体价值的关键指标可使用"一票否决"，即这一关键绩效指标未实现，无论其他指标是否完成，均视为未实现绩效目标。

（三）确定绩效目标值

前已述及，目标值可以参照外部或内部标准。外部标准有行业标准、竞争对手标准、标杆企业标准；内部标准包括企业的生产经营计划目标、年度预算、历史指标水平等。

关于绩效评价的周期选择、绩效责任书签订、绩效与激励计划的执行、监控，绩效管理报告等前已述及。

第四节　现代绩效管理方法——经济增加值法

一、经济增加值法的含义

经济增加值法，是以经济增加值（economic value added，EVA）为核心，建立绩效指标体系，引导企业注重价值创造，并据此进行绩效管理的方法。

所谓经济增加值是指税后净营业利润扣除全部投资资本成本后的剩余收益。经济增加值为正时，表明经营者为企业创造了价值；经济增加值为负，表明经营者毁损了企业价值。计算公式如下：

$$经济增加值 = 税后净营业利润 - 平均资本占用 \times 加权平均资本成本 \quad (11.17)$$

税后净营业利润衡量企业盈利情况，税后净营业利润是根据会计上的净利润加上利息支出等调整项目后得到。平均资本占用反映企业投入的债务资本和股权资本，其中债务资本主要指的是有息债务，股权资本包括少数股东权益。资本占用应调整资产减值损失、递延所得税等，还可以根据管理需要调整研发支出、在建工程等项目，引导企业注重长期价值创造。加权平均资本成本反映企业各种资本的加权平均资本成本，反映投资者要求的必要报酬率。

二、经济增加值的计算

（一）税后净营业利润的调整项目

1. 研发费用、大型广告费等

研发费用、大型广告费等一次性支出但受益期较长的费用，应予资本化，不计入当期费用。

2. 有息债务的利息支出

有息债务的利息支出不作为期间费用扣除,计算税后净营业利润时扣除所得税影响后予以加回。

3. 营业外收支

营业外收支具有偶发性,将当期发生的营业外收支从税后净营业利润中扣除。

4. 非经常性收益

非经常性收益包括变卖主业优质资产收益、转让非流动资产收益、其他与主业发展无关的置换收益、与经营活动无关的补贴收入等。

调整后,有

$$税后净营业利润 = 净利润 + (利息支出 \pm 其他调整项) \times (1 - 25\%) \quad (11.18)$$

(二) 平均资本占用的调整项目

资本指的是投入企业的全部资本,包括负债和所有者权益。根据考核需要,经济增加值计算公式中的资本需要进行相应调整。

$$调整后的资本 = 平均所有者权益 + 平均负债 - 平均无息流动负债 - 平均在建工程 \quad (11.19)$$

因此,平均资本占用主要有以下两项调整。

1. 无息流动负债

无息流动负债是指不计算利息的负债,主要指财务报表中的"应付票据""应付账款""预收账款""应交税费""其他应付款""其他流动负债"。将无息流动负债从资本总额中扣除,不作为计算经济增加值的基础,是为了鼓励经营者尽量利用集团外部的非银行各种结算资金,合理管理净营运资产。

2. 在建工程

在建工程是指企业尚未完工的工程建设项目,对应财务报表的项目"在建工程"。在建工程由于尚未完工,无法提供现实生产能力,因此投入的资金不能满足盈利要求。计算经济增加值时,如果将其计入占用资金总额,会使 EVA 计算值偏低,导致管理当局不愿意投入固定资产建造。

(三) 加权平均资本成本的确定

资本成本反映资本的社会平均盈利要求。对于综合经营的企业,资本成本应以社会平均利润率为基础,对于专业经营的企业或行业特征显著的企业以行业平均利润率为基础。资本成本确定后,3 年保持不变。

三、经济增加值的实质内涵

(一) 经济增加值是一种理念

(1) 经济增加值将价值创造置于所有管理活动的核心,实质上是企业可持续投资收益超过资本成本的剩余收益,反映企业的核心盈利能力和核心竞争力,也是企业价值管理的基础和核心。因此,经济增加值成为企业计划、决策和经营共同关注的焦点,成为每个员工的责任。

（2）强调企业管理必须以提高经济增加值为目标。管理的最终目的是企业价值最大化，以经济增加值为管理理念，管理决策和流程再造成为重点，使价值判断、管理提升、考核激励、检测控制等管理流程制度化、工具化，使影响企业价值的相关因素通过制度化工具化的管理流程能够得到控制。

（3）强调企业所有的营运功能都从提高经济增加值出发，实现全员管理、全过程管理、全面管理，企业和全体员工共同对经济增加值负责。

（二）经济增加值是考核体系

考核体系是实施价值管理的保障。在使用经济增加值考核时，企业应结合内部不同部门特点，科学设定资本成本，从严把控经济增加值计算的调整项，进行差异化考核，平衡当期回报和可持续发展；将组织绩效和个人绩效有效结合，对经济增加值考核指标逐级分解，层层落实考核责任。

（三）经济增加值是激励制度

通过经济增加值奖励计划，企业管理者在为股东创造盈利的同时，可以像股东一样得到报酬。经济增加值奖励计划的特征如下。

（1）只对经济增加值的增加提供奖励。

（2）不设置临界值和上限。

（3）按照计划的目标设置奖励条件。

（4）设置奖金库。

经济增加值帮助企业管理者将企业价值最大化和投资者预期利润能否超过资本成本纳入决策中，便于企业管理者更关注资产及其收益，并能够像投资者一样经营企业，有助于解决经营者和投资者的利益冲突。

（四）经济增加值是管理体系

以资本成本为基准，企业应深入生产经营的不同层级、不同环节，将影响经济增加值的构成要素从财务指标向各层级逐级分解，绘制出可计量、易识别的价值树，揭示价值形成的路径。从价值树指标中识别出影响重大的关键驱动因素。从关键驱动因素出发，选取标杆企业，找出差距，分析原因，确定价值管理的薄弱环节。针对薄弱环节，完善战略、预算、计划等方案，形成价值提升策略及与决策过程相统一的、完整的企业管理体系。

第五节　综合绩效管理方法——平衡计分卡法

以收益为基础的财务数据只能评价过去决策的绩效结果，却无法评价企业未来决策的绩效表现，容易误导企业未来的发展方向。同时，当财务指标为企业绩效考核的唯一指标时，容易使经营者偏注于短期财务结果。在一定程度上，将会使经营者仅注重短期效益，急功近利，而不愿投资于企业的长期目标，不愿在长期项目上投资。平衡计分卡法将绩效考核注重于企业的战略发展和未来计划，以战略目标为导向，通过指标之间的平衡关系以及战略指标或关键指标的选取体现企业的战略要求，这种绩效考核的最大特点就是引入了非财务指标。

一、平衡计分卡的含义

平衡计分卡(balanced scorecard,BSC)是由哈佛商学院的罗伯特·卡普兰和诺朗顿研究院的执行长大卫·诺顿提出的,从公司战略角度对部门进行绩效考核的一种全新的组织绩效管理方法。

平衡计分卡法是一种以战略为导向,从财务、客户、内部流程、学习与成长4个维度,将战略目标通过层层分解转化为具体的、相互平衡的绩效指标体系,并据此进行绩效管理的方法。

基于公司战略,平衡计分卡法寻找能够驱动战略成功的关键因素,建立与之密切联系的指标体系衡量战略实施过程,并进行必要的修改以维持战略的成功。平衡计分卡法将战略置于中心地位,并使管理者能够看到公司绩效的广度与总额。

二、平衡计分卡法的基本框架

平衡计分卡法并不是否认传统绩效管理方法,而是对其进一步发展和完善,把企业的使命和愿景转变为目标和各种指标,在保留财务维度目标和指标的基础上,增加了客户、内部流程、学习与成长3个维度,通过四大维度指标体系的建立,将财务指标和非财务指标相结合。平衡计分卡法将企业的业绩评价同企业战略发展相联系,设计出一整套能够使企业员工和各级部门全面了解企业经营状况的指标体系,表达企业战略发展所必须达到的目标,阐明和沟通企业战略,促使员工个人、各部门和企业整体的行动方案达成一致和协调,以实现企业价值最大化和长期发展。

平衡计分卡法的目标和指标来自于企业的愿景和战略,从4个维度考核企业绩效,这4个维度的目标构成平衡计分卡基本框架,如图11.3所示。

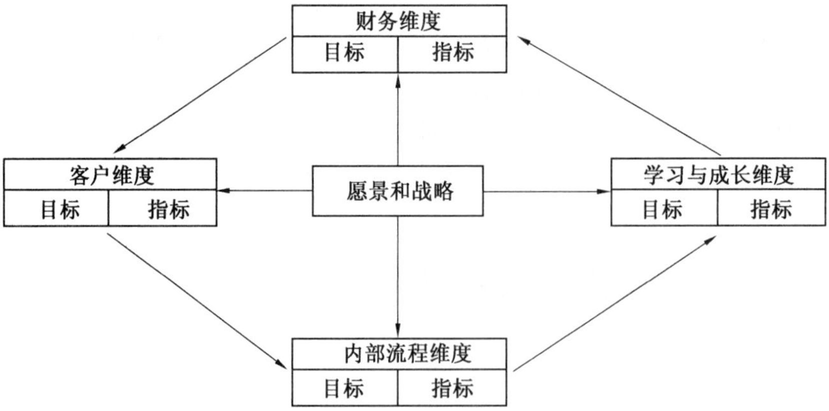

图11.3　平衡计分卡法基本框架

(一)财务维度

平衡计分卡的目的是企业的战略实施最终会带来财务维度目标的实现和财务指标(如利润)的改善,非财务指标(如产品质量、生产效率、生产能力利用程度、新产品研发等)的改善是实现财务维度目标的手段,而不是平衡计分卡的目的本身。财务维度的目标是"我们向股东交代什么",这一目标可以说明企业的努力最终对企业价值提升产生的积极作用。财务维度衡量的主要内容有:收入的增长与结构、提高生产率、资产利用程度、投资报酬等。

(二) 客户维度

平衡计分卡要求企业将愿景和战略落实到具体的与客户相关的目标和指标。在这一过程中企业应关注是否满足了核心客户的需求。客户维度的目标是"我们向客户交代什么"。顾客是企业之本,是现代企业利润的源泉。现代市场激烈竞争,赢得客户才能赢得市场,客户感受就成为企业关注的焦点,客户最关心的主要是产品、时间、质量、性能、服务和成本,企业应该基于不同的战略目标在这 5 个方面确立服务于客户的清晰目标,然后将其具体细化为指标。客户维度指标衡量的主要内容包括市场份额、老客户保留率、新客户获得率、客户满意度、从客户获得的利润率等。

(三) 内部流程维度

通常在确定财务与客户维度目标和指标后,才制定与企业内部运营相关的内部流程维度的目标和指标,这样才能使企业专注于那些与股东和客户目标息息相关的内部流程。内部流程维度的目标是"我们的优势在哪里",其绩效考核应明确企业的核心竞争力,以对客户满意和实现企业价值最大化的业务流程为核心,既包括短期现有业务的改善,又有事关产品和服务的长远创新。内部流程维度衡量的主要内容有企业业务流程和管理流程的改善、创新,经营过程及售后服务等。

(四) 学习与成长维度

学习与成长维度的目标为其他3个维度目标提供了基础,是上述3个维度获得成功的驱动因素。面对市场化全球化的激烈竞争,企业现有的技术能力已无法保证企业持续不断地实现未来目标,尤其是人工智能、大数据、互联网技术深刻影响未来的情况下,减少企业在技术上的投入和削减企业学习与成长能力上的投资,虽然短期内能带来营业收入的增加,但由此带来的不利影响将给企业未来发展带来沉重打击。

因此,学习与成长维度的目标是"我们是否能继续提高并为企业创造价值",企业只有不断开发新产品、为客户创造更多价值并提高企业价值,才能开发新市场、最终赢得客户,从而增加股东价值,带来企业价值的增值。学习与成长维度衡量的主要内容有员工的能力、企业信息系统的能力以及与企业员工培训激励授权相关的配合等。

相比较传统绩效评价系统指标彼此之间没有明确的关联关系,平衡计分卡 4 个维度的目标与指标之间是以一种集成方式设计的,公司现在的努力与未来前景之间存在着一种因果关系。平衡计分卡特别强调战略背后的因果关系链,借助客户维度、内部流程维度、学习成长维度指标的完成最终达到财务维度目标的实现。管理者能够清晰地看到并分析影响企业整体目标的各种关键因素,而不仅仅是短期的财务结果。平衡计分卡 4 个维度之间的关系如图 11.4 所示。

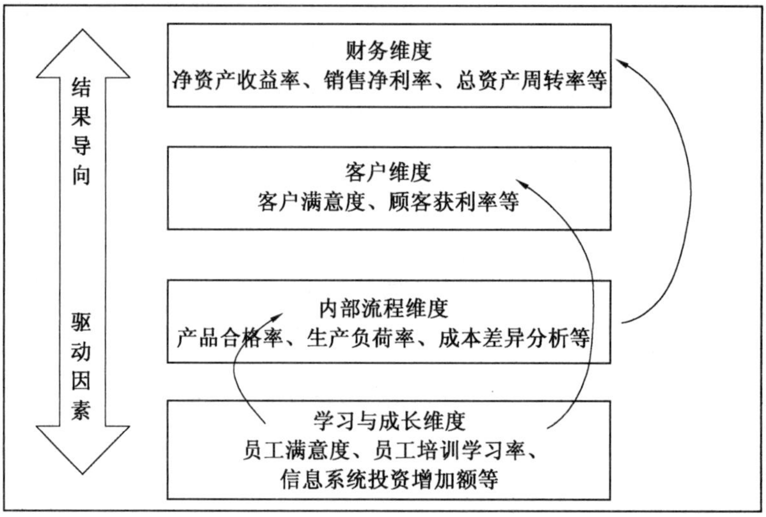

图 11.4　平衡计分卡 4 个维度的关系

三、平衡计分卡的特征

平衡计分卡体现的平衡主要表现为以下几方面。

(一) 短期目标与长期目标的平衡

短期目标与长期目标的平衡,即以财务维度目标的短期行为和学习与成长维度方面的技术、知识、技能等无形资产方面的长期投入之间的平衡。财务维度方面的净资产收益率、经济增加值等单一绩效评价指标往往会导致企业追求短期效益,忽视长远发展。平衡计分卡利用财务维度的短期指标和学习与成长维度的长期指标结合,通过内部流程的改善与创新从而提高客户感知,赢得市场,实现企业价值提升;从价值驱动因素出发,通过对企业长期和短期绩效的全方位评价,驱动企业明确认识发展方向与企业目标,在经营过程中自觉保持长短期目标的均衡,最终实现企业的战略目标。

(二) 企业利益与顾客和股东利益的平衡

平衡计分卡将绩效评价由传统绩效评价只关注企业内部效益扩大到既关注企业利益又关注外部顾客和股东利益,实现对企业的全方位评价,以全新的视角重新评价企业绩效。

(三) 结果与动因的平衡

平衡计分卡将财务维度结果性指标(也是财务指标),与客户方面、内部流程方面、学习与成长方面代表的动因性指标(也是非财务指标),4 个维度指标相结合,体现了结果与动因的平衡,使企业经营者明确其追求的财务结果与产生这些结果的关键驱动因素都有什么,找到动因,才能建立科学的绩效管理体系,实现科学的绩效管理。

四、平衡计分卡指标体系构建

(一) 财务维度指标体系

1. 净资产收益率

净资产收益率也称权益净利率,反映企业一定会计期间取得的净利润占其平均净资产的比例。

$$净资产收益率 = \frac{净利润}{平均净资产} \times 100\%$$

2. 销售净利率

销售净利率也称营业净利率,反映企业一定会计期间取得的净利润占其营业收入净额的比例。

$$销售净利率 = \frac{净利润}{营业收入净额} \times 100\% \quad (11.20)$$

与之相关的财务指标有销售增长率、成本降低额等。

3. 总资产周转率

总资产周转率也称资产收转率,反映企业总资产利用程度。

$$总资产周转率 = \frac{营业收入}{平均总资产} \times 100\% \quad (11.21)$$

4. 经济增加值

经济增加值是指税后净营业利润扣除全部投资资本成本后的剩余收益。经济增加值为正,表明经营者为企业创造了价值;经济增加值为负,表明经营者毁损了企业价值。

$$经济增加值 = 税后净营业利润 - 平均资本占用 \times 加权平均资本成本 \quad (11.22)$$

(二) 客户维度指标体系

1. 市场占有率率

市场占有率率也称市场份额,是指一个企业的销售量(额)占市场同类产品销售量(额)的比例。

$$市场占有率 = \frac{企业销售量(额)}{市场同类产品销售量(额)} \times 100\% \quad (11.23)$$

2. 客户满意度

客户满意度是指客户对产品的满意程度,可通过对客户使用产品感受进行调查获得。

3. 新客户获得率

新客户获得率是指企业在一定会计期间新增客户数量占上期客户数量的比例。

4. 顾客获利率

顾客获利率是指企业通过与顾客交易获得利润的水平,即顾客给企业带来的利润。

此外,还包括产品差异上产品创新性、产品售后的产品返修率等指标。

（三）内部流程维度指标体系

1. 产品合格率

产品合格率是指合格品数量占产品总数量的比例。

2. 生产负荷率

生产负荷率是指一定会计期间产品的实际产量占企业生产能力的比例。

3. 产品单位成本

产品单位成本是指生产单位产品耗费的生产费用。

4. 成本差异分析

成本差异分析是指运用标准成本或定额成本等成本控制方法进行实际成本与标准成本的差异分析。

（四）学习与成长维度指标体系

1. 员工满意度

员工是企业重要的无形资产，尤其是关键员工。员工满意度可以通过员工满意度调查，也可以通过衡量一定期间员工流失率或员工保持率进行调查。

2. 员工培训学习率

员工培训学习率是指一定会计期间企业在员工培训和学习方面的投入。

3. 信息系统投资增加额

信息系统投资增加额是指企业在一定会计期间在信息系统建设方面的投入额。

构建指标体系后，企业绩效管理委员会以战略目标为导向，分配指标权重，确定指标的目标值，执行平衡计分卡绩效管理。

第十二章

管理会计报告和管理会计信息系统

课程目标

通过本章学习，应掌握管理会计报告的概念和形式要件、管理会计报告分类和管理会计报告体系的内容，掌握管理会计信息化的建设、应用程序和管理会计信息系统的构成；理解管理会计报告和财务会计报告的区别，管理会计报告的特征和流程，管理会计信息化的含义和应用环境，以及管理会计信息系统应用评价。

课程思政

通过管理会计报告的学习,增强信息服务的责任意识;通过管理会计信息系统的构建学习,培养信息系统模块的流程链接的理解能力,培养全局观。

思维导图

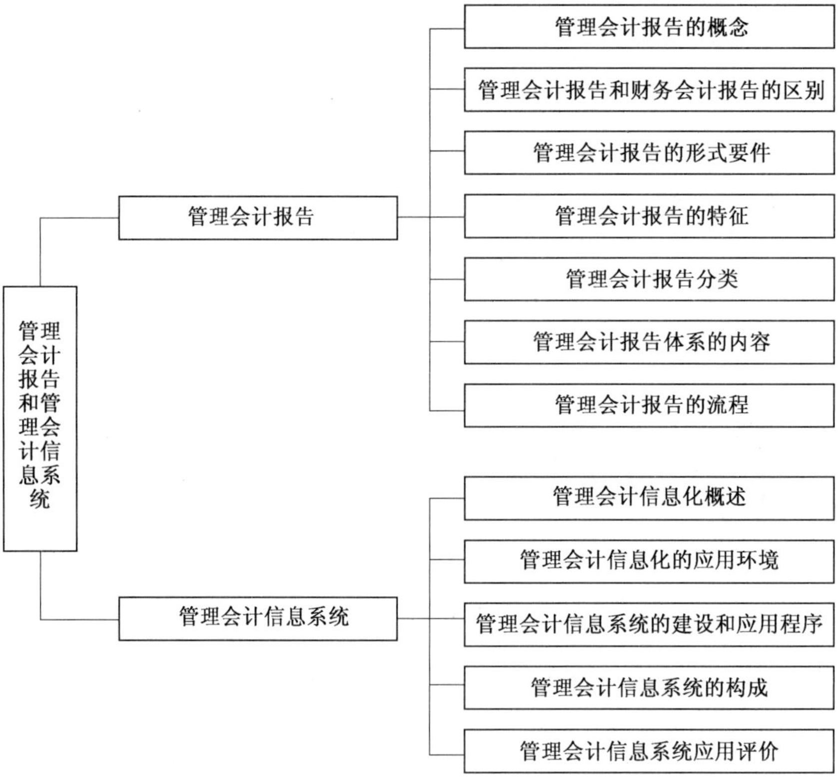

第一节　管理会计报告

一、管理会计报告的概念

根据《管理会计应用指引第801号——企业管理会计报告》,企业管理会计报告是指企业运用管理会计方法,根据财务和业务的基础信息加工整理形成的,满足企业价值管理需要的对内报告。

管理会计报告是管理会计活动成果的重要表现形式,旨在为报告使用者提供满足管理需要的信息,是管理会计活动开展情况和效果的具体呈现。

企业编制管理会计报告的目标是为企业各层级进行规划、决策、控制和评价等管理活动提供有用信息。

二、管理会计报告和财务会计报告的区别

管理会计报告和财务会计报告在报告主体、服务对象、格式等方面都不相同，主要区别见表12.1。

表12.1　管理会计报告与财务会计报告的区别

项目	管理会计报告	财务会计报告
报告主体	企业各层级	企业
服务对象	内部信息使用者	外部信息使用者
格式	没有统一的格式规范	有统一的格式规范
计量方式	不局限于货币形式	货币形式
内容	根据企业需要，包括财务信息和非财务信息	根据会计准则，主要是财务信息
时间	根据企业需要	依据会计准则

三、管理会计报告的形式要件

管理会计报告的形式要件包括报告的名称、报告期间或时间、报告对象、报告内容以及报告人等。

1. 管理会计报告的报告期间或时间

企业可以根据管理的需要和管理会计活动的性质设定报告期间或时间。一般应以日历期间（月度、季度、年度）作为企业管理会计报告期间或时间，也可以根据特定需要设定企业管理会计报告期间或时间。

2. 管理会计报告的报告对象

企业管理会计的报告对象是对管理会计信息有需求的各个层级、各个环节的管理者。

3. 管理会计报告的报告内容

企业管理会计报告的报告内容应根据管理需要和报告目标而定，易于理解并具有一定的灵活性。

除以上内容外，还应具有报告的名称和报告人的具体信息。

四、管理会计报告的特征

管理会计报告是根据财务和业务的基础信息加工整理形成的，运用管理会计方法满足企业价值管理需要或非营利组织目标管理需要的对内报告。所以，它具有如下特征。

1. 管理会计报告没有统一格式规范

管理会计报告是对内报告，主旨是满足企业管理决策活动的需求，所以，根据企业需求提供信息，并没有统一的格式规范。

2. 管理会计报告遵循问题导向

管理会计是根据各个层级、各环节的决策需求进行管理会计活动并提供管理会计信息，所以，管理会计报告根据内部需求为解决问题而编制、审批。

3. 管理会计报告提供信息多维度

管理会计报告提供的信息不仅包括财务信息，还包括非财务信息；不仅包括内部信息，也可能包括外部信息；不仅包括结果信息，也可以包括过程信息，更应包括剖析原因、提出改进意见和建议的信息。

4. 管理会计报告提供边际贡献格式报告

管理会计报告中涉及会计业绩的报告，其主要的报告格式应该是边际贡献格式，不是财务会计准则中规范的对外财务报告格式。

五、管理会计报告分类

企业管理会计报告体系可以按照多种标志进行分类，包括但不限于以下几种情况。

1. 按报告使用者所处的管理层级分类

按照企业管理会计报告使用者所处的管理层级管理会计报告可以分为战略层管理会计报告、经营层管理会计报告和业务层管理会计报告。

2. 按管理会计报告内容分类

按照企业管理会计报告内容不同管理会计报告可以分为综合企业管理会计报告和专项企业管理会计报告。

3. 按管理会计功能分类

按照企业管理会计报告管理会计功能管理会计报告可以分为管理规划报告、管理决策报告、管理控制报告和管理评价报告。

4. 按责任中心分类

按照企业管理会计报告责任中心不同管理会计报告可以分为投资中心报告、利润中心报告和成本中心报告。

5. 按报告主体整体性程度分类

按照企业管理会计报告主体整体性程度管理会计报告可以分为整体报告和分部报告。

六、管理会计报告体系的内容

二维码知识点 12.1　中海油能源发展股份有限公司管理报告体系的构建

（一）战略层管理会计报告

战略层管理会计报告是为战略层进行战略规划、战略制定、战略执行、战略评价以及其他方面的管理活动提供相关信息的对内报告。

战略层管理会计报告的报告对象是企业的战略层，包括股东大会、董事会和监事会等。战略层管理会计报告包括但不仅限于战略管理报告、综合业绩报告、价值创造报告、经营分析报告、风险分析报告、重大事项报告、例外事项报告等。这些报告可以独立提交，也可以根据不同需要整合后提交。

（1）战略管理报告，报告内容应包括内外部环境分析、战略选择与目标设定、战略执行及其结果，以及战略评价等。

（2）综合业绩报告，报告内容应包括关键绩效指标预算及其执行结果、差异分析以及其他重大绩效事项等。

（3）价值创造报告，报告内容应包括价值创造目标、价值驱动的财务因素与非财务因素、内部各业务单元的资源占用与价值贡献，以及提升公司价值的措施等。

（4）经营分析报告，报告内容应包括过去经营决策执行情况回顾、本期经营目标执行的差异及其原因、影响未来经营状况的内外部环境与主要风险分析、下一期的经营目标及管理措施等。

（5）风险分析报告，报告内容应包括企业全面风险管理工作回顾、内外部风险因素分析、主要风险识别与评估、风险管理工作计划。

（6）重大事项报告，是针对企业的重大投资项目、重大资本运营、重大融资、重大担保事项、关联交易等事项进行的报告。

（7）例外事项报告，是针对企业发生的自然灾害、管理层变更、股权变更、安全事故等偶发性事项进行的报告。

战略层管理会计报告应精炼、简洁、易于理解，报告主要结果、主要原因，并提出具体的建议。

（二）经营层管理会计报告

经营层管理会计报告是为经营层进行规划、决策、控制和评价等管理活动提供相关信息的对内报告。

经营层管理会计报告的报告对象是经营管理层。经营层管理会计报告包括但不仅限于全面预算管理报告、投资分析报告、项目可行性报告、融资分析报告、盈利分析报告、资金管理报告、成本管理报告、业绩评价报告等。

（1）全面预算管理报告，报告内容应包括预算目标制定与分解、预算执行差异分析以及预算考评等内容。

（2）投资分析报告，报告内容应包括投资对象、投资额度、投资结构、投资进度、投资效益、投资风险和投资管理建议等。

（3）项目可行性报告，报告内容应包括项目概况、市场预测、产品方案与生产规模、厂址选择、工艺与组织方案设计、财务评价、项目风险分析，以及项目可行性研究结论与建议等。

（4）融资分析报告，报告内容应包括融资需求测算、融资渠道与融资方式分析及选择、资本成本、融资程序、融资风险及其应对措施和融资管理建议等。

（5）盈利分析报告，报告内容应包括盈利目标及其实现程度、利润的构成及其变动趋势、影响利润的主要因素及其变化情况，以及提高盈利能力的具体措施等。企业还应对收入和成本进行深入分析。盈利分析报告可基于企业集团、独立企业，也可基于责任中心、产品、区域、客户等进行。

（6）资金管理报告，报告内容应包括资金管理目标、主要流动资金项目（如现金、应收票据、应收账款、存货）的管理状况、资金管理存在的问题以及解决措施等。企业集团资金管理报告的内容还应包括资金管理模式（集中管理还是分散管理）、资金集中方式、资金集中程度、内部资金往来等。

（7）成本管理报告，报告内容应包括成本预算、实际成本及其差异分析，成本差异形成的原因以及改进措施等。

(8) 业绩评价报告,报告内容应包括绩效目标、关键绩效指标、实际执行结果、差异分析、考评结果,以及相关建议等。

经营层管理会计报告应做到内容完整,分析深入。

(三) 业务层管理会计报告

业务层管理会计报告是为企业日常业务或作业活动提供相关信息的对内报告。业务层管理会计报告的报告对象是企业的职能部门、业务部门以及车间、班组等。业务层管理会计报告应根据内部价值链进行设计,包括但不仅限于研究开发报告、采购业务报告、生产业务报告、配送业务报告、销售业务报告、售后服务业务报告、人力资源报告等。

(1) 研究开发报告,报告内容应包括研发背景、主要研发内容、技术方案、研发进度、项目预算等。

(2) 采购业务报告,报告内容应包括采购业务预算、采购业务执行结果以及差异分析等。采购业务报告要重点反映采购质量、数量以及时间、价格等方面的内容。

(3) 生产业务报告,报告内容应包括生产业务预算、生产业务执行结果以及差异分析等。生产业务报告要重点反映生产成本、生产数量以及产品质量、生产时间等方面的内容。

(4) 配送业务报告,报告内容应包括配送业务预算、配送业务执行结果以及差异分析等。配送业务报告要重点反映配送的及时性、准确性以及配送损耗等方面的内容。

(5) 销售业务报告,报告内容应包括销售业务预算、销售业务执行结果以及差异分析等。销售业务报告要重点反映销售的数量结构和质量结构等方面的内容。

(6) 售后服务业务报告,报告内容应包括售后服务业务预算、售后服务业务执行结果以及差异分析等。售后服务业务报告重点反映售后服务的客户满意度等方面的内容。

(7) 人力资源报告,报告内容应包括人力资源预算、人力资源执行结果以及差异分析等。人力资源报告重点反映人力资源使用及考核等方面的内容。

业务层管理会计报告应做到内容具体,数据充分。

七、管理会计报告的流程

二维码知识点12.2　南方摩托为增强产业整体的市场抗风险能力应用内部管理报告的实践

管理会计报告体系应根据管理活动全过程进行构造,在管理活动各环节形成基于因果关系链的结果报告和原因报告。

管理会计报告流程包括报告的编制、审批、报送、使用、评价等环节。管理会计报告的编制、审批、报送、使用等应与企业组织架构相适应。

(一) 编制

企业管理会计报告由管理会计信息归集、处理并报出的责任部门编制。

(二) 审批

企业应根据报告的内容、重要性和报告对象等,确定不同的审批流程。经审批后的报告方可报出。

（三）报送

企业应合理设计报告报送路径，确保企业管理会计报告及时、有效地送达报告对象。企业管理会计报告可以根据报告性质、管理需要进行逐级报送或直接报送。

（四）使用

企业应建立企业管理会计报告使用的授权制度，报告使用人应在权限范围内使用企业管理会计报告。

（五）评价

（1）企业应对企业管理会计报告的质量、传递的及时性、保密情况等进行评价，并将评价结果与绩效考核挂钩。

（2）企业应当充分利用信息技术，强化企业管理会计报告及相关信息集成和共享，将企业管理会计报告的编制、审批、报送和使用等纳入企业统一信息平台。

（3）企业应定期根据企业管理会计报告使用效果以及内外部环境变化对企业管理会计报告体系、内容、编制、审批、报送、使用等进行优化。

（4）企业应建立管理会计报告组织体系，根据需要设置管理会计报告相关岗位，明确岗位职责。

企业各部门、各岗位都必须履行提供管理会计报告所需信息的责任。企业管理会计报告属内部报告，应在允许的范围内传递和使用。相关人员应遵守保密规定。

第二节　管理会计信息系统

一、管理会计信息化概述

（一）管理会计信息化的概念

管理会计信息化，是指以财务和业务数据为基础，借助计算机、网络通信等现代信息技术手段，对信息进行获取、加工、整理、分析和报告等操作处理，为企业有效开展管理会计活动提供全面、及时、准确的信息支持。

（二）管理会计信息化的原则

企业实施管理会计信息化，一般应遵循以下原则。

1. 系统集成原则

管理会计系统各功能模块应与财务及业务系统紧密集成，通过事先定义的规则，完成财务和业务数据到管理会计数据的自动生成过程，同时实现对财务和业务数据的预警或控制。

2. 数据共享原则

企业在实施管理会计信息化时，一方面应制定统一的标准和规范，实现数据的集中统一管理；另一方面应借助系统的无缝对接，实现数据的一次采集、全程共享。

3. 规则可配置原则

管理会计系统各功能模块应提供规则配置功能，实现其他信息系统与管理会计信息系统相关内容的映射和自定义配置。

4. 灵活扩展性原则

管理会计信息系统应具备灵活扩展性,及时满足企业内部管理的需要,同时对环境、业务、产品、组织和流程的变化做出响应。

二、管理会计信息化的应用环境

企业实施管理会计信息化,一般应同时具备以下条件。

(1) 对企业营运主体、营运范围、业务流程、责任中心等有清晰的定义。

(2) 设有具备管理会计职能的相关部门或岗位,具有一定的管理会计工具方法的应用基础以及相对清晰的管理会计应用流程。

(3) 具备一定的财务和业务信息系统应用基础。

为更好地促进管理会计信息系统的应用,企业需具备一定的系统应用基础,包括已经实现了相对成熟的财务会计系统的应用,并一定程度上实现了经营计划管理、采购管理、销售管理、库存管理等基础业务管理职能的系统化。

三、管理会计信息系统的建设和应用程序

二维码知识点12.3　中国国土资源航空物探遥感中心通过财务管理信息系统建设实现精细化管理

管理会计信息系统的建设和应用程序既包括系统的规划和建设过程,也包括系统的应用过程。

(一) 系统的规划和建设过程

系统的规划和建设过程一般包括系统规划、系统实施和系统维护等环节。

1. 系统规划

在管理会计信息化的系统规划环节,企业应将管理会计信息化的系统规划纳入企业信息系统建设的整体规划中,遵循整体规划、分步实施的原则,确认企业的战略目标和管理会计应用目标,形成清晰的管理会计应用需求,因地制宜,逐步推进。

2. 系统实施

在管理会计信息化的系统实施环节,企业应制订详尽的实施计划,清晰划分实施的主要阶段、有关活动和详细任务的时间进度。实施阶段一般包括项目准备、系统设计、系统实现、测试和上线、运维及支持等过程。

(1) 在项目准备阶段,企业主要应完成系统建设前的基础工作,一般包括确定实施目标、实施组织范围和业务范围,制订项目计划、资源安排和项目管理标准,开展项目动员及初始培训等。

(2) 在系统设计阶段,企业主要应对组织现有的信息系统应用情况、管理会计工作现状和信息化需求进行调查,梳理并优化管理会计应用模型和应用流程,据此设计管理会计信息化的实施方案。

(3) 在系统实现阶段,企业主要应完成管理会计系统各功能模块的系统配置、功能和接

口开发、单元测试以及数据整理等工作。

(4) 在测试和上线阶段,企业主要应实现管理会计信息系统的整体测试、权限设置、系统部署、数据导入、最终用户培训和上线切换过程。必要时企业还应根据实际情况进行预上线演练。

(5) 在运维及支持阶段,企业应做好管理会计信息化运维和支持,实现日常运行维护支持及上线后持续培训和系统优化。

3. 系统维护

管理会计信息系统规划和建设完成后需要进行系统维护,包括数据备份、程序更新、安全管理等。

(二) 系统的应用过程

管理会计信息系统的应用过程一般包括输入、处理和输出 3 个环节。

1. 输入环节

输入环节是指完成从管理会计信息系统或其他应用系统中获取数据的过程。管理会计信息系统需提供已定义清楚数据规则的数据接口,以自动采集财务和业务数据,同时还应支持本系统其他数据的手工录入,以利于相关业务调整和补充信息的需要。

2. 处理环节

处理环节是指借助管理会计工具模型进行数据加工处理的过程。管理会计信息系统可以充分利用数据挖掘、在线分析处理等商业智能技术,借助相关工具对数据进行综合查询、分析统计,挖掘出有助于企业管理活动的信息。

3. 输出环节

输出环节是指提供丰富的人机交互工具,集成通用的办公软件等成熟工具,自动生成或导出数据报告的过程。数据报告的展示形式应注重易读性和可视化。最终的系统输出结果不仅可以采用独立报表或报告的形式展示给用户,也可以输出或嵌入到其他管理系统(如客户关系管理系统)中,为各级管理部门提供管理所需的相关、及时的信息。

四、管理会计信息系统的构成

二维码知识点 12.4　国家电网云平台下的业财融合新模式

管理会计信息系统的模块,是指集成在企业信息系统中,以企业信息系统中财务和业务数据为基础,借助系统的技术手段实现管理会计应用的过程,为企业有效开展管理会计活动提供支持的信息系统模块。

管理会计信息系统的模块以责任中心为主要对象,包括但不限于成本管理、预算管理、绩效管理、投资管理、管理会计报告等功能模块。

(一) 成本管理模块

成本管理模块应实现成本管理的各项主要功能,一般包括对成本要素、成本中心、成本对象等参数的设置,以及成本核算方法的配置,从财务会计核算模块、业务处理模块以及人力资源等模块抽取所需数据,进行精细化成本核算,生成分产品、分批次(订单)、分环节、分区域等多维度的成本信息，以及基于成本信息进行成本分析，实现成本的有效控制，为企业的成本管理的事前计划、事中控制、事后分析提供有效的支持。

1. 成本核算

成本核算主要完成对企业生产经营过程各个交易活动或事项的实际成本信息的收集、归纳、整理，并计算出实际发生的成本数据，支持多种成本计算和分摊方法，准确地度量、分摊和分配实际成本。

成本核算的输入信息一般包括业务活动事项的记录和货币计量数据等。企业应使用具体成本工具方法（如完全成本法、变动成本法、作业成本法、目标成本法、标准成本法等），建立相应的计算模型，以各级成本中心为核算主体，完成成本核算的处理过程。成本核算处理过程结束后，应能够输出实际成本数据、管理层以及各个业务部门所需要的成本核算报告等。

2. 成本分析

成本分析主要实现对实际成本数据分类比较、因素分析比较等，发现成本和利润的驱动因素，形成评价结论，编制成各种形式的分析、评价指标报告等。

成本分析的输入信息一般包括成本标准或计划数据、成本核算子模块生成的成本实际数据等。企业应根据输入数据和规则，选择具体分析评价方法（如差异分析法、趋势分析法、结构分析法等），对各个成本中心的成本绩效进行分析比较，汇总形成各个责任中心及企业总体成本绩效报告，并输出成本分析报告、成本绩效评价报告等。

3. 成本预测

成本预测主要实现不同成本对象的成本估算预测。成本预测的输入信息一般包括业务计划数据、成本评价结果、成本预测假设条件以及历史数据及行业对标数据等。企业应运用成本预测模型（如算术平均法、加权平均法、平滑指数法等）对下一个工作周期的成本需求进行预测，根据经验或行业可比数据对模型预测结果进行调整，并输出成本预测报告。

4. 成本控制

成本控制主要按照既定的成本费用目标，对构成成本费用的诸要素进行规划、限制和调节，及时纠正偏差，控制成本费用超支，把实际耗费控制在成本费用计划范围内。

成本控制的输入信息一般包括成本费用目标和政策、成本分析报告、预算控制等。企业应建立工作流审批授权机制，以实现费用控制过程，通过成本预警机制实现成本控制的处理过程，输出费用支付清单、成本控制报告等。

5. 成本管理

成本管理提供基于指标分摊、作业分摊等多种成本分摊方法，利用预定义的规则按要素、按期间、按作业等进行分摊。

（二）预算管理模块

预算管理模块应实现的主要功能一般包括对企业预算参数设置、预算管理模型搭建、预算目标和计划制订、预算编制、预算执行控制、预算调整、预算分析和评价等全过程的系统化管理。企业首先对预算编制过程中所需的关键参数进行设定，为后续预算编制、执行、分析提供基础数据支持。在明确了预算参数后，根据企业的战略目标和业务需求搭建预算管理模型，构建一个全面的预算管理框架，在此基础上进行预算管理的后续环节。

1. 预算目标和计划制订

预算目标和计划制订主要完成企业目标设定和业务计划的制订，实现预算的启动和准备过程。

预算目标和计划制订的输入信息一般包括企业远景与战略规划、内外部环境信息、投资者和管理者期望、往年绩效数据、经营状况预测以及公司战略举措、各业务板块主要业绩指标。

企业应对内外部环境和问题进行分析，评估预算候选方案，制订详细的业务计划，输出企业与各业务板块主要绩效指标和部门业务计划等。

2. 预算编制

预算编制主要完成预算目标设定、预算分解和目标下达、预算编制和汇总以及预算审批过程，实现自上而下、自下而上等多种预算编制流程，以及提供固定预算、弹性预算、零基预算、滚动预算、作业预算等一种或多种预算编制方法的处理机制。

预算编制的输入信息一般包括历史绩效数据、关键业绩指标、预算驱动因素、管理费用标准等。企业应借助适用的预测方法（趋势预测、平滑预测、回归预测等）建立预测模型，辅助企业制定预算目标，依据预算管理体系，自动分解预算目标，辅助预算的审批流程，自动汇总预算。最终输出结果应为各个责任中心的预算方案等。预算管理模块应能提供给企业根据业务需要编制多期间、多情景、多版本预算计划的功能，以满足预算编制的要求。

3. 预算执行控制

预算执行控制主要实现预算系统与各业务系统的及时数据交换，实现对财务和业务预算执行情况的实时控制等。

预算执行控制的输入信息一般包括企业各业务板块及部门的主要绩效指标、业务计划、预算执行控制标准及预算执行情况等。企业应通过对数据的校验、比较和查询汇总，比对预算目标和执行情况的差异；建立预算监控模型，预警和冻结超预算情形，形成预算执行情况报告；执行预算控制审核机制以及例外预算管理等。最终输出结果应为预算执行差异分析报告、经营调整措施等。

4. 预算调整

预算调整主要实现对部分责任中心的预算数据进行调整，完成调整的处理过程等。

预算调整的输入信息一般包括企业各业务板块及部门的主要绩效指标、预算执行差异分析报告等。企业应对预算数据进行调整，并依据预算管理体系，自动分解调整后的预算目标，辅助调整预算的审批流程，自动汇总预算。最终输出结果应为各个责任中心的预算调整报告和调整后的绩效指标等。

5. 预算分析和评价

预算分析和评价主要提供多种预算分析模型，实现在预算执行的数据基础上，对预算的实际发生数进行多期间、多层次、多角度的预算分析，最终完成预算的业绩评价，为绩效考核提供数据基础。预算分析和评价的输入信息一般包括预算指标及预算执行情况，以及业绩评价的标准与考核办法等数据。企业应建立差异计算模型，实现预算差异的计算，辅助实现差异成因分析过程，最终输出部门、期间、层级等多维度的预算差异分析报告等。

（三）绩效管理模块

绩效管理模块主要实现业绩评价和激励管理过程中各要素的管理功能，一般包括业绩计划和激励计划的制订、业绩计划和激励计划的执行控制、业绩评价和激励实施管理等，为企业的绩效管理提供支持。

绩效管理模块应提供企业各项关键绩效指标(key performance index,KPI) 的定义和配置功能，并可从其他模块中自动获取各业务单元或责任中心相应的实际绩效数据，进行计算处理，形成绩效执行情况报告及差异分析报告。

1. 业绩计划和激励计划的制订

业绩计划和激励计划的制订主要完成绩效管理目标和标准的设定、绩效管理目标的分解和下达、业绩计划和激励计划的编制过程，以及计划的审批流程。

业绩计划和激励计划制订的输入信息一般包括企业及各级责任中心的战略 KPI 及年度经营 KPI 指标以及企业绩效评价考核标准、绩效激励形式和条件等基础数据。处理过程一般包括构建指标体系、分配指标权重、确定业绩目标值、选择业绩评价计分方法以及制订薪酬激励、能力开发激励、职业发展激励等多种激励计划，输出各级考核对象的业绩计划、绩效激励计划等。

2. 业绩计划和激励计划的执行控制

业绩计划和激励计划的执行控制主要实现与预算系统及各业务系统的及时数据交换，实现对业绩计划与激励计划执行情况的实时控制等。

业绩计划和激励计划的执行控制的输入信息一般包括绩效实际数据以及业绩计划和激励计划等。企业应建立指标监控模型，根据指标计算办法计算指标实际值，比对实际值与目标值的偏差，输出业绩计划和激励计划执行差异报告等。

3. 业绩评价和激励实施管理

业绩评价和激励实施管理主要实现对计划的执行情况进行评价，形成综合评价结果，向被评价对象反馈改进建议及措施等。

业绩评价和激励实施管理的输入信息一般包括被评价对象的业绩指标实际值和目标值、指标计分方法和权重等。企业应选定评分计算方法计算评价分值，形成被评价对象的综合评价结果，输出业绩评价结果报告和改进建议等。

(四) 投资管理模块

投资管理模块主要实现对企业投资项目进行计划和控制的系统支持过程，一般包括投资计划的制订和对每个投资项目进行的及时管控等。

投资管理模块应与项目管理模块、资产管理模块、成本管理模块、预算管理模块等进行有效集成和数据交换。在制订投资计划时，可以从项目管理模块中获取相关的项目定义、工作分解定义、作业过程定义等信息，从资产管理模块中获取资产折旧等信息，从成本管理模块中获取项目成本分摊和归集等信息，以及向预算管理模块传递项目预算信息等。

投资管理模块应辅助企业实现投资计划的编制和审批过程。企业可以借助投资管理模块定义投资项目、投资程序、投资任务、投资预算、投资控制对象等基本信息，在此基础上，制订企业各级组织的投资计划和实施计划，实现投资计划的分解和下达。

投资管理模块应实现对企业具体投资项目的管控过程。企业可以根据实际情况，将项目管理功能集成到投资管理模块中，也可以实施单独的项目管理模块来实现项目的管控过程。

项目管理模块主要实现对投资项目的系统化管理过程，一般包括项目设置、项目计划与预算、项目执行、项目结算与关闭、项目报告以及项目后审计等功能。

1. 项目设置

项目设置主要完成项目定义(项目名称、项目期间、成本控制范围、利润中心等参数),以及工作分解定义,作业和项目文档等的定义和设置,为项目管理提供基础信息。

2. 项目计划与预算

项目计划与预算主要完成项目里程碑计划、项目实施计划、项目概算、项目利润及投资测算、项目详细预算等过程,并辅助实现投资预算的审核和下达过程。项目里程碑计划一般包括对项目的关键节点进行定义,在关键节点对项目进行检查和控制,以及确定项目各阶段的开始和结束时间等。

3. 项目执行

项目执行主要实现项目的拨款申请,投资计量,项目实际发生值的确定、计算和汇总,以及与目标预算进行比对,对投资进行检查和成本管控等。

4. 项目结算与关闭

通过定义的结算规则,运用项目结算程序,对项目实现期末结账处理。结算完成后,对项目执行关闭操作,保证项目的可控性。

5. 项目报告

项目管理模块应向用户提供关于项目数据的各类汇总报表及明细报表,包括但不限于项目计划、项目投资差异分析报告等。

6. 项目后审计

企业可以根据实际需要,在项目管理模块中提供项目后辅助审计功能,依据项目计划和过程建立工作底稿,对项目的实施过程、成本、绩效等进行审计和项目后评价。

(五) 管理会计报告模块

管理会计报告模块应实现基于信息系统中财务数据、业务数据自动生成相对固化的管理会计报告,支持企业有效实现各项管理会计活动。管理会计报告模块的功能如下。

(1) 管理会计报告模块应为用户生成报告,提供足够丰富、高效、及时的数据源,必要时应建立数据仓库和数据集市,形成统一规范的数据集,并在此基础上,借助数据挖掘等商务智能工具方法,实现多维度自动报表的生成。

(2) 管理会计报告模块应为企业战略层、经营层和业务层提供丰富的通用报告模板。

(3) 管理会计报告模块应为企业提供灵活的自定义报告功能。企业可以借助报表工具自定义管理会计报表的报告主体、期间(定期或不定期)、结构、数据源、计算公式以及报表展现形式等。系统可以根据企业自定义管理会计报表的模板自动获取数据进行计算加工,并以预先定义的展现形式输出。

(4) 管理会计报告模块应提供用户追溯数据源的功能。用户可以在系统中对报告的最终结果数据进行追溯,可以层层追溯其数据来源和计算方法,直至业务活动。

(5) 管理会计报告模块可以独立的模块形式存在于信息系统中,从其他管理会计模块中获取数据生成报告;也可内嵌到其他管理会计模块中,作为其他管理会计模块重要的输出环节。

(6) 管理会计报告模块应与合并报告系统相关联,既能有效生成企业整体报告,也能生成分部报告,并实现整体报告和分部报告的联查。

五、管理会计信息系统应用评价

在企业已有的信息系统中应用管理会计模块,其优点主要体现在以下几方面。

(1) 可以充分实现与财务会计模块和其他业务模块的系统集成,防止信息孤岛的产生。

(2) 可以充分利用信息系统中的财务数据和业务数据,提高数据采集效率,更好地提高管理会计工作效率和实践效果。

(3) 基于现有的信息系统,符合相关人员的使用习惯,有助于管理会计从业人员对系统的掌握和使用。

(4) 基于现有的信息系统,使用条件比较成熟,能有效地降低系统的建设成本。

在企业已有的信息系统中应用管理会计模块,其缺点主要体现在:受已有信息系统环境的制约,在灵活性、完整性和可扩展性方面有一定的局限性。

附　　录

附录一

期数	1%	2%	3%	4%	5%	6%	7%	8%	9%	10%
1	1.010 0	1.020 0	1.030 0	1.040 0	1.050 0	1.060 0	1.070 0	1.080 0	1.090 0	1.100 0
2	1.020 1	1.040 4	1.060 9	1.081 6	1.102 5	1.123 6	1.144 9	1.166 4	1.188 1	1.210 0
3	1.030 3	1.061 2	1.092 7	1.124 9	1.157 6	1.191 0	1.225 0	1.259 7	1.295 0	1.321 0
4	1.040 6	1.082 4	1.125 5	1.169 9	1.215 5	1.262 5	1.310 8	1.360 5	1.411 6	1.464 1
5	1.051 0	1.104 1	1.159 3	1.216 7	1.276 3	1.338 2	1.402 6	1.469 3	1.538 6	1.610 5
6	1.061 5	1.126 2	1.194 1	1.265 3	1.340 1	1.418 5	1.500 7	1.580 9	1.677 1	1.771 6
7	1.072 1	1.148 7	1.229 9	1.315 9	1.407 1	1.503 6	1.605 8	1.773 8	1.828 0	1.948 7
8	1.082 9	1.171 7	1.266 8	1.368 6	1.477 5	1.593 8	1.718 2	1.850 9	1.992 6	2.143 6
9	1.093 7	1.195 1	1.304 8	1.423 3	1.551 3	1.689 5	1.838 5	1.999 0	2.171 9	2.357 9
10	1.104 6	1.219 0	1.343 9	1.480 2	1.628 9	1.790 8	1.967 2	2.158 9	2.367 4	2.593 7
11	1.115 7	1.243 4	1.384 2	1.539 5	1.710 3	1.898 3	2.104 9	2.331 6	2.580 4	2.853 1
12	1.126 8	1.268 2	1.425 8	1.601 0	1.795 9	2.012 2	2.252 2	2.518 2	2.812 7	3.138 4
13	1.138 1	1.293 6	1.468 5	1.665 1	1.885 6	2.132 9	2.409 8	2.719 6	3.065 8	3.452 3
14	1.149 5	1.319 5	1.512 6	1.731 7	1.979 9	2.260 9	2.578 5	2.937 2	3.3417	3.797 5
15	1.161 0	1.345 9	1.558 0	1.800 9	2.078 9	2.396 6	2.759 0	3.172 2	3.642 5	4.177 2
16	1.172 6	1.372 8	1.604 7	1.873 0	2.182 9	2.540 4	2.952 2	3.425 9	3.970 3	4.595 0
17	1.184 3	1.400 2	1.652 8	1.947 9	2.292 0	2.692 8	3.158 8	3.700 0	4.327 6	5.054 5
18	1.196 1	1.428 2	1.702 4	2.025 8	2.406 6	2.854 3	3.379 9	3.996 0	4.717 1	5.559 9
19	1.208 1	1.456 8	1.753 5	2.106 8	2.527 0	3.025 6	3.616 5	4.315 7	5.141 7	6.115 9
20	1.220 2	1.485 9	1.806 1	2.191 1	2.653 3	3.207 1	3.869 7	4.661 0	5.604 4	6.727 5
21	1.232 4	1.515 7	1.860 3	2.278 8	2.786 0	3.399 6	4.140 6	5.033 8	6.108 8	7.400 2
22	1.244 7	1.546 0	1.916 1	2.369 9	2.925 3	3.603 5	4.430 4	5.436 5	6.658 6	8.140 3
23	1.257 2	1.576 9	1.973 6	2.464 7	3.071 5	3.819 7	4.740 5	5.871 5	7.257 9	8.254 3
24	1.269 7	1.608 4	2.032 8	2.563 3	3.225 1	4.048 9	5.072 4	6.341 2	7.911 1	9.849 7
25	1.282 4	1.640 6	2.093 8	2.665 8	3.386 4	4.291 9	5.427 4	6.848 5	8.623 1	10.835
26	1.295 3	1.673 4	2.156 6	2.772 5	3.555 7	4.549 4	5.807 6	7.396 4	9.399 2	11.918
27	1.308 2	1.706 9	2.221 3	2.883 4	3.733 5	4.882 3	6.213 9	7.988 1	10.245	13.110
28	1.321 3	1.741 0	2.287 9	2.998 7	3.920 1	5.111 7	6.648 8	8.627 1	11.167	14.421
29	1.334 5	1.775 8	2.356 6	3.118 7	4.116 1	5.418 4	7.114 3	9.317 3	12.172	15.863
30	1.347 8	1.811 4	2.427 3	3.243 4	4.321 9	5.743 5	7.612 3	10.063	13.268	17.449
40	1.488 9	2.208 0	3.262 0	4.801 0	7.040 0	10.286	14.794	21.725	31.408	45.259
50	1.644 6	2.691 6	4.383 9	7.106 7	11.467	18.420	29.457	46.902	74.358	117.39
60	1.816 7	3.281 0	5.891 6	10.520	18.679	32.988	57.946	101.26	176.03	304.48

注：＊>99 999。

复利终值系数表$(F/P,i,n)$

12%	14%	15%	16%	18%	20%	24%	28%	32%	36%
1. 120 0	1. 140 0	1. 150 0	1. 160 0	1. 180 0	1. 200 0	1. 240 0	1. 280 0	1. 320 0	1. 360 0
1. 254 4	1. 299 6	1. 322 5	1. 345 6	1. 392 4	1. 440 0	1. 537 6	1. 638 4	1. 742 4	1. 849 6
1. 404 9	1. 481 5	1. 520 9	1. 560 9	1. 643 0	1. 728 0	1. 906 6	2. 087 2	2. 300 0	2. 515 5
1. 573 5	1. 689 0	1. 749 0	1. 810 6	1. 938 8	2. 073 6	2. 364 2	2. 684 4	3. 036 0	3. 421 0
1. 762 3	1. 925 4	2. 011 4	2. 100 3	2. 287 8	2. 488 3	2. 931 6	3. 436 0	4. 007 5	4. 652 6
1. 973 8	2. 195 0	2. 313 1	2. 436 4	2. 699 6	2. 986 0	3. 635 2	4. 398 0	5. 289 9	6. 327 5
2. 210 7	2. 502 3	2. 660 0	2. 826 2	3. 185 5	3. 583 2	4. 507 7	5. 629 5	6. 982 6	8. 605 4
2. 476 0	2. 852 6	3. 059 0	3. 278 4	3. 758 9	4. 299 8	5. 589 5	7. 250 8	9. 217 0	11. 703
2. 773 1	3. 251 9	3. 517 9	3. 803 0	4. 435 5	5. 159 8	6. 931 0	9. 223 4	12. 166	15. 917
3. 105 8	3. 707 2	4. 045 6	4. 411 4	5. 233 8	6. 191 7	8. 594 4	11. 806	16. 060	21. 647
3. 478 5	4. 226 2	4. 652 4	5. 117 3	6. 175 9	7. 430 1	10. 657	15. 112	21. 119	29. 439
3. 896 0	4. 817 9	5. 350 3	5. 936 0	7. 287 6	8. 916 1	13. 215	19. 343	27. 983	40. 037
4. 363 5	5. 492 4	6. 152 8	6. 885 8	8. 599 4	10. 699	16. 386	24. 759	36. 937	54. 451
4. 887 1	6. 261 3	7. 075 7	7. 987 5	10. 147	12. 839	20. 319	31. 691	48. 757	74. 053
5. 473 6	7. 137 9	8. 137 1	9. 265 5	11. 974	15. 407	25. 196	40. 565	64. 359	100. 71
6. 130 4	8. 137 2	9. 357 6	10. 748	14. 129	18. 488	31. 243	51. 923	84. 954	136. 97
6. 866 0	9. 276 5	10. 761	12. 468	16. 672	22. 186	38. 741	66. 461	112. 14	186. 28
7. 690 0	10. 575	12. 375	14. 463	19. 673	26. 623	48. 039	86. 071	148. 02	253. 34
8. 612 8	12. 056	14. 232	16. 777	23. 214	31. 948	59. 568	108. 89	195. 39	344. 54
9. 6463	13. 743	16. 367	19. 461	27. 393	38. 338	73. 864	139. 38	257. 92	468. 57
10. 804	15. 668	18. 822	22. 574	32. 324	46. 005	91. 592	178. 41	340. 45	637. 26
12. 100	17. 861	21. 645	26. 186	38. 142	55. 206	113. 57	228. 36	449. 39	866. 67
13. 552	20. 362	24. 891	30. 376	45. 008	66. 247	140. 83	292. 30	593. 20	1 178. 7
15. 179	23. 212	28. 625	35. 236	53. 109	79. 497	174. 63	374. 14	783. 02	1 603. 0
17. 000	26. 462	32. 919	40. 874	62. 669	95. 396	216. 54	478. 90	1 033. 6	2 180. 1
19. 040	30. 167	37. 857	47. 414	73. 949	114. 48	268. 51	613. 00	1 364. 3	2 964. 9
21. 325	34. 390	43. 535	55. 000	87. 260	137. 37	332. 95	784. 64	1 800. 9	4 032. 3
23. 884	39. 204	50. 066	63. 800	102. 97	164. 84	412. 86	1 004. 3	2 377. 2	5 483. 9
26. 750	44. 693	57. 575	74. 009	121. 50	197. 81	511. 95	1 285. 6	3 137. 9	7 458. 1
29. 960	50. 950	66. 212	85. 850	143. 37	237. 38	634. 82	1 645. 5	4 142. 1	10 143. 0
93. 051	188. 83	267. 86	378. 72	750. 38	14 69. 8	5 455. 9	19 427	66 521	*
289. 00	700. 23	1 083. 7	1 670. 7	3 927. 4	9 100. 4	46 890	*	*	*
897. 60	2 595. 9	4 384. 0	7 370. 2	20 555	55 634	*	*	*	*

附录二

期数	1%	2%	3%	4%	5%	6%	7%	8%	9%	10%
1	0.990 1	0.980 4	0.970 9	0/961 5	0.952 4	0.943 4	0.934 6	0.925 9	0.917 4	0.909 1
2	0.980 3	0.961 2	0.942 6	0.924 6	0.907 0	0.890 0	0.873 4	0.857 3	0.841 7	0.826 4
3	0.970 6	0.942 3	0.915 1	0.889 0	0.863 8	0.939 6	0.816 3	0.793 8	0.772 2	0.751 3
4	0.961 0	0.923 8	0.888 5	0.854 8	0.822 7	0.792 1	0.762 9	0.735 0	0.708 4	0.683 0
5	0.951 5	0.905 7	0.862 6	0.821 9	0.783 5	0.747 3	0.713 0	0.680 6	0.649 9	0.620 9
6	0.942 0	0.888 0	0.837 5	0.790 3	0.746 2	0.705 0	0.666 3	0.630 2	0.596 3	0.564 5
7	0.932 7	0.860 6	0.813 1	0.759 9	0.710 7	0.665 1	0.622 7	0.583 5	0.547 0	0.513 2
8	0.923 5	0.853 5	0.787 4	0.730 7	0.676 8	0.627 4	0.582 0	0.540 3	0.501 9	0.466 5
9	0.914 3	0.836 8	0.766 4	0.702 6	0.644 6	0.591 9	0.543 9	0.500 2	0.460 4	0.424 1
10	0.905 3	0.820 3	0.744 1	0.675 6	0.613 9	0.558 4	0.508 3	0.463 2	0.422 4	0.385 5
11	0.896 3	0.804 3	0.722 4	0.649 6	0.584 7	0.526 8	0.475 1	0.428 9	0.387 5	0.350 5
12	0.887 4	0.788 5	0.701 4	0.624 6	0.556 8	0.497 0	0.444 0	0.397 1	0.355 5	0.318 6
13	0.878 7	0.773 0	0.681 0	0.600 6	0.530 3	0.468 8	0.415 0	0.367 7	0.326 2	0.289 7
14	0.870 0	0.757 9	0.661 1	0.577 5	0.505 1	0.442 3	0.387 8	0.340 5	0.299 2	0.263 3
15	0.861 3	0.743 0	0.641 9	0.555 3	0.481 0	0.417 3	0.362 4	0.315 2	0.274 5	0.239 4
16	0.852 8	0.728 4	0.633 2	0.533 9	0.458 1	0.393 6	0.338 7	0.291 9	0.251 9	0.217 6
17	0.844 4	0.714 2	0.605 0	0.513 4	0.436 3	0.371 4	0.316 6	0.270 3	0.231 1	0.197 8
18	0.836 0	0.700 2	0.587 4	0.493 6	0.415 5	0.350 3	0.295 9	0.250 2	0.212 0	0.179 9
19	0.827 7	0.686 4	0.570 3	0.474 6	0.395 7	0.330 5	0.276 5	0.231 7	0.194 5	0.163 5
20	0.819 5	0.673 0	0.553 7	0.456 4	0.376 9	0.311 8	0.258 4	0.214 5	0.178 4	0.148 6
21	0.811 4	0.659 8	0.537 5	0.438 8	0.358 9	0.294 2	0.241 5	0.198 7	0.163 7	0.135 1
22	0.803 4	0.646 8	0.521 9	0.422 0	0.341 8	0.277 5	0.225 7	0.183 9	0.150 2	0.122 8
23	0.795 4	0.634 2	0.506 7	0.405 7	0.325 6	0.261 8	0.210 9	0.170 3	0.137 8	0.111 7
24	0.787 6	0.621 7	0.491 9	0.390 1	0.301 0	0.247 0	0.197 1	0.157 7	0.126 4	0.101 5
25	0.779 8	0.609 5	0.477 6	0.375 1	0.295 3	0.233 0	0.184 2	0.146 0	0.116 0	0.092 3
26	0.772 0	0.597 6	0.463 7	0.360 4	0.281 2	0.219 8	0.172 2	0.135 2	0.106 4	0.083 9
27	0.764 4	0.585 9	0.450 2	0.346 8	0.267 8	0.207 4	0.160 9	0.125 2	0.097 6	0.076 3
28	0.756 8	0.574 4	0.437 1	0.333 5	0.255 1	0.195 6	0.150 4	0.115 9	0.089 5	0.069 3
29	0.749 3	0.563 1	0.424 3	0.320 7	0.242 9	0.184 6	0.140 6	0.107 3	0.082 2	0.063 0
30	0.741 9	0.552 1	0.412 0	0.308 3	0.231 4	0.174 1	0.131 4	0.099 4	0.075 4	0.057 3
35	0.705 9	0.500 0	0.355 4	0.253 4	0.181 3	0.130 1	0.093 7	0.067 6	0.049 0	0.035 6
40	0.671 7	0.452 9	0.306 6	0.208 3	0.142 0	0.097 2	0.066 8	0.046 0	0.031 8	0.022 1
45	0.639 1	0.410 2	0.264 4	0.171 2	0.111 3	0.072 7	0.047 6	0.031 3	0.020 7	0.013 7
50	0.608 0	0.371 5	0.228 1	0.140 7	0.087 2	0.054 3	0.033 9	0.021 3	0.013 4	0.008 5
55	0.578 5	0.336 5	0.196 8	0.115 7	0.068 3	0.040 6	0.024 2	0.014 5	0.008 7	0.005 3

注：* <0.0001。

复利现值系数表($P/F,i,n$)

12%	14%	15%	16%	18%	20%	24%	28%	32%	36%
0. 892 9	0. 877 2	0. 869 6	0. 862 1	0. 847 5	0. 833 3	0. 806 5	0. 781 3	0. 757 6	0. 735 3
0. 797 2	0. 769 5	0. 756 1	0. 743 2	0. 718 2	0. 694 4	0. 650 4	0. 610 4	0. 573 9	0. 540 7
0. 711 8	0. 675 0	0. 657 5	0. 640 7	0. 608 6	0. 578 7	0. 524 5	0. 476 8	0. 434 8	0. 397 5
0. 635 5	0. 592 1	0. 571 8	0. 552 3	0. 515 8	0. 482 3	0. 423 0	0. 372 5	0. 329 4	0. 292 3
0. 567 4	0. 519 4	0. 497 2	0. 476 2	0. 437 1	0. 401 9	0. 341 1	0. 291 0	0. 249 5	0. 214 9
0. 506 6	0. 455 6	0. 432 3	0. 410 4	0. 370 4	0. 334 9	0. 275 1	0. 227 4	0. 189 0	0. 158 0
0. 452 3	0. 399 6	0. 375 9	0. 353 8	0. 313 9	0. 279 1	0. 221 8	0. 177 6	0. 143 2	0. 116 2
0. 403 9	0. 350 6	0. 326 9	0. 305 0	0. 266 0	0. 232 3	0. 178 9	0. 138 8	0. 108 5	0. 085 4
0. 360 6	0. 307 5	0. 284 3	0. 263 0	0. 225 5	0. 193 8	0. 144 3	0. 108 4	0. 082 2	0. 062 8
0. 322 0	0. 269 7	0. 247 2	0. 226 7	0. 191 1	0. 161 5	0. 116 4	0. 084 7	0. 062 3	0. 046 2
0. 287 5	0. 236 6	0. 214 9	0. 195 4	0. 161 9	0. 134 6	0. 093 8	0. 066 2	0. 047 2	0. 034 0
0. 256 7	0. 207 6	0. 186 9	0. 168 5	0. 137 3	0. 112 2	0. 075 7	0. 151 7	0. 035 7	0. 025 0
0. 229 2	0. 182 1	0. 162 5	0. 145 2	0. 116 3	0. 093 5	0. 061 0	0. 040 4	0. 027 1	0. 018 4
0. 204 6	0. 159 7	0. 141 3	0. 125 2	0. 098 5	0. 077 9	0. 049 2	0. 031 6	0. 020 5	0. 013 5
0. 182 7	0. 140 1	0. 122 9	0. 107 9	0. 083 5	0. 064 9	0. 039 7	0. 024 7	0. 015 5	0. 009 9
0. 163 1	0. 122 9	0. 106 9	0. 098 0	0. 070 9	0. 054 1	0. 032 0	0. 019 3	0. 011 8	0. 007 3
0. 145 6	0. 107 8	0. 092 9	0. 080 2	0. 060 0	0. 045 1	0. 025 9	0. 015 0	0. 008 9	0. 005 4
0. 130 0	0. 094 6	0. 080 8	0. 069 1	0. 050 8	0. 037 6	0. 020 8	0. 011 8	0. 006 8	0. 003 9
0. 116 1	0. 082 9	0. 070 3	0. 059 6	0. 043 1	0. 031 3	0. 016 8	0. 009 2	0. 005 1	0. 002 9
0. 103 7	0. 072 8	0. 061 1	0. 051 4	0. 036 5	0. 026 1	0. 013 5	0. 007 2	0. 003 9	0. 002 1
0. 092 6	0. 063 8	0. 053 1	0. 044 3	0. 030 9	0. 021 7	0. 010 9	0. 005 6	0. 002 9	0. 001 6
0. 082 6	0. 056 0	0. 046 2	0. 038 2	0. 026 2	0. 018 1	0. 008 8	0. 004 4	0. 002 2	0. 001 2
0. 073 8	0. 049 1	0. 040 2	0. 032 9	0. 022 2	0. 015 1	0. 007 1	0. 003 4	0. 001 7	0. 000 8
0. 065 9	0. 043 1	0. 034 9	0. 028 4	0. 018 8	0. 012 6	0. 005 7	0. 002 7	0. 001 3	0. 000 6
0. 058 8	0. 037 8	0. 030 4	0. 024 5	0. 016 0	0. 010 5	0. 004 6	0. 002 1	0. 001 0	0. 000 5
0. 052 5	0. 033 1	0. 026 4	0. 021 1	0. 013 5	0. 008 7	0. 003 7	0. 001 6	0. 000 7	0. 000 3
0. 046 9	0. 029 1	0. 023 0	0. 018 2	0. 011 5	0. 007 3	0. 003 0	0. 001 3	0. 000 6	0. 000 2
0. 041 9	0. 025 5	0. 020 0	0. 015 7	0. 009 7	0. 006 1	0. 002 4	0. 001 0	0. 000 4	0. 000 2
0. 037 4	0. 022 4	0. 017 4	0. 013 5	0. 008 2	0. 005 1	0. 002 0	0. 000 8	0. 000 3	0. 000 1
0. 033 4	0. 019 6	0. 015 1	0. 011 6	0. 007 0	0. 004 2	0. 004 2	0. 001 6	0. 000 6	0. 000 1
0. 018 9	0. 010 2	0. 007 5	0. 005 5	0. 003 0	0. 001 7	0. 000 5	0. 000 2	0. 000 1	*
0. 010 7	0. 005 3	0. 003 7	0. 002 6	0. 001 3	0. 000 7	0. 000 2	0. 000 1	*	*
0. 006 1	0. 002 7	0. 001 9	0. 001 3	0. 000 6	0. 000 3	0. 000 1	*	*	*
0. 003 5	0. 001 4	0. 000 9	0. 000 6	0. 000 3	0. 000 1	*	*	*	*
0. 002 0	0. 000 7	0. 000 5	0. 000 3	0. 000 1	*	*	*	*	*

附录三

期数	1%	2%	3%	4%	5%	6%	7%	8%	9%	10%
1	1.000 0	1.000 0	1.000 0	1.000 0	1.000 0	1.000 0	1.000 0	1.000 0	1.000 0	1.0000
2	2.010 0	2.020 0	2.030 0	2.040 0	2.050 0	2.060 0	2.070 0	2.080 0	2.090 0	2.1000
3	3.030 1	3.060 4	3.090 9	3.121 6	3.152 5	3.183 6	3.214 9	3.246 4	3.278 1	3.3100
4	4.060 4	4.121 6	4.183 6	4.246 5	4.310 1	4.374 6	4.439 9	4.506 1	4.573 1	4.6410
5	5.101 0	5.204 0	5.309 1	5.416 3	5.525 6	5.637 1	5.750 7	5.866 6	5.984 7	6.1051
6	6.152 0	6.308 1	6.468 4	6.633 0	6.801 9	6.975 3	7.153 3	7.335 9	7.523 3	7.7156
7	7.213 5	7.434 3	7.662 5	7.898 3	8.142 0	8.393 8	8.654 0	8.922 8	9.200 4	9.4872
8	8.285 7	8.583 0	8.892 3	9.214 2	9.549 1	9.897 5	10.260	10.637	11.028	11.436
9	9.368 5	9.754 6	10.159	10.583	11.027	11.491	11.978	12.488	13.021	13.579
10	10.462	10.950	11.464	12.006	12.578	13.181	13.816	14.487	15.193	15.937
11	11.567	12.169	12.808	13.486	14.207	14.972	15.784	16.645	17.560	18.531
12	12.683	13.412	14.192	15.026	15.917	16.870	17.888	18.977	20.141	21.384
13	13.809	14.680	15.618	16.627	17.713	18.882	20.141	21.495	22.953	24.523
14	14.947	15.974	17.086	18.292	19.599	21.015	22.550	24.214	26.019	27.975
15	16.097	17.293	18.599	20.024	21.579	23.276	25.129	27.152	29.361	31.772
16	17.258	18.639	20.157	21.825	23.657	25.673	27.888	30.324	33.003	35.950
17	18.430	20.012	21.762	23.698	25.840	28.213	30.840	33.750	36.974	40.545
18	19.615	21.412	23.414	25.645	28.132	30.906	33.999	37.450	41.301	45.599
19	20.811	22.841	25.117	27.671	30.539	33.760	37.379	41.446	46.018	51.159
20	22.019	24.297	26.870	29.778	33.066	36.786	40.995	45.752	51.160	57.275
21	23.239	25.783	28.676	31.969	35.719	39.993	44.865	50.423	56.765	64.002
22	24.472	27.299	30.537	34.248	38.505	43.392	49.006	55.457	62.873	71.403
23	25.716	28.845	32.453	36.618	41.430	46.996	53.436	60.883	69.532	79.543
24	26.973	30.422	34.426	39.083	44.502	50.816	58.177	66.765	76.790	88.497
25	28.243	32.030	36.459	41.646	47.727	54.863	63.294	73.106	84.701	98.347
26	29.526	33.671	38.553	44.312	51.113	59.156	68.676	79.954	93.324	109.18
27	30.821	35.344	40.710	47.084	54.669	63.706	74.484	87.351	102.72	121.10
28	32.129	37.051	42.931	49.968	58.403	68.528	80.698	95.339	112.97	134.21
29	33.450	38.792	45.219	52.966	62.323	73.640	87.347	103.97	124.14	148.63
30	34.785	40.568	47.575	56.085	66.439	79.058	94.461	113.28	136.31	164.49
40	48.886	60.402	75.401	95.026	120.80	154.76	199.64	259.06	337.88	442.59
50	64.463	84.579	112.80	152.67	209.35	290.34	406.53	573.77	815.08	1 163.9
60	81.670	114.05	163.05	237.99	353.58	533.13	813.52	1 253.2	1 944.8	3 034.8

注：* >99 999。

年金终值系数表($F/A,i,n$)

12%	14%	15%	16%	18%	20%	24%	28%	32%	36%
1.000 0	1.000 0	1.000 0	1.000 0	1.000 0	1.000 0	1.000 0	1.000 0	1.000 0	1.000 0
2.120 0	2.140 0	2.150 0	2.160 0	2.180 0	2.200 0	2.240 0	2.280 0	2.320 0	2.360 0
3.374 4	3.439 6	3.472 5	3.505 6	3.572 4	3.640 0	3.777 6	3.918 4	4.062 4	4.209 6
4.779 3	4.921 1	4.993 4	5.066 5	5.215 4	5.368 0	5.684 2	6.015 6	6.362 4	6.725 1
6.352 8	6.610 1	6.742 4	6.877 1	7.154 2	7.441 6	8.048 4	8.699 9	9.398 3	10.146
8.115 2	8.535 5	8.753 7	8.977 5	9.442 0	9.929 9	10.980	12.136	13.406	14.799
10.089	10.730	11.067	11.414	12.142	12.916	14.615	16.534	18.696	21.126
12.300	13.233	13.327	14.240	15.327	16.499	19.123	22.163	25.678	29.732
14.776	16.085	16.786	17.519	19.086	20.799	24.712	29.369	34.895	41.435
17.549	19.337	20.304	21.321	23.521	25.959	31.643	38.593	47.062	57.352
20.655	23.045	24.349	25.733	28.755	32.150	40.238	50.398	63.122	78.998
24.133	27.271	29.002	30.850	34.931	39.581	50.895	65.510	84.320	108.44
28.029	32.089	34.352	36.786	42.219	48.497	64.110	84.853	112.30	148.47
32.393	37.581	40.505	43.672	50.818	59.196	80.496	109.61	149.24	202.93
37.280	43.842	47.580	51.660	60.965	72.035	100.82	141.30	198.00	276.98
42.753	50.980	55.717	60.925	72.939	87.442	126.01	181.87	262.36	377.69
48.884	59.118	65.075	71.673	87.068	105.93	157.25	233.79	347.31	514.66
55.750	68.394	75.836	84.141	103.74	128.12	195.99	300.25	459.45	770.94
63.440	78.969	88.212	98.603	123.41	154.74	244.03	385.32	607.47	954.28
72.052	91.025	102.44	115.38	146.63	186.69	303.60	494.21	802.86	1 298.8
81.699	104.77	118.81	134.84	174.02	225.03	377.46	633.59	1 060.8	1 767.4
92.503	120.44	137.63	157.41	206.34	271.03	469.06	812.00	1 401.2	2 404.7
104.60	138.30	159.28	183.60	244.49	326.24	582.63	1 040.4	1 850.6	3 271.3
118.16	185.66	184.17	213.98	289.49	392.48	723.46	1 332.7	2 443.8	4 450.0
133.33	181.87	212.79	249.21	342.60	471.98	898.09	1 706.8	3 226.8	6 053.0
150.33	208.33	245.71	290.09	405.27	567.38	1 114.6	2 185.7	4 260.4	8 233.1
169.37	238.50	283.57	337.50	479.22	681.85	1 383.1	2 798.7	5 624.8	11 198.0
190.70	272.89	327.10	392.50	566.48	819.22	1 716.1	3 583.3	7 425.7	15 230.3
214.58	312.09	377.17	456.30	669.45	984.07	2 129.0	4 587.7	9 802.9	20 714.2
241.33	356.79	434.75	503.31	790.95	1 181.9	2 640.9	5 873.2	12 941	28 172.3
767.09	1 342.0	1 779.1	2 360.8	4 163.2	7 343.2	27 290	69 377	*	*
2 400.0	4 994.5	7 217.7	10 436	21 813	45 497	*	*	*	*
7 471.6	18 535	29 220	46 058	*	*	*	*	*	*

附录四

期数	1%	2%	3%	4%	5%	6%	7%	8%	9%
1	0. 990 1	0. 980 4	0. 970 9	0. 961 5	0. 952 4	0. 943 4	0. 934 6	0. 925 9	0. 917 4
2	1. 970 4	1. 941 6	1. 913 5	1. 886 1	1. 859 4	1. 833 4	1. 808 0	1. 783 3	1. 759 1
3	2. 941 0	2. 883 9	2. 828 6	2. 775 1	2. 723 2	2. 673 0	2. 624 3	2. 577 1	2. 531 3
4	3. 902 0	3. 807 7	3. 717 1	3. 629 9	3. 546 0	3. 465 1	3. 387 2	3. 312 1	3. 239 7
5	4. 853 4	4. 713 5	4. 579 7	4. 451 8	4. 329 5	4. 212 4	4. 100 2	3. 992 7	3. 889 7
6	5. 795 5	5. 601 4	5. 417 2	5. 242 1	5. 075 7	4. 917 3	4. 766 5	4. 622 9	4. 485 9
7	6. 728 2	6. 472 0	6. 230 3	6. 002 3	5. 786 4	5. 582 4	5. 389 3	5. 206 4	5. 033 0
8	7. 651 7	7. 325 5	7. 019 7	6. 732 7	6. 463 2	6. 209 8	5. 971 3	5. 746 6	5. 534 8
9	8. 566 0	8. 162 2	7. 786 1	7. 435 3	7. 107 8	6. 801 7	6. 515 2	6. 246 9	5. 995 2
10	9. 471 3	8. 982 6	8. 530 2	8. 110 9	7. 721 7	7. 360 1	7. 023 6	6. 710 1	6. 417 7
11	10. 367 6	9. 786 8	9. 252 6	8. 760 5	8. 306 4	7. 886 9	7. 498 7	7. 139 0	6. 805 2
12	11. 255 1	10. 575 3	9. 954 0	9. 385 1	8. 863 3	8. 383 8	7. 942 7	7. 536 1	7. 160 7
13	12. 133 7	11. 348 4	10. 635 0	9. 985 6	9. 393 6	8. 852 7	8. 357 7	7. 903 8	7. 486 9
14	13. 003 7	12. 106 2	11. 296 1	10. 563 1	9. 898 6	9. 295 0	8. 745 5	8. 244 2	7. 786 2
15	13. 865 1	12. 849 3	11. 937 9	11. 118 4	10. 379 7	9. 712 2	9. 107 9	8. 559 5	8. 060 7
16	14. 717 9	13. 577 7	12. 561 1	11. 652 3	10. 837 8	10. 105 9	9. 446 6	8. 851 4	8. 312 6
17	15. 562 3	14. 291 9	13. 166 1	12. 165 7	11. 274 1	10. 477 3	9. 763 2	9. 121 6	8. 543 6
18	16. 398 3	14. 992 0	13. 753 5	12. 689 6	11. 689 6	10. 827 6	10. 059 1	9. 371 9	8. 755 6
19	17. 226 0	15. 678 5	14. 323 8	13. 133 9	12. 085 3	11. 158 1	10. 335 6	9. 603 6	8. 960 1
20	18. 045 6	16. 351 4	14. 877 5	13. 590 3	12. 462 2	11. 469 9	10. 594 0	9. 818 1	9. 128 5
21	18. 857 0	17. 011 2	15. 415 0	14. 029 2	12. 821 2	11. 764 1	10. 835 5	10. 016 8	9. 292 2
22	19. 660 4	17. 658 0	15. 936 9	14. 451 1	13. 488 6	12. 303 4	11. 061 2	10. 200 7	9. 442 4
23	20. 455 8	18. 292 2	16. 443 6	14. 856 8	13. 488 6	12. 303 4	11. 272 2	10. 371 1	9. 580 2
24	21. 243 4	18. 913 9	16. 935 5	15. 247 0	13. 798 6	12. 550 4	11. 469 3	10. 528 8	9. 706 6
25	22. 023 2	19. 523 5	17. 413 1	15. 622 1	14. 093 9	12. 783 4	11. 653 6	10. 674 8	9. 822 6
26	22. 795 2	20. 121 0	17. 876 8	15. 982 8	14. 375 2	13. 003 2	11. 825 8	10. 810 0	9. 929 0
27	23. 559 6	20. 705 9	18. 327 0	16. 329 6	14. 643 0	13. 210 5	11. 986 7	10. 935 2	10. 026 6
28	24. 316 4	21. 281 3	18. 764 1	16. 663 1	14. 898 1	13. 406 2	12. 137 1	11. 051 1	10. 116 1
29	25. 065 8	21. 844 4	19. 188 5	16. 983 7	15. 141 1	13. 590 7	12. 277 7	11. 158 4	10. 198 3
30	25. 807 7	22. 396 5	19. 600 4	17. 292 0	15. 372 5	13. 764 8	12. 409 0	11. 257 8	10. 273 7
35	29. 408 6	24. 998 6	21. 487 2	18. 664 6	16. 374 2	14. 498 2	12. 947 7	11. 654 6	10. 566 8
40	32. 834 7	27. 355 5	23. 114 8	19. 792 8	17. 159 1	15. 046 3	13. 331 7	11. 924 6	10. 757 4
45	36. 094 5	29. 490 2	24. 518 7	20. 720 0	17. 774 1	15. 455 8	13. 605 5	12. 108 4	10. 881 2
50	39. 196 1	31. 423 6	25. 729 8	21. 482 2	18. 255 9	15. 761 9	13. 800 7	12. 233 5	10. 961 7
55	42. 147 2	33. 174 8	26. 774 4	22. 108 6	18. 633 5	15. 990 5	13. 939 9	12. 318 6	11. 014 0

年金现值系数表($P/A,i,n$)

10%	12%	14%	15%	16%	18%	20%	24%	28%	32%
0.909 1	0.892 9	0.877 2	0.869 6	0.862 1	0.847 5	0.833 3	0.806 5	0.781 3	0.757 6
1.735 5	1.690 1	1.646 7	1.625 7	1.605 2	1.565 6	1.527 8	1.456 8	1.394 6	1.331 5
2.486 9	2.401 8	2.321 6	2.283 2	2.245 9	2.174 3	2.106 5	1.981 3	1.868 4	1.766 3
3.169 9	3.037 3	2.917 3	2.855 0	2.798 2	2.690 1	2.588 7	2.404 3	2.241 0	2.095 7
3.790 8	3.604 8	3.433 1	3.352 2	3.274 3	3.127 2	2.990 6	2.745 4	2.532 0	2.345 2
4.355 3	4.111 4	3.888 7	3.784 5	3.684 7	3.497 6	3.325 5	3.020 5	2.759 4	2.534 2
4.868 4	4.563 8	4.288 2	4.160 4	4.038 6	3.811 5	3.604 6	3.242 3	2.937 0	2.677 5
5.334 9	4.967 6	4.638 9	4.487 3	4.343 6	4.077 6	3.837 2	3.421 2	3.075 8	2.786 0
5.759 0	5.328 2	4.946 4	4.771 6	4.606 5	4.303 0	4.031 0	3.565 5	3.184 2	2.868 1
6.144 6	5.650 2	5.216 1	5.018 8	4.833 2	4.494 1	4.192 5	3.681 9	3.268 9	2.930 4
6.495 1	5.937 7	5.452 7	5.233 7	5.028 6	4.656 0	4.327 1	3.775 7	3.335 1	2.977 6
6.813 7	6.194 4	5.660 3	5.420 6	5.197 1	4.793 2	4.439 2	3.851 4	3.386 8	3.013 3
7.103 4	6.423 5	5.842 4	5.583 1	5.342 3	4.909 5	4.532 7	3.912 4	3.427 2	3.040 4
7.366 7	6.628 2	6.002 1	5.724 5	5.467 5	5.008 1	4.610 6	3.961 6	3.458 7	3.060 9
7.606 1	6.810 9	6.142 2	5.847 4	5.575 5	5.091 6	4.675 5	4.001 3	3.483 4	3.076 4
7.823 7	6.974 0	6.265 1	5.954 2	5.668 5	5.162 4	4.729 6	4.033 3	3.502 6	3.088 2
8.021 6	7.119 6	6.372 9	6.047 2	5.748 7	5.222 3	4.774 6	4.059 1	3.517 7	3.097 1
8.201 4	7.249 7	6.467 4	6.128 0	5.817 8	5.273 2	4.812 2	4.079 9	3.529 4	3.103 9
8.364 9	7.365 8	6.550 4	6.198 2	5.877 5	5.316 2	4.843 5	4.096 7	3.538 6	3.109 0
8.513 6	7.469 4	6.623 1	6.259 3	5.928 8	5.352 7	4.869 6	4.110 3	3.545 8	3.112 9
8.648 7	7.562 0	6.687 0	6.312 5	5.973 1	5.383 7	4.891 3	4.121 2	3.551 4	3.115 8
8.771 5	7.644 6	6.742 9	6.358 7	6.011 3	5.409 9	4.909 4	4.130 0	3.555 8	3.118 0
8.883 2	7.718 4	6.792 1	6.398 8	6.044 2	5.432 1	4.924 5	4.137 1	3.559 2	3.119 7
8.984 7	7.784 3	6.835 1	6.433 8	6.072 6	5.450 9	4.937 1	4.142 8	3.561 9	3.121 0
9.077 0	7.843 1	6.872 9	6.464 1	6.097 1	5.466 9	4.947 6	4.147 4	3.564 0	3.122 0
9.160 9	7.895 7	6.906 1	6.490 6	6.118 2	5.480 4	4.956 3	4.151 1	3.565 6	3.122 7
9.237 2	7.942 6	6.935 2	6.513 5	6.136 4	5.491 9	4.963 6	4.154 2	3.566 9	3.123 3
9.306 6	7.984 4	6.960 7	6.533 5	6.152 0	5.501 6	4.969 7	4.156 6	3.567 9	3.123 7
9.369 6	8.021 8	6.983 0	6.550 9	6.165 6	5.509 8	4.974 7	4.158 5	3.568 7	3.124 0
9.426 9	8.055 2	7.002 7	6.566 0	6.177 2	5.516 8	4.978 9	4.160 1	3.569 3	3.124 2
9.644 2	8.175 5	7.070 0	6.616 6	6.215 3	5.538 6	4.991 5	1.164 4	3.570 8	3.124 8
9.779 1	8.243 8	7.105 0	6.641 8	6.233 5	5.548 2	4.996 6	4.165 9	3.571 2	3.125 0
9.862 8	8.282 5	7.123 2	6.654 3	6.242 1	5.552 3	4.998 6	4.166 4	3.571 4	3.125 0
9.914 8	8.304 5	7.132 7	6.660 5	6.246 3	5.554 1	4.999 5	4.166 6	3.571 4	3.125 0
9.947 1	8.317 0	7.137 6	6.663 6	6.248 2	5.554 9	4.999 8	4.166 6	3.571 4	3.125 0

附录五 相关系数临界值表

n−2	α				
	0. 10	0. 05	0. 02	0. 01	0. 001
1	0. 987 69	0. 996 92	0. 999 507	0. 999 877	0. 999 998 8
2	0. 900 00	0. 950 00	0. 980 00	0. 990 00	0. 999 00
3	0. 805 4	0. 878 3	0. 934 33	0. 958 73	0. 991 16
4	0. 729 3	0. 811 4	0. 882 2	0. 917 20	0. 974 06
5	0. 669 4	0. 754 5	0. 832 9	0. 874 5	0. 950 74
6	0. 621 5	0. 706 7	0. 788 7	0. 834 3	0. 924 93
7	0. 582 2	0. 666 4	0. 749 8	0. 797 7	0. 898 2
8	0. 549 4	0. 631 9	0. 715 5	0. 764 6	0. 872 1
9	0. 521 4	0. 602 1	0. 685 1	0. 734 8	0. 847 1
10	0. 497 3	0. 576 0	0. 658 1	0. 707 9	0. 823 3
11	0. 476 2	0. 552 9	0. 633 9	0. 683 5	0. 801 0
12	0. 457 5	0. 532 4	0. 612 0	0. 661 4	0. 780 0
13	0. 440 9	0. 513 9	0. 592 3	0. 641 1	0. 760 3
14	0. 425 9	0. 497 3	0. 574 2	0. 622 6	0. 742 0
15	0. 412 4	0. 482 1	0. 557 7	0. 605 5	0. 724 6
16	0. 400 0	0. 468 3	0. 542 5	0. 589 7	0. 708 4
17	0. 388 7	0. 485 5	0. 528 5	0. 575 1	0. 693 2
18	0. 378 3	0. 443 8	0. 515 5	0. 561 4	0. 678 7
19	0. 368 7	0. 432 9	0. 503 4	0. 548 7	0. 665 2
20	0. 359 8	0. 422 7	0. 492 1	0. 536 8	0. 652 4
25	0. 323 3	0. 380 9	0. 445 1	0. 486 9	0. 597 4
30	0. 296 0	0. 349 4	0. 432 9	0. 448 7	0. 554 1
35	0. 274 6	0. 324 6	0. 381 0	0. 418 2	0. 518 9
40	0. 257 3	0. 304 4	0. 357 8	0. 393 2	0. 489 6
45	0. 242 8	0. 287 5	0. 338 4	0. 372 1	0. 464 8
50	0. 230 6	0. 273 2	0. 321 8	0. 354 1	0. 443 3
60	0. 210 8	0. 250 0	0. 294 8	0. 324 8	0. 407 8
70	0. 195 4	0. 231 9	0. 273 7	0. 301 7	0. 379 9

参考文献

[1] 中国注册会计师协会. 财务成本管理[M]. 北京:中国财政经济出版社,2023.

[2] 财政部会计财务评价中心. 财务管理[M]. 北京:经济科学出版社,2023.

[3] 孙茂竹,支晓强,戴璐. 管理会计学[M]. 北京:中国人民大学出版社,2020.

[4] 陆宇建,李冠众. 管理会计学[M]. 4 版. 大连:东北财经大学出版社,2023.

[5] 单昭祥,杨国臣. 新编管理会计学[M]. 4 版. 大连:东北财经大学出版社,2022.

[6] 周阅,丁增稳. 管理会计实务[M]. 2 版. 北京:高等教育出版社,2020.

[7] 财政部会计司. 管理会计案例示范集[M]. 北京:经济科学出版社,2019.

[8] 吴大军,牛彦秀,耿云江. 管理会计[M]. 7 版. 大连:东北财经大学出版社,2023.

[9] 滕萍萍,刘佳昕,王琦. 管理会计[M]. 大连:东北财经大学出版社,2023.